Dr P. MAISONNEUVE

L'ANJOU
SES VIGNES
ET SES VINS

ANGERS
IMPRIMERIE DU COMMERCE
3, RUE SAINT-MAURILLE. 3

1925

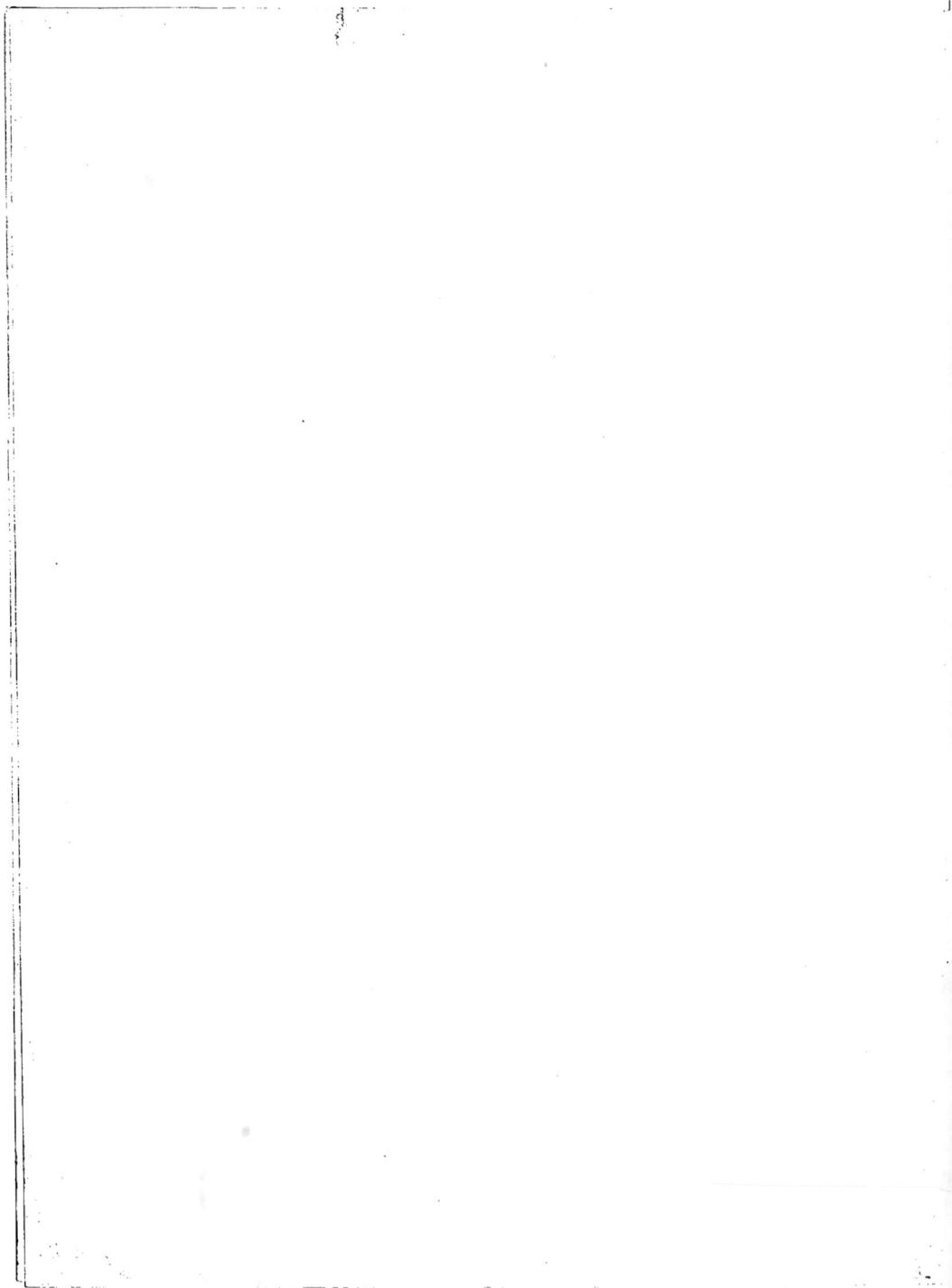

L'ANJOU

SES VIGNES ET SES VINS

(1)

LA VIGNE

Toi, que les livres saints jadis ont exaltée,
Noble vigne ! à la pâle ou brillante liqueur,
Qui notre esprit inspire et réchauffe le cœur,
Je voudrais, par Bacchus ! grandir ta renommée.

Sur le socle de la Statuette, dédiée par l'éminent sculpteur angevin Jules Desbois, au vénérable vigneron de Parnay, on lit :

« A mon vieux Cristal »
J. DESBOIS.

Dr P. MAISONNEUVE

Directeur de la Station Viticole de Saumur
Professeur à l'École Supérieure d'Agriculture
et de Viticulture d'Angers
Président de l'Union des Viticulteurs de Maine-et-Loire

L'ANJOU
SES VIGNES
ET SES VINS

ANGERS

IMPRIMERIE DU COMMERCE

3, RUE SAINT-MAURILLE, 3

1925

INTRODUCTION

L'Anjou, ses Vignes et ses Vins, est un monument élevé à la gloire de l'une de nos plus belles régions viticoles de France par l'un de ceux qui la connaissent le mieux et qui l'ont le plus aimée. M. le Dr Maisonneuve a traduit, par ce livre si spécial et si original, la pensée de la longue lignée des dévouements angevins à cette belle terre de France, qui épanouit, à l'extrême nord du vignoble, le dernier reflet harmonieux de ses merveilleux vins, dont elle disperse si généreusement la gamme incomparable à travers tout notre pays.

Le vignoble français a été monographié, pour ses grands vins, par des ouvrages de valeur : Bordeaux, Bourgogne, Champagne. Beaujolais, Cognac, Touraine, Lorraine. Alsace... et maints crus moins étendus : Frontignan, Banyuls, Gaillac, Limoux. Bergerac... sont décrits dans leur histoire, leurs méthodes culturales, leur vinification, la géographie détaillllée de leurs produits caractéristiques, leurs cépages. La monographie du vignoble angevin manquait à notre littérature viticole, M. le Dr Maisonneuve vient de combler la lacune et d'écrire une nouvelle page à la gloire des grands vins de France.

Certes, de nombreux travaux ou des articles de valeur ont fait connaître les vins d'Anjou et de Saumur ; tels ceux de Bouchard, de Deperrière, du Dr Bury, de Courtiller, de Jules Guyot et de bien d'autres viticulteurs angevins: Dr Peton, de Dreux-Brézé, de Grandmaison, Moreau et Vinet, Cristal..., tous noms que je me plais à rappeler à la reconnaissance des viticulteurs de Maine-et-Loire, travaux et articles qui ont maintenu, auprès de l'opinion publique mondiale, la légitime renommée des grands vins blancs de l'Anjou et du Saumurois et ont permis que ne fut jamais ternie ni oubliée l'ancienne réputation de ces grands vins, que nos anciens navigateurs avaient fait connaître, aux siècles passés, dans les régions les plus septentrionales du continent européen.

Le viticulteur angevin fut toujours un pionnier en tous progrès viticoles et œnologiques. Je me plais à rappeler qu'il fut souvent un précurseur dans les questions culturales, vinifères ou économiques qui préoccupèrent, dès la première crise de l'oïdium, la viticulture française.

La mission viticole faite en Maine-et-Loire par Jules Guyot en 1865 fut une des premières réalisées dans le vignoble français. La création de la belle Collection ampélographique établie au Jardin des Récollets, à Saumur, fut longtemps unique en France et fut la source de bien des travaux remarquables sur les cépages, édifiés par leurs directeurs : Courtiller, Dr Bury, Deperrière, Dr Maisonneuve et par Bouchard.

La lutte phylloxérique et la reconstitution du vignoble anéanti par l'insecte fut conduite dans le département avec une méthode et une ténacité remarquables. L'esprit décisif et pratique du vigneron angevin fut vite orienté vers l'emploi des porte-greffes résistants et adaptés au sol. C'est en Maine-et-Loire que fut conçue et organisée la première mission, en 1890, pour l'étude sur place des terrains en vue de l'adaptation et du choix des divers porte-greffes, d'après une méthode que suivirent, ultérieurement, les autres nombreux départements qui, sur l'exemple du Maine-et-Loire, procédèrent à une semblable étude pratique. J'ai plaisir à me rappeler, 35 ans après, l'attention soutenue des nombreux vignerons qui venaient, partout très nombreux, suivre notre mission et écouter nos instructions et nos démonstrations sur le terrain ; combien nombreux et attentifs étaient-ils aussi dans les Conférences générales qui étaient données dans les centres viticoles ! C'est un des souvenirs les plus marquants de ma carrière viticole, et que j'aime le mieux à me rappeler. C'est peut-être dans l'Anjou que j'ai trouvé et gardé le plus d'amitiés fidèles et reconnaissantes ; elles constituent pour moi une des plus douces récompenses pour l'effort accompli. La reconstitution fut incontestablement conduite par le Maine-et-Loire avec le plus de rapidité et aussi avec la meilleure orientation pour le choix des porte-greffes.

Le maintien de la renommée si justifiée des vins d'Anjou a été grandement favorisée par l'initiative et la persévérance des viticulteurs du département. La Société Industrielle et Agricole d'Angers a eu des Présidents remarquables qui s'y sont toujours consacrés de tout leur dévouement. C'est en Anjou qu'a été organisée une des premières Foires des Vins, où le commerce vient constater la haute valeur des divers produits du vignoble. C'est l'Anjou qui donne le plus d'éclat, depuis 1900 et, avec un succès toujours croissant à cette manifestation annuelle, qui dépasse en importance et en intérêt, toutes les autres Foires aux Vins de France.

Le viticulteur angevin, fin et avisé, a su, en outre, faire prendre aux consommateurs parisiens le goût des vins fruités de son vignoble et imposer, à juste raison, ses marques, par une propagande habile et incessante auprès du commerce de la Capitale ; certains restaurants, et non des moins renommés, ont tenu ainsi à avoir une spécialité des vins des rives du Layon et des coteaux de Savennières.

Cette estime, dont jouissent dans la Capitale, les vins du Maine-et-Loire est pleinement justifiée par leurs caractéristiques si spéciales, qu'on ne retrouve dans aucun autre grand vin français. Leur jolie couleur vert-doré dans le Saumurois et le Baugeois ou ambrée sur les coteaux du Layon, leur goût incomparable de fruité, leur chair, et leur bouquet complexe, dégagés et étalés dans toute leur gamme en « queue de paon », — comme l'exprimait si à propos Bouchard, — sont bien propres aux vins des calcaires turoniens, du haut Anjou, et surtout des sols de schistes, zonés de serpentine, qui forment la base silurienne des vignobles du bas Anjou. Ces grands vins trouvent leur plus haute expression de qualité dans les noms, aussi renommés que ceux des plus grands vins français, de la fameuse *Coulée de Serrant*, de la *Roche aux Moines* et des divers vignobles fameux de tous les coteaux des bords du Layon, où les vignes absorbent la douce lumière et la chaleur d'un soleil tempéré, qu'elles concentrent lentement dans les fruits de leurs cépages aussi caractéristiques que les vins qu'ils produisent.

L'Ampélographie des vignobles de l'Anjou est une de celles qui, en France, a été le mieux et le plus vite connue, grâce aux travaux de Bouchard, de

Courtiller, du Dr Bury... L'histoire et la monographie de ces cépages (Chenins divers, Groslot de Cinq-Mars, Verdelho, Pinot noir...) ont été tracés de main de maître, surtout par Bouchard. Le vigneron les a toujours sélectionnés avec une minutieuse attention. Le Maine-et-Loire a eu la bonne fortune d'avoir des hommes passionnés de sa viticulture et de ses vins. La vinification du vin d'Anjou a trouvé encore dans les Moreau et Vinet des conseillers scientifiques et à sens pratique, dans les négociants des vins mousseux de Saumur des compétences précieuses, dans les viticulteurs comme : Cristal, Dreux-Brézé, Grand-maison... des initiateurs et des guides utiles.

C'est cet ensemble remarquable de traditions, de compétences et de dévouements à la cause du vignoble et du vin d'Anjou que traduit M. le Dr Maisonneuve dans son beau livre l'*Anjou, ses Vignes et ses Vins*, livre qui lui fait honneur et qui fait honneur aussi, par sa belle et luxueuse édition, à la librairie française.

Les viticulteurs angevins lui garderont une grande reconnaissance pour l'effort qu'il vient ainsi d'accomplir pour la plus grande gloire et la plus grande renommée de leur viticulture et de leurs grands vins inimitables, qui sont l'un des beaux fleurons de la couronne viticole de France.

Que dirai-je du livre si superbement illustré ! A chaque page le lecteur appréciera la compétence et la conscience de l'auteur. Aucun des points relatifs à l'histoire, à la culture, à la vinification n'ont été négligés ; ils sont tous nettement et clairement exposés. Cette belle monographie mérite tous éloges.

Je me fais un plaisir et un devoir d'exprimer au Dr Maisonneuve toutes mes félicitations pour l'œuvre qu'il vient d'accomplir et qui honore son auteur et tout l'Anjou viticole.

Pierre VIALA,
Président de l'Académie d'Agriculture.
Inspecteur général de la viticulture,
Membre de l'Institut,

PRÉFACE

« Plus les nations proscrivent le vin plus
elles meurent d'alcoolisme. »

*(D'après la Statistique du Dr Hubbart,
Directeur de l'Hygiène publique aux États-
Unis (1923).*

*L'ANJOU — n'est-ce pas une banalité de le redire ? — est entre toutes
nos provinces une région agricole privilégiée. Ronsard l'appelait « le
paradis de la France ». Tout y pousse, en effet, comme au Paradis terrestre.
Seulement, pour obtenir du sol tant de belles fleurs, tant de fruits
savoureux, tant de plantes textiles et fourragères, les gens doivent tout de
même se donner un peu plus de peine que nos premiers parents, jardiniers
de l'Eden.*

*Mais les roseraies et les cultures de graines, les vertes prairies et les
champs plantureux, ce n'est pas là tout l'Anjou. En maints endroits, des
élévations douces et agréablement arrondies interrompent la monotonie des
campagnes et exposent aux rayons du soleil leurs pentes heureusement
orientées. Ce sont là emplacements de choix pour la culture de la vigne ; et
celle-ci vient y étaler amoureusement ses pampres.*

> ..... apertos
> Bacchus amat colles (1).

*Si parfois le soleil d'automne disparaît un peu prématurément derrière
nos coteaux ; s'il arrive, en quelques fâcheuses années, que les signes avant-
coureurs de l'hiver empiètent de façon inopportune sur la beauté de la
saison automnale, et si, par suite, le roi du ciel, le soleil, n'a pas tout à fait
le temps d'imprégner les grappes de ses vertus fécondes, il peut se faire*

---

(1)Virgile, *Bacchus se plaît sur les collines bien exposées.*

alors que dans ces années-là le palais du dégustateur trouve au vin plus de fraîcheur que de chaleur, moins de liqueur que de verdeur. Mais, le plus souvent le soleil se montre le fidèle ami de nos vignerons et leur distribue généreusement le nombre de calories qui sont nécessaires pour transformer l'acidité des grappes en un sucre savoureux, indispensable générateur du bon vin.

Et puis, comme compensation aux années médiocres, il y a les grandes, les très grandes années, où la qualité du jus de nos coteaux ne craint plus la comparaison avec les meilleurs crus de France, autant dire du monde entier. Et dame ! alors, il devient quelque peu pervers.

> Grâce à lui, plus d'une fillette
> A vu s'envoler dans l'azur
> Son bonnet par-dessus le faîte
> Des plus hauts moulins de Saumur (1).

En réalité, si l'Anjou appartient à cette zone-limite où la vigne prospère encore et mûrit bien ses fruits, mais au delà de laquelle la culture du précieux arbuste donne plus de déception que de satisfaction, ces conditions mêmes valent au raisin d'y acquérir des qualités rares.

Qui donc oserait soutenir que c'est dans les régions les plus chaudes, les plus brûlantes, que les plantes donnent les fruits les meilleurs, les plus savoureux, les plus finement parfumés ? Les climats tropicaux fournissent, il est vrai, la banane et l'ananas ; mais nous, nous possédons la pomme de rainette et la poire de William, la fraise, l'abricot et la pêche.

Il en va de même du fruit de la vigne. Sous notre climat le raisin acquiert une finesse de goût exceptionnelle, qui communique au vin un « fruité » incomparable.

D'ailleurs, chacune des Régions viticoles de la France a son mérite propre et sa caractéristique très nette ; et il serait de mauvais goût de renouveler les luttes homériques auxquelles se sont livrés au XVIIᵉ siècle les partisans du vin de Champagne et ceux du vin de Bourgogne et d'exalter l'un au détriment de l'autre. Si le vin de Bourgogne, généreux et alcoolique,

---

(1) **Extrait** d'une poésie de notre compatriote Paul Pionis.

est bien le vin des hommes ; si celui de Bordeaux, plus souple, est le vin des dames ; si le Sauternes, royalement doué, est le vin des dieux, l' « angevin » couleur d'or et d'un bouquet si fin, est bien, j'en prends à témoin son nom même, un vin digne des anges.

Peut-être n'est-il pas assez connu au loin. C'est que les Angevins aiment beaucoup le jus qui vient de leurs coteaux et s'en réservent égoïstement la plus grosse part. Ensuite, il a en dehors de l'Anjou des amis fidèles, qui croiraient manquer à leur devoir si chaque année ils ne donnaient pas dans leur cave l'hospitalité à une ou deux pièces de choix. Enfin, concédons aussi que jusqu'à ces dernières années, où un généreux effort d'expansion s'est produit, les propriétaires, justifiant un peu l'antique qualificatif, Molles Andecavi, au lieu de se donner la peine d'aller chercher la fortune, trouvaient généralement plus commode d'attendre qu'elle vînt à eux.

En ce moment, où le monde viticole tout entier se sent menacé par un prohibitionnisme exagéré, il est d'un patriotisme éclairé, en même temps que d'un haut intérêt économique, de trouver des débouchés aux vins de France et de ne pas laisser dans l'ombre un des meilleurs. Et puisque les temps où nous vivons veulent que ce ne soient plus ceux qui ont besoin d'une marchandise qui se mettent en quête pour se la procurer, mais que c'est à ceux qui la produisent d'aller l'offrir, eh ! bien, n'hésitons pas à faire à notre vin la juste réclame qu'il mérite.

Il a semblé à quelques-uns que le moment était venu de célébrer en un livre élégamment édité les belles vignes de l'Anjou et les mérites de son vin. On m'a fait l'honneur de me demander de me charger de cette tâche. Si j'ai hésité, ce n'est pas que j'aie eu le moindre doute sur l'opportunité d'un tel livre, mais bien parce que j'ai douté de mes forces et que j'ai senti la difficulté de mener à bien une pareille entreprise. A Dieu vat ! comme disent nos voisins les Bretons. A défaut d'autres qualités, j'y mettrai du moins toute ma bonne volonté.

A la fois historique, documentaire et technique, ce livre sera aussi, je ne m'en défends pas, un équitable plaidoyer en faveur de la liqueur parfumée dont nos coteaux gardent le secret.

Il présentera en un tableau raccourci la viticulture angevine considérée

*dans le passé et étudiée dans le présent. On y remontera, autant qu'il se
pourra faire, aux origines mêmes de la vigne en Anjou et aux premiers
procédés employés dans la vinification ; on essaiera d'y montrer comment
dans les âges les plus reculés on traitait la vigne et on fabriquait le vin ; de
quels instruments et appareils nos pères faisaient usage dans les temps
primitifs et quels sont ceux qui, beaucoup plus perfectionnés, sont employés
aujourd'hui. Si les vins naturels occupent la première place dans cette étude,
celle des « mousseux » devra y avoir aussi la sienne. L'ampélographie,
autrement dit la description des variétés de cépages cultivés en Anjou, a
droit à son chapitre, comme aussi toutes les maladies et accidents qui
éprouvent les vignes et les vins dans notre région. Une bibliographie aussi
complète que possible de tout ce qui a été publié sur la viticulture et l'œnologie angevines trouvera sa place à la fin de ce travail, que complètera une
Statistique, dans laquelle figureront les noms des viticulteurs de l'Anjou.*

L'ouvrage formera deux volumes : le premier comprendra la PARTIE
HISTORIQUE ; *le second sera consacré à la* PARTIE TECHNIQUE.

*Au moment où des ligues puissantes, tombant dans une aberration
qui est à l'antipode du bon sens et de la vérité, mènent une campagne
ardente en faveur d'une prohibition totale* (1), *il n'est que juste d'attirer
l'attention sur les mérites du bon vin de France.*

*La preuve est faite que retrancher cette noble boisson de l'alimentation
humaine, c'est vouloir remplacer la légère, et saine, et salutaire stimulation
qu'elle exerce sur l'organisme, par d'autres excitants bien plus funestes à la
santé, car, quoiqu'on fasse, jamais l'homme ne saura se passer des agents
qui stimulent nos actions physiologiques, et il les prendra là où il les
trouvera.*

---

(1) Les nations prohibitionnistes commencent à reconnaître l'erreur qu'elles ont
commises en fermant leurs frontières au vin, à la bière et autres breuvages fermentés.
En Norvège (1924), le premier Ministre a fait cette déclaration : « La prohibition a été
un fléau et un grand désastre pour le peuple norvégien, et dans ces circonstances, nous
devons faire face à la vérité et reconnaître que la prohibition a échoué. Il nous faut donc
abroger cette loi le plus tôt possible ». Le Danemark, la Turquie sont également revenus
de leur erreur. En Angleterre et aux États-Unis, nombre de bons esprits reconnaissent
qu'on a commis une faute. La statistique des crimes accomplis sous l'action de l'alcool
dans ces pays est particulièrement impressionnante.

Jadis la Chine était couverte de vignes. Pour obéir à une préoccupation du genre de celle qui pousse les Américains à établir chez eux et dans le monde entier le « régime sec », un édit contraignit les viticulteurs du Céleste Empire à les arracher toutes. C'est alors que se substitua à l'usage du vin l'usage de l'opium. Qui ne pensera que ceci est pire que cela et que la santé du peuple chinois n'a pas gagné au change. Là où il n'y a pas de vin on boit de l'alcool, ou on avale quelque autre poison qui ne vaut pas mieux. Si paradoxale que paraisse cette affirmation : « l'ivrognerie augmente là où on supprime le vin », ce qui se passe actuellement en Amérique nous le prouve une fois de plus. On n'y a jamais condamné plus de gens pour ivresse, que depuis qu'il y est interdit de boire du vin.

Vive donc les vins de France, et parmi eux le vin d'Anjou, généreuse et noble liqueur, qui donne de la vigueur au corps, soutient le courage, excite la flamme de l'esprit et met l'âme en joie !

Fig. 1. — A votre service ! (1)

----

(1) Vignette empruntée à l'ouvrage de M. l'abbé Guéry, *Angers à travers les âges.*

A MES COLLABORATEURS

C'est avec un vif sentiment de plaisir et de reconnaissance que j'adresse mes remerciements à tous les amis qui ont bien voulu m'aider dans la lourde tâche qui m'a été proposée et que j'ai cru pouvoir accepter.

Composer un ouvrage sur l'Anjou étudié dans l'une de ses plus belles cultures, la Vigne, et l'un de ses plus riches produits, le Vin, et en dresser un tableau, dans lequel s'associeraient l'histoire du passé et l'enseignement du présent, c'était un peu audacieux, et il y avait de quoi me faire hésiter. Les collaborations qui me sont venues de différents côtés, en abrégeant la longueur des recherches, m'ont singulièrement allégé le fardeau et facilité la tâche.

Je n'ai cependant pas cru devoir me faire esclave des réductions qui m'ont été remises. En effet, les unes se présentaient sous la forme de simples notes ; d'autres, plus amples, étaient souvent accompagnées d'un mot qui me mettait très à l'aise sur le parti à en tirer ; un certain nombre d'ailleurs, empiétaient les unes sur les autres et la part de chacun était impossible à délimiter.

Je me suis donc, la plupart du temps, contenté de puiser dans les matériaux qu'on a bien voulu m'apporter, et j'ai cru préférable, pour donner à l'ouvrage l'homogénéité désirable et établir une juste proportion entre les différentes questions qui y sont traitées, de refondre tous ces éléments, pour en construire, sous ma responsabilité personnelle, l'édifice que l'on m'avait demandé de réaliser, et dont le faux aplomb, si l'ouvrage est mal équilibré, ne devra être imputé qu'à la maladresse de l'architecte.

Je tiens à associer à mon œuvre les noms de tous ceux, qui dans des mesures différentes, m'ont apporté si aimablement leur précieux concours.

En suivant l'ordre des matières, mes remerciements les plus sincères vont
à MM. VERCHALY, Directeur du Service météorologique d'Angers (*Climat*) ;
R. BIZARD, Licencié ès Sciences (*Géologie*) ; Chanoine UZUREAU,
V. DAUPHIN, rédacteur au *Petit Courrier* ; MIGNOT, propriétaire-viticulteur,
LE MOY, professeur d'histoire au Lycée (*Historique*) ; Gab. RAYER,
négociant en vins (*Qualités du Vin d'Anjou*) ; E. CHÉREAU, Directeur de la
Compagnie des Grands Vins d'Anjou (*Classification des Vins d'Anjou*) ;
Maison veuve AMIOT, de Saumur (*Vins Mousseux*) ; PRÉAUBERT, Directeur
des cours municipaux, RICHARDIN, propriétaire-viticulteur (*Établissements
Viticoles*) ; COUTANT, Directeur de l' « Angevin de Paris » (*le Dîner du Vin
d'Anjou*) ; DE GRANDMAISON, député de Maine-et-Loire (*Les Sacavins angevins*) ; DES AGES, Président du Syndicat des Vignerons des coteaux de
Saumur, NOUTEAU, propriétaire-viticulteur (*La culture de la vigne*),
E. VINET, Sous-Directeur de la Station œnologique de Maine-et-Loire (*La
taille de la vigne*) ; MÉTAYER, Directeur des Services agricoles du département de Maine-et-Loire (*Les engrais*) ; LEPAGE, professeur à l'École
d'Horticulture, SOULARD, viticulteur (*Les cépages*) ; L. MOREAU, Directeur
de la Station œnologique de Maine-et-Loire (*La Vinification*) ; SERVAT,
Directeur des Contributions Indirectes (*Statistique des Communes*) ;
Dr SIGAUD, (*Bibliographie*). Je ne dois pas non plus oublier les renseignements qui m'ont été fournis par MM. SACHÉ, archiviste de Maine-et-Loire ;
PLANCHENAULT, archiviste, député de Maine-et-Loire ; Chanoine URSEAU,
HUAULT-DUPUY, Eugène LELONG, archiviste-paléographe ; SAMARAN,
archiviste ; MARCEL, régisseur au château de Serrant ; G. CHÉREAU, agent
de publicité ; DUJARDIN-SALLERON, de Paris.

   *Enfin, je me garderai bien d'être ingrat envers les aimables artistes qui
ont mis leur crayon, leur plume ou leur appareil photographique à ma
disposition :* Mme BOUILLE et M. DUVIVIER, artistes dessinateurs; MM. Em.
PERREIN, de Saumur; VERCHALY, opticien ; EVERS, photographe et graveur;
RAIMBAULT, propriétaire-viticulteur à Aunis ; COURTRAIS, agent-voyer à
Monts-sur-Guesnes, *et un autre nom que je tais et qui m'est cher entre tous.*

TABLE DES MATIÈRES

L'ANJOU
SES VIGNES ET SES VINS

CHAPITRE PREMIER

LE SOL

DANS

SES RAPPORTS AVEC LE VIGNOBLE

> « La vigne s'accommode de toute espèce
> de terrain, pourvu que ses racines
> n'aillent pas se noyer dans des eaux
> stagnantes. »
>
> DRUMMOND, *La Vigne en Algérie.*

L A sagesse des nations a dès longtemps reconnu et proclamé, avec Olivier de Serres, que la qualité du vin dépend de trois facteurs : le sol, le climat, le plant.

Une étude au moins rapide de la nature des terrains qui portent le vignoble angevin a donc ici sa place marquée. Depuis l'invasion phylloxérique, la connaissance de la constitution du sol a pris une importance beaucoup plus grande. Si, autrefois, il suffisait pour obtenir un beau pied de vigne de piquer en terre un brin de sarment, aujourd'hui, avec les vignes américaines qui servent de porte-greffes à nos vieilles variétés françaises, il n'en va plus ainsi. C'est même l'une des opérations les plus délicates de la viticulture actuelle, que celle de l'adaptation des cépages aux diverses sortes de terrain.

1

Si parfois la vigne est plantée en un sol formé de fins débris minéraux que les eaux ont charriés de plus ou moins loin et qui sont, en principe, étrangers aux terrains mêmes de la région, qu'ils recouvrent d'un manteau superficiel, le plus souvent un défoncement profond, en pleine roche, étant exigé pour la plantation de la vigne, la connaissance du terrain qui lui servira de support relève de la *Géologie*. Celle-ci nous faisant connaître la constitution physique et la composition des roches qui forment la croûte du globe, et qui varient d'un lieu à un autre, une étude rationnelle de l'ensemble du vignoble ne va pas sans une connaissance préalable des terrains.

Examinons donc la carte géologique de l'Anjou.

Le premier coup d'œil nous montre que notre province présente deux faciès bien distincts, que sépare une ligne à direction Nord-Sud, qui passe-rait à environ trois kilomètres à l'est d'Angers.

La partie gauche ou occidentale est formée de roches anciennes : *terrains primaires*.

La partie droite ou orientale est composée de roches plus récentes : *terrains secondaires* et *tertiaires*.

Faisons d'abord un rapide examen de la constitution de l'une et de l'autre régions.

I. — Région occidentale

Formée de terrains qui sont le prolongement de ceux de la Bretagne, la Loire la sépare en deux parties, l'une Nord, l'autre Sud.

Sa *portion septentrionale*, qui comprend surtout le Segréen, est composée de roches anciennes, siliceuses et schisteuses (Précambrien et Silurien). Elle est à peu près dépourvue de vignes, sauf au voisinage de la Loire.

Sa *partie méridionale* est divisée en deux sections inégales (Ouest, Est), par le Layon. A noter que c'est au confluent de ces deux cours d'eau, Loire et Layon, que se trouvent groupés les plus grands crus de l'Anjou.

La *section de l'Ouest*, formée surtout du Choletais, est, elle aussi, com-posée de roches dures du Précambrien, que traversent çà et là quelques poussées de granite et de granulite ; ses plus hauts plateaux offrent des nappes d'alluvions tertiaires, composées d'argiles et de graviers pliocènes. Sauf au voisinage de la Loire les vignes sont rares dans toute cette partie.

La *section de l'Est*, au contraire, arrosée par le Layon, offre les plus riches vignobles.

II. — RÉGION ORIENTALE

Sa constitution diffère essentiellement de la précédente.

Elle est surtout formée de calcaire, lequel appartient à différents niveaux géologiques : Jurassique, Crétacé.

Elle s'étend sur les deux arrondissements du Baugeois et du Saumurois.

RÉPARTITION DU VIGNOBLE ANGEVIN

Le vignoble occupe généralement le voisinage des cours d'eau qui arrosent la province d'Anjou ; mais il s'étend aussi dans leur intervalle.

On peut le partager en six groupes : Loire — Thouet — Entre Layon et Loire — Layon — Baugeois — Loir et Sarthe.

1° GROUPE DE LA LOIRE

On en fera deux sections :

Première Section. — Elle va de Candes à Juigné-sur-Loire.

Sur la *rive gauche* ce sont les roches calcaires du Crétacé moyen (Turonien), qui portent les crus fameux de Montsoreau, Turquant, Parnay, Dampierre, Trèves-Cunault, puis le Thoureil, Saint-Sulpice et Juigné-sur-Loire. C'est dans ces masses calcaires que sont creusées les magnifiques caves où sont renfermés et conservés les vins renommés auxquels ces mêmes coteaux ont donné naissance.

Sur la *rive droite* se voient des dépôts argileux, à Saint-Nicolas-de-Bourgueil, qui jadis faisait partie de l'Anjou, Allonnes, Brain-sur-Allonnes, qui donnent de remarquables vins de Cabernet ; puis s'étendent de vastes alluvions sableuses, la Vallée, peu favorables à la vigne. Mais à partir de Brain-sur-l'Authion et Andard se montrent, en allant vers l'Ouest, les schistes du Silurien, qui atteignent à Trélazé leur plus grande importance et se continuent vers Saint-Barthélemy.

Deuxième Section. — Elle s'étend de Juigné à la limite du département.

Sur la *rive gauche* ce sont des roches dures, siliceuses ou schisteuses, formées du Silurien ou Précambrien, auxquelles succède à partir de Rochefort le calcaire dévonien, bientôt remplacé, jusqu'à Chalonnes, et sur cette rive jusqu'à l'entrée dans la Loire-Inférieure, par les roches dures, schisteuses, du Silurien, puis du Précambrien.

Cette rive gauche, de Saint-Florent à la limite du département, est la région du Muscadet, le Chenin occupant toute l'autre rive, y compris la région ingrandaise.

Sur la *rive droite*, formée de schistes siluriens, s'échelonnent les vignes de Bouchemaine et de la Pointe et surtout celles d'Epiré, Savennières, la Possonnière, puis de Saint-Georges et de Saint-Germain-des-Prés, et enfin Ingrandes.

Il est à noter que même sur des étendues restreintes, cette région présente une extraordinaire variété de roches. Ainsi à la Coulée de Serrant on trouve sur un développement qui ne dépasse pas 150 mètres : des schistes, un filon de phtanites (grès siliceux, bleuâtres, infertiles), puis de nouveau les schistes, et enfin un filon de roches granulitiques.

2° GROUPE DU THOUET

La *rive gauche* est essentiellement formée de Crétacé, Cénomanien (sables et marnes) et Turonien (calcaire), et porte les vignes du Puy-Notre-Dame, Vaudelnay ; de calcaire jurassique, avec le vignoble de Brossay, pour revenir au Crétacé inférieur avec Courchamp, Artanne, Coudray-Macouard, Distré, les Ulmes. Enfin, avec Meigné, Bagneux, Saint-Hilaire-Saint-Florent se montrent les calcaires Sénonniens et Grès à sabalites.

Sur la *rive droite*, à Montreuil-Bellay et Méron, nous nous trouvons sur le Calcaire jurassique, puis au nord de ces localités se montre un lambeau du Tertiaire supérieur (alluvions pliocènes), puis des calcaires du Crétacé inférieur et moyen (Cénomanien et Turonien), qui portent les vignes de Saint-Cyr-en-Bourg, Saumoussay ; enfin, se voient du Crétacé supérieur ou Sénonnien et des calcaires lacustres, qui produisent le cru remarquable de Champigny-le-Sec.

3° Groupe entre Layon et Loire

Le quadrilatère limité par la Loire au nord et à l'est, le Thouet au sud, le Layon à l'ouest, est presque entièrement formé de couches calcaires du Crétacé inférieur et moyen (marnes et sables cénomaniens et calcaire turonien). On y trouve, en allant du sud au nord, Cizay, Doué-la-Fontaine, Louresse, Rochemenier, Ambillou, Louerre, Notre-Dame-d'Allençon, les Alleuds, Coutures. Puis vient le calcaire du Crétacé supérieur ou Sénonnien, sur lequel s'étalent les vignes de Vauchrétien, Quincé, Brissac. Enfin, plus près de la Loire, avec Soulaines, Mozé, Mûrs, Denée, nous sommes sur les schistes du Silurien.

4° Groupe du Layon

La constitution des rives et des parties voisines de ce cours d'eau tortueux et souvent profondément encaissé est assez variable.

Sa *rive droite* débute par des dépôts d'alluvions, à Nueil, les Verchers ; puis vient un massif carbonifère (mines de houille), qui orienté vers le midi porte d'excellents vignobles, à Concourson et Saint-Georges-Châtelaison ; se montrent ensuite des couches du Crétacé inférieur (Cénomanien), qui porte les riches vignes de Martigné-Briand, Maligné, auxquels succède un calcaire jurassique, avec le Perray. Et voici le schiste silurien, avec les vignes de Chavagnes. C'est là le point de départ d'admirables collines, qui atteignent 85 mètres de hauteur, d'où l'œil embrasse un horizon magnifique. Çà et là se voient des anfractuosités, où se sont accumulés les dépôts limoneux entraînés par les fleuves de l'Epoque quaternaire, sortes de cuvettes orientées vers le sud-ouest, abritées des vents et qui constituent des emplacements de choix pour la culture de la vigne. A l'une des extrémités de cette côte superbe se trouve le cru de Bonnezeaux, et à l'autre celui du Quart-de-Chaume. Le sol y est généralement constitué par des schistes siluriens et porte les grands crus bien connus de Bonnezeaux, Faye, Beaulieu, Pierre-Bise, Saint-Aubin-de-Luigné, Rochefort.

La *rive gauche* commence par du Silurien, avec Passavant. La Fosse-de-Tigné et Tigné sont sur le Crétacé inférieur, ainsi que Thouarcé ; mais avec Rablay et Saint-Lambert-du-Lattay nous trouvons le Précambrien, qui suit désormais tout le cours du Layon, jusqu'à son embouchure.

Les plateaux de l'une et l'autre rives, notamment depuis Thouarcé, sont recouverts des dépôts cénomaniens (Crétacé inférieur), jusqu'à Rablay, et ensuite d'alluvions.

5° GROUPE DU BAUGEOIS

Toute cette région, de Beaufort à Cheviré-le-Rouge, et de Mouliherne au Plessis-Grammoire, Pellouailles et Saint-Sylvain, est uniformément constituée par des roches, dont la plupart appartiennent aux assises inférieures du Crétacé (Cénomanien et Turonien), et quelques-unes, aux environs immédiats de Baugé, à Jarzé et quelques autres points, relèvent du Crétacé supérieur ou Sénonnien et du Tertiaire dans sa moitié orientale.

6° GROUPE DU LOIR ET DE LA SARTHE

Les coteaux qui portent les vignes d'Ecouflant, Epinard, Briollay, Tiercé, etc., ont la constitution du sol du Baugeois, à savoir des dépôts cénomaniens. Il en est ainsi des vignobles de Seiches, Marcé, La Chapelle-Saint-Laud. Un dépôt de calcaire jurassique donne les vins très distingués de Lézigné et Huillé. De bons crus s'y voient aussi sur le Cénomanien.

COMPARAISON DES DEUX RÉGIONS GÉOLOGIQUES AU POINT DE VUE VITICOLE

De la constitution si différente du sol des deux régions Ouest et Est de l'Anjou découlent des conséquences d'un haut intérêt pour la viticulture.

Les roches dures schisteuses et siliceuses de l'Ouest exigent des défonçages difficiles et bien plus onéreux ; ces roches affleurant ou n'étant recouvertes que par une faible épaisseur de terre, on doit pratiquer le travail au pic et à la dynamite.

De semblables difficultés se rencontrent bien plus rarement dans la région orientale, beaucoup plus tendre et souvent recouverte d'une profonde couche arable, que la charrue défonceuse suffit à remuer.

Les prix de défonçage, dans le premier cas, sont, par suite, de 5 à 15 fois plus élevés ; aussi ne sont-ils justifiés que dans les régions des grands crus.

La connaissance de la nature du terrain est indispensable pour le choix des porte-greffes : à la région orientale, souvent très riche en calcaire, ne conviennent pas ceux que l'on peut adopter pour la région occidentale, qui en est à peu près dépourvue.

Enfin, la nature du sol a une grande influence sur la vigueur et la fertilité des ceps et sur les qualités du vin. Les vignes qui poussent en terre calcaire sont plus exubérantes et plus fertiles, mais donnent des vins plus légers que celles qui viennent en terrain schisteux. Par contre, ceux-ci mûrissent parfaitement bien sur ce sol noirâtre, qui emmagasine mieux la chaleur ; la pourriture grise n'atteint pas leurs grappes, mais à l'arrière-saison, celles-ci se laissent envahir par la pourriture noble, qui amène la concentration du jus et annonce les grands vins.

⁂

Comme conclusion de cette petite étude géologique locale, on peut dire que le sol angevin se prête volontiers dans presque toutes ses parties à la culture de la vigne, si bien qu'à certaines époques celle-ci se trouvait répandue un peu partout. Puis, une sélection s'est faite, et on s'est abstenu de la planter là où l'exposition défavorable, la violence des vents, la fréquence plus grande des gelées, la dureté excessive du sol, etc., rendaient sa culture plus pénible et plus ingrate. C'est ainsi qu'avec raison la vigne, dans le Choletais, a cédé la place à l'industrie de l'élevage, et que dans le Segréen la culture des céréales lui a été substituée, tandis qu'au contraire la vigne prospère, donne de bons vins, et souvent de grands vins, dans les autres parties de l'Anjou, arrondissements de Baugé, de Saumur et d'Angers.

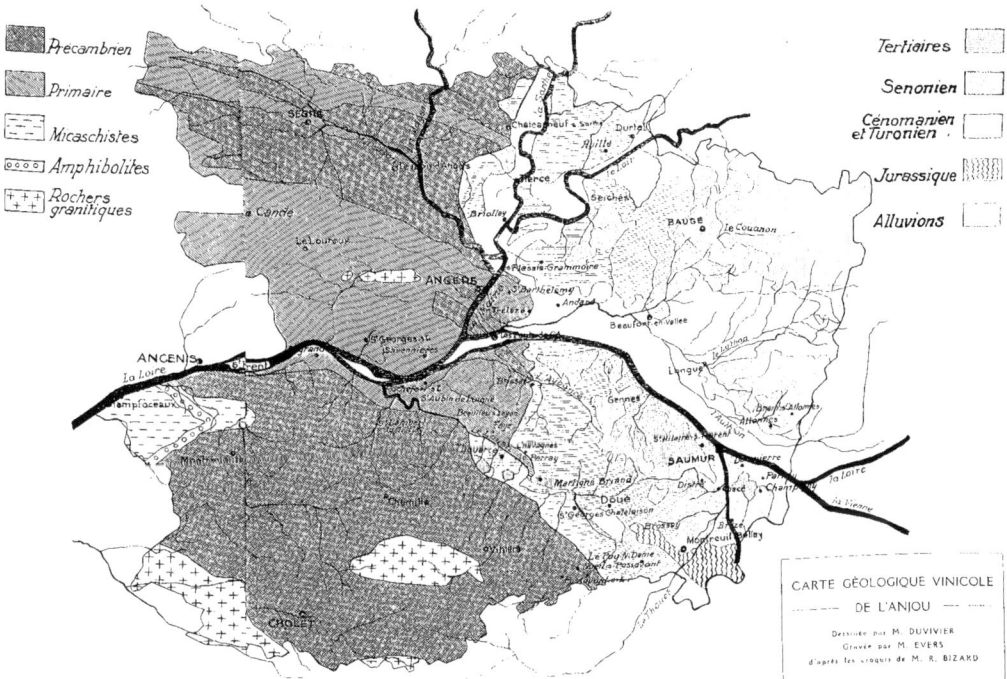

Légende:

- Précambrien
- Primaire
- Micaschistes
- Amphibolites
- Rochers granitiques

- Tertiaires
- Sénonien
- Cénomanien et Turonien
- Jurassique
- Alluvions

CARTE GÉOLOGIQUE VINICOLE

DE L'ANJOU

Dessinée par M. DUVIVIER
Gravée par M. EVERS
d'après les croquis de M. R. BIZARD

SEGRÉ · Châteauneuf s. Sarthe · Durtal · Tiercé · Baugé · Le Couanon · Briollay · Seiches · a Condé · Le Louroux · ANGERS · Le Plessis-Grammoire · St-Barthélemy · Andard · Beaufort en Vallée · St-Georges s.L. · Trélazé · La Loutine · ANCENIS · La Loire · Les Ponts de Cé · Blaison · St-Aubin de Luigné · Beaulieu · Juigné · Rablay · Murray · Gennes · Les Rosiers · Champtoceaux · Montjean · CHEMILLE · Vihiers · Martigné Briand · Doué · St-Georges-Chatelaison · SAUMUR · Dampierre · Parnay · Chacé · Montreuil Bellay · Le Puy N. Dame · La Trisse · CHOLET

Langeais · Gizeux · Allonnes · la Loire · la Vienne

CHAPITRE II

LE CLIMAT DE L'ANJOU

> « Pour ce qui est du climat,
> il m'a toujours paru que la
> zone moyenne et tempérée de
> la France avait une influence
> extraordinaire pour donner
> aux fruits sucrés leur perfec-
> tion et leur finesse d'arome et
> de saveur. »
>
> Dʳ Guyot, *Etude sur les
> Vignobles de France.*

O N peut le caractériser en deux mots : il est doux et humide. L'Anjou, en effet, pays à faible relief, se trouve placé à la limite du climat boréal et du climat méditerranéen. Les hivers n'y sont généralement pas très rigoureux ; glaces et neiges s'y montrent peu durables : les étés, largement ensoleillés, y sont chauds, mais rarement brûlants pendant une longue période de jours. Le plus souvent d'ailleurs, des orages, en moyenne trente-cinq par an, accompagnés de pluies bienfaisantes, les tempèrent. L'automne y est souvent admirable et chaud.

Les *vents* d'Ouest et Sud-Ouest, qui viennent de l'Océan, dont nous ne sommes éloignés que d'une trentaine de lieues, y apportent une humidité assez grande, qui tempère à la fois la chaleur estivale et les froids de l'hiver. Les vents Sud-Nord-Ouest soufflent, en moyenne, 202 jours, contre 163 du Nord-Sud-Est.

La *température moyenne*, d'après des relevés établis depuis 1889 jusqu'à 1921, est de 11°8, plus élevée, de quelques dixièmes, que celle des départements limitrophes, sauf la Loire-Inférieure.

Chose à noter, ce ne sont pas toujours les années où la température moyenne se trouve la plus élevée, que la vigne mûrit mieux ses fruits et donne le plus grand vin. Il faut surtout tenir compte de la répartition de la chaleur au cours de l'année, et de certains autres facteurs, comme le régime des pluies. C'est ainsi qu'en 1919, année de grand vin, la température moyenne a été de 11°5 seulement, et que 1900, autre année de grand vin, n'a eu qu'une moyenne de 11° ; tandis qu'en 1918, où le vin a été ordinaire, elle s'est élevée à 12°3, et en 1921, où le vin a été d'une qualité exceptionnelle, elle n'a atteint que 12°2.

Ce qui importe le plus, au point de vue de l'action de la température sur la vendange, c'est qu'elle reste élevée depuis le débourrage jusqu'à la maturité, et qu'il n'y ait pas de trop grands écarts entre la température nocturne et la température diurne ; enfin, et ceci a une grande importance, que la chaleur se prolonge pendant tout le mois d'octobre, car c'est de ce mois que dépendent les grands vins dans notre région.

Il faut aussi, en ce qui concerne la bonne maturité du raisin, tenir compte de la *nature du sol*, une terre de couleur noire absorbant une quantité de chaleur plus considérable qu'une terre blanche, crayeuse, qui la renvoie plutôt qu'elle ne s'en pénètre. Les schistes des coteaux du Layon emmagasinent donc plus de calories que les terres blanches du Baugeois et en font bénéficier la vigne.

La *pression barométrique* moyenne est de 759 $^{m}/_{m}$.

L'*humidité*, qui est en moyenne de 76, est plus grande que celle des départements limitrophes, à part la Loire-Inférieure.

La *nébulosité* étant comptée de 1 à 10, celle de l'Anjou atteint 5,6. Et à ce sujet il faut se souvenir que la *luminosité*, qui est l'état contraire, joue un très grand rôle dans la maturation des grappes.

Les *pluies annuelles* atteignent une hauteur totale de 585 $^{m}/_{m}$, bien inférieure, par conséquent, à la moyenne de la France, qui est de 770 environ ; seulement, si les pluies sont chez nous moins abondantes en quantité, elles

le sont plus en fréquence. Si l'on excepte quelques rares périodes de sécheresse, les pluies sont suffisantes pour les besoins de la terre angevine,
laquelle est en outre arrosée par de nombreuses rivières, surtout dans sa
moitié septentrionale, où elles forment comme un large éventail.

Le raisin demandant pour mûrir 2.800 calories, nous atteignons assez
généralement ce chiffre et le dépassons souvent.

En somme, l'Anjou est situé à la limite de la région où la vigne peut
normalement mûrir ses fruits. Ajoutons qu'il possède de nombreux coteaux,
dont le plus élevé atteint 195 mètres, mais qui, pour la plupart, s'échelonnent entre 50 et 100 mètres. Ceux dont la pente est tournée vers le midi,
et ils sont nombreux, offrent une exposition admirable à la vigne, qui y
atteint sa parfaite maturité et souvent y acquiert une surmaturation, qui
donne des vins d'une finesse et d'un bouquet incomparables.

CHAPITRE III

ORIGINE ET EXTENSION DE LA VIGNE EN GAULE

> « La vigne est un végétal nette-
> ment indigène, dont le déve-
> loppement paléontologique
> s'est fait en grande partie dans
> nos régions. »
>
> DE MORTILLET, *Les Boissons fermentées.*

À QUELLE époque a-t-on commencé à cultiver la vigne en Anjou et à en boire le vin ?

Pour éclairer le sujet, il faudrait d'abord savoir à quel moment la vigne a fait son entrée en Gaule. Or, la réponse n'est pas facile. Essayons cependant de résoudre ce problème, puis de suivre la progression du précieux arbuste à travers la Gaule, jusqu'à son arrivée dans notre province.

Une question préalable se pose tout d'abord. La voici : La vigne est-elle *autochtone ?* Ou bien a-t-elle été importée des pays étrangers dans le nôtre ?

Les archives de nos bibliothèques n'ont pas, et pour cause, conservé ce secret. Dans les temps lointains auxquels nous devons remonter, les gens n'ayant pas l'habitude d'inscrire sur des petits papiers leurs notes et leurs comptes, aucune indication ne nous est venue par cette voie.

Les archives de la terre même, plus fidèles, nous livreront peut-être le secret que ne nous ont pas révélés les grimoires. Consultons-les.

PREMIÈRE APPARITION DE LA VIGNE

On a trouvé dans les calcaires travertins de Sézanne (fig. 2), dans la Marne, précisément le pays du Champagne, lesquels font partie des terrains

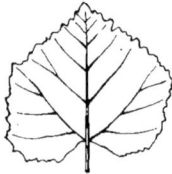

Fig. 2. — Feuille de vigne fossile de Champagne, *Vitis Sezannensis*. D'après PORTES et RUYSSEN.

Fig. 3. — *Vitis vinifera*, fossile. Travertins supérieurs (Tertiaire) de la Toscane. D'après PORTES et RUYSSEN.

Fig. 4. — Feuille de *Vitis vinifera* actuel. D'après PORTES et RUYSSEN.

tertiaires inférieurs (base de l'Eocène), des empreintes de feuilles de vigne très bien conservées, des vrilles, des tiges sarmenteuses, qui rappellent de très près les Riparias américains. Ce sont les plus anciennes traces du genre *Vitis* que l'on connaisse. On en retrouve quelques autres débris dans le tertiaire moyen (Oligocène, Miocène).

A partir de cette époque, les échantillons de la vigne deviennent, un peu partout, de plus en plus nombreux, en France, Allemagne, Angleterre, Islande, Japon, Amérique septentrionale. Pour ne citer que ceux de notre pays, on peut noter les empreintes des tufs de Vesoul (Miocène inférieur), qui rappellent le *Rotundifolia* d'Amérique ; ceux de Montcharray, dans l'Ardèche, qui paraissent être les prédécesseurs immédiats de nos vignes actuelles (*Vitis prævinifera*) ; puis, dans les cinérites du Cantal, des formes très voisines des espèces de l'Asie occidentale ; d'autres, dans les tufs de Marseille, où de nombreuses feuilles rappellent de très près celles de notre *Vitis Vinifera* (fig. 3).

Si du Tertiaire nous passons au Quaternaire, nous trouvons le *Vitis Salyorum*, vigne certainement contemporaine des premiers hommes, qui en ont très probablement mangé les fruits, qu'ils ont peut-être cultivée. Enfin, dans les tufs de Montpellier, du Quaternaire également, apparaît le vrai *Vitis Vinifera*, souche de toutes les variétés européennes actuelles, tant blanches que rouges. Dès lors on n'en perd plus la trace à travers les âges préhistoriques. On en a trouvé en Suisse de nombreux débris, notamment des pépins, dans les diverses époques de la pierre éclatée, de la pierre polie et du bronze (1).

La Vigne est « fille de France »

La tradition veut que la vigne ait été transportée d'Asie en Europe ; que cultivée d'abord en Grèce, elle se soit ensuite répandue en Italie ; que les Phocéens l'aient transportée à Marseille, et que de la région méridionale elle ait peu à peu gagné toute l'étendue de la Gaule.

Cette migration est possible, mais ne va pas à l'encontre des documents précédents, qui établissent que la vigne est bien autochtone, qu'elle est bien « fille de France » et que, comme beaucoup d'autres bienfaits, c'est de là qu'elle est partie pour aller à la conquête du monde entier.

Il est de toute évidence que la première boisson dont les hommes firent usage fut l'eau claire des fleuves et des fontaines. Un auteur du xviiiᵉ siècle, Bidet, ajoute même cette réflexion, qui ne manque pas d'humorisme : « Avant le déluge, on ne buvait que de l'eau, qui était alors très bonne, n'ayant pas été corrompue par le déluge. » On comprend, dès lors, qu'après

(1) *Ampélographie Universelle*, Vermorel et Viala.

la grande inondation, les hommes aient senti la nécessité de corriger les défauts de cette eau impure en la mêlant au vin, ou même à se mettre mieux encore à l'abri de ses funestes effets en lui substituant complètement celui-ci.

Noé fut d'ailleurs, d'après le récit de la Bible, le premier à établir cette révolution dans le régime alimentaire de l'humanité. Resté sobre pendant les six cents premières années de son existence, quelque temps après sa sortie de l'Arche il but du vin avec excès et s'enivra. Mais, dit saint Jean-Chrysostome : « son ivresse fut sans péché, n'ayant pas été volontaire ».

Avec la dispersion des races, la vigne se propagea dans toutes les contrées habitées, et aucun arbuste cultivé par la main de l'homme n'a jamais pris une pareille extension. « Après le pain, dit Olivier de Serres, vient le vin, second aliment donné par le Créateur à l'entretenement de ceste vie, et le premier célébré par son excellence ».

L'homme a sans doute fait beaucoup pour cette extension de l'aire de la vigne, mais les oiseaux frugivores, en disséminant les pépins, ont dû sûrement contribuer assez largement à sa diffusion géographique.

Les Gaulois ont toujours aimé le vin

Ce qui est certain, les témoignages historiques en font foi, c'est que les Gaulois buvaient du vin avant la conquête de leur pays par les Romains, car, 440 ans avant notre ère, Platon parle des habitudes bachiques de nos ancêtres.

Un usage charmant chez les Salyens, nous dirions aujourd'hui les Provençaux, voulait qu'à la fin du dîner de fiançailles la jeune fille qui allait être épousée entrât dans la salle du festin, tenant à la main une coupe de vin et d'eau, symbolisant l'union de la force et de la douceur, et la présentât à l'époux de son choix. Ainsi fit la jeune princesse Gyptis, au palais du roi Protis, six cents ans avant Jésus-Christ.

Dès cette époque on buvait donc du vin en Gaule. Mais les Gaulois étaient un peuple fruste, plus fait pour la chasse et la guerre que pour les pacifiques travaux des champs et la culture de la vigne, qu'ils étaient peu habiles à tailler pour lui faire produire du vin. Les Phocéens, plus policés, ont bien pu, en même temps qu'ils leur faisaient connaître de nouveaux cépages, leur donner les premiers principes de cette science.

Il est reconnu, d'autre part, que les Gaulois ont toujours eu pour le vin un goût marqué, lequel a bien souvent dégénéré en excès. Charlemagne défendit à ses sujets de se provoquer à boire pendant les repas. La croyance courait « qu'il faut, à chaque mois, s'enivrer au moins une fois ».

Au dire de Diodore de Sicile, les marchands italiens faisaient avec les Gaulois un commerce de vin très lucratif. Profitant de leur passion avérée pour cette boisson, ils amenaient en Gaule, soit par eau, soit par voie de terre, des vins, avec lesquels nos ancêtres s'enivraient, et que faute d'argent ils payaient en livrant en échange, aux marchands, un jeune garçon, que ceux-ci emmenaient pour les servir.

Strabon (60 ans avant J.-C.), parlant évidemment de la région méridionale, écrit que « ce pays est fertile en oliviers et en vignes ».

Le vin était même d'un usage si habituel en Gaule, qu'il fut longtemps défendu aux femmes d'en boire, ainsi qu'aux enfants.

Cicéron parle du commerce avantageux que fait la Gaule avec ses vins, qu'elle envoie en Italie ; et Columelle dit qu'étant donné la mauvaise culture de l'Italie, les Romains se pourvoyaient en Gaule.

De tout ceci, il résulte qu'il y avait des échanges fréquents entre les deux pays.

Au temps de Pline, toute la Gaule narbonnaise produisait des vins de diverse qualité, et les Romains tiraient des vins rouges de cette région et des vins muscats du Languedoc. Ceci suppose donc que depuis bien longtemps la vigne était cultivée dans notre pays.

Et si, au dire de Tite-Live et de Plutarque, un Toscan voulant se venger de sa patrie, fit goûter aux chefs gaulois un vin particulièrement exquis, lequel les détermina à conduire 300.000 hommes à la conquête d'un pays qui produisait un si fameux breuvage et à mettre Rome à deux doigts de sa perte, ces différents récits ne sont pas contradictoires.

Ce fut la force du vin, dit Olivier de Serres, qui attira les armes des Gaulois en Italie ; ils partirent donc pour « aller conquester la terre produisant si précieuse boisson ».

On a pu mettre en doute le fait. En tout cas, la légende est jolie.

Pour ne parler que des faits qui nous touchent de plus près, croit-on que l'attraction exercée par la richesse de notre Champagne française ne fut pas pour quelque chose dans l'envahissement récent de notre pays par les armées allemandes ?

PROPAGATION DE LA VIGNE EN GAULE

Ce qui prouve que la vigne existait alors non seulement dans la région méridionale, mais aussi dans la nôtre, c'est que Strabon, cité plus haut, ajoute : « La vigne réussit moins bien dans la partie septentrionale de la Gaule. » On sait, en effet, que, dès les premières années de l'invasion romaine, l'Angleterre cultivait la vigne. Au XIIᵉ siècle, cette culture y était très répandue, chaque monastère y ayant la sienne. A partir du XIXᵉ siècle, elle y est encore cultivée, mais seulement sous verre (1).

Quoi qu'il en soit, il paraît bien que, pendant longtemps, les Gaulois peu expérimentés dans l'art de la viticulture et de la vinification, et dont la boisson habituelle était la cervoise, sorte de bière obtenue de la fermentation du blé, de l'orge ou de l'avoine, furent tributaires des pays voisins, alors plus avancés qu'eux dans cette connaissance ; il est vrai que depuis..., mais n'anticipons pas.

Les écrits des anciens auteurs donnent à penser que, de la Provence la culture de la vigne remonta vers le Nord en suivant le cours des fleuves, le Rhône, la Garonne, la Loire. Mais il est bien possible aussi que les vignes cultivées dans la partie centrale de la Gaule soient autochtones, les cépages du Midi cultivés chez nous y réussissant mal et inversement (2).

L'EDIT DE DOMITIEN

Au temps de Jules César, la culture de la vigne ne remontait pas au delà des Cévennes. Mais, à mesure que les forêts qui recouvraient la Gaule se

---

(1) PORTES et RUYSSEN, *Traité de la Vigne*, 1886.
(2) PORTES et RUYSSEN.

défrichaient, la vigne prenait de plus en plus de développement. Elle acquit même une telle extension, qu'en l'année 92 de l'ère chrétienne, Domitien, sous prétexte de laisser à la culture du blé une plus large place, mais bien plutôt sans doute pour lutter contre la concurrence que les vins de Gaule faisaient à ceux d'Italie, profitant de ce que cette année-là, sans doute très chaude et sèche, le blé avait fort mal réussi, tandis que le vin était très abondant, ordonna que les vignes de la Gaule fussent arrachées.

Cet édit du plus cruel des empereurs romains, qui devait être renouvelé en 1556 par le roi de la Saint-Barthélemy, Charles IX, ne fut pas d'ailleurs exécuté dans toute sa rigueur sur toute l'étendue du territoire ; des îlots échappèrent çà et là à la proscription et furent le point de départ de la reconstitution ultérieure des vignobles (1).

Fig. 5. — Médaille frappée à l'effigie de Probus. D'une main il tient un flambeau et de l'autre il fait un geste protecteur sur un groupe de jeunes femmes, qui lui offrent des grappes de raisin, tandis qu'une autre danse devant lui avec une amphore (de vin) sur l'épaule.

En exergue : *Temporum felicitas* (2).

RECONSTITUTION DU VIGNOBLE PAR PROBUS

Elle eut lieu avec l'empereur Probus (282), originaire de la Pannonie (Autriche-Hongrie), zélé propagateur de la vigne. Il rapporta l'édit de Domitien, favorisa la culture du précieux arbuste en Gaule et occcupa même les légions romaines à cette plantation. Par cette méthode, il fit plus pour la pacification du pays que n'avaient obtenu les violences de ses prédécesseurs.

Les coteaux de la Gaule se couvrirent alors de vignes, qui prirent une telle

---

(1) D'ailleurs, si on en croit Suétone, c'est seulement la moitié et non la totalité des vignes de la Gaule qui fut condamnée. Un pamphlet du temps manifeste la colère des vignerons ; il fait dire par la vigne au tyran : « Mange-moi jusqu'aux racines, je n'en porterai pas moins assez de raisins pour qu'on fasse de larges libations le jour où César sera immolé ». LEGRAND D'AUSSY, *Histoire de la Vie privée des Français*, 1815.

(2) Emprunté à M. BILLIARD, *La Vigne dans l'antiquité*, 1913.

extension que non seulement notre région d'Anjou en fut abondamment pourvue, mais que leur aire s'étendit bien au delà de notre province et atteignit la Normandie, où, pendant plusieurs siècles, elles furent cultivées sur de vastes espaces. On lit dans une *Vie de saint Filibert*, abbé de Jumièges (VII⁹ siècle), à propos de la fertilité du lieu : *Hic vinearum abundant botryones qui in turgentibus gemmis lucentes rutilant in falernis* (1).

Elle pénétra même jusqu'en Belgique.

Ce fut l'époque où Paris se couvrit de vignes, et où la montagne Sainte-Geneviève et les terrains occupés actuellement par les rues Serpente, de la Harpe, de Saint-André-des-Arcs étaient envahis par cette culture, au dire de l'empereur Julien, qui parle avec éloge du vin qu'on en tirait.

EXTENSION DE LA VIGNE EN BRETAGNE ET EN NORMANDIE

Cette extension de la vigne dans la région septentrionale est due non pas à ce que la température de la région était plus élevée qu'à l'époque actuelle, car elle n'a pas changé, mais tient à un double motif : d'abord la nécessité d'avoir du vin pour la célébration de la Messe, étant donné surtout que les couvents de Religieux étaient alors très nombreux ; et ensuite la difficulté des transports d'une province à l'autre.

C'est aux XI⁹ et XII⁹ siècles que les vignobles normands eurent leur plus grande prospérité.

Mais sous le règne d'Henri II (milieu du XVI⁹), les vins d'Aquitaine et de Bourgogne arrivent librement sur les marchés de Normandie. Dès lors, la culture de la vigne rétrograde dans ce pays et il n'en reste plus que des lambeaux, sur les rives de la Seine, de l'Eure, de la Dives, sur les coteaux d'Argences et d'Airan et les vallées de l'Avranchin (2).

D'ailleurs, les vins de Normandie ne devaient guère être qu'une maigre piquette, y compris ceux d'Argences, qui passaient pour les meilleurs, témoin cette citation d'un auteur, qui, en 1631, écrit : « Pour les vins qui croissent

---

(1) *Ici abondent les grappes de raisin dont les grains gonflés donnent la liqueur qui brille dans les coupes.*

(2) Léop. DELISLE.

près d'Argences et en quelques lieux vers Avranches, ils sont si verds qu'on leur préfère le *Collinhou,* que les Cauchois tirent des vignes attachées à leurs arbres. »

Le vin tranche-boyau d'Avranches
Et rompt-ceinture de Laval
A mandé à Renaud d'Argences
Que Collinhou (1) aura le gal (2).

Aux xiv⁰ et xv⁰ siècles, la vigne prend une grande extension en France ; nous en avons la preuve dans ce fait que les prix d'achat du vin disparaissent du compte des couvents, ces établissements possédant dès lors d'assez vastes vignobles pour subvenir à leur consommation et même pour en vendre, ainsi qu'en font foi leurs livres de compte.

La Bretagne elle-même se couvre de vignobles. Mais on est en droit de douter que le raisin y mûrit bien et donnât de bons vins, témoin la réponse que fit un jour François Iᵉʳ à un gentilhomme breton, qui lui disait qu'il y avait en Bretagne trois choses qui valaient mieux que dans tout le reste du royaume : les chiens, les vins et les hommes. « Pour les chiens et les hommes, répondit le Roi, il peut en être quelque chose ; mais pour les vins, je ne puis en convenir, estant les plus verds et aspres de mon Royaume. » Et il raconta plaisamment qu'un chien ayant mangé, près de Rennes, une grappe de raisin, sentit à l'instant dans le ventre une telle aigreur, que, pour se venger, il aboya de colère contre la vigne.

Au xvi⁰ siècle, le gouvernement royal s'émeut de l'extension donnée à la vigne. En 1567, il prescrivit aux magistrats de veiller à ce que le labour ne soit pas délaissé « pour faire plant excessif de vigne, qu'il y eut toujours pour le moins les deux tiers des fonds en céréales et que le sol propre à la prairie ne fût appliqué au vignoble ».

---

(1) *Collinhou, Collinhoult, Conihout* était un vin du pays de Caux et ainsi nommé d'un village dépendant de Jumièges. Il eut l'honneur de figurer sur une table royale, car on le trouve cité dans un état des revenus et dépenses de Philippe-Auguste.

(2) *Gal,* expression normande, qui indique la priorité, la supériorité. Gabriel Du Moulin, *Histoire Générale de Normandie,* 1631.

L'Edit de Charles IX

Au milieu du XVIe siècle, la vigne prit une extension énorme ; de vastes étendues furent enlevées à la culture des céréales, notamment en Bourgogne, et plantées en vignes. Un édit de Charles IX la fit rudement rétrograder. Une disette de blé étant survenue, il l'attribua à la trop grande extension de la vigne et interdit à chaque canton d'en cultiver plus d'un tiers de son territoire, les deux autres tiers devant être arrachés et convertis en prés et terres labourables.

Au commencement du XVIIe siècle, la vigne semblait cependant être encore d'un rapport avantageux, témoin l'apologue qu'on trouve dans le *Théâtre d'Agriculture et Mesnage des Champs*, d'Olivier de Serres. Un père donne à son fils une vigne en lui disant qu'un trésor y est caché. Le fils laboura et cultiva si bien sa vigne, qu'il y fit une fortune. C'est très vraisemblablement cet apologue qui a inspiré l'une des plus jolies fables de La Fontaine : « Le laboureur et ses enfants ».

L'Edit de Louis XV

Dès le début du XVIIIe siècle, on retrouve la même préoccupation de la part du gouvernement ; mais, plus modéré et plus sage que celui de Charles IX fut l'édit de Louis XV (1731), qui, pour limiter l'extension de la vigne, qui tendait à s'exagérer, interdit la plantation de vignes nouvelles, et ordonna que celles qui seraient laissées sans culture pendant deux années de suite soient définitivement abandonnées : Défense, par arrêt du Conseil, de « planter des vignes nouvelles, sauf même à ordonner la déplantation de celles qu'on jugerait à propos par la suite ». L'ordonnance était sérieuse, car plusieurs habitants d'une paroisse voisine de Bourges y ayant contrevenu furent condamnés à 3.000 livres d'amende (1732). Le vin était, paraît-il, alors, d'une telle abondance qu'il avait perdu toute valeur.

Nous retrouvons cette préoccupation de limiter l'extension des vignes et d'arrêter l'avilissement des vins à des époques plus proches de nous. En 1763 Dupuy-Demportes se plaint de ce que nombre de cultivateurs ont leur cellier plein de vin, mais manquent de pain, et écrit que si le Ministre était mieux renseigné, il ferait défense expresse de planter des vignes, surtout dans la région parisienne « dont les vins .. l'acide mordicant ne peuvent être que contraires à la santé des individus ».

« .....Il y a des ordonnances qui interdisent la plantation des vignes ; mais sont elles abolies (1) ? »

Enfin, à notre époque même, en présence d'une crise sur les vins très menaçante, on a proposé dans les Revues viticoles le moyen classique de l'arrachage des vignes, en dehors de la région méridionale ; il est vrai que le promoteur de l'idée était du Midi.

Notre époque n'en est plus, heureusement, pour ce protectionnisme à outrance ; mais c'est aux viticulteurs de s'inspirer des circonstances et d'agir prudemment en conséquence, c'est-à-dire proportionner l'importance du vignoble à l'importance de la consommation.

---

(1) Dupuy-Demportes, *Le Gentilhomme cultivateur*, 1763.

CHAPITRE IV

ORIGINE ET RÉPARTITION
DE LA VIGNE EN ANJOU

> « L'origine de la vigne en Anjou
> est bien difficile à fixer. On
> peut judicieusement penser
> que les cépages qu'on y cul-
> tive de temps immémorial,
> comme le Pineau de la Loire,
> ne sont que le résultat de la
> culture sur place de variétés
> autochtones. »
>
> PORTES et RUYSSEN, *Traité
> de la Vigne.*

L'ANCIEN ANJOU

E T d'abord que devons-nous entendre par « Anjou » ?

Le département actuel de Maine-et-Loire ne répond pas complètement à ce que ce terme désignait jadis. La province d'Anjou comprenait, en plus, une assez large bande de terre lui formant une demi-ceinture Nord-Est, que se sont partagés les départements de la Mayenne, de la Sarthe, d'Indre-et-Loire et qui, passant au nord de Cossé-le-Vivien, puis par Sablé, Malicorne, le Lude, enfin, à l'est de Château-la-Vallière, atteignait et dépassait un peu la région de Bourgueil.

Sur tout l'Anjou, ainsi compris, s'étalèrent, mais inégalement répartis depuis des temps très reculés, de nombreux et beaux vignobles.

Les documents qui vont suivre feront connaître l'Anjou viticole, arrondissement par arrondissement, à partir de l'époque la plus lointaine qu'il nous soit possible d'atteindre.

I. Arrondissements d'Angers et de Baugé

Ier siècle. — On peut assurer, en s'appuyant sur les documents du chapitre précédent, que dès le premier siècle de l'ère chrétienne la vigne existait en Anjou.

IVe siècle. — Saint Martin, au commencement du IVe siècle, évangélise notre région et y propage la vigne. Son souvenir est resté si populaire dans le monde des vignerons, que le 11 novembre, jour de sa fête, fut choisi par tout le royaume pour célébrer la *fête de la vendange.*

VIe siècle. — Nous avons des documents qui établissent qu'au temps de Childebert Ier, elle florissait sur les bords de la Loire. Témoin ces vers du poète Apollonius :

> *Est juxta æquores urbs durâ in rupe Britannos,*
> *Et Ceresis dives et Bacchi munere plena,*
> *Andecavi greco sumens a nomine nomen* (1).

Le premier document authentique que nous possédions remonte à l'an 515 et se trouve dans ce qu'on a appelé les *Formules Angevines,* sorte de protocole de notaire, dans lequel on trouve un modèle relatif à la vente des vignes.

Grégoire de Tours parle des vignes déjà très étendues dans notre contrée et de petits instruments bruyants alors en usage pour en chasser les oiseaux, sans doute les étourneaux, qui dévoraient les vendanges.

Les Cartulaires des Abbayes ont conservé le souvenir des nombreux dons ou transactions dont les vignes ont été l'objet au moyen âge. Evidemment les

---

(1) « Il est non loin de la mer de Bretagne une ville située sur un rocher, riche des dons de Cérès et de Bacchus (c'est-à-dire du blé et du vin) qui a tiré d'un nom grec son nom d'Andécave. »

mêmes opérations devaient avoir cours entre les particuliers ; mais les documents que nous possédons à leur sujet sont bien plus rares.

D'ailleurs, tout monastère possédait son clos de vigne. Le noble arbuste a toujours eu, en quelque sorte, un caractère sacré, qu'il doit sans doute à l'usage auquel sert son produit dans les plus augustes cérémonies du culte catholique et aux allusions qu'y font fréquemment les auteurs sacrés, les hommes justes étant comparés à des grappes superbes et bien mûres, les mauvais au fruit acerbe de la vigne sauvage (ISAÏE).

VIIIe siècle. — Au mois de mai 769, Charlemagne confirma le don fait par son père Pépin-le-Bref à l'Abbaye de Saint-Aubin (actuellement la préfecture d'Angers), d'une vigne située auprès du monastère.

IXe siècle. — Le 1er mars 839, Rorgon donne à l'Abbaye de Saint-Maur de Glanfeuil des vignes situées dans les « vigneries » de Mazé.

Charles-le-Chauve (1er août 847) fait don à l'Abbaye de Saint-Aubin d'Angers, de vignes situées à Seiches.

En 850, le seigneur Saucon cède à Dodon, évêque d'Angers, l'alleu de Brionneau avec ses vignes.

Charles-le-Chauve donne (13 février 874) au Chapitre de Saint-Jean-Baptiste et Saint-Lezin d'Angers la villa de Blaison avec ses vignes.

Xe siècle. — Allain III le Grand, roi de Bretagne, donne à l'évêque d'Angers l'Abbaye de Saint-Serge avec ses vignes.

Néfingue, évêque d'Angers (966), restitue à l'Abbaye de Saint-Aubin un arpent et demi de vigne sis dans la banlieue d'Angers.

La comtesse Adèle, la grande bienfaitrice de l'Abbaye Saint-Aubin, fait don, à ce monastère, de l' « Isle du Mont », appelée depuis lors l'île Saint-Aubin, et de cinq arpents de vignes.

XIe siècle. — Foulques Nerra, comte d'Anjou (1022), donne à l'Abbaye Saint-Nicolas-lès-Angers, qu'il avait fondée deux ans auparavant, des vignes au bord de Brionneau, une autre entre la Maine et Brionneau, l'exemption du « banvin » (1) en deçà du ruisseau de la Barre.

---

(1) Droit qu'avait le Seigneur d'un lieu de vendre son vin avant tout autre pendant une durée de quarante jours.

Fondation de l'Abbaye du Ronceray (emplacement actuel de l'Ecole des Arts et Métiers) par le même, qui lui fait don de quarante arpents de vigne, situés près du monastère (14 juillet 1028).

Des vignes importantes étaient, à la même époque, cultivées à Pouillé, sur le territoire des Ponts-de-Cé : « *In Saiaco, inter viam publicam, quæ ducit ad Andecavem civitatem et vineas de Poliaco* (1).

Geoffroy Martel, comte d'Anjou, donne à l'Abbaye de Vendôme (31 mai 1040), le monastère de Saint-Sauveur (actuellement Lesvière) avec ses vingt arpents de vigne, l'église Saint-Jean-sur-Loire de Saint-Rémy-la-Varenne, avec ses trente arpents de vignes, et la même année encore, à l'Abbaye de Vendôme, l'église de Saint-Saturnin avec les vignes qui se trouvent dans cette localité.

Vers 1040, Geoffroy Martel échange avec l'Abbaye du Ronceray une terre sise à l'Anglée (2) (Frémur), pour en faire une plantation de vignes de Bordeaux (3).

Il abandonne à l'église Toussaint (vers 1044), le jour de sa dédicace par l'évêque d'Angers, le vinage de sept arpents de vigne.

Il confirme vers 1055 aux chanoines de la chapelle Sainte-Geneviève, où était conservé le corps de Saint Laud, le don de vignes à Epluchard, Lesvière, Sainte-Gemmes-sur-Loire.

Hugues de Saint-Laud donne au Chapitre de la Cathédrale un arpent de vigne à Chanzé (La Baumette).

Vers 1090 l'Abbaye de Saint-Aubin achète des vignes à Pruniers, et le Chapitre de la Cathédrale cède à l'Abbaye de Saint-Serge ses vignes de Monriou (Feneu).

Vers 1100, Raimbert donne à l'Abbaye Saint-Aubin un quartier de vigne situé à Saint-Rémy-la-Varenne.

---

(1) « A Sée, entre la voie publique qui conduit à la ville des Andécaves et les vignes de Pouillé. » (*Cartulaire de Saint-Aubin*, 1036-1049.)

(2) Ainsi appelée parce que cette région a la forme d'un coin entre les deux cours d'eau de la Loire et de la Maine.

(3) Il serait intéressant de savoir de quel plant il s'agit. Serait-ce le Cabernet, qui aurait été introduit dès cette époque en Anjou ?

A la même époque, l'Abbaye Saint-Aubin fait don au sénéchal du comte d'Anjou de trois arpents de vigne situés à Angers.

XIIe siècle. — Un accord est conclu entre l'Abbaye de Fontevrault et le Chapitre Saint-Laud d'Angers (28 juin 1116), en vertu duquel Saint-Laud conservera la dîme de la Pignonnière, à Saint-Barthélémy, sauf des vignes appartenant en propre à Fontevrault en cet endroit.

En 1120, l'Abbaye de Saint-Serge achète au prix de quarante sols un arpent de vigne pour son prieuré de Saint-Melaine.

Vers 1135, Guillaume Boucher donne aux chanoines de la Cathédrale un arpent de vigne situé aux Jonchères (Angers).

A la même époque, Béatrice donne au Chapitre de la Cathédrale la dîme d'un arpent et demi de vigne qu'elle possède au Plessis-Grammoire.

Le comte d'Anjou accorde à l'Abbaye du Ronceray (14 février 1141) des vignes situées au lieu dit Chef-de-Ville.

Aigrefoin (commune de Brain-sur-l'Authion), fut le premier beau domaine de vignes de l'Hôtel-Dieu d'Angers, qui y tenait plusieurs pressoirs à ban (1).

Comme on le voit par cette énumération, longue, quoique incomplète, Angers et ses environs étaient déjà, à cette époque reculée, abondamment pourvus de vignes. Voici, d'ailleurs, un document du temps qui vient confirmer ce dire.

Un auteur anglais, Raoul de Diceto, doyen de Londres, décrit la ville d'Angers en 1149 et dit : Vers le nord et le levant (sans doute sur l'emplacement actuel du château) s'élève un vaste bâtiment qui serait digne de porter le nom de palais ; de là la vue s'étend sur le cours de la rivière et sur les coteaux consacrés à la culture de la vigne (2).

Vers 1175 le Chapitre de Saint-Laud concède au prieuré de Saint-Gilles-du-Verger (actuellement Ecole Régionale des Beaux-Arts), un arpent de vigne sis au fief de Verrières, près Angers.

Guillaume Le Breton, chapelain de Philippe-Auguste, fait, dans un poème

---

(1) Les pressoirs à ban ou pressoirs banaux possédés par les Seigneurs ou les Communautés servaient au public, moyennant une juste rémunération.

(2) *Historiens de France*, t. XII, p. 535.

latin consacré à la gloire du roi, cet éloge de la ville d'Angers : « A peine peut-on trouver ailleurs une ville plus riche et mieux décorée, plus abondante en dons de Bacchus. De tous côtés ce ne sont que champs couverts de vignes qui fournissent à boire aux Normands et aux Bretons, si bien que les possesseurs de ces terres ne manquent jamais d'argent. »

En 1231, le Chapitre de Saint-Maurille d'Angers concède aux Cordeliers une portion de terrain planté en vigne pour y construire une église (rue des Cordeliers).

XVe siècle. — En pleine ville d'Angers on cultivait encore d'assez grands morceaux de vigne. Dans un bail à vente du château de Grohan, daté de 1415, on parle de biens de religieux du Loroux, « cités en Hannelou, près d'Angers, contenant le tout quatre arpents, que vignes, que terres et jardins ». Et dans une déclaration d'héritages appartenant aux mêmes religieux, en 1425, on lit : « Le hébergement et appartenances ancien appellé chasteau Grohan, sis en Hanneleu, joignant la rue par laquelle on vait à Saint-Lienart (Saint-Léonard), d'une part,..... demeurant en la rue de Bréchigne (Bressigny), d'autres contenant celles appartenances troys arpents, que vignes, que courtilz ou environs. »

A cette époque les vignes constituaient une partie importante des établissements religieux ou de bienfaisance, par suite de dons successivement reçus. C'est ainsi que l'hôpital Saint-Jean d'Angers possédait 8 quartiers de vigne à Morin (Bouchemaine), 18 aux Fouacières et à la Papillaie (Angers), 8 à Challay, 20 à Piré, 8 à Frémur, 20 à Pigeon, 8 au Pressoir Cornu, 20 à l'Oisonnière, 14 à la Tartentière (Plessis-Grammoire), 54 à Aigrefoin, 4 à Cullay (Tiercé), 12 à Prézaye (Jarzé), 14 à Fontaine-Bresson (Vernantes), soit au total 208 quartiers.

Une partie de la récolte de ce vaste vignoble était débitée par privilège de banvin (1), dans la maison des Tuffeaux, rue Saint-Nicolas, par un commis ayant reçu un mandat spécial et son bénéfice réglé.

Dans le même temps, Jean Bourré, ce grand bâtisseur de maisons seigneuriales, l'habile compère de Louis XI, s'intéressait vivement, au milieu de

---

(1) Voir pour la signification de ce mot p. 27.

ses vastes entreprises, au vin blanc qu'il récoltait sur sa propriété de Vaulx, en la paroisse de Miré, et il écrivait à son intendant : « Gardez-le moi bien à quant je yré par de là, et gardez qu'il n'en soit point tyré, et le faictes bonder et abiller, qu'il n'y ayt point de vent ; si d'adventure il n'en a besoingt, par un petit pertuis empress le bondin. »

« Escript au Plessis-Bourré, ce dimanche dernier jour d'octobre (vers 1483 au 1485). Signé : BOURRÉ. »

XVIe siècle. — Dans la ville d'Angers, écrit Claude Ménard (1537), au faubourg Bressigné se trouve une hôtellerie qui a pour enseigne la *Côte de Baleine*, et près le jardin, dans le milieu d'une vigne une place ovale..... »

De nombreux documents de ce genre établissent l'existence de fréquentes transactions analogues aux précédentes dans le canton de Baugé, où nous voyons les seigneurs et les bourgeois donner, du XIe au XVIIe siècle, des vignes situées sur les paroisses de Jarzé, Chartrené, Seiches, Brion, Chaumont, Vernoil-le-Fourrier, etc.

En 1571, le curé de Fontaine-Milon écrit dans son registre paroissial : « Fontaine-Milon, bonne ville de renom, où il croît de bon vin ; Dieu y en veuille toujours amener ainsi ! »

François Réchin, avocat à Montpellier, écrit dans son *Histoire de l'Anjou,* 1537 : « De tout temps et encore aujourd'hui le vignoble de l'Anjou excelle sur celui de son voisinage ; en ses coteaux plantés de vignes..... il porte des vins blancs dont la réputation est allée fort loin. »

Et en ce même XVIe siècle, un poète bordelais, Pierre de Brack, dans une hymne à Bacchus, parle avec éloge du vin d'Anjou, qu'il appelle l'*Angevin falernois*.

II. — ARRONDISSEMENT DE SAUMUR

IXe siècle. — Guy de Fougereuse fonde un couvent de moniales à la Fougereuse, qui dépendait de la sénéchaussée de Saumur, et lui accorde le droit de mesure des blés, de vigne, etc.

En 845, Charles le Chauve donne à l'Abbaye de Saint-Maur de Glanfeuil, des vignes situées à Bessé.

En 850, il fait don à la même Abbaye d'une vigne située à Soulanger.

Le 4 juillet 895, le roi Eudes donne à l'Evêché et au Chapitre d'Angers la villa d'Epinats, sise à Montfort, dans laquelle se trouvaient des vignes.

Xe siècle. — Au mois de novembre 979, l'abbé de Saint-Florent-lès-Saumur, donne à l'Abbaye de Saint-Aubin d'Angers une vigne sise sur le bord du Thouet.

Parmi les nombreuses propriétés de l'Abbaye de Fontevrault, écrit Yves Bernard, on distinguait des vignobles dans les coteaux de Saumur, dont le produit moyen dépassait 800 pièces. On vendait quelquefois une partie de la récolte et on n'en achetait jamais.

XIe siècle. — Vers 1040, le comte d'Anjou fait don à l'Abbaye de Saint-Maur de quatre arpents de vigne, à Concourson.

Vers le même temps, le sieur Boureau cède à l'Abbaye de Saint-Florent des vignes sises au Pont-Fouchard, que Geoffroy Martel lui avait inféodées après en avoir dépouillé les moines.

Vers 1100, Bellay, seigneur de Montreuil, émet la prétention de percevoir des moines du prieuré de Méron un vinage sur un terrain jadis planté en vignes.

XIIe siècle. — En 1138, Geoffroy-le-Bel, comte d'Anjou, abandonne aux habitants de Saumur le droit qu'il avait sur toutes les vignes des environs de la ville : « J'accorde aux Saumurois l'exemption des devoirs qui me sont dus (1) sur toutes les vignes du territoire de Saumur, en quelque lieu qu'elles soient plantées, soit en deçà de la Loire, soit au-delà de la Loire, soit en deçà ou au delà du Thouet. Je renonce aussi au ban (2) de la vente du vin, dont j'avais moi et mes prédécesseurs coutume de jouir. »

Voilà, n'est-il pas vrai, un seigneur d'esprit bien libéral et qui faisait spontanément abandon de ses privilèges quelques siècles avant la fameuse nuit du 4 août 1789.

---

(1) Ce *droit* ou *vinage* s'exerçait sur le vin, à bord de cuve, c'est-à-dire avant qu'il fut tiré et tenait lieu de *censives.*

(2) Ban du vin ou banvin. Voy. note p. 27.

III. — Arrondissement de Cholet

Le canton de Cholet, lui non plus, n'était pas dépourvu de vignes au moyen âge.

C'est ainsi que Bernon donne, vers 1060, à l'Abbaye de Saint-Serge, des vignes situées à Saint-Pierre-Montlimar.

Vers 1080, Raoul de Montjean donne à la même Abbaye la dîme sur les vignes de Grafion, à Beaupréau. On y voit que des vignes existaient sur la paroisse de Saint-Pierre de Cholet.

Au xviiie siècle, la vigne était encore cultivée dans presque toutes les fermes des environs de Cholet et comprenait une superficie de 72 hectares. Mais, en réalité, le Choletais n'a jamais été un pays vignoble, la nature de son terrain ne s'y prêtant pas. Aussi, n'est-il pas surprenant que lorsque les moyens de communication sont devenus plus faciles on y ait abandonné la culture de la vigne, qui ne fournissait qu'une boisson petite et acide, la Bretagne et surtout l'Anjou lui procurant des vins bien supérieurs.

IV. — Arrondissement de Segré

Il en fut de même du canton de Segré, ainsi qu'en témoignent les quelques documents suivants :

Vers 1125, Abraham Saunier donne à l'Abbaye de Saint-Serge un coteret de vin (1), à Grez.

Une vigne à complant (2) est partagée entre Rivallon et Bougnier, et à la mort de celui-ci (1130) sa part passe à l'Abbaye de Saint-Serge.

Hugue Renard, quand son fils entra comme moine à l'Abbaye de Saint-Serge, vers 1140, donna à cette Abbaye une vigne située à Grez.

A la même époque, Dometa, épouse de Giraud de la Violette, de Grez-

---

(1) Coteret, Coustret, mesure vinaire, variable suivant les pays.
(2) Voy. Chap. XII.

Neuville, donne à Saint-Serge une rente d'un coteret de vin pur, au moment des vendanges.

On lit dans le registre paroissial de Cherré, à la date de 1662 : « Abondance de pommes, assez bonne année de vin. »

Une note du Sous-Préfet de Segré au Préfet de Maine-et-Loire, au début du xixe siècle, dit que « les vins se récoltent dans les cantons de Châteauneuf et Briollay (1) et dans les communes de Grez-Neuville, Pruillé, la Jaille-Yvon », et qu'ailleurs on cultive le pommier à cidre.

V. — Arrondissement de Chateau-Gontier

Au xiiie siècle, la vigne était cultivée dans tout l'arrondissement actuel de la Mayenne.

Dans celui de Laval, jusqu'au xve siècle, la vigne seule y était cultivée, à l'exclusion des pommiers à cidre, qui commencèrent alors à la remplacer et se substituèrent complètement à elle à partir de la fin du xvie. On a vu plus haut que notre compatriote, le grand bâtisseur de châteaux, Jean Bourré, y possédait des vignes.

Jusqu'à la fin du xviie siècle la vigne était en faveur dans l'arrondissement de Château-Gontier ; elle a successivement abandonné d'abord le Craonnais, puis la rive gauche de la Mayenne. Vers cette époque les paroisses les plus voisines de l'élection de la Flèche, avaient un quart des terres cultivables planté en bonnes vignes. Celles qui se rapprochaient de Château-Gontier, et qui n'avaient pas un bon renom, n'occupaient qu'un dixième du sol.

La déchéance s'accentua sous Louis XVI. Des clos qui s'étaient vendus 1.600 et 2.000 francs au xvie et au xviie siècle, maintenant dépouillés de leurs cépages, ne se louent plus que 10 ou 15 francs l'hectare. Les vignes furent arrachées parce qu'on trouva plus avantageux de leur substituer des prairies.

_____

(1) Jusqu'en 1819, Briollay faisait partie du canton de Segré.

VI. — Arrondissement de la Flèche

Le cartulaire de Saint-Serge nous apprend qu'aux XIe et XIIe siècles la vigne était cultivée à Verron.

En 1060, l'Abbaye de Saint-Aubin possédait des vignes à Luché et à Arthézé, et en 1129 elle devint propriétaire de vignes situées à Mont-Josmier, près de La Flèche.

Dans sa *Nouvelle Description de la France*, Piganiol de la Force (1715) s'exprime ainsi : « La Flèche est située dans un grand et agréable vallon, dont les coteaux sont couverts de vignes et de bocages. »

Le vin de cette région, sans avoir grande réputation, passait pour être buvable, comme en témoignent ces vers de Gresset (1729) :

> Un climat assez agréable,
> De petits bois assez mignons,
> Un petit vin assez potable,
> La Flèche pourrait être aimable,
> S'il était de belles prisons. (1)

La vigne n'a pas, à notre époque, complètement déserté ce canton. Il en possède encore d'assez grands lambeaux, notamment à Bazouges.

VII. — Arrondissement de Chinon

En 990 fut fondée l'Abbaye de Bourgueil. Dans l'acte de fondation on voit que la comtesse Emma octroya des vignes aux Religieux Bénédictins.

Ce pays est resté fertile en vignes, qui donnent d'excellents vins. Comme il se rattache maintenant au département d'Indre-et-Loire, il n'y a pas lieu d'y insister dans cet ouvrage.

---

(1) L'auteur de *Vert-Vert*, novice chez les Jésuites, avait été exilé à la Flèche par ses supérieurs, en punition du scandale causé par la publication de ce petit poème satirique.

CHAPITRE V

STATISTIQUES SÉCULAIRES

IMPORTANCE DU VIGNOBLE ANGEVIN ; SES PRIX DE VENTE ;
LE PRIX DU VIN

1° Superficie plantée en vignes.

'IMPORTANCE du vignoble angevin a beaucoup varié au cours des siècles. Les documents nous manquent pour établir d'une façon un peu précise ce qu'elle était dans les temps anciens. Nous savons seulement qu'au XIᵉ siècle la vigne était répandue un peu partout, comme en témoignent les cartulaires. C'est ainsi que dans l'arrondissement de Segré, dont le vignoble est aujourd'hui presque nul, nous savons qu'il existait de nombreux clos de vignes, mais dont les gelées annihilaient souvent la récolte. Par exemple, en 1789, une gelée d'une grande intensité y détruisit la plupart des ceps, lesquels ne furent pas replantés. Le souvenir de ces vignobles nous a été conservé par les noms mêmes que portent encore certaines parcelles de terre, tels que : « la vigne, trompe-tonneau, clos de la Vigne », etc.

Il nous faut arriver à des temps bien plus rapprochés pour trouver des indications assez précises sur ce sujet.

Si la province d'Anjou, réduite, à partir de la Révolution, aux limites actuelles du département de Maine-et-Loire, n'a pas beaucoup perdu, au point de vue vignoble, dans toute sa partie septentrionale, impropre à la culture de la vigne, il n'en a pas été de même dans sa région orientale, qui comprenait une assez large bande de terre, laquelle allant de Château-la-Vallière à Bourgueil, était richement plantée en vignes. De ce côté, l'Anjou a donc subi une perte sensible.

Un manuscrit laissé par un Receveur des Tailles de l'Election de Saumur (1), en 1722, donne des chiffres sur l'étendue des vignes dans les paroisses de cette circonscription. On sait par là que Fontevrault en avait 50 arpents (2), soit 25 hectares, Tigné le quart de sa superficie ; Aubigné, un sixième ; Martigné, un tiers ; Parnay, les deux tiers ; Souzay, un tiers ; Dampierre, les deux tiers ; Chaintres, Fournaux, Aulnix ont ensemble 600 quartiers de vigne ; Varrains, 400 arpents ; Chacé, les deux tiers de son territoire ; Brézé, un sixième ; Saint-Cyr, trois cents arpents ; Saint-Florent, 700 quartiers.

En 1787, Epiré a un tiers de sa superficie en vignes ; Faye, les trois quarts ; Savennières, un tiers ; Rablay, les trois quarts ; Trélazé, le tiers ; Saint-Aubin-de-Luigné, les deux tiers.

En 1788, le vignoble angevin, d'après Jullien, est de 26.797 hectares.

En 1802, un rapport du Préfet de Maine-et-Loire à la date du 17 septembre attribue au département 71.800 hectares de vignes, donnant une récolte de vin de 437.600 hectolitres. Le premier nombre est manifestement très exagéré.

En 1813, le Préfet de Maine-et-Loire écrivait au Gouvernement que depuis la Révolution et à la suite de la guerre désastreuse de la Vendée les vignes avaient beaucoup diminué d'étendue, les propriétaires ne trouvant plus de débouchés aussi faciles du côté de la Hollande et de la Flandre et la main-d'œuvre se faisant beaucoup plus rare, si bien qu'on arrache les vignes pour semer des céréales à la place.

En 1827, la vigne a une étendue de 26.401 hectares (Cavoleau).

---

(1) Communiqué par M. le Chanoine VERDIER, de Saumur.
(2) L'arpent a varié de dimension. A cette époque, il était de un demi-hectare. En 1800, il est de deux tiers d'hectare environ : 65 ares, 95 centiares. Aujourd'hui, on lui attribue à peu près la même étendue : 66 ares.

En 1829, la situation s'était sans doute encore améliorée, car dans son rapport le Préfet déclare que la surface plantée en vignes dépasse d'un cinquième environ celle de 1789. Or, d'après Jullien, elle était alors de 26.797 hectares, ce qui ferait donc environ 34.000.

En 1830, la statistique indique 31.790 hectares.

En 1842, la superficie est de 31.000 hectares (Leclerc-Thouin).

En 1849, 30.528.

En 1852, 30.499.

En 1859, 29.494 (Comice horticole de Maine-et-Loire).

En 1866, le vignoble compte 30.499 hectares.

En 1876, 40.000 (Bouchard).

En 1881, au moment de l'invasion phylloxérique, il atteint son maximum, 45.000 hectares (Bouchard), pour tomber, après 1893, à 10.000 hectares.

Au commencement du XIXe siècle, la vigne compte 35.000 hectares.

Aujourd'hui on l'estime à 32.000 hectares environ.

2° Prix de vente des vignobles.

Si nous ne sommes pas bien fixés sur la superficie du vignoble angevin dans les premiers siècles, nous avons, par le moyen des cartulaires, des renseignements assez nombreux sur le prix de vente des vignes en France.

Celui-ci variait d'après la situation du vignoble, selon qu'il était ou non au voisinage de villes importantes ou que ses produits avaient à leur disposition des moyens de transport plus ou moins faciles.

C'est ainsi qu'au temps de saint Louis, des vignobles parisiens, pour une surface équivalente à un hectare, se vendent 850 francs, tandis que des vignobles de Champagne n'atteignent que le prix de 650 francs. En 1300, un vignoble des environs de Corbeil monte jusqu'à 1.560 francs l'hectare, tandis qu'une vigne du Languedoc se vend, en 1181, 15 francs, le plus bas prix qu'on ait noté.

Par contre, c'est dans la Manche, près de Mortain, qu'on rencontre les prix les plus élevés : 1.900 francs l'hectare, en 1227.

On voit, d'après cela, que ce n'est pas la qualité du vin qui était le principal facteur du prix des vignes.

Au xiv° siècle la situation reste la même. C'est toujours autour de la capitale que la vigne tient ses prix les plus élevés : les vignes d'Argenteuil valent 1.500 francs ; celles de Meudon 1.100, et celles de Nanterre 1.800, tandis qu'en Bourgogne le vignoble se vend 300 francs l'hectare.

C'est donc bien moins la qualité du vin que l'emplacement du vignoble qui fixe le prix de ce dernier.

Il y a d'ailleurs des grâces d'état, et il est probable qu'à force de boire leur piquette, nos pères, dont le palais avait été formé tout jeune à ce maigre breuvage, finissaient par le prendre pour du bon vin (1).

Comme moyenne séculaire du prix de l'hectare de vigne, on a établi qu'elle était en France :

au xiii° siècle, de 502 francs, équivalant à 2.048 francs du xix° siècle

au xiv°   —   412   —   —   1.524   —

au xv°   —   272   —   —   1.330   —

au xvi°   —   448   —   —   1.515   —

au xvii°   —   première moitié, 590 francs.

au xvii°   —   seconde moitié, 860   —

Il est bien entendu que ces chiffres ne sont pas absolus et donnent seulement une idée approximative du prix de la vigne dans les siècles passés.

En ce qui concerne notre département, en 1700, la vigne vaut : à Segré, 592 francs ; à Baugé, 444 francs ; autour d'Angers, 888 francs ; à Saumur, 1.110 francs.

Sous Louis XIV, tandis qu'en Normandie, ils se vendent 900 francs et dans l'Ile-de-France, 1.300 francs, les vignobles de l'Anjou valent en moyenne 717 francs ; en Bourgogne 781 francs seulement, pour tomber parfois à 712 francs ; le vignoble de Beaune, le plus renommé au moyen âge, se vend 940 francs et celui de Nuits 360 francs.

Ce serait donc une grosse erreur que d'estimer la qualité du vin d'après le prix de vente du vignoble qui le produit.

_____

(1) D'AVENEL. *Histoire économique de la Propriété*, 1844.

3º **Le prix des Vins, autrefois et aujourd'hui.**

Le premier document que nous possédons sur la valeur marchande du vin d'Anjou remonte à la fin du XII⁰ siècle. Un édit de Jean sans Terre fixe à 20 sols sterling le prix de la tonne de vin du Poitou et à 24 sols celle d'Anjou. C'est flatteur pour notre pays.

Sous Henri III d'Angleterre, au milieu du XIII⁰ siècle, le compte du Chancelier de l'Echiquier porte une somme de 464 livres, pour 404 tonneaux de vin de Gascogne et d'Anjou.

Mais avant de parler des prix du vin d'Anjou dans des temps plus récents, voyons d'abord, à titre de comparaison, ce qu'il était généralement en France.

Au commencement du XIII⁰ siècle, l'hectolitre de vin se vendait à Paris 6 francs, à Montargis 13, dans le Calvados 17. En Angleterre, le vin d'Anjou se payait 9 fr. 50.

Dans les trois premiers quarts du XIII⁰ siècle, le vin varie, dans l'ensemble du territoire, de 5 à 8 francs, le maximum fut de 26 francs, le minimum de 2 fr. 50. Etant donné la différence du pouvoir de l'argent, les prix correspondent à peu près à celui du milieu du XIX⁰ siècle, soit 30 francs l'hectolitre.

Dans le dernier quart du XIII⁰ siècle, sa moyenne fut de 20 francs.

Dans la première moitié du XIV⁰ siècle, il oscille autour de 18 fr. 50. En Anjou, il valait 15 francs, et, par conséquent, étant donné le pouvoir de l'argent à cette époque, plus cher qu'au XIX⁰ siècle.

Les chiffres qui viennent d'être donnés se rapportent aux vins courants. Mais les vins fins, les « vins de présent » ou « vins d'honneur », que l'on offrait aux grands personnages dans les occasions solennelles, atteignaient à Paris des prix bien plus élevés. Le Saint-Pourçain, dont la gloire est aujourd'hui bien tombée dans l'oubli, valait 45 francs, du vin de Gascogne 120 francs (1363), du Grenache et du Beaune 166 francs. Mais ces vins ne se vendaient pas à la pièce, c'étaient « les vins de bouteille » du temps.

Au commencement du XV⁰ siècle, les vins ordinaires subissent une légère baisse : ils valent 14 francs l'hectolitre au lieu de 18 fr. 50. A ce taux, ils sont encore plus chers qu'à la fin du XIXᵉ siècle, le pouvoir de l'argent étant, à cette époque, quatre fois et demie plus fort : ces 14 francs représentent, en réalité, 63 francs de la monnaie du siècle dernier.

Les prix, d'ailleurs, étaient très variables d'une localité à l'autre : il n'y avait pas de cours établi comme aujourd'hui. Alors qu'il valait 1 fr. 20 à Montélimart, on le vendait 29 francs à Paris et jusqu'à 43 à Orléans.

De 1451 à 1525, il ne cesse de baisser : de 14 à 10 francs, sous Louis XI, il tombe à 9 francs sous Charles VIII, à 7 francs sous François Iᵉʳ, ce qui, quand même, le fait encore plus cher relativement qu'au XIXᵉ siècle, ce chiffre correspondant à 45 francs de cette dernière époque.

Dans les cinquante années suivantes, il remonte à 17 et 19 francs.

Le cardinal de Richelieu, à qui nous devons l'introduction du Cabernet en Anjou, ne trouvait que 4 francs du vin de sa propriété de Rueil. Il se gardait bien d'ailleurs de le boire et s'offrait un vin de 60 francs.

Le « pinard » donné aux soldats en 1629 coûtait à l'Intendance 11 francs.

Et de même qu'à notre époque on trouve de formidables écarts, allant de 7 francs l'hectolitre pour du vin du Gard et de l'Aude en 1893, à 1.000 et 1.500 francs pour le Château-Yquem ou du vin d'Anjou de 1921, on trouvait, au XVIIIᵉ siècle, un vin blanc d'Anjou à 3 francs l'hectolitre (1716) et du vin de Bourgogne, qui s'est payé à Rouen 240 francs (1710).

La moyenne, au XVIIᵉ siècle, était, pour les vins ordinaires, de 19 francs l'hectolitre, mais les vins fins montaient à 100 et 150 francs pour les bons Bourgogne et même plus ; ainsi le Chambertin arrivait à 180 francs, le Montrachet à 280, des vins de dessert de Rivesaltes à 130 et 250.

Nous possédons quelques renseignements sur les prix de vente du vin en Anjou aux XVIᵉ, XVIIᵉ, XVIIIᵉ siècles (1).

En 1577, il y eut peu de vin et son prix était de 60 à 65 livres la pipe (480 litres).

En 1578, qui fut une grande année de vin, le prix tomba à 10 et 12 livres.

---

(1) BOUCHARD. *Essai sur la culture de la vigne dans le département de Maine-et-Loire*, 1871.

En 1579, il valait, à Thouarcé, 10 livres.

En 1587, dans la même localité, il remonte à 30 livres.

En 1593, son prix est de 25 livres.

En 1608, les vins des bons crus se vendent de 30 à 42 livres la pipe, et ceux des crus inférieurs 20 à 24 livres.

En 1701, le vin de Saint-Lambert-du-Lattay vaut 30 francs.

En 1710, le vin vaut à Angers 20 francs la pipe.

En 1713, à Rochefort-sur-Loire, il coûte 60 francs.

L'an VIII de la République, il est beaucoup plus cher et se vend 57 francs, non plus la pipe, mais la barrique.

En 1820, les crus de première qualité du Layon se vendaient 27 francs l'hectolitre ; quelques-uns des meilleurs des coteaux de la Loire 26. Ceux d'une qualité plus ordinaire, recherchés pour la consommation habituelle, Mûrs, Blaison, Saint-Barthélémy, Andard, Pruniers, Bouchemaine, 15 francs ; ceux qui passaient pour dernière qualité, Briollay, Villevêque, 11 francs.

Rendement d'un Vignoble saumurois en vingt ans (1743 à 1763)

Il me paraît intéressant de donner ici les résultats obtenus dans une exploitation d'un vignoble, l'un des meilleurs des coteaux de Saumur (1). Ce vignoble, de 23 hectares, 71 ares, a produit en vingt ans, au total, 811 busses (2), dont 664 de vin supérieur et 147 de vin de seconde qualité, soit une moyenne annuelle d'environ 33 busses par hectare, et par an un peu moins de deux busses, ou environ 500 litres.

Le prix a été de 160 livres la pipe, soit pour le vin supérieur 53.084 livres et pour le vin de seconde qualité 2.940 livres, soit environ 40 francs la pipe.

Il faut ajouter, à titre « de pots de vin » donnés par les acheteurs

---

(1) Extrait d'un *Mémoire*. de 1790, publié dans le *Bulletin de la Société des Lettres, Sciences et Arts de Saumur*.

(2) La busse ou barrique était la moitié environ de la pipe, soit de 230 à 240 litres.

1.042 francs, soit un rendement total de 57.066 livres. Les frais d'exploitation s'étant élevés à 32.960 francs, il reste comme bénéfice net 23.106 livres.

C'est maigre comme rendement de près de 24 hectares pendant vingt ans. Aussi l'auteur ajoute mélancoliquement : « Il fut un temps où l'on disait : n'est pas riche qui n'a du bien aux coteaux. » Les temps étaient bien changés.

Bien entendu, le prix de la pipe, et aussi le nombre de busses récoltées ont beaucoup varié dans ce vignoble, dont les états de recettes et de dépenses sont établis depuis 1743 jusqu'à 1811, soit pendant 68 ans. On y voit que le maximum de busses récoltées en un an a été de 92 (1759) et que le prix le plus élevé a été de 340 livres la pipe (1802), mais il est vrai que cette année-là il ne fut récolté que 24 busses.

Prix des principaux crus d'Anjou en 1744

Un manuscrit de la Bibliothèque municipale d'Angers nous fait connaître d'une façon précise les prix des principaux crus de l'Anjou à la date de 1744 (1). Voici à quelle occasion. L'abbé commanditaire de Saint-Aubin, d'Angers, Guy de Vauréal, évêque de Rennes, ancien ambassadeur en Espagne, ayant, par suite, la jouissance des domaines de Molières (commune de Beaucouzé) et de Pouillé (commune des Ponts-de-Cé), qui produisaient grande abondance de vins, eut maille à partir avec un entrepositaire de vins de Paris. Pour régler le différend, un certain nombre de marchands de vin furent assignés en déclaration du prix des récoltes. L'un des experts, marchand de vin, aubergiste à la Boule d'Or, en la paroisse Saint-Maurice, déclare que les vins de la récolte de 1744 furent vendus l'année suivante dans les mois de juin et juillet aux prix suivants : les meilleurs crus (Bas-Anjou), Faye, Rablay, Bonnezeaux, Beaulieu, Saint-Aubin-de-Luigné, de 24 à 33 livres ; les crus de seconde qualité : Mozé,

---

(1) Arch. du départ. de M.-et-L. Fond de la Sénéchaussée. Expertises et jugements, 1747.

Mûrs, Erigné, Saint-Augustin, environs des Ponts-de-Cé, Vilsicart, Pouillé, de 18 à 25 livres ; les crus de la rive droite de la Loire : Savennières, la Possonnière, Laleu, la Roche-aux-Moines, Epiré, de 24 à 30 et 35 livres ; les crus inférieurs : Bouchemaine, Pruniers, Molières, de 25 à 28 livres. Ces prix sont ceux de la pipe (480 litres), « qui fait deux busses, ainsi qu'on dit ordinairement en Anjou ».

Un autre expert, négociant, échevin, déclare qu'à la fin de 1744 il acheta des vins de Saint-Barthélemy-lès-Angers, 45 livres la pipe, non soutirés ; ceux de la côte de Savennières 38 à 40 livres ; ceux de la côte de Forge 40 à 50 livres « rendu au port, non soutiré, ni rebatu », le soutirage étant estimé 5 livres par pipe, le rebatage (1) en plein 7 à 8 livres par tonneau « qui fait quatre barriques ou busses ». Il est certifié que le vin de Molières est de la qualité de celui de Savennières et « qu'il en coûte du port de la Rive, qui est le port chargeable de Molières, pour aller aux Ponts-de-Cez par eau, 30 sous par pipe ».

On le voit, les deux experts ne tombèrent pas d'accord, l'un estimant le Molières de 24 à 33 livres et l'autre de 38 à 40. Il faut espérer qu'un troisième expert les aura départagés.

CLASSEMENT DES CRUS D'ANJOU D'APRÈS LE PRIX DES VINS EN 1709

Voici un autre document fort intéressant parce qu'il consigne dans un acte officiel quel a été à une date déterminée, dans un grand nombre de paroisses d'Anjou, le prix du vin.

La Chambre du Conseil de la Sénéchaussée et siège Présidial dAngers évalue le prix du vin tel qu'il a été vendu en l'année 1709 :

« Pour les paroisses de Foy, Rablé, Touarcé, Epiré, Savennières, Ingrandes, à 50 livres la pipe, fust et vin, et 45 livres le plein (2) ;

---

(1) Le « rebatage » est la remise en état des récipients vinaires, resserrage et remplaçage des cercles s'il était nécessaire.
(2) C'est-à-dire le vin sans le fût.

Pour les paroisses de Chavagnes, Saint-Lambert-du-Lattay, Saint-Aubin-de-Luigné, Bouchemaine, Saint-Barthélemy et Trélazé, à 40 livres la pipe fust et vin, et 35 livres le plein.

Pour les paroisses de Denée, Rochefort, Chaudefonds, Saint-Nicolas d'Angers, Briollay, Huillé et les environs de l'Echallier, les Baudonnières, Rochebougré, la Richardière, les Bataillères, le Cormier-Bruneau, Chabot, Saint-Georges et la Tonnelle, vulgairement nommée le Miroir, en ce qu'il y en a dans la paroisse d'Andard ou de Brain, à 33 livres la pipe et 28 livres le plein.

Et pour toutes les autres paroisses de votre ressort, à 25 livres la pipe fust et vin et 20 livres le plein: »

Ces prix nous semblent singulièrement faibles à nous, gens du XX⁰ siècle, qui payons 10 francs la livre de beurre et autant la douzaine d'œufs. Seulement, il ne faut pas perdre de vue qu'à deux époques éloignées l'une de l'autre la monnaie n'a pas la même valeur. Si l'on ne tient pas compte de ce fait, on est incapable de se faire une idée juste de la cherté de la vie, à une date donnée.

Le pouvoir de l'argent a en effet de fréquentes et larges oscillations. C'est ainsi qu'il a monté sous Henri IV, baissé sous Louis XIII, de façon à ne plus valoir que deux fois et demie celui de 1900, baissé encore plus sous Louis XIV : il ne vaut plus alors que le double de ce dernier ; il remonte d'une façon continue jusqu'à 1715 et a gardé jusqu'en 1750 sa valeur, égale au triple de celle du commencement du XIXᵉ siècle.

En 1827 (1) l'Anjou, qui possède 26.401 hectares de vigne, en obtient 166.500 hectolitres de vin, valant 8.239.495 francs, ce qui met l'hectolitre à environ 15 francs.

En voici la répartition par arrondissements :

Angers : 9.000 hectares = 166.500 hectolitres, pour 2.500.800 francs.

Baugeois : 3.346 hectares = 62.920 hectolitres, pour 1.003.800 francs.

Environs de Beaupréau : 3.563 hectares = 65.915 hectolitres, pour 856.895 francs.

_____

(1) CAVOLEAU, Œnologie Française, 1827.

Segréen : 50 hectares = 1.000 hectolitres, pour 15.000 francs.

Saumurois: 10.442 hectares=193.177 hectolitres, pour 3.863.000 francs.

En 1830, le vignoble angevin compte 30.000 hectares et donne 500.000 hectolitres.

De 1852 à 1860, période pendant laquelle la vigne couvrait 30.500 hectares, la production moyenne a été pour le vin blanc, de 365.254 hectolitres, et pour le vin rouge, de 67.102 hectolitres (1).

La correspondance que je possède (2) d'un commissionnaire en vins de Saumur avec un négociant de Paris, nous renseigne exactement sur le prix que se vendaient de 1846 à 1857 les vins des coteaux de Saumur, Chaintres. Montsoreau, Saint-Cyr, Varrains et aussi de Montreuil et du Puy-Notre-Dame.

En 1846, le prix de la barrique est de 32 francs ; en 1847, elle varie de 42 à 45 francs. Des gelées survenues au mois de septembre de cette même année, incitent les propriétaires à augmenter leurs prétentions pour leurs vins de 1846, jusqu'au prix « inabordable », écrit le commissionnaire, de 50 francs la pièce.

En 1849, un temps constamment pluvieux empêche le raisin de bien mûrir : en octobre, il est encore vert et il pourrit; la qualité ne pourra être que médiocre et la quantité d'un tiers plus faible que l'année précédente. Cependant, la vente des vins vieux ne va pas du tout. Les 1846 sont cédés à 18 francs et même à 13 francs. Beaucoup de 1847 sont laissés à 15 francs, et les meilleurs vins des coteaux des premiers crus, vrais vins de liqueur, à 40 francs la barrique ; ceux de 1848, année d'abondance et de grande qualité, sont vendus de 15 à 18 francs. Les propriétaires n'ont d'autre prétention, écrit le courtier, que de vendre leur cellier à n'importe quel prix.

En 1850, par suite de gelées à la fin de mars et au commencement de mai, qui ont désolé pas mal de clos, les vins de 1849 remontent ; ils valent de 25 à 30 francs, et les ordinaires de 22 à 25 francs les meilleurs. Un propriétaire de la région des « Rôtissants » s'obstine à ne pas vouloir céder

---

(1) Bouchard, *Congrès pour l'Avancement des Sciences.*
(2) Elle m'a été fournie par M. Dujardin-Salleron, de Paris.

son vin à moins de 30 francs, « mais, écrit le commissionnaire, c'est bien du vin sans égal aujourd'hui. »

En 1875, la récolte qui s'est élevée à 1.163.371 hectolitres, a été évaluée à 13.800.000 francs.

En 1921, les vins blancs d'Anjou, d'une qualité, il est vrai, exceptionnelle, ont atteint les prix, jusqu'ici inédits, de 1.000, 1.500, 2.000 francs la barrique de 225 litres et quelques-uns, je le sais, ont monté jusqu'à 4.000 francs pour les blancs !

Et je pourrais citer certain Rosé de 1923, vendu 3.000 francs la barrique.

Nous voilà loin de l'époque où l'on avait la même quantité pour 20 francs; il est vrai que nous en sommes séparés par huit cents ans.

CHAPITRE VI

LA VENTE DU VIN AU TEMPS PASSÉ

« Dedenz la ville entrèrent ;
« Si ouïrent et escoutèrent
« C'on criait parmi le chastel,
« Ci a bon vin frais et novel,
« Ça d'Auxoirre, ça de Soissons
« Pain et char, vin et poissons. »

Extrait du *Fabliau des Trois Aveugles*
de Compiègne (xiiiᵉ siècle)

Les premiers courtiers en vins. — Dès l'époque la plus reculée, aussitôt que la production dépassa les besoins de la consommation familiale, le vin se classa comme article de commerce très recherché. C'est de ce temps-là que datent les premiers courtiers en vins. Trait d'union entre les producteurs et les consommateurs, ils s'ingénièrent à répandre et à placer la précieuse marchandise, pour l'avantage des premiers et la joie des seconds.

Marchands de vin en gros et marchands au détail. — Au moyen âge, les négociants en vin se partageaient en deux groupes. Les uns achetaient par grosses quantités, pour revendre soit aux particuliers, soit aux débitants. Les autres étaient précisément ces débitants, hôteliers ou taverniers, qui, eux, vendaient directement aux consommateurs.

4

Parfois aussi, le producteur se passait d'intermédiaires et cédait directement son vin aux amateurs. C'est ainsi qu'au XVIIIe siècle, il existait à
Saumur un « marché aux vins » ; les vignerons y amenaient leur récolte
sur des charrettes, le jour du marché, la faisaient déguster et vendaient sur
place. « Les particuliers, vignerons et laboureurs, n'ont que ce seul débouché
pour vendre leur vin ledit jour du marché au dit Saumur. » (*D'après un
manuscrit de* 1790.)

Quelquefois, ces propriétaires s'entendaient entre eux, chargeaient leurs
busses sur des bateaux, descendaient la Loire jusqu'à Nantes, où ils vendaient
leur vin à un prix peu élevé, il est vrai, mais ils en étaient débarrassés. Le
bureau des Aydes, autrement dit la Régie, leur accordait alors la remise des
droits de sortie.

Les marchands en gros qui ont laissé le souvenir le plus vivant en Anjou,
par le rôle considérable qu'ils ont joué dans le commerce des vins, ce sont
les Hollandais et les Belges ; ils venaient prendre livraison des vins d'Anjou
et de Saumur à la station des Ponts-de-Cé et parfois à celle de Juigné-sur-
Loire, ou bien au port de Nantes.

En outre, Angers et Saumur possédaient chacun une « Corporation de
marchands de vin en gros ». Et nous savons que cette importante et très
honorable Corporation prenait rang, d'après le protocole de l'époque, dans
le cortège de la procession du Sacre, immédiatement après les « gens de
robe », autrement dit, les magistrats.

Quant au commerce de détail, il se faisait par les « marchands de vin en
auberge ». A Angers, ils constituèrent l'une de ses plus anciennes Corporations locales, leur première réglementation remontant à 1279. A noter qu'il
leur fut alors formellement prescrit de « ne vendre que du bon vin et au
prix commun du pays ».

LES CRIEURS DE VIN

D'autre part, au lieu des enseignes, qui n'existaient pas encore, il se
constitua une *Corporation de Crieurs de vins*, qui pendant des siècles
poursuivit son office et ne disparut qu'à la veille de la Révolution.

La science œnologique était alors, on se l'imagine bien, très peu avancée, et l'ignorance des soins qu'il convenait de donner aux vins pour les conserver longtemps, était si grande, qu'au lieu de se bonifier en prenant de l'âge, le vin avait régulièrement tendance, d'une année à l'autre, à s'altérer et à se

FIG. 6 — Crieurs de vin à Paris, sous Louis XIII, parcourant les rues, précédés de leur chef, qui portait le hanap d'argent.
(Extrait des *Costumes de Paris à travers les âges*.)

piquer. Et tandis qu'aujourd'hui c'est un titre de gloire pour un vin que d'être « vieux », c'était au vin « jeune » qu'au moyen âge les buveurs rendaient hommage. D'où le succès qu'avait toujours le vin nouveau. « Ci a bon vin frés et novel », criaient les courtiers à travers les rues.

Cette curieuse Corporation des Crieurs de vin avait ses statuts dûment établis, lesquels furent confirmés par Charles VII en 1445. Ils devinrent des sortes d'experts-dégustateurs, sous le nom de *Jurés-Crieurs de vins*.

Dans les rues d'Angers, revêtus d'une robe noire et une sonnette à la main, ils annonçaient les vins à vendre, et tout d'abord ceux que les Seigneurs avaient récoltés et qu'en vertu du droit de *banvin*, ils avaient le privilège de faire vendre tout d'abord, à l'exclusion de ceux des autres propriétaires, pendant une période de temps qui pouvait aller jusqu'à quarante jours.

A plus forte raison, le roi avait-il le droit de placer son vin avant tout concurrent. On connaît une Ordonnance de saint Louis, datée de 1268, qui prescrit : « Se li Roy met vin à taverne, tuit li autres Taverniers cessent ; et li Crieurs tuit ensemble doibvent crier le vin le Roy au matin et au soir, par les carrefours de Paris. »

Le Roi, devenu marchand de vin ! Voilà qui relève singulièrement le prestige de la profession.

Mais les Parisiens trouvaient moyen d'éluder la défense royale. Des Crieurs tenant en main un hanap de bois, parcouraient les rues, versant à boire à ceux qui, sans enfreindre la défense, c'est-à-dire sans entrer chez les taverniers, voulaient quand même boire d'autre vin que le « vin du Roy ».

D'ailleurs, à cette époque, les Seigneurs et les Religieux ne répugnaient pas plus que les simples particuliers, à placer à l'entrée de leur maison ou de leur monastère un Crieur, pour engager les passants à venir déguster, moyennant finance, le vin seigneurial ou monastique. Personne n'en rougissait, et personne n'y trouvait à redire. Les temps ont passé, et les choses n'ont pas beaucoup changé. Nos « Foires aux Vins » ne sont-elles pas un témoignage que le vin passe toujours pour une noble marchandise, que le riche Seigneur comme l'humble paysan se plaisent à faire déguster eux-mêmes aux amateurs ?

Les Crieurs de vin d'Angers étaient d'ailleurs des gens facétieux, rappelant un peu les pîtres de nos baraques de foires, et dont l'étourdissant boniment engageait les passants à entrer consommer.

> *Allons... amis... réveillons-nous !*
> *A ce bon vin nouveau*
> *Chez M. (Martin), demeurant rue (de la Roë).*

> *Il est doux,*
> *Il a du goût.*
> *C'est de la violette, enfants ;*
> *C'est pour réjouir le cœur des bons garçons*
> *Qui n'ont guère d'argent.*
> *Si vous avez quelque chose à demander à Châteaugontier,*
> *V'là le messager qui part pour Laval* (1).

Et ce disant, notre Crieur, pour souligner le jeu de mot de la fin, s'ingurgitait une copieuse rasade.

Quand un tavernier mettait une nouvelle pièce en perse, le Crieur le faisait savoir, et la clientèle arrivait, espérant trouver un vin meilleur que celui de la pièce qui venait d'être épuisée et dont les dernières pintes devaient sentir quelque peu le vinaigre.

L'intervention du fisc. — Le fisc municipal profita de cet usage pour obliger les taverniers à avoir un crieur-juré, qu'ils étaient tenus de payer quatre deniers par jour et qui était chargé de contrôler la quantité de vin débitée quotidiennement. Cette intervention de la Régie fut aussi mal accueillie de nos aïeux que « le droit de visite », qui en est dérivé, est mal accepté par les débitants de notre XXᵉ siècle. Les taverniers réclamèrent, mais vainement.

Il arrivait qu'un tavernier, pour tourner la loi, se refusât de faire savoir au Crieur le prix de son vin et lui interdisait l'entrée de son débit ; mais celui-ci le demandait à un client qui passait, puis s'installait d'office à sa porte et annonçait le vin du débitant au prix de celui du roi.

Fig. 7. — Reconstitution des armes des Crieurs de vin, d'après la description de l'Armorial général de 1696. D'azur, à un chevron d'or, accompagné en chef à dextre d'un pot ou aiguière couvert, et à sénestre d'une tasse ou coupe de même, et en pointe d'une clochette d'argent bataillée de sable.

Dessin de M. Jusserand, d'Angers.

(1) GUÉRY, *Angers à travers les Ages.*

Jurés-Crieurs de corps et de vin

Au xve siècle, la Corporation des Crieurs augmente d'importance ; elle se chargea en outre d'annoncer les morts et les enterrements, et aussi les objets perdus et trouvés. Ils prirent alors le titre de *Jurés-crieurs de corps et de vin*, rapprochement, comme on le voit, assez macabre.

En somme, cette corporation cumulait les fonctions de nos courtiers actuels et de nos Pompes funèbres.

Quand un des membres de la Corporation mourait, quatre confrères, revêtus du costume traditionnel, portaient le corps ; un autre suivait, tenant en main un beau hanap, ou grande coupe, accompagné d'un confrère qui, lui, portait un grand pot de vin ; les autres, ayant chacun une sonnette à la main, l'agitaient sur tout le parcours. Quand on arrivait à un carrefour on s'arrêtait, on remplissait le hanap, et les porteurs buvaient, ainsi que tous les passants et spectateurs qui le désiraient ; puis, le cortège reprenait sa marche jusqu'au prochain carrefour, où la même cérémonie recommençait.

Dans nos campagnes, à part quelques variantes, n'en est-il pas encore de même ? Il n'est point de bon enterrement sans de larges libations.

Premières Enseignes et la Vente a pot

Mais, voici qu'apparaissent les premières enseignes, oh ! bien modestes. Les petits propriétaires qui voulaient vendre directement et sans se déplacer, leur vin aux clients, plaçaient à leur porte un balai, une branche de lierre, etc., ainsi que font encore nos paysans qui ont des oignons ou de l'échalote à céder. Les clients qui désiraient en emporter venaient avec un pot, qu'on leur remplissait, d'où le nom de *vente à pot*. C'était le « vin à emporter » de nos épiciers modernes. En Anjou, les gens qui vendaient leur vin de cette façon portaient le nom caractéristique de *pioliers*, vraisemblablement dérivé du mot pot ou « piot » comme on dit encore dans nos campagnes.

La contenance moyenne du « pot » était de trois livres, soit environ un litre et demi.

Quant au prix du contenu, il varia avec les époques. En 1763, on le vendait deux sous, si la récolte avait été moyenne, et un sou, si elle s'était montrée abondante ; mais elle montait à quatre ou cinq sous quand elle avait été mauvaise.

Vraiment, dans ce temps-là, les prix n'étaient pas excessifs et l'on pouvait boire à sa soif à bon marché.

Il est vrai que tout est relatif et qu'une journée de vigneron se payait alors de douze à quinze sous !

Fig. 8. — Bannière
de la Corporation
des
Tonneliers d'Angers.

(D'après *l'Histoire de
France* de LAROUSSE.

Fig. 9. — La Loire à Saumur avec ses bateaux chargés de barriques de vin (vers 1830).

CHAPITRE VII

TRANSPORT DES VINS D'ANJOU
ET FISCALITÉ

« Si quelque Angevin eut avant la Révolution abordé dans l'île de Java et qu'il eut
été introduit dans le palais du Gouverneur
de la Compagnie Hollandaise des Indes
Orientales, il eut éprouvé, j'imagine, une
véritable joie, en voyant pétiller le vin
d'Anjou dans la coupe de ce chef, qui ne
paraissait en public, selon Voltaire, qu'avec
la pourpre des Rois : il eut reconnu à la
couleur ambrée de la liqueur qu'elle provenait de nos crus les plus recherchés des
coteaux du Layon. »

GODARD-FAULTRIER, *Nouvelles
Archéologiques*, n° 38.

LES VOIES DE TRANSPORT

A LORS que les routes étaient mal tracées et mal empierrées, les
transports par eau s'imposaient tout naturellement à nos
ancêtres. Notre région merveilleusement servie par la Loire et
ses affluents, la Loire, qui coupe la France en deux moitiés
presque égales et qui allant de l'Est à l'Ouest, de Roanne à la mer, établit
par ses affluents une communication si facile entre la région méridionale
et la région septentrionale, a dû être de bonne heure sillonnée par de
nombreux bateaux.

Des inscriptions datant de la conquête romaine et conservées aux Musées de Nantes et de Lyon, nous apprennent, en effet, l'existence des *Nautæ Ligerici*, autrement dit des « bateliers de la Loire », qui pendant toute la période gallo-romaine et le moyen âge firent le commerce et se chargèrent des transports-par eau. La grande importance de cette voie commerciale, alors que les routes étaient si peu praticables, nous est confirmée par des textes qui montrent que les abbayes, pour s'assurer le libre transport par le fleuve, sollicitent et obtiennent la franchise pour leurs bateaux et leurs mariniers.

A l'époque de l'invasion normande (IX⁰ siècle), qui causa la ruine de notre pays d'Anjou, les *Nautæ Ligerici* disparaissent, mais vont être remplacés par une autre Association qui les continuera.

Dès le XII⁰ siècle, nos vins d'Anjou ne se contentèrent pas d'atteindre, par la voie de la Loire, des provinces plus ou moins éloignées de la nôtre ; ils franchirent la mer et abordèrent en Angleterre, où les Plantagenets, ducs d'Anjou, qui les prisaient fort, leur firent les honneurs de leur table. On connaît de nombreux édits de ces rois destinés à régler les conditions de leur importation en Angleterre.

APPARITION DU FISC

Ces transports ne se faisaient pas librement ; ils furent soumis à d'assez fortes taxes. Ce ne furent pas les premières. Il faut remonter bien plus haut pour voir le produit de la vigne commencer à être plus ou moins lourdement imposé par le pouvoir.

Au commencement du VIII⁰ siècle, Chilpéric obligeait chaque propriétaire de vigne à lui fournir chaque année, outre un dixième en argent, une amphore de vin sur le produit moyen de la récolte, que celle-ci existât ou qu'elle fût nulle. Ce fut le début des impôts royaux appliqués à la vigne ; ils devaient être suivis, hélas ! de beaucoup d'autres. On supporta mal l'application de l'édit : et même, lorsque l'officier chargé du recrutement de cet impôt en nature voulut exercer sa mission dans le Limousin, les vignerons se jetèrent sur lui et le tuèrent.

Cette fâcheuse aventure arrivée au percepteur d'impôts de Chilpéric tendrait à prouver que les vignerons sont d'un caractère assez irascible. L'Evangile selon saint Mathieu, chapitre XXII, nous en offre d'ailleurs un autre témoignage : « Un père de famille planta une vigne et la loua à des vignerons ; quand le temps de la cueillette fut venu, le père de famille envoya ses serviteurs pour prendre des fruits. Mais les vignerons battirent l'un, tuèrent le second et assommèrent un troisième à coups de pierres. » Ainsi firent les vignerons du temps de Chilpéric.

A la décharge des cultivateurs du bois tortu, il faut reconnaître que leur capricieuse culture est une source de tant de mal et tant de soucis, que, sans toutefois la justifier, leur irritabilité en présence d'un pillage ou d'une exaction trouve son excuse ; et ceci avait été si bien compris d'un de nos rois, qu'il avait ordonné que tout homme qui arracherait un pied de vigne à son voisin aurait la tête tranchée. Rien que cela !

Le Droit de Cloison

Au XIIIe siècle, Jean sans Terre voulant reconstruire sa ville d'Angers, du côté de l'occident, décida de l'entourer d'une enceinte fortifiée. Ce projet fut repris par Louis, duc d'Anjou, fils du roi Jean ; et, pour subvenir à cette grosse dépense, il obtint des marchands de la Loire qu'un droit de péage fut imposé à toute quantité de vin (sans compter les autres marchandises), qui circulerait en Loire ; ce fut le *droit de cloison*, qui, une fois établi, fut maintenu, hélas ! pendant des siècles, alors qu'il n'y avait plus rien à cloisonner.

La Corporation des Marchands de la Loire

Au commencement du XIVe siècle, pour continuer les traditions des *Nautæ Ligerici*, il se constitue une puissante Corporation, dite des *Marchands fréquentants la rivière de Loire*. Souveraine maîtresse du trafic sur la rivière de Loire et ses affluents, elle en faisait elle-même la

police et se chargeait des travaux d'entretien. Son importance dans la vie
économique du pays était considérable.

Le seul quartier d'Angers comprenait 223 bateaux sur la Loire et 132 sur
ses affluents, soit une flottille de 355 bateaux, montés par 973 hommes
d'équipage pleins d'endurance et d'énergie. Maîtres absolus à bord, ils
abusaient malheureusement de l'absence de toute police, pour s'emparer
impunément de partie des marchandises qu'ils transportaient et y
commettaient toutes sortes de déprédations, « ainsi qu'on peut l'attendre
de gens de cette espèce qui abusent du besoin que l'on a d'eux (1) ».

Voici, entre bien d'autres, un fait propre à donner une idée des abus
qui se produisaient. Pendant un voyage d'Angers à Laval, soit un trajet
de 16 lieues, les onze mariniers à bord d'un bateau de vin, consommèrent
16 busses de 250 pintes chacune ; leur patron leur ayant fait des
remontrances à ce sujet, ils laissèrent couler un de ses bateaux au voyage
suivant. — J'avoue que quel fut le temps que l'on mettait alors pour aller
d'Angers à Laval, ce chiffre de 16 barriques, de 250 pintes l'une, absorbées
par les onze hommes d'équipage, me laisse rêveur.

Les Seigneurs étaient souvent obligés de composer avec la puissante
Compagnie des « marchands fréquentants », comme on les appelait souvent,
laquelle intervenait souvent dans les plus importantes transactions. C'est
ainsi qu'en 1359 elle consent, par un acte passé en « Cour de Saumur »,
à ce que pendant un an un droit soit perçu, entre autres sur le vin, pour
payer la rançon de Messire Pierre Decoq, seigneur d'Ingrandes.

De même, quand du Guesclin voulut racheter de l'Anglais Jean Keroualle
le château de Saint-Maur-sur-Loire, il fit marché avec la compagnie des
marchands en Loire qui lui versa une somme de 16.000 francs d'or ;
celle-ci taxait alors un peu plus les marchandises qu'elle transportait, et
elle n'y perdait rien.

Du reste, partout où il y a un impôt, un péage, on est sûr de voir le vin
compris parmi les marchandises taxées.

Certaines de ces taxes sont singulièrement abusives et provoquent

---

(1) *Rapport du Commissaire des Classes à Angers.*

d'énergiques protestations. C'est ainsi qu'aux Ponts-de-Cé « on prend pour les soldats des quatre corps de garde de chacuns basteaux chargés de vin quatre seilles, sans ce qu'ils boivent ».

Au XIVᵉ siècle, l'Anjou était couvert de vignobles qui faisaient la fortune du pays, si bien que pour empêcher la concurrence, le roi Philippe de Valois promulgua une Charte, en vertu de laquelle il fut interdit d'importer dans cette province des vins du dehors. « Pour la grande abondance accoutumé à y croître, dont tout l'état du pays est soutenu, et si d'autres lieux vins y venaient, ledit pays serait empirié et désert. »

Cette Charte, datée du 13 décembre 1331, fut confirmée par le roi Jean en 1356.

Fig. 10.
Sceau des Marchands fréquentants en Loire au XVIᵉ siècle.

D'après MANTELLIER, *Communauté des Marchands fréquentants en Loire.* 1786.

C'était là du protectionnisme intransigeant.

Lorsqu'en 1474 fut créé la Mairie d'Angers, celle-ci hérita du « droit de cloison ». On le voit, les motifs à impôts passent, mais les impôts restent. Elle y trouva d'ailleurs la source principale de ses revenus.

Mais la corporation des bateliers se rebiffa et décida de s'adresser au roi pour obtenir la suppression de ce droit vétuste. Elle chargea de ses intérêts Hilaire Martin, son procureur général, qui s'attacha à la poursuite du roi dans ses déplacements divers afin de pouvoir l'aborder ; ce fut une course épique. Après des essais infructueux pour joindre le prince, il déclara à ses mandants qu'il ne veut plus se charger de leurs intérêts, qu'à la condition qu'il n'ait pas à rapporter les quittances des sommes qui lui auront été confiées pour remplir sa mission et qu'il aura distribuées à bon escient, « parce que, ajoute-t-il, nul n'en voulait bailler, et ce pour raison admissible (1) ». Déjà les fonds secrets ! Nous nous plaignons, et non sans motif, de la longueur actuelle des procès ; c'était bien autre chose aux XVᵉ et XVIᵉ siècles ; celui qui eut lieu entre les marchands en Loire et la Mairie d'Angers dura 166 ans.

(1) MANTELLIER. *Communauté des Marchands fréquentant la rivière de Loire*, T. I, 1867.

LE DROIT DE BOITE

Au droit de cloison se superposait le *droit de boîte*, concédé aux « marchands fréquentants », autrement dit à ladite corporation des bateliers, et qu'ils prélevaient eux-mêmes sur les marchandises qu'ils transportaient. Rien d'inégal et de fantaisiste comme la répartition de cet impôt. La pipe de vin, soit environ 475 litres, payait des sommes qui varièrent de un denier à vingt deniers tournois suivant les localités: ainsi 5 deniers à Angers (1450) et 18 deniers à Rochefort-sur-Loire (1456). A notre époque, l'impôt est tout de même plus également réparti.

Un bureau pour l'exercice du « droit de boîte » avait été établi à Rochefort-sur-Loire au xv° siècle. Du mois de mai 1446 au mois d'avril 1447, 304 pipes acquittèrent les droits, et du mois de mai 1447 au mois d'avril 1448, 908 pipes les payèrent, soit un total, pour ces deux années, de 1.514 pipes, soit environ 8.191 hectolitres. C'est en septembre et octobre que ce trafic était le plus important. A Angers, de mai 1450 à mai 1451, le trafic fut de 164 pipes.

Cent ans plus tard, le nombre de pipes entrant en Loire par le Thouet (vins de Poitou, du duché de Thouars, du Saumurois, de la Fosse de Montreuil-Bellay) était de 30 à 40.000 par an. La plus grande partie de la production descendait donc la Loire, car les documents de l'époque nous apprennent que le passage par les ponts de Saumur, pour suivre la voie de terre, était seulement de 20 à 24.000 pièces par an. En 1664, le trafic à Saumur était devenu bien moins important, il était tombé à 5 ou 6.000 par an.

C'est avec les ressources du droit de boîte que les marchands trafiquants en Loire entretenaient la libre circulation des bateaux sur le fleuve, y établissaient le balisage, tenaient en état les levées et chemins de halage, de concert avec les seigneurs de la terre. A la fin du xv° siècle, le roi proposa comme un modèle la « communauté des marchands fréquentant la Loire » ; et il s'en forma alors de semblables sur la Dordogne, la Garonne et la Saône.

La Traite des Vins

Au xv⁰ siècle, un droit sur l'exportation frappait tous les vins qui sortaient de l'Anjou ; il s'appelait « la traite des vins » et les agents chargés de la percevoir étaient les « traitants ». Il fut fixé à vingt sols par pipe. Imposé par le roi de France et consenti par la reine Yolande, mère du roi René, à un moment où la monarchie était dans la plus grande détresse financière, cet impôt, superposé à bien d'autres, eut pour résultat de faire laisser les vignes en friche, de diminuer considérablement la production et d'amoindrir l'exportation, dont le total des droits tomba de 30.000 à 15.000 francs. Evidemment, on avait tout de même trop pressé le citron. Le roi René s'efforça, mais inutilement, d'abolir la « traite des vins », si préjudiciable à la viticulture de l'Anjou.

Cet impôt de vingt sols par pipe était gros, si l'on songe qu'à cette époque (1444), le prix de vente de la pipe à Orléans, dont le vin était fort estimé, se vendait dix livres cinq sols, en 1453 cinq livres dix sols, en 1469 huit livres quinze sols.

A ceux qui cherchaient à esquiver l'impôt, on faisait un procès, ...comme aujourd'hui. Témoin la mésaventure arrivée à Macé Boutier, marchand de vin, le 3 août 1437, à Courbeveille, lequel fut condamné à payer dix sols au prévôt de Château-Gontier pour avoir fait passer, sans aucun acquit, 8 pipes de vin entre le moulin de Neuville et la Chaussée de la Roche (1).

Le Droit d'appetissement (2)

Mais nous ne sommes pas arrivés au bout de la liste. Il y avait encore le *droit d'appetissement*, droit d'octroi que l'on percevait sur les vins qui se vendaient en territoire de la ville d'Angers et ses faubourgs. Les cabaretiers demandèrent sa suppression ; leur réquisition fut rejetée par le Conseil de Ville, après consultation des paroisses. Un arrêté du Conseil du Roi, du

---

(1) Roussier, *Commission historique et archéologique de la Mayenne*, 1914.
(2) C'est-à-dire « diminution », conséquence du prélèvement.

19 mars 1507, décida qu'il serait perçu par l'Université d'Angers à son profit. Et voilà comment cette austère Institution se trouva intéressée à ce qu'il se consommât le plus de vin possible dans la bonne ville d'Angers. L'Université d'Angers, devenue protectrice des poivrots ! Voià, certes, qui n'est pas banal.

Notre bon Roi René prit en main la défense des intérêts de ses sujets. Sa « Chambre des Comptes » fit entendre ses doléances à Charles VII, en vue de la réduction et suppression d'impôts qui empêchent la libre circulation du vin. Par sa suppression, dit-elle, on favoriserait la culture de la vigne et sa production « qui monterait à 300.000 pipes de vin, dont l'argent et proufit demourerait audit païs. »

Le Droit de Huitième

Un autre impôt peu populaire était le *droit de huitième* sur les vins vendus au détail, et dont le contrôle exigeait la visite, dans les celliers, des employés de la Régie de ce temps-là (XVII° siècle).

Le Conseil du Roi, pour donner satisfaction à l'opinion, décida de modifier cet impôt, au moins dans sa forme, et de lui substituer un *impôt d'abonnement*. Le maire d'Angers fit observer que ce nouvel impôt est fixé à 7 livres 10 sols par pipe, sans distinction de qualité et de cru, ce qui est très dommageable et ruineux aux habitants de cette ville et de la province, attendu que les vins d'Orléans et de Bourgogne se vendent communément à raison de 5 à 6 sols la pinte, c'est-à-dire de 40 à 50 écus la pipe ; mais, en Anjou, le meilleur des crus ne se vendant que de 4 à 6 deniers la pinte, à raison de 8 à 12 livres la pipe, il se trouve que les vendeurs, à ce prix-là, paient au roi sept ou huit fois plus pour le droit de « huitième » qu'ils ne feraient s'ils n'étaient pas abonnés. Le maire demande donc une réduction de la somme de 7 livres, 10 sols, à celle de 30 sols pour tout droit de « huitième », sur le vin des crus qu'ils vendront à l'avenir au détail.

Dès cette époque, on était donc choqué, comme on vient de le voir, qu'un vin qui se vendait bon marché payât au fisc le même prix qu'un vin de grand prix. Au XX° siècle, la solution du problème n'a pas encore été trouvée, et un vin de 150 francs la barrique paie aussi cher de droits qu'un vin de 2.000 francs. En l'année 1920, un essai désigné sous le nom de *taxe de luxe,* soit 15 % du prix de vente, a tenté de remédier à cette injustice. On ne peut pas dire qu'il y ait réussi, car il a paralysé le commerce et a dû être bientôt abandonné.

Le Droit de Passe-Debout

Il y avait aussi le *droit de passe-debout,* expression qui a traversé les siècles pour venir jusqu'à nous et être encore employée par notre Régie. Elle constituait un droit établi sur les vins et eau-de-vie.

Le Vin taillable a merci

Et puis, il y avait encore les impôts que de leur propre autorité les seigneurs établissaient avec plus ou moins de raison ou d'équité.

En 1590, Duplessis-Mornay, gouverneur de Saumur, entoure le donjon, d'une nouvelle enceinte, en forme de triangle irrégulier, avec redans et bastions revêtus de pierres de taille, sous la direction de l'ingénieur italien Bartholoméo.

Le roi Henri IV approuva ces travaux (1593).

Un simple subside d'un demi-écu prélevé sur chaque pipe de vin avait pourvu aux frais de la construction.

C'est ainsi que les fortifications de Saumur ont été, on peut le dire, cimentées avec le vin de ses coteaux.

Henri IV donna un nouveau règlement relatif aux impôts qui étaient levés « sur les vins et autres marchandises sur la rivière de Loire et autres rivières tombant en icelle ». Ce n'était pas dommage, car de grands abus s'étaient introduits, et chaque seigneur prélevait sur le vin des taxes dont le total devenait excessif.

A Saumur, en vertu d'une ordonnance du sieur Duplessis-Mornay, gouverneur de la place, chaque pipe de vin devait payer 25 sols pour lui et 20 sols pour le sieur de Chavigny. Le roi fixe à 20 sols la première imposition et abolit la seconde.

5

A Angers, le sieur de Puycharie percevait un écu et 20 sols par pipe de vin, alors même qu'elle avait acquitté aux Ponts-de-Cé la taxe levée au nom de ce seigneur.

M. de Bois-Dauphin en faisait autant, mais sa taxe n'était que de quarante sols tournois.

Le maire et les échevins, de leur côté, percevaient cinquante sols par pipe amenée des Ponts-de-Cé à Angers. L'édit du roi réduit les deux premières taxes à 30 et 40 sols et supprime la troisième.

Veut-on connaître la liste des impôts qu'une pipe de vin payait en arrivant aux Ponts-de-Cé ? Elle est passablement effrayante : à M. de la Bastide, 15 sols ; à M. de Bois-Dauphin, 30 sols ; à M. de Puycharie, 26 sols 8 deniers ; à M. de la Rochepot, 15 sols ; à M. de Saint-Offange, 1 écu ; à M. de Bourcany, 30 sols ; à M. le duc d'Elbeuf, 30 sols ; au maire et aux échevins d'Angers, 25 sols : aux Etats de Bretagne, 20 sols ; pour les fortifications des Ponts-de-Cé, 2 sols, 6 deniers : aux soldats des quatre corps de garde, 6 sols. De plus, chaque bateau était tenu de donner à M. de la Bastide 15 sols pour le passe-port et 10 pour baisser la chaîne. Si la pipe était conduite des Ponts-de-Cé à Angers, un nouveau droit de 10 sols était dû à M. de Hurtault.

Il y avait vraiment abus. L'intervention de Henri IV modifia heureusement les choses ; nombre de ces tarifs furent supprimés, les autres diminués. Le roi Henri IV était bien vraiment le roi de « la poule au pot ».

On va voir par les détails qui suivent que même encore au milieu du XVIIIe siècle, l'Anjou était une vraie vache à lait, dont on ne craignait pas d'épuiser les mamelles.

C'est ainsi qu'on lit dans un Mémoire de remontrances, qui devaient être présentées aux Etats généraux qu'Anne d'Autriche avait promis de tenir à Tours, pendant la minorité de Louis XIV, mais qui n'eurent pas lieu :

« Les Bretons, Normans et estrangers ne prennent plus que fort peu de vin en la rivière de Loire à cause de la multiplicité des nouveaux subsides que l'on a establis, depuis lesquels il s'est plus planté de vignes en Bretaigne qu'il n'y en a dans tout l'Anjou ; les vins des rivières de Bordeaux et de Charente étant bien moins chargés de subsides et bien meilleurs que ceux de la rivière de Loire, fournissent l'Angleterre, la Bretaigne, partie de la

Normandie et de la Flandre, et ceux d'Anjou demeurent sur le lieu où ils se gâtent avec le temps... Il y a une autre raison fort considérable qui a bien aidé à ruiner le trafic du vin d'Anjou, c'est qu'en Bretaigne l'on lève sept sols pour un pot de vin estranger vendu en détail, et sur les vins bretons le tiers seulement desdits sept sols. »

Le Mémoire dit encore « que l'Anjou, quoy que petite, estait riche et abondante en trafic à cause de la quantité de vin qui s'y cueillait et se transportait aux autres provinces et hors du royaume, par la commodité des rivières navigables qui sont au dit duché... Mais cette richesse et ce commerce est diminué de plus des cinq sixièmes parties, à cause des grands tributz que l'on a depuis trente ans imposés sur ladite province, qui ne sont point aux autres.

« ...Contrairement aux autres provinces qui font transporter leurs produits sans subsides dans les autres provinces, notre seule province d'Anjou ne jouit pas de cette grâce et privilège, car tout ce que l'on amène par eau des autres provinces paie cinq sortes de debvoirs, sçavoir : le trépas de Loire, l'antienne réappréciation d'iceluy, et la nouvelle imposition, et l'augmentation du dit debvoir, et en outre on a toujours payé le droit de massicault (droit sur les vins provenant de l'étranger)... »

Fig. 11.
Sceau des Marchands
fréquentants en Loire,
au XVIIIe siècle.

D'après MANTELLIER,
loc. cit.

...« Lorsque le vin manque en Touraine, pays Blaisois, Orléans, Paris ou autres provinces, l'on y en mène de tous les endroitz du royaume sans payer aucune chose, mais si l'on y en transporte du pays d'Anjou l'on fait payer sept livres seize sols levez pour pipe. »

Ces plaintes montrent que l'Anjou était singulièrement avantagé de charges et surcharges. Si ces impositions sont tout à fait à l'honneur de la qualité reconnue de ses vins, il faut avouer que nos pères avaient bien tout de même quelque raison de se plaindre.

La fin de la corporation des marchands en Loire

A la fin du XVIᵉ siècle, le roi Henri IV entreprit de supprimer l'ingérence des particuliers et Corporations dans l'administration du bien public, et à la fin de 1682 les marchands trafiquants perdirent le droit de faire exécuter les travaux d'entretien du fleuve.

Du reste, déjà la Loire commençait à s'ensabler et la navigation en devenait plus difficile.

En 1703, une déclaration datée de Marly fixait un règlement pour la navigation de la Loire ; et en 1758 la suppression de leur dernier privilège porta aux marchands fréquentants le coup mortel.

Les impots sur les Vins a la Révolution et depuis

L'administration financière qui précéda la Révolution française avait multiplié les mesures fiscales ; les cahiers des corporations et des paroisses sont unanimes en Anjou à demander « la suppression des aides ou autres manières de percevoir les droits sur le vin et autres boissons qui ne soient pas vexatoires ».

En 1787 il est encore question de ces droits de simple, double et triple cloison, de prévôté, de trépas de la Loire, de droits de traite par terre, de traite foraine, d'officiers des traites, parisis, sol et six deniers des dits droits, signature..... « Trente bureaux au moins établis sur les bords de la Loire, de la Mayenne et autres rivières y afférentes et aux portes de la ville forcent les négociants et les commerçants de s'arrêter à chaque pas, soit pour payer quantité de droits différents, soit pour réitérer le paiement desdits droits, soit au moins pour subir visite et contre-visite, qui retardent les livraisons, augmentent le prix des voitures et souvent occasionnent (1). »

« La « Corporation des voituriers par eau » qu'il ne faut pas confondre

---

(1) A. Le Moy, *Cahiers de Doléances*, 2 vol. in-8°, 1915-1916. — « Occasionnent », c'est-à-dire sont prétexte à querelle.

avec celle des « marchands en Loire », demande la suppression des péages seigneuriaux, la simplification des impôts et le remplacement de tous par un seul qui se paierait à l'entrée en ville.

D'autre part, le rédacteur du cahier de la paroisse de la Pommeraye, renouvelle, à cent ans de distance, les griefs exposés par l'Intendant de la Généralité de Tours, relatifs aux droits que l'on exige à l'entrée des vins d'Anjou en Bretagne, droits qui égalent souvent la valeur intrinsèque de la marchandise, « qui en double le prix et empêche ainsi de la faire prendre par les étrangers ». Il en résulte la consommation forcée sur les lieux, la stagnation ou la nullité du commerce, malgré l'excellente qualité et la supériorité de nos vins sur ceux de Bretagne »... « Tout changerait de face de la manière la plus avantageuse, si les droits de traite ne se percevaient qu'aux frontières du royaume (1). »

Voici une autre tracasserie de l'administration, contre laquelle se plaint à juste titre le Cahier de la paroisse de Vauchrétien : « Au bout d'un certain temps il est à propos de mettre en bouteilles le bon vin que nous voulons garder ; et quand nous voulons le faire venir chez nous (c'est-à-dire du cellier à la maison de ville), on nous refuse le courtage, disant qu'il faut le transporter en barrique, ce qui détériore nos vins, sans que le Roi en ait davantage, parce que les traitants ne cherchent qu'à grever le peuple (2). »

Après la Révolution les impôts furent simplifiés, mais non pas supprimés ; suivant les nécessités budgétaires les droits ont beaucoup varié, allant de 0 fr. 30 l'hectolitre (loi de 1808) à 19 francs l'hectolitre (loi du 29 juin 1918), pour revenir au taux de 15 francs (1923), droits qui furent pendant une courte durée malencontreusement majorés, sous le nom de *taxe de luxe*, de 15 % de la valeur du vin, impôt qui paralysa le commerce des grands vins et eut des conséquences désastreuses.

D'ailleurs, ces impôts n'ayant rien de spécial à l'Anjou, il n'y a pas lieu d'y insister.

---

(1) A. LE MOY, *loc. cit.*
(2) *Ibid.*, t. II, p. 721.

Quelle était l'importance du trafic dont les vins d'Anjou étaient l'objet ?
Il est bien difficile d'avoir des chiffres exacts en ce qui concerne les
époques un peu reculées. Au temps de Colbert, par conséquent vers la fin
du XVIIIe siècle, les vins du Layon et de la rive droite de la Loire, évalués
à 10.000 pièces et du prix de 40 livres chacune, tous vins blancs et les plus
estimés, sont transportés par ces actifs commissionnaires, à peu près uniques
de l'Europe, les Hollandais. Nos meilleurs clients, à cette époque, étaient les
villes de Hambourg et de Lubeck ; venaient ensuite Kœnigsberg, pour un
millier de barriques, et Riga, pour quatre cents.

Les autres vins, soit 4.000 pièces, estimées 20 livres chacune, étaient à
destination de Paris.

Les vins blancs des environs de Saumur, de première qualité, évalués à
environ 8.000 pièces, année moyenne, sont transportés à Nantes et
embarqués sur mer. Ceux de seconde qualité, environ 30.000 pièces, sont
dirigés sur Orléans et Paris.

Quant aux vins rouges des environs de Saumur, ils sont consommés sur
place.

Le commerce total de ces vins du Saumurois représente une somme
d'environ 1.440.000 livres.

En 1820, Saumur a expédié hors du département 92.945 hectolitres de
vin, savoir : à l'étranger, 1.560 ; à Paris, 6.762 ; à Orléans, 8.170 ; dans
la Sarthe, 4.968 ; dans la Loire-Inférieure, 3.698, dont une partie destinée
à la Hollande ; en Indre-et-Loire, 3.698 ; dans les Deux-Sèvres, 1.122 ; dans
la Vendée, 869.

Le reste a été expédié par moindres quantités dans trente-deux départements, y compris celui de la Marne (1).

A la veille de la Révolution, le vin constituait un des plus importants
revenus de l'Anjou. Les guerres de la Vendée, en couvrant de ruines ce riche

(1) CAVOLEAU. *Statistique de tous les vignobles de France*, 1827.

pays, annihilèrent le résultat des généreux efforts réalisés dans les années précédentes.

Mais avec le XIXe siècle notre province recouvra sa prospérité viticole, qui atteignit un degré qu'elle n'avait pas encore connu et que notre XXe siècle confirma amplement en portant plus au loin que jamais la réputation des vins d'Anjou.

CHAPITRE VIII

LES HOLLANDAIS ET LE VIN D'ANJOU

ES principaux acheteurs des vins d'Anjou étaient les Belges et les Hollandais, représentés surtout par la Compagnie des Indes Orientales. Très amateurs des crus des coteaux de la Loire, du Layon et de Saumur, ils envoyaient leurs courtiers parcourir le pays et faire les achats. C'est à leur passage que se fixaient généralement le cours des vins, dit M. le chanoine Verdier, qui ajoute ce souvenir personnel, que dans sa jeunesse on disait, comme d'une coutume consacrée, dans les jolis vallons du Layon : « les prix ne sont pas faits, on attend l'arrivée des Belges (1). »

Dès le commencement du XVIIe siècle ils venaient les chercher pour les transporter soit dans leur pays, soit dans leurs colonies, car ils avaient constaté que ces vins « tenaient parfaitement la mer et s'amélioraient en voyage. On a conservé les noms de deux notables commerçants hollandais qui s'étaient installés à Souzay, pour négocier les achats de vin, Van Rossum et Van Voorez. Amsterdam et Rotterdam, Dordrecht, Middelburg, Nimègue, Maestricht, la première de ces villes surtout, étaient les ports principaux de ce trafic. En 1618, la municipalité de Rotterdam déclarait que le commerce des vins français était la vie de cette ville.

_____

(1) Chan. VERDIER, _Note sur les Vins de Saumur, Soc. des Lett., Sc. et A. de Saumur._

Fig. 12. — L'embargo des Hollandais aux Ponts-de-Cé

L'EMBARGO OU COMPTOIR DES HOLLANDAIS AUX PONTS-DE-CÉ

Ils remontaient la Loire jusqu'aux Ponts-de-Cé sur leurs bateaux pontés et quillés, que les sables, qui commençaient à encombrer le fleuve, empêchaient d'aller plus loin. Le bureau des armateurs hollandais ou *Embargo* était établi dans le quartier Saint-Aubin, sur la rive droite de

la Loire, non loin et au-dessous du port de ce nom, en bordure de la
grande rue des Ponts-de-Cé, un peu avant le pont. Il est reconnaissable
aujourd'hui encore à son curieux pavillon à coupole en pierres, d'une forme

Fig. 13. — Le *comptoir des Hollandais*, aux Ponts-de-Cé, dans son aspect primitif,
aujourd'hui école de garçons.

très spéciale (fig. 12). Dans son voisinage, de larges pontons servaient
d'embarcadères.

Sur l'autre rive est une autre construction plus vaste, qui s'appelait le
Comptoir des Hollandais, et qui est actuellement occupée par l'école des
garçons. La figure 13 le représente restauré dans son dessin primitif et vu
du côté opposé à la rue en bordure de laquelle il est construit.

Chaque année, des courtiers aux gages des Hollandais parcouraient le pays vignoble et faisaient les achats. Quelques-uns de ces courtiers se sont fixés en Anjou et se sont mariés à des filles du pays. Les noms d'origine hollandaise de certaines familles en témoignent nettement.

C'est là qu'arrivaient les vins de Saumur et du Layon, les premiers en suivant le fleuve, les autres par voie de terre, en des chemins affreux, dans lesquels il n'était pas rare de voir se rompre attelages et charriots. Pour se donner du courage les conducteurs ne se faisaient pas faute de « buveter le vin », tradition qui s'est d'ailleurs transmise fidèlement des convoyeurs du XVIIe siècle aux employés de chemin de fer du XXe.

C'est pour éviter ces grosses difficultés de transport et faciliter les transactions que l'on songea à creuser et canaliser la rivière du Layon.

Les vins arrivaient aux Ponts-de-Cé dans de grands fûts ou pipes d'une contenance de 470 à 500 litres. Les Hollandais transvasaient ces vins, qu'on leur amenait dans de mauvais fûts en merrains de châtaignier, dans des fûts de plus petite dimension ou « barriques », aux douelles de chêne très épaisses et goudronnées. Dans ces fûts, fortement méchés, les vins se conservaient, paraît-il, jusqu'à trois ans et n'étaient livrés au commerce qu'au bout de ce temps (1).

Il faut rappeler que le port de Juigné-sur-Loire a longtemps servi, lui aussi, d'embarcadère pour les vins de la rive gauche de la Loire.

Le Layon devenu le canal de Monsieur

Déjà la puissante Compagnie des Indes, vers 1760, avait fait des propositions au gouvernement français en vue d'améliorer la navigabilité de la Loire de Nantes à Orléans. On voit que la question qui préoccupe et passionne les riverains de la Loire à notre époque n'est pas neuve. Elle demandait, à titre de dédommagement de ses travaux, qu'on lui abandonnât les terrains d'alluvion qu'elle gagnerait sur le fleuve. Le parlement n'accéda pas à cette demande.

_____

(1) Bouchard, *loc. cit.*

Sur ces entrefaites, la Compagnie des Mines de houille de Saint-Georges-Châtelaison tenta de canaliser le Layon pour faciliter l'exploitation du charbon. Après un essai infructueux elle s'adressa à Monsieur, frère de Louis XVI, le futur Louis XVIII, et duc apanagiste d'Anjou, pour obtenir la canalisation de cette petite rivière, qui permettrait de tirer facilement le charbon et les vins de cette riche contrée, jusqu'à son embouchure dans la Loire, près de Chalonnes.

Le duc accepta avec empressement cette proposition, et après que les ingénieurs eurent surmonté pas mal de difficultés, le Layon fut creusé et porta le nom de *Canal de Monsieur*. Etendu de Saint-Georges-Châtelaison à Chalonnes, il mesurait une quarantaine de kilomètres.

Au point dit « le Port », à mi-chemin entre Concourson et Saint-Georges-Châtelaison, on remarque encore l'emplacement des bassins construits pour recevoir les bateaux de la Compagnie.

Ce travail fut exécuté non sans les protestations des riverains, qui prétendaient continuer à bien vendre leurs vins aux étrangers et les leur livrer par les voies habituellement usitées.

D'importants travaux d'art avaient été exécutés et de nombreuses écluses aménagées sur le parcours du canal.

Les premiers bateaux remontèrent jusqu'à Thouarcé le 27 novembre 1776; le 20 décembre de la même année il en arriva à Concourson, et le 23 du même mois le curé de Saint-Just, des Verchers, en fit la bénédiction solennelle (1).

Le canal du Layon eut une période de grande prospérité, mais elle fut de courte durée.

La guerre de Vendée (1793) ruina tous ces travaux, ou bien leur entretien a été absolument négligé, et le Layon perdit sa navigabilité.

Lorsque la rivière du Layon eut été canalisée (1776), les bateaux hollandais, au lieu de remonter la Loire jusqu'aux Ponts-de-Cé, s'arrêtèrent à Chalonnes, où des bateaux plats amenèrent le vin de toute la côte du Layon ; à ce moment, le gérant des Hollandais s'installa à Rochefort-sur-

---

(1) Célestin PORT, *Dict. historique de Maine-et-Loire.* T. II, p. 468.

Loire, et par suite la station des Ponts-de-Cé diminua beaucoup d'importance.

Veut-on savoir ce qu'il en coûtait pour transporter une pipe de vin d'une des localités riveraines à destination de Chalonnes-sur-Loire ? Du port des Mines, du pont de Méa, du pont de Châtelaison, de l'écluse de la Pichardière, de l'écluse de la Rairie : 6 livres ; du pont d'Aubigné 5 livres, 10 sols ; de l'écluse de Rochefort 5 livres, 5 sols ; de l'écluse de Mâchelles 5 livres ; de l'écluse de Taillepré 4 livres, 10 sols ; de l'écluse de Thouarcé 4 livres ; du pont Cailleau 3 livres, 15 sols ; du pont de Rablay 3 livres ; de Barré 2 livres, 10 sols ; du pont de Saint-Aubin 1 livre, 10 sols ; de Valette 1 livre, 2 sols ; de Chaudefonds 18 sols ; de Princé 15 sols. Le transport de Chalonnes à Angers était de 2 livres.

Ce tarif fut diminué d'environ un quart en 1789.

L'Intendant de la Généralité de Tours (1766) donne des renseignements précis sur nos relations avec les Hollandais. Avant la canalisation du Layon, des courtiers établis à Tours, Amboise, Angers, Saumur, et quelques autres villes riveraines de la Loire, recueillaient les ordres des acheteurs, puis se rendaient dans les celliers des propriétaires pour y marquer les fûts qu'ils choisissaient ; ensuite, ils les faisaient véhiculer par la Loire jusqu'à Nantes, où on les embarquait pour leur destination définitive. Mais, pour que ce commerce fût profitable, il ne fallait pas que la pièce ou barrique coûtât plus de 20 livres, prise chez le récoltant. C'est ainsi que, pour la même raison, de 1761 à 1766, il s'est tiré très peu de vin pour Paris, parce que le prix d'achat dépassait ce chiffre.

RALENTISSEMENT DU COMMERCE AVEC LES HOLLANDAIS

Cependant, déjà à une époque bien antérieure, l'Intendant de la Généralité de Tours, marquis de Nointel (1680-1689), déclare que les vins (et eaux-de-vie) s'exportent beaucoup moins; « que les Hollandais, qui en enlevaient autrefois une fort grande quantité, ne viennent presque plus en acheter, ce qui fait que les vins restent dans le pays et que le prix en a beaucoup diminué ».

La première raison en serait qu'ils ont rétabli chez eux l'usage de la bière, de sorte, dit-il, qu'ils ont moins besoin de vin ; la seconde, c'est qu'ils tirent maintenant une grande partie de leurs vins du côté du Rhin et de Bordeaux, et même de Bretagne, qui leur coûtent moins cher, le vin étant de moindre qualité et les frais de transport bien diminués. Il ajoute que pour remédier à cette situation, le roi a accordé une diminution d'impôt sur les vins qui descendent la Loire, pour être exportés, mais que le résultat n'a pas été très effectif, et que si on veut rétablir la situation, il faudrait supprimer à peu près tous les droits sur les vins et eaux-de-vie de l'Anjou, pour concurrencer ceux de la Bretagne qui n'en supportent pas, afin que les étrangers ne trouvant pas de meilleur marché en Bretagne, puissent être attirés par ceux d'Anjou et de Touraine « dont la qualité à l'égard des vins est assurément beaucoup meilleure ».

La Bretagne, à cette époque, avait, en effet, beaucoup de vignes, aux environs de Rennes, Dol, Dinan, Fougères, Montfort, Savigné et produisait beaucoup de vin, mais de faible réputation. L'abbé de Marolles (xviie siècle) parle des « petits vins Nantais », employés surtout à faire de l'eau-de-vie.

L'Intendant de la Généralité de Bretagne dit dans son Mémoire (1697) que les vins et eaux-de-vie constituent le commerce principal des Bretons et qu'il sort de Nantes, année courante, 8.000 tonneaux de vin et 7.000 pipes d'eau-de-vie.

En réalité, ce commerce avec les Hollandais, qui avait été très avantageux pour les vins de notre région, fut amoindri et détruit par suite des droits de douane mis par Colbert (1670) sur les marchandises que leurs bateaux nous apportaient en échange : harengs, serges, cotons, toiles, beurres et fromages.

En 1672, la guerre avec la Hollande éclata. Ce fut la fin de nos grandes relations économiques avec ce pays.

On dit que Colbert était mécontent de voir les Hollandais « frelater » nos vins et en obtenir, d'ailleurs avec une grande habileté, d'un même cru, des types différents, cela au détriment de la réputation de nos vins (1).

_____

(1) LEVASSEUR.

D'autre part, les exportateurs se plaignent de la diminution progressive de la contenance de la futaille, nettement inférieure à celle qui est annoncée; et une lettre de l'Administration centrale adressée à l'Intendant de la Généralité de Tours l'avise de cette plainte des négociants des Flandres.

Il répond que ces négociants ont leurs courtiers dans toutes les grandes villes riveraines de la Loire, et que c'est à eux de s'arranger avec les récoltants, ces courtiers en étant seuls responsables.

Il faut croire cependant que, malgré toutes ces difficultés, le commerce avec la Hollande n'avait pas complètement cessé, car les *Affiches de Touraine,* au xviiie siècle, notent qu'il s'envoie à Nantes, par la Loire, d'assez grandes quantités de vin, dont les Anglais et les Hollandais font la traite ; qu'à Saumur, les Hollandais et Flamands font une provision considérable des excellents vins des coteaux, qui peuvent en fournir jusqu'à 40.000 pièces.

On ne doit pas oublier enfin que, d'après les mêmes *Affiches de Touraine,* l'un des principaux débouchés des vins blancs d'Anjou était le Maine, où ils arrivaient par les trois rivières de Mayenne, Sarthe et Loir.

Vins pour la mer ; Vins pour Paris

Les vins d'Anjou et de Saumur livrés aux Hollandais étaient les meilleurs et on les désignait couramment sous le nom de « Vins pour la mer » ; les autres, de seconde qualité, s'expédiaient à Orléans et surtout à Paris, sous le nom de « Vins pour Paris ».

Les vins pour la mer avaient la réputation de s'améliorer en cours de voyage ; c'est peut-être simplement que ceux qui les achetaient savaient les traiter convenablement. Et il est assez curieux que des gens venant d'un pays dépourvu de vignes sussent mieux traiter les vins que ceux qui les récoltaient ; ce qui prouve que c'est autre chose que d'être vigneron et d'être négociant.

Quoi qu'il en soit, la croyance était si enracinée que le voyage en mer améliorait nos vins, que Guillory dit avoir vu en Anjou des celliers portant

encore à leur plafond de lourds anneaux destinés à supporter, au moyen
de fortes chaînes de fer, les pipes de vin, que des domestiques balançaient
inlassablement pour leur faire acquérir la qualité qu'ils auraient prise dans
un voyage au long cours. Le fait est amusant.

Il me paraît bien douteux qu'un tel balancement ait jamais produit
l'amélioration désirée, ce battage au contact d'une certaine quantité d'air
devant avoir surtout pour résultat de faire jaunir prématurément les vins.

Or, précisément, les Hollandais redoutaient beaucoup le jaunissement de
nos vins.

« Ils n'en veulent plus, écrit Drapeau (1), lorsqu'ils sont vieux, parce
qu'ils ne peuvent plus leur rendre leurs qualités naturelles, qu'ils ont per-
dues. Alors, ils ont une couleur ambrée, tirant sur le jaune et qui augmente
de beaucoup, pour peu qu'ils reçoivent l'air. Mais ils les aiment beaucoup
tout nouveaux ; ils les clarifient blancs et pétillants comme eau de roche ; il
les mettent en bouteilles et les vendent un fort bon prix. La différente qualité
qu'ils ont en Flandre vient donc seulement de l'industrie des Flamands, qui
savent mieux que nous les purger de tout ce qui en désigne la bonté et
connaître le temps où cela doit se faire, de sorte qu'avec un peu d'attention
et d'étude, nous pourrions les avoir aussi parfaits qu'ils les ont, puisque
essentiellement ils sont chez nous ce qu'ils sont chez eux ».

Un autre manuscrit, qui porte la date de 1790, confirme la croyance
générale dans l'efficacité du voyage en mer pour améliorer nos vins blancs :
« Les vins du costeau de Varrains, Chacé, Saint-Cyr, Brézé, Martigné et
environs sont des vins de grands crus. Les meilleurs sont exportés ; sur place,
ils ne sont pas potables, mais le voyage en mer leur fait perdre le goût de
terroir et augmente leur qualité ; ils descendent la Loire en bateaux du pays
jusqu'à Nantes, puis voyagent sur mer (2). »

----

(1) Drapeau, *Manuscrit*, 1765.
(2) *Manuscrit* sans nom d'auteur.

Les vins blancs d'Anjou en bouteilles ne craignent pas la mer

Si le voyage du vin blanc en fûts ne me paraît pas susceptible d'en améliorer par lui-même la qualité, on a la preuve de la bonne tenue de ces mêmes vins en bouteilles bien bouchées.

En veut-on un exemple ?

En 1900, un viticulteur d'initiative d'un des meilleurs crus du Layon, M. Louis Mignot, remit à la Station œnologique de Maine-et-Loire deux caissettes identiques, scellées et plombées, contenant l'une et l'autre quatre bouteilles de vin. L'une d'elles fut gardée comme témoin et l'autre expédiée en Chine, d'où elle revint environ un an après. Un jury composé de douze dégustateurs se prononça, à la majorité de neuf voix contre trois, nettement en faveur du vin retour de Chine.

Déjà, en 1836, du vin de la Roche-aux-Moines, avait été envoyé à la Martinique avec un plein succès.

S'il paraît donc aventureux de faire subir à nos barriques de vins d'Anjou les risques d'un long voyage en mer, il n'est pas douteux que leur transport en bouteilles, à la condition que leur composition soit bonne et qu'ils possèdent de 11° à 12° d'alcool, se fasse avec un plein succès.

Singulière Pétition des Vignerons Saumurois

Nous trouvons la preuve de la persistance du commerce de l'Anjou vinicole avec les Belges, dans une *Pétition*, datée des premières années du Premier Empire. On sait que les Belges aiment nos vins quand ils sont très doux. Voilà pourquoi une soixantaine de propriétaires viticulteurs, dont on a gardé les noms, de Saumur, Dampierre, Saint-Cyr-en-Bourg, Brézé, Varrains, Tigné, demandent à Son Excellence, le Ministre des Finances, de revenir sur la décision qu'il avait prise, de faire payer comme droits d'importation, 1 franc le titre, au vin d'Espagne connu sous le nom de *Pedro Ximénès*, parce que c'est avec ce vin-là que les Belges adoucissent les vins du coteau de Saumur qui leur sont vendus, si bien que si le ministre ne revient pas sur sa décision, les vins blancs de France, dont le débouché principal est la Belgique, n'y seront plus consommés (1) ».

Il est assez plaisant de voir les viticulteurs saumurois protester énergiquement et en grand nombre contre une mesure qui avait pour but d'empêcher les gens de frelater leurs vins. Les idées avaient bien changé depuis le xiv⁰ siècle, où le roi Jean interdisait le mélange des vins.

Le fait est que, quelques années plus tard, en 1829, le Préfet de Maine-et-Loire dit dans son *Rapport*, que, depuis quelques années, la Belgique, qui avait l'habitude d'enlever les vins de tête de notre département n'y a fait aucun achat, sans doute à cause de leur peu de qualité ; en effet, le prix de ces petits vins blancs varie, dit le Préfet, de 15 à 20 francs la barrique de 240 litres.

_____

(1) *Pétition des « propriétaires des vins des coteaux de Saumur et d'Anjou dont la consommation se fait en Belgique ».*

CHAPITRE IX

LE CARACTÈRE PROPRE DU VIN D'ANJOU

> « Les bons vins d'Anjou ne sont
> pas estimés ce qu'ils valent. Il
> est peu de vins blancs en France
> qui leur soient préférables. »
>
> CAVOLEAU, *Œnologie française*, 1827.

L E Vin d'Anjou est un vin blanc de fine sève et de grande race, qui
doit son cachet et ses mérites au Chenin blanc, vieux cépage
angevin, admirablement adapté au climat tempéré et au sol de
l'Anjou, producteur de levures vigoureuses, qui, depuis des
siècles, se développe et se multiplie dans la région des Andécaves. »

Cette citation détachée des notes d'un maître connaisseur de nos vins
d'Anjou, consacre cette idée que « le Vin d'Anjou » c'est le vin blanc fait
avec le Chenin ou Pineau de la Loire. Un usage séculaire a consacré ce
terme, et quand on parle de « vin d'Anjou », on n'entend pas autre chose.

Cela ne veut pas dire que l'on ne rencontre pas d'autres sortes de vin et
même d'excellentes dans notre province. L'énumération des variétés de
cépages qu'on y cultive et qui sont décrites dans le second volume de cet
ouvrage est là pour le prouver.

En effet, outre le vin blanc, l'Anjou fait des *vins rouges* et des *vins rosés*
très appréciés. Nous les étudierons à leur tour.

A tout seigneur tout honneur ; commençons notre étude par

Le « Vin d'Anjou »

Il s'en faut qu'il ait présenté de tout temps la perfection des caractères qu'il possède actuellement ; de même que si toutes les régions viticoles de notre province le récoltent, il est loin d'y offrir des qualités identiques ; il peut même présenter des variantes d'un ténement à l'autre d'une même localité.

Il n'est donc pas douteux, en effet, que notre vin blanc actuel, obtenu du Chenin blanc, diffère, dans une certaine mesure, de celui qu'on obtenait, il y a quelques siècles, avec le même cépage. La culture et les sélections successives ont certainement modifié peu à peu son produit. En outre, les procédés de vinification bien plus perfectionnés et soignés que dans les premiers siècles ont encore ajouté leur action à celle de la nature.

Il fut un temps, encore assez peu éloigné de nous, où on ne faisait en Anjou que des vins blancs pétillants et mousseux. Maints documents en font foi. C'est ainsi que le comte Walsh, propriétaire du château de Serrant, écrivait en 1853 dans une Revue : « Il n'y a pas longtemps que le propriétaire aisé de l'Anjou vivait comme avaient vécu ses pères. Alors, les vins pétillants d'Angers, de Saumur et de la Coulée de Serrant faisaient sauter les bouchons comme le vin de Champagne, ajoutant à la gaîté des convives. »

Aujourd'hui, les coteaux de Saumur sont à peu près les seuls à produire des vins pétillants, ou tout au moins qui « moustillent », tandis que dans les autres bons crus de l'Anjou on s'efforce d'obtenir des vins de tout repos, dont aucune fermentation secondaire ne vient troubler la sagesse ni la limpidité.

Et ceci établit une distinction assez nette entre les vins d'Anjou proprement dits et les vins de Saumur.

Quoi qu'il en soit, les caractères essentiels du vin d'Anjou sont restés les mêmes, comme aussi ils ont su toujours se faire apprécier.

Sait-on qu'au XIV° siècle, il était interdit aux moines du Mont Saint-Michel de « mêler de l'eau au vin d'Anjou » ? On donnait comme raison à cette défense la rigueur du climat. Mais je pense que c'était là un vain prétexte et qu'on ne voulait pas, par l'addition d'eau, amoindrir la qualité de ce remarquable breuvage (1).

Au xv⁰ siècle, Bourdigné rappelant un des principes de l'Ecole de Salerne :

> *Si bona vina capis, quinque plaudantur in illis,*
> *Fortia, formosa et fragrantia, frigida, frisca (2).*

déclare que le vin d'Anjou possède les cinq qualités requises.

Olivier de Serres (1605) cite avec éloge les vins d'Anjou à côté de ceux de Beaune, d'Orléans, etc., et il ajoute que le pays est tellement fourni de vins blancs et clairets, qu'il semble que le bon père Noé ait, en cette contrée, fait son chef-d'œuvre et appris sa science aux habitants.

Et voici l'amusant épisode que l'historien J.-F. Bodin raconte dans ses *Recherches sur l'Anjou* (1821). Le duc de Brissac, résolu d'aller en Anjou passer quelque temps dans ses terres, fit tant par ses sollicitations et celles de ses amis, qu'il détermina le poète Chapelle, souvent commensal des grands seigneurs, à l'accompagner. Ils partirent de Paris, fort contents l'un de l'autre. Arrivés à Angers, où il devaient coucher, Chapelle fit trouver bon au duc qu'il allât dîner chez un chanoine de la cathédrale, son ancienne connaissance. Il y fut reçu... comme chez un chanoine et trouva le vin d'Anjou si bon, qu'il tint table jusqu'au soir assez tard, et ne revint à l'hôtellerie que pour coucher. Le lendemain, quand il fallut partir, il dit au duc qu'il ne pouvait avoir l'honneur de l'accompagner plus loin, qu'il avait trouvé sur la table de son ami le chanoine, un vieux Plutarque dans lequel il avait lu : « Qui suit les grands serf devient. » Le duc protesta, mais en vain. Et Chapelle, après avoir été faire ses adieux au bon chanoine, retourna à Paris.

---

(1) Léop. DELISLE, *Etude sur la condition de la Classe agricole, etc.*, 1903.
(2) « Si vous voulez un bon vin, que cinq qualités se trouvent réunies en lui ; qu'il soit nerveux, beau, parfumé, frais, léger. »

Mais c'est seulement à partir du xviiie siècle, alors que leur réputation fut consacrée par les Hollandais et les Flamands, qui, chaque année, venaient en prendre d'énormes chargements, que leur mérite est définitivement consacré.

A cette époque, on les classait en deux catégories : *les vins pour la mer*, doux et vineux, avec 11 ou 12° d'alcool, et les *vins pour Paris*, moins forts, faisant seulement 9 à 10°, et, par suite, indiqués pour la consommation courante.

Puis, quelques années extraordinaires, émergeant au-dessus de toutes les autres, ont grossi leur réputation. Ce sont 1825 et 1834, avec 14° d'alcool, de la finesse, du corps et de la liqueur, et 1893, qui fut le chant du cygne de nos anciennes vignes, rongées par le phylloxéra.

Après la crise phylloxérique et la reconstitution du vignoble, nous avons le 1900 avec un ensemble de qualités qui le rapprochent des précédents, puis les excellents 1919 et l'incomparable 1921, qui rappelle, selon les uns, le 1893, selon d'autres le 1834 ou même le 1811, si célèbre sous le nom de « Vin de la Comète ».

Le regretté A. Bouchard, qui s'appliqua avec tant de zèle et d'intelligence à faire connaître et apprécier le vin d'Anjou, avait imaginé, ou propagé, une formule aussi juste que concise et élégante pour donner une idée de l'agréable impression que produit le vin d'Anjou sur les sens de l'amateur qui le déguste. « *C'est un bouquet de fruits*, disait-il, qui fait la *queue de paon* », expression pittoresque et imagée qui mieux qu'une longue phrase exprime bien la chose.

Si l'Anjou, dont les terrains sont très variés, produit des vins que le dégustateur sait facilement distinguer les uns des autres, ils ont tous la même caractéristique fondamentale et qui les met à part au milieu de tous les autres vins de France.

Assimiler à un bouquet de fruits la sève généreuse, parfumée et moelleuse du vin d'Anjou, saveur du raisin doré de nos coteaux, cueilli à parfaite maturité et avec toute sa fleur, c'est le classer comme un vin unique et incomparable dans son genre. Sa renommée s'est d'ailleurs établie sur ce caractère spécial « *goût de fruit* », qui a pour synonyme « *goût d'Anjou* », que l'on s'applique à lui conserver par une mise en bouteilles très précoce, méthode toute spéciale, qui n'est pratiquée pour aucun autre vin de France, si ce n'est pour son frère d'Alsace.

Et ce vin fruité fait la « queue de paon ». Qu'est-ce à dire ? Cela signifie que ce vin bien constitué, limpide et brillant, franc de nuance, droit de goût, par conséquent sans aucune tare, et dans lequel les trois éléments fondamentaux, alcool, acide, sucre sont bien équilibrés et en complète harmonie, étale ses richesses, qui sont, comme dans la queue de paon, élégamment distribuées, assorties, nuancées, fondues, pour en faire un tableau unique et inimitable.

Il fait la « queue de paon », et les trois sens qui président à la dégustation en sont tour à tour charmés et délicieusement éblouis. En même temps que l'œil se réjouit des reflets de la liqueur d'or, que l'odorat s'empare de ses effluves parfumés, elle remplit la bouche, s'y étale en flattant de son contact exquis les mille papilles gustatives qui la tapissent et produit des sensations non pas fugaces, mais qui vont se prolongeant et s'affinant. C'est comme l'épanouissement d'une fleur ou la queue d'un paon qui fait la roue.

En bonne année, un pareil vin se trouve dans tout l'Anjou, aussi bien dans les vignobles de Saint-Barthélémy et de Briollay, que sur les coteaux de la Loire et du Layon ou ceux de Saumur.

Si nos vins demandent à être mis de bonne heure en bouteilles pour conserver leur « goût d'Anjou », ils demandent quelques années d'embouteillage pour développer leur mérite et mettre en relief toutes leurs qualités. Cette durée est d'ailleurs variable selon les crus. Il suffira d'un an ou deux pour ceux du Layon et il en faudra trois ou quatre au moins pour les vins de Savennières ou de Saumur.

Et aujourd'hui, comme avant la crise phylloxérique, l'Anjou peut être fier de ses vins merveilleux, dignes de ceux d'autrefois et certainement préparés par des méthodes plus rationnelles et plus sûres.

CHAPITRE X

CLASSIFICATION DES VINS D'ANJOU

« Béni soit-il, ce vin français qu'on nous envie !
« Vin de foi, vin d'amour, vin d'espoir, vin de vie. »
Jean RICHEPIN.

CLASSIFICATION ANCIENNE

C LASSER judicieusement les vins d'Anjou, en distinguer les nuances subtiles, placer chaque région, chaque cru à la place qui lui convient sur l'échiquier de notre riche province, voilà une question délicate et un peu inquiétante à traiter. Quelque précaution que l'on prenne, on est à peu près certain par avance de provoquer des critiques, peut-être vives, et de soulever quelques mécontentements. En cette matière, moins qu'en toute autre, l'unanimité des appréciations ne saurait se faire. Qui ne sait que les goûts varient d'une personne à l'autre et se modifient avec les circonstances ? Tel qui aujourd'hui prise hautement un vin, en avait d'abord été assez mal impressionné ; c'est pour la même raison qu'à la longue on s'habitue à boire des vins médiocres ou même tarés. Pendant quatorze siècles, les vins des environs de Paris passèrent pour les meilleurs de France. Nos rois jadis estimaient hautement les vins de Suresnes, qu'ils réservaient pour leur table, tandis que les vins de Bordeaux avaient défense d'y paraître. Cependant, lorsque le duc de Richelieu pria Louis XIV d'y goûter, Sa Majesté daigna déclarer que c'était « un petit vin passable ». La Sagesse antique l'a dit : *de gustibus non est disputandum.*

Il est douteux que les experts dégustateurs du xxᵉ siècle souscrivent à la classification établie au xviiiᵉ par Claude Robin, curé de Saint-Pierre, d'Angers, qui dans un langage dithyrambique vante les « vins pulpeux de Trélazé, de Pihardy (Andard) et de Saint-Barthélemy, qu'il met en toute première ligne des vins d'Anjou, et ne place qu'après eux les vins de Rablay, Thouarcé, Faye, Saint-Aubin, Savennières, etc., parmi lesquels il déclare qu'il faut surtout préférer les Bonnezeaux, appréciation à laquelle se rangeront volontiers de nombreux amateurs de notre époque. Et comparant notre vin d'Anjou aux plus célèbres crus étrangers : « J'aime mieux, dit-il, me livrer à notre Pihardy, qui ne porte point à la tête, qui rend le corps léger et dispos, dissipe le chagrin, aiguise l'esprit et donne à l'âme du contentement et de la joie ». (1)

Cette estime que l'on avait au xviiiᵉ siècle pour les vins blancs de la région de Trélazé et d'Andard se trouve confirmée dans une publication anonyme de la même époque (1787). Voici le classement que l'on y établit parmi les vins d'Anjou : 1ʳᵉ classe : Coulée de Serrant ; 2ᵉ classe : Pihardy, le Miroir (Andard), Trélazé, Bonnezeaux ; 3ᵉ classe : Quarts de Chaumes, Roche aux Moines ; 4ᵉ classe : Maligné, Saint-Barthélemy ; Faye, Rablay ; 5ᵉ classe : la Possonnière, Beaulieu, Saint-Lambert-du-Lattay, Saint-Aubin-de-Luigné, Epiré, Savennières, etc..

Ceci prouve tout au moins que « le goût », tout court, comme « les goûts », change avec les époques.

C'est ce qui explique que le vin de Rebréchien, près d'Orléans, qui faisait les délices d'Henri Iᵉʳ en 1050, fut en 1600 à ce point déprécié, qu'il fut interdit de le servir sur la table royale. De même, le cru auvergnat de Saint-Pourçain, le plus en vogue de tous au xivᵉ siècle et qui passait pour être supérieur au Bourgogne, est aujourd'hui complètement méconnu (2).

Pendant longtemps, jusque vers 1840, on se contenta de classer très simplement les vins d'Anjou, et particulièrement ceux de Saumur, lesquels étendaient plus au loin leur réputation, en deux principales sortes, comme il a été déjà dit : les *vins pour la mer*, c'étaient ceux qui étaient produits

---

(1) Claude Robin, *Ovidianum*, 1742.
(2) D'Avenel. *Histoire économique de la propriété*, t. III.

par les coteaux de Saumur, taillés à court bois et qui s'expédiaient en
grande quantité, par mer, en Hollande et en Belgique ; on y inscrivait les
crus de Montsoreau, Turquant, Parnay, Souzay, Dampierre, Varrains,
Chacé et aussi Saint-Cyr et Brézé ; les *vins pour Paris,* ou de seconde
qualité, donnés par des vignes taillées à long bois et expédiés surtout vers
la capitale (1).

CLASSIFICATION ACTUELLE

En tenant compte de l'opinion générale et aussi des jugements des
dégustateurs expérimentés, surtout étrangers au pays, et par suite soustraits
aux influences locales, .on peut arriver à établir une · classification
satisfaisante.

Si l'on fait abstraction de certains cas particuliers exceptionnels, voici
comment il paraît légitime de classer les vins d'Anjou.

Parlons d'abord des vins blancs.

I. — VINS BLANCS D'ANJOU

On peut établir, au point de vue topographique, trois principaux
groupements :

> *Coteaux du Layon ;*
> *Coteaux de la Loire ;*
> *Coteaux de Saumur.*

Entre eux s'intercalent deux autres groupements d'importance moindre :

> *Coteaux du Loir et du Baugeois ;*
> *Coteaux de l'Aubance.*

---

(1) Sébille AUGER. *Rapport fait au Comice agricole de Saumur. Bulletin de la Société
Industrielle,* 1837.

Chacun de ces groupements se subdivise à son tour en régions secondaires, dont chacune a sa caractéristique, qui va être précisée autant que possible.

1° Coteaux du Layon

La petite rivière du Layon, qui prend sa source dans le sud du département, aux étangs de Beaurepaire, coule du Sud-Est au Nord-Ouest et se jette dans la Loire, à Chalonnes, après un parcours de cinquante kilomètres. Elle baigne le pied de coteaux arrondis, d'une élévation au-dessus de la mer de 70 à 90 mètres, couverts de vignes, lesquelles y croissent sur un terrain schisteux, généralement très peu profond, et qui sont le plus souvent d'un faible rendement. C'est la région vignoble par excellence de l'Anjou.

Dans leur ensemble, les vins du Layon possèdent, en année normale, un degré alcoolique assez élevé et une belle liqueur. Ils ont un certain terroir, mais très léger et qui plaît. On leur reproche parfois d'être un peu lourds.

Caractériser chacun des crus qu'on y rencontre et les distinguer nettement les uns des autres est une opération bien difficile, car souvent ils ne sont séparés que par de simples nuances, et encore bien fugaces.

Pour plus de simplicité, suivons le cours du Layon, en nous arrêtant aux crus les plus réputés, d'abord de la rive droite et ensuite de la rive gauche.

A) *Rive droite*

Les coteaux y regardent le Midi ; aussi est-ce sur cette rive que se trouvent échelonnés tous les premiers grands crus. Nous y découvrons successivement :

Martigné-Briand, où commence avec le village de Maligné les grands crus. Les vins de cette région, fins et délicats, ont une note spéciale ; ils sont intermédiaires aux crus du Layon et à ceux du Saumurois.

Chavagnes, qui offre la curiosité de posséder encore beaucoup de vieilles vignes françaises, restées assez vigoureuses, et qui donnent des produits remarquables d'une grande finesse ; véritables vins d'amateur, on les déguste avec plaisir comme apéritifs.

THOUARCÉ, auquel appartient le cru fameux de BONNEZEAUX, qui y constitue un type tout à fait à part et depuis longtemps fort apprécié.

> C'est ici que s'élève une double colline,
> Dont l'une offre un nectar et l'autre une eau divine,

a dit un poète.

Fig. 14. — Vignoble du Layon. Les Quarts de-Chaumes.

Son vin, liquoreux, est d'une rare élégance. Il est peut-être au nez le plus parfumé des vins d'Anjou. C'est l'inimitable vin de dessert.

Les autres vins de Thouarcé, excellents, robustes, mais bien différents, constituent de grands crus. Ils se placent, dans un dîner, avec le poisson.

FAYE, dont les crus nombreux et variés sont de tout le Layon ceux qui se rapprochent le plus du cru de Bonnezeaux, mais avec un peu moins d'aristocratie, le terroir étant un peu plus marqué. Ce sont de grands vins.

BEAULIEU, l'un des crus du Layon les plus connus, intermédiaire, comme caractère, aux Bonnezeaux et aux Quarts-de-Chaumes, mais se rapprochant davantage de ces derniers.

ROCHEFORT-SUR-LOIRE, illustre par ses *Quarts-de-Chaumes*, vins célèbres, au voisinage du village de Chaumes, entouré de coteaux en fer à cheval, qui le protègent des vents du Nord et de l'Ouest, et dont les vins sont une des perles du Layon. Riches en alcool, soutenus par une belle liqueur, avec un terroir assez prononcé, ils font merveille servis au rôti. Nerveux et chauds, ils peuvent se conserver très longtemps en bouteilles.

SAINT-AUBIN-DE-LUIGNÉ, avec ses magnifiques coteaux si bien ensoleillés, qui donnent des vins dont la note est d'être bien constitués et chauds. Il est intéressant d'y signaler, au domaine de la Roulerie, un clos planté en 1898 en *Verdelho de Madère*, qui donne un vin de goût très fin, léger, moins corsé que celui du Chenin et un peu moins alcoolique que lui. Il se conserve bien en bouteille, mais ne s'y bonifie pas autant que lui.

B) *Rive gauche*

Moins favorisées par leur orientation, les vignes de la rive gauche offrent cependant quelques crus de premier ordre. En général, les terrains y sont plus profonds, plus riches, et s'ils ne fournissent pas des vins aussi distingués que ceux de la rive droite, ils compensent cette défectuosité par leur plus grande abondance, si bien, qu'en définitive, ils sont plus rémunérateurs.

En descendant le cours du Layon, on trouve successivement NUEIL et PASSAVANT, TANCOIGNÉ, TIGNÉ, AUBIGNÉ, qui fournissent des vins de commerce ;

MACHELLE, FAVERAYE, LE CHAMP, CHANZEAUX, qui donnent également des vins recherchés par le commerce, mais qui font aussi de bonnes bouteilles.

RABLAY, commune à cheval sur les deux rives ; ses vins du versant droit se rapprochent de ceux de Faye et sont de premier ordre. Parmi ceux du versant gauche, qui constituent à proprement parler « les Rablay », quelques-uns sont absolument remarquables. Leur terroir est fort agréable, si leur liqueur est un peu lourde ; en somme, ils emportent les suffrages de tous les connaisseurs.

SAINT-LAMBERT-DU-LATTAY est la commune du Layon qui offre la plus grande étendue de vignes. Les vins y sont bons, présentent les caractères des autres crus, mais avec moins de distinction. Doués d'une robuste constitution, ils se comportent bien en bouteilles.

CHAUDEFONDS et CHALONNES marquent la fin du Layon, et les caractères des vins s'en ressentent. C'est un changement assez brusque ; les vins y sont plus maigres, quoique çà et là on trouve encore quelques clos tout à fait dignes d'intérêt, notamment autour du village d'Ardenay. Ils n'en avaient pas moins laissé un souvenir bien vif dans l'esprit d'un enfant du pays, ami intime de La Réveillère-Lépeaux, et qui, après plusieurs années d'absence, écrit :

> Chalonnes, ô ma patrie ! enfin il est donc sûr
> Que je les reverrai tes champêtres asiles
> Et tes riants vallons, et tes coteaux fertiles,
> Où secondant Bacchus, la féconde Cérès
> Au rubis de la vigne unit l'or des guérets ! (1)

Remarque générale. — On peut le dire sans forfanterie, ni esprit particulariste, dans les grandes années les vins du Layon des premiers crus peuvent supporter la comparaison avec les plus grands vins de France ; leur fruité, leur finesse, leur moelleux, leur parfaite conservation en bouteilles leur permet de marcher de pair avec eux. Vins très sages, ils ne doivent pas subir de fermentation secondaire. Les bouteilles seront couchées de suite, en cave fraîche, à l'abri de la lumière.

Pour mettre tout leur mérite en évidence, il faut les servir très frais, mais non frappés ; les plonger, avant de les servir, dans un seau d'eau très froide, où ils se rafraîchiront lentement, vaut mieux que les immerger dans le seau à glace, qui agit sur eux trop brutalement.

---

(1) Claude-Joseph TROUVÉ, né à Chalonnes en septembre 1768, mort à Paris le 18 décembre 1860. Ambassadeur à Milan (1798) ; Préfet de l'Aude 1803-1814 ; Imprimeur à Paris, 1821-1829.

7

On devra se rappeler, enfin, que les vins de nos grands crus n'acquièrent tout leur mérite qu'après quelques années de bouteille.

2° COTEAUX DE LA LOIRE

Ce sont les vins de ces coteaux qui ont les premiers répandu au loin la haute réputation du vin d'Anjou. Ils se placent encore aujourd'hui à la tête des plus célèbres, bénéficiant à juste titre de leur glorieux passé.

Les coteaux viticoles de la Loire, d'une hauteur moyenne de 50 à 80 mètres au-dessus du niveau de la mer, situés sur la rive droite du fleuve, s'allongent de chaque côté de Savennières, dans la direction d'Angers, d'une part, et de Nantes de l'autre. C'est là qu'on trouve :

LA COULÉE DE SERRANT, cru célèbre entre tous et qui mérite bien une petite monographie à part, qu'on trouvera un peu plus loin.

LA ROCHE AUX MOINES et SAVENNIÈRES, aux vins remarquablement étoffés, qui, s'ils sont un peu durs dans les années de réussite moyenne, sont de toute beauté dans les grandes années. Trois ou quatre ans de bouteille leur sont nécessaires pour les mettre en valeur. Leur réputation est ancienne et leur mérite tel qu'on les estimait capables de réveiller un mort, ainsi qu'on peut en juger par ces quelques vers d'un poète local du début du XVII⁰ siècle, Philippe Pistel.

> Vous donc, graveurs, qui taillez ce plastron
> Pour en orner cet homme de renom,
> Trouvez moyen d'enclore avec sa bière
> Deux bons flacons du vin de Savennières (1).

EPIRÉ, qui produit encore de fort jolis vins et marque de ce côté la limite de ces grands crus de la Loire..

Du côté opposé, en allant vers Nantes, on trouve encore à LA POSSONNIÈRE et à INGRANDES quelques vins intéressants jusqu'à limite du département.

---

(1) Philippe PISTEL. *Le Tombeau des Yvrongnes*, 1611. Dédié à M. François Bernard du Haut-Mont, gentilhomme de la commune de Faye. (Bibliothèque de M. le marquis de Villoutreys, et seul exemplaire connu.)

Sur la rive gauche du fleuve, en face d'Ingrandes, MONTJEAN, aux vins plus secs, auxquels succèdent, avec SAINT-FLORENT-LE-VIEIL, BOUZILLÉ, LIRÉ, CHAMPTOCEAUX, des vins d'un tout autre caractère, qui faits avec le Muscadet et le Gros Plant se rapprochent de ceux du Nantais.

Fig. 15. — Vue des vignobles de Dampierre. A droite, château de Morains ; au-dessus, vers l'horizon, Parnay et Souzay. A gauche, vers le haut, clos de Morains, et au-dessous, clos de la Folie.

3° VINS DU SAUMUROIS

Il y a d'abord lieu de distinguer les vins des « Coteaux de Saumur » proprement dits et les « Vins de Saumur » tout court.

On a de tout temps désigné sous le nom de «Vins des coteaux de Saumur» ceux qui sont récoltés sur les cinq communes de MONTSOREAU, TURQUANT, PARNAY, SOUZAY, DAMPIERRE. « Le coteau de Saumur commence à une lieue de Saumur vers le Levant. C'est un assez petit pays, borné par la Loire au septentrion et qui regarde le Poitou au Midi ; il ne comprend environ qu'une lieue de longueur et un peu moins d'une demi-lieue de largeur (1). »

Au moment de la constitution du Syndicat des Vignerons des Coteaux de

---

(1) DRAPEAU. Manuscrit, 1765.

Saumur, on y a adjoint les crus de la rive droite du Thouet : Brézé, Saint-Cyr-en-Bourg, Chacé, Varrains.

Mais, en vertu d'une décision récente du tribunal de Saumur, tous les vins récoltés sur le territoire de l'arrondissement de Saumur ont désormais droit à l'appellation de « Vins de Saumur ».

Sous bénéfice de cette constatation nous pouvons, en considérant la topographie, partager le Saumurois en trois régions, dont chacune présente au point de vue vinicole, une certaine homogénéité.

a) *Région du Thouet*

Cette petite rivière qui, venant des Deux-Sèvres et se dirigeant vers le nord, se jette dans la Loire un peu au-dessous de Saumur, offre sur sa rive droite : les crus fameux de BRÉZÉ, SAINT-CYR-EN-BOURG, CHACÉ, VARRAINS.

Sur sa rive gauche : MONTREUIL-BELLAY, ARTANNE, DISTRÉ, COUDRAY-MACOUARD, moins réputés, mais qui, dans les bonnes années donnent encore d'excellents vins.

b) *Région de la Loire*

Sur la rive droite ALLONNES, BRAIN-SUR-ALLONNES.

Sur la rive gauche, les crus si remarquables de MONTSOREAU, TURQUANT, PARNAY, SOUZAY, DAMPIERRE.

c) *Région entre le Thouet et le Layon*

LE PUY-NOTRE-DAME, LE VAUDELNAY, COURCHAMPS, LES ULMES, DOUÉ-LA-FONTAINE. Si les vins de ces localités ne peuvent prétendre à être inscrits parmi les premiers grands crus, ils sont souvent fort agréables et d'une excellente tenue. Beaucoup sont très recherchés par le commerce de gros, notamment par les marchands de Bercy. On y trouve même çà et là des clos privilégiés qui, dans les grandes années, donnent des vins qui font d'excellentes bouteilles.

Remarques sur les crus du Saumurois. — Parmi tous les crus du Saumurois, quelques-uns émergent au-dessus des autres, soit par suite d'une antique réputation, d'ailleurs justifiée, soit en vertu de leur mérite exceptionnel. Tel est « le Brézé », vin de haute race ; tels sont certains clos de Montsoreau, les «Rôtissants», ou ceux de Turquant, de Dampierre, « clos Morains » (1) ou « Morins », dont les Hollandais achetaient le produit de préférence à tout autre. « Dampierre est le véritable vin de Morins, vin d'élite, encore que chez les étrangers tous les vins du costeau, depuis Montsoreau jusqu'à cette paroisse soient réputés par excellence vins de Morins ». (2)

Il faut ajouter qu'à Parnay, comme dans tout le Saumurois, des caves merveilleuses, profondes, creusées à même le coteau, en pleine roche calcaire, assurent aux vins qui y sont renfermés les meilleures conditions d'hygiène, une température fraîche et constante, l'absence de courants d'air et de vibrations toujours nuisibles à la bonne tenue du vin.

Une mention toute spéciale est due au « Parnay », en raison de son caractère propre et de l'incroyable succès qu'il a auprès des grands restaurateurs de Paris, qui n'hésitent pas à l'acquérir à des prix exceptionnellement élevés. Le mélange du produit

Fig. 16.
Entrée des caves du château de Parnay.

de différents cépages (Sémillon, Sauvignon, Furmint et Pineau de la Loire) fait du vin de M. Cristal une liqueur d'une finesse et d'un bouquet rares avec une douceur exceptionnelle. C'est autre chose que le « vin d'Anjou », mais c'est splendide.

(1) Du château de ce nom, à Dampierre.
(2) Chanoine VERDIER. *Notes sur les vins de Saumur il y a deux siècles* (1722). Soc. des Arts, Sc., Lettres de Saumur, 1922.

Dans leur ensemble, les vins du Saumurois ont une caractéristique bien nette, qui permet de les distinguer de tous les autres vins d'Anjou. C'est un goût de terroir perçu à première dégustation, et qui est dû à ce qu'ils viennent sur un calcaire tendre, le tuffeau, qui leur communique une légèreté, qu'on ne retrouve dans aucun autre cru de Maine-et-Loire. Cette légèreté est d'ailleurs accompagnée de qualités remarquables. Et quand ils ont la liqueur voulue, ils peuvent se placer parmi les meilleurs du département.

Les vins de Saumur ont toujours présenté une assez grosse difficulté pour la mise en bouteilles. Ils sont sujets à subir une seconde fermentation. Celle-ci est à la fois recherchée et redoutée. Dans les cas les mieux réussis, le vin, sans perdre sa limpidité, mousse légèrement au débouchage, «perle» plutôt ; et rien n'est charmant comme de voir monter légères, à travers le pied creux de la coupe, les minuscules bulles de gaz. La présence de cette petite quantité d'acide carbonique ne masque pas le goût du vin, mais l'avive et le fait mieux apprécier.

Mais, si la fermentation secondaire dépasse les limites voulues, le vin ne se contente pas de « moustiller », il « travaille » à plein, et quand on débouche la bouteille, le contenu déborde comme du Champagne ; des troubles se forment et une partie du liquide ne peut plus être honorablement servie dans les verres. Régler cette fermentation en bouteille est délicat, et la réussite, si elle n'est souvent que l'effet du hasard, dépend aussi de l'habileté du vigneron.

4° Coteaux du Loir et Baugeois

Partant d'Angers, en remontant vers le nord, nous trouvons s'échelonnant le long de la rivière du Loir, plusieurs crus intéressants et dont les deux principaux sont en ses deux points extrêmes : *Briollay*, presque à la jonction de la Sarthe et du Loir, *Huillé*, où cette rivière sort de notre département :

> Petit Huillé, mon Huillé, le doux soing
> Que voluntaire en mon cœur je confine,
> . . . .
> Bacchus remplit tes costeaux de bon vin,
> Qui est l'honneur du terroir angevin (1).

_____

(1) Pierre Le Loyer, 1579.

Fig. 17. — Cave creusée en plein calcaire turonien, château de Parnay.

Le caractère spécial de ces vins réside avant tout dans leur grande finesse. On peut leur reprocher parfois d'être un peu maigres ; ce sont de vrais vins d'amateur.

A l'est du Loir se montrent les crus du Baugeois, auxquels pour plus de simplicité on peut rattacher ceux de SAINT-BARTHÉLEMY, d'où part un long coteau ou plutôt un plateau qui s'allonge jusqu'à BRAIN-SUR-L'AUTHION, ANDARD et même au delà, vers CORNÉ, et qui comprend les crus de Pihardy et du Miroir, dont Claude Robin faisait si grand cas au XVIᵉ siècle. Sans avoir l'étoffe de ceux du Layon, ces vins sont souvent fort remarquables par leur bouquet, leur goût de fruit, leur finesse. Leur conservation en bouteilles est longuement assurée.

COTEAUX DE L'AUBANCE

Entre le Layon et la Loire, coule une petite rivière, on pourrait dire un ruisseau, au nom joli, l'Aubance, au pied de collines très découpées, admirablement exposées, et qui donnent, notamment à SOULAINES et à MURS, des vins secs, ou demi-secs, d'un « grain » fort intéressant et qui ne sont peut-être pas assez connus.

Remarque.

Dans cette revue des localités à vin blanc de l'Anjou, de fort honorables ont été passées sous silence ; cela n'implique nullement une idée de défaveur à leur endroit. Elles viennent naturellement se ranger, suivant leur situation respective, sous l'égide des crus qui ont été cités comme représentant essentiellement les types supérieurs de la région.

AUTRES VINS BLANCS DE L'ANJOU

Il faut mentionner deux autres sortes de vin blanc, mais d'une faible importance en Anjou, à savoir le *Muscadet* et le vin de *Folle Blanche* ou *Gros-Plant*. On ne les y connaît que depuis 1789, à la suite d'une gelée qui avait détruit beaucoup de vignes plantées en Pineau de la Loire. Ils sont d'ailleurs limités à la région qui confine au Nantais, et seulement sur la rive gauche de la Loire.

Le premier est un vin léger, assez plaisant à boire et bien moins alcoolique que le vin de Chenin. Le second est un vin très commun, mais avec lequel on fait de bonne eau-de-vie.

Fig. 18. — Coteaux de Huillé.

II. — VINS ROUGES DE L'ANJOU

Il n'y a pas encore très longtemps, on ne récoltait en Anjou que des vins blancs. « On ne recueille en Anjou, hormis quelques terroirs autour de la Flèche, que du raisin blanc, qu'on appelle « Pineau » ; on n'y souffre guère d'autre sorte de raisin ». Et encore : « comme les Angevins n'ont que des raisins blancs, etc... » (1)

_____

(1) BIDET. *Traité sur la Culture de la Vigne et sur le Vin*, 1759.

LE PINEAU D'AUNIS OU CHENIN NOIR

Il est cependant un coin de l'Anjou, dans lequel, depuis plusieurs siècles, on récolte du vin rouge, c'est la région d'Aunis, commune de Dampierre, où sous le nom de « Pineau d'Aunis » on cultive le Chenin noir. Il se pourrait même très bien que notre Pineau blanc ou Chenin en soit dérivé (1).

C'est ce vin d'Aunis qu'Henri III Plantagenet faisait transporter en Angleterre, pour l'usage de la table royale. C'est ce même vin que Rabelais aimait « à boyre en son bréviaire, autant que le vin de franc pineau (le Chenin) ». C'est lui aussi sans doute que les Bretons venaient chercher longtemps avant que le *Cabernet ou Breton* fut introduit chez nous, lequel l'a remplacé presque partout.

Le vin d'Aunis est assez alcoolique, 10 à 11°, d'une belle couleur, peut-être un peu trop foncée, avec un joli bouquet, du corps, de la vinosité ; il est de bonne conservation en bouteilles.

LE CABERNET FRANC OU BRETON

Propagé en Anjou vers le milieu du dernier siècle par Guillory aîné, il y existait déjà depuis longtemps. (Voir tome II de l'*Anjou, ses vignes et ses vins.*)

C'est un excellent vin, avec 10 à 12 et jusqu'à 15° d'alcool, généreux, bouqueté, d'une belle couleur rubis, tonique et recommandable comme fortifiant, après quelques années de bouteille.

Il réussit merveilleusement dans les terres calcaires du Saumurois et y donne les grands vins de Champigny. On sait que c'est lui qui constitue le fond des vins de Bordeaux. En Anjou, s'il en rappelle les caractères fondamentaux, le climat et le sol veulent qu'il en diffère sensiblement, et il aurait tendance à se rapprocher du Bourgogne. D'ailleurs, suivant les

---

(1) A. BOUCHARD, *Ampélographie Viala et Vermorel*. Article *Chenin noir*. — Voir aussi le tome II du présent ouvrage : *L'Anjou, ses Vignes et ses Vins*. Cépages rouges greffés : *Chenin noir*.

Fig. 19. — Le pressoir du château de Parnay, en plein rocher.
On y fait des vins de Cabernet et de Pinot de Bourgogne hors ligne.
M. Cristal, le doyen des vignerons de l'Anjou.

localités où on le récolte, il se présente avec des caractères assez différents. Le comte Odart a raison de dire que c'est un véritable « protée ». (1)

Quand il vient sur le calcaire, il atteint le maximum de ses qualités ; si c'est un sol graveleux à fond d'argile, il est d'une riche couleur et de bonne garde ; s'il provient des sables maigres des bords de la Loire, il est léger et de peu de conservation. Dans les terres blanches formées de tuf, le raisin mûrissant mal, son vin est très médiocre, froid, plat et sans couleur.

Le Gamay

Si, comparé au Bourgogne, produit du Pinot noirien, le Gamay paraît très inférieur et justifie le qualificatif d' « infâme Gamay », qu'on lui décernait aux siècles passés, et explique l'arrêt de bannissement que les ducs de Bourgogne avaient prononcé contre lui, il n'en constitue pas moins un vin qui a son mérite, possède de la finesse, présente un degré alcoolique assez élevé, 9 à 14°, et est rehaussé d'une jolie couleur.

Cultivé un peu partout en Anjou, il est livré à la consommation, soit pur, soit mélangé avec le Groslot.

Le Groslot

C'est le vin rouge courant de l'Anjou, vin léger, agréable, fruité, avec 7 à 10° d'alcool, il est souvent faible en couleur. Coupé avec le Gamay qui l'améliore sensiblement, il constitue un bon vin de table.

Il est récolté un peu partout en Anjou et très largement dans la région du Baugeois.

Le Pinot de Bourgogne

Vin de qualité supérieure, il constitue une rareté dans le vignoble angevin. Çà et là on rencontre quelque clos qui lui est consacré. Il mériterait d'y être

----

(1) Comte Odart. *Traité des Cépages*, 1849.

plus répandu. Vin de haute tenue, très fruité, il rappelle dans une certaine mesure les bons Bourgogne, lesquels sont le produit du même cépage. Quand il rencontre son terrain, il devient vraiment un grand vin. Tous ceux qui ont dégusté celui du château de Parnay, obtenu par M. Cristal, le doyen des vignerons d'Anjou, ne me contrediront pas.

III. — LES VINS ROSÉS

On fait en Anjou pas mal de vins dits *rosés, rougets, vins gris.* Pour les obtenir il suffit de presser la vendange rouge aussitôt après qu'elle a été cueillie. Du reste, on obtient à volonté, selon que le contact du jus avec les peaux des grains de raisin a été plus ou moins prolongé, des vins plus ou moins teintés.

Les vins rosés servis en carafe sont d'un très joli effet sur une table, agréables à voir, agréables à boire ; ils sont d'ailleurs de plus en plus recherchés des consommateurs. On les obtient de différents cépages, et, naturellement, plus le cépage est fin, plus le vin a de mérite. C'est ainsi que les rosés obtenus avec le Cabernet ou le Pinot de Bourgogne, surtout quand ils ont conservé une pointe de douceur, sont vraiment exquis. Généralement c'est avec le Groslot et le Gamay d'Orléans qu'on les fait. On en produit beaucoup dans le Baugeois ; mais le centre principal de leur production est la région de Brissac.

CHAPITRE XI

LA COULÉE DE SERRANT

« C'est au cœur des hivers du soleil qui flamboie. »

Maurice COUALLIER.

Son origine. — A quelle date peut-on faire remonter la création de ce clos célèbre entre tous en Anjou ?

Il n'est pas facile de l'établir.

Son histoire se confond avec celle de la *Roche-aux-Moines*, ce monticule qui, d'après Célestin Port (1) aurait été donné, en 1063, aux moines de l'Abbaye de Saint-Nicolas d'Angers par le chevalier breton Buhard. Mais ce fidèle compagnon de Geoffroy Martel, comte d'Anjou, n'a pu leur donner ce qui ne lui appartenait pas, tout ce qu'il possédait consistant en deux îles de la Loire (2). Il doit y avoir là une erreur du savant archiviste de Maine-et-Loire.

C'est en 1285 que l'on voit pour la première fois apparaître dans une charte le nom de Roche des Moines ou Roche aux Moines (*Rocha Monachorum*) (3).

La Roche aux Moines n'était d'abord qu'un gros rocher, sur lequel fut

---

(1) *Dictionnaire historique, etc. de Maine-et-Loire*, t. III, Roche-aux-Moines.

(2) *Archives départementales*. Série H, n° 398. *Donavi... quodcumque habebam in Ligeri, Duas scilicet insulas, etc.* L'une de ces îles est précisément celle qui en souvenir du chevalier breton a conservé son nom, un peu altéré, *Béhuard*.

(3) A propos de la vente d'un manoir situé sur le fief de Saint-Nicolas.

élevé, un peu contre la volonté des moines, par les ordres du sénéchal Guillaume Desroches, au commencement du xive siècle (1310), un château-fort, qui, dans la suite, soutint victorieusement plusieurs sièges. Le duc Louis II d'Anjou l'ayant acquise de Guillaume de Craon, héritier de Guillaume Desroches, la Roche-aux-Moines devint la *Roche-au-Duc* (1370). Devenue la propriété de Pontus de Brie, elle porta désormais, de par la volonté de Louis XI (1481), qui voulut par là reconnaître les services que ce seigneur lui avait rendus, le nom de Roche de Serrant, Pontus de Brie étant en même temps seigneur de Serrant.

Du château, il ne reste plus que quelques ruines, mais c'est dans leur voisinage que se voit le coteau, à la pente heureuse, qui porte le nom célèbre de *Coulée de Serrant*.

Nous ne possédons aucun document qui nous renseigne exactement sur l'époque à laquelle ce coteau fut, pour la première fois, planté en vigne. Le duc Louis de la Trémoille, légataire du comte Walsh de Serrant, vers 1890, racontait qu'un de ses aïeux, Louis II, duc d'Anjou, gouverneur de Bourgogne, vers la fin du xive siècle, et seigneur de Rochefort et de la Possonnière, aurait apporté de Bourgogne à la Roche-au-Duc un « plant de Beaune ».

J'ai trouvé, en effet, dans les Archives de Serrant, diverses notes relatives à la plantation du « clos de la Bourgoigne », désignation qui est une allusion évidente au fait qui vient d'être signalé, la parcelle où le plant de Beaune avait été planté ayant reçu un nom qui en rappelait l'origine.

Un autre document établit que, vers la fin du xve siècle, les « moines étagers », comme on les appelait, se plaignent qu'un orage ait arraché des ceps dans la Coulée (1).

En 1793, il n'était plus question, bien entendu, de la Roche-aux-Moines ou de Roche au Duc, mais le clos était désigné sous le nom très caractéristique de *Roche vineuse*.

De tout ceci on peut conclure que, de très bonne heure, le coteau fut planté en vigne et que, très probablement, sous l'active impulsion des moines de Saint-Nicolas, dès le xiie siècle, la Coulée de Serrant étalait ses pampres

_____

(1) *Archives départementales.* Fonds Toussaint Grille.

au soleil. Les rudes hivers de 1776 et de 1789 lui ont été funestes ; un très grand nombre de pieds de vigne furent gelés.

La légende du Verdelho de Madère. — Une autre question très controversée de l'histoire de la Coulée, c'est de savoir si, à un moment donné, au lieu d'être plantée en pineau de la Loire, comme les vignes voisines, elle n'avait pas reçu un encépagement différent.

Fig. 20. — La coulée de Serrant.

Une légende veut, en effet, que, vers la fin du XVIIIᵉ siècle, la Coulée ait été plantée par Théobald Walsh de Serrant en *Verdelho de Madère*.

En réalité, d'après les renseignements que j'ai pu recueillir, le comte de Serrant rapporta d'un voyage qu'il fit à Madère quelques plants de Verdelho, qui furent cultivés non pas en pleine vigne, mais en espalier, contre un mur du clos. Et lorsqu'un propriétaire voisin, M. Guilbaut, désira faire dans son clos de la « Goutte d'Or » (1) une petite plantation de Verdelho de

---

(1) Le nom de ce clos réputé a une jolie origine. Dans l'un de ses voyages en Anjou, Louis XI ayant goûté du vin provenant du clos en question et admirant dans

8

Madère, ce fut seulement sur les quelques pieds cultivés en espalier, que M. Suaudeau, régisseur du domaine, recueillit les boutures nécessaires.

Le fils de mon très distingué prédécesseur à la direction de la Station viticole de Saumur, M. Deperrière, se rappelle que lorsqu'il était tout jeune homme, son père l'avait mené à la Coulée de Serrant et lui avait montré, au bas du grand clos, un tout petit carré planté en Verdelho de Madère, peut-être une soixantaine de pieds. En outre, disséminés çà et là dans le clos quelques pieds de ce cépage, soit environ un pour cent, évidemment employés à remplacer les pieds morts.

En réalité, l'ensemble de la Coulée de Serrant a toujours été planté en Pineau de la Loire, et c'est ce qui explique cette phrase, tout au moins singulière, de Célestin Port, lequel au sujet du Verdelho de Madère « a du reste, dit-il, pris aujourd'hui à peu près tous les caractères du Pineau du pays » (1). Cette transformation du plant de Madère en plant d'Anjou ne sera pas sans étonner les viticulteurs.

Etendue, orientation et produit de la Coulée. — L'ensemble de la Coulée comprend sept hectares : le Grand Clos (quatre hectares), les Plantes et le Clos du Château (trois hectares). Le sol en est schisteux avec des veines de cailloux de grès très durs (phtanites) et de roches granitiques.

La principale partie du vignoble, la Coulée proprement dite, admirablement orientée, offre une courbe horizontale qui, du midi, tourne au couchant. En face d'elle, séparée par un vallon, se voit la « Roche aux Moines » actuelle, dont la partie orientale lui renvoie les rayons du soleil levant.

Sous la direction des Walsh de Serrant, la vigne ne rapportait que très peu, soit en moyenne une quinzaine de pièces par an ; c'est le chiffre, entre autres, de la récolte de l'année 1753.

Il était alors de tradition que la vigne devait se suffire à elle-même et que nul besoin n'était d'apporter à la terre des aliments en proportion de ce

___

son verre sa superbe couleur ambrée : « C'est une goutte d'or. » dit-il. On a conservé ce nom, tombé de la bouche royale, au clos qui produisait un si joli vin.

(1) *Dict. historique de Maine-et-Loire.* Article *Coulée de Serrant.*

qu'elle lui empruntait annuellement pour sa nourriture, et, qu'au surplus, graisser une vigne, c'est diminuer la qualité de son produit.

Aussi, la famille de Serrant avait-elle signé un contrat en vertu duquel elle cédait pour une période de neuf ans, qui fut prolongée de neuf autres années, soit de 1850 à 1867, à la maison Frémy, de Chalonnes, la totalité de la récolte, d'après un prix uniforme et forfaitaire, ne se réservant pour elle-même « qu'une barrique » par an, le concessionnaire prenant l'engagement de cultiver la vigne et de lui faire donner les façons voulues, mais en « s'interdisant de la graisser ».

La vendange s'y faisait toujours tardivement, vers la fin d'octobre ; on attendait que les raisins, généralement très petits, fussent en partie desséchés, à moitié cuits par le soleil. On obtenait ainsi un vin d'une qualité rare, à laquelle contribuaient un sous-sol schisteux, qui emmagasinait volontiers la chaleur, et une magnifique exposition méridionale.

A partir de 1867, le marché avec la maison Frémy étant arrivé à son terme, le vin de la Coulée fut mis directement à la disposition des amateurs, propriétaires, marchands, maîtres d'hôtel, cafetiers. On vendait par pièces ou par demi-pièces, et le tout était facilement enlevé par les gens du voisinage ; quelquefois, les acheteurs venaient des départements limitrophes.

Ce vin jouissait d'une grande réputation. Au bout de cinq à six ans de bouteille, il possédait tout son mérite ; à une magnifique couleur ambrée, à un parfum exquis s'ajoutait un goût où l'on retrouvait, avec celui du raisin bien mûr, une chair, une ampleur, qui laissaient au palais un souvenir inoubliable.

Et c'était, en outre, un vin de longue garde. Au bout de quarante-cinq années, il avait encore toute sa valeur. La Coulée de Serrant était le joyau de nos vins blancs, c'était, peut-on dire, le Château-Yquem de l'Anjou.

En 1887, la Coulée fournit près de quarante pièces. Il est vrai que, depuis quelques années, le contrat passé avec la maison Frémy ayant cessé de courir, les propriétaires revenant à une plus exacte notion des exigences de la vigne, firent d'assez copieuses fumures sur une surface importante du Grand Clos.

Le phylloxéra et la reconstitution. — Mais, déjà, le phylloxéra était dans la place, et le vin de cette année 1887 ne donna pas en bouteilles ce qu'il promettait en moût.

De 1889 à 1891, on essaya de sauver la vigne par des traitements au sulfocarbonate de potassium ; ce fut sans succès.

En 1892 et 1893, la récolte fut nulle.

En 1894, on commença la reconstitution en plant greffé sur Rupestris, par le « Clos de Vire-bouteille » depuis longtemps en friche.

C'est alors que le duc de la Trémoïlle, nouveau propriétaire de Serrant, se décida à se défaire de la Coulée et la vendit à MM. Colin, d'Angers et Rousseau-Colin, de Saint-Florent-le-Vieil, qui le plantèrent en Chenin blanc greffé sur Rupestris. A la mort de M. Colin, M. Laurent Bougère, député de Maine-et-Loire, se rendit acquéreur du célèbre clos. Il lui fit donner des soins éclairés et procéda à une remise en état qui est actuellement poursuivie avec activité.

Il n'est que juste d'affirmer que, depuis sa reconstitution, la Coulée de Serrant a retrouvé en grande partie son mérite passé et redevient digne de son antique réputation.

Les prix de vente. — Comme toute autre denrée, le prix de vente de la Coulée de Serrant a beaucoup varié.

Les Archives du Château de Serrant (1) nous apprennent qu'en 1753, la vente de quatorze barriques, sur les quinze qui avaient été récoltées, se monte à 525 francs, soit 37 fr. 50 la barrique. Aujourd'hui on n'aurait pas une barrique pour le prix total des quatorze de 1753.

On peut s'étonner d'un aussi bas prix pour un vin d'une telle qualité. Il est vrai qu'à cette époque la journée de vigneron se payait 10 sous, une journée de cheval 16 sous, qu'une potée de beurre pesant 20 livres, se vendait, pot et beurre 4 francs, et enfin que le prix d'un porc était de 33 francs.

Les acheteurs étaient des avocats d'Angers, des chanoines de la cathédrale, des curés de la ville et quelques négociants.

Mais, quelques années plus tard, le prix avait monté, comme en témoigne

---

(1) Je remercie M. l'archiviste SAMARAN de me les avoir confiées.

cette curieuse et touchante lettre du 6 novembre 1785 adressée par le curé de Feneu au comte de Serrant.

« Monsieur,

« Celui qui fait les affaires de Mesdames de Vernes et de Caquerai est « allé à Serrant et a goûté votre vin de la Coulée, qu'il a trouvé excellent. « Votre intendant lui a dit que vous en aviez fixé le prix à 100 francs la « barrique ; je n'ai pas le moyen d'y mettre ce prix ; j'engagerais ma « conscience et je ferais tort aux pauvres de ma paroisse en buvant du vin « si cher. Il faut en pareil cas se borner au vin ordinaire. Quand j'ai eu « l'honneur de vous en parler à la Thibaudière, je ne croyais pas que le vin « de la Coulée put passer 60 francs la busse, c'est-à-dire le double des « autres bons vins ; et j'aurais partagé avec mes voisins ; mais je suis forcé « à n'y plus penser.

« J'ai l'honneur d'être, avec un profond respect, Monsieur, votre très « humble et très obéissant serviteur. »

Signé : H. PETON,

Curé de Feneu.

Je crois bien qu'on a fait en faveur du curé une diminution sur le prix de 100 francs, car en marge de cette lettre je vois une annotation d'une autre encre et d'une autre main : « 80 francs au moins ».

Cette concession a-t-elle décidé le bon curé de Feneu ? les archives de Serrant ne le disent pas.

De cette lettre, il résulte donc qu'à cette époque les « bons vins d'Anjou » se vendaient 30 francs la barrique ; que le vin de la Coulée avait une réputation telle qu'il se vendait le double des autres ; que 100 francs était à cette époque une bien grosse somme, et que le curé de Feneu était un excellent curé, qui ne voulait pas détourner de ce qu'il regardait comme le patrimoine des pauvres de quoi satisfaire son goût personnel.

Plus heureux que son collègue de Feneu, le curé d'Epiré, sur la paroisse duquel se trouvait la Coulée, avait droit à la « dixme » de la récolte, soit dix pintes par quartier de vigne ; et comme l'ensemble était de six quartiers, cela lui faisait *gratis pro Deo*, soixante pintes du meilleur vin d'Anjou !

Après la note pathétique, la note gaie, pour finir.

On dit que l'impératrice Joséphine raffolait du vin de la Coulée de Serrant, et contribua pour une large part à sa réputation, témoin ce couplet du temps, qui pour n'être pas d'une haute poésie, n'en constitue pas moins un petit document historique amusant :

> Quand Madame Joséphine
> A l'humeur un peu chagrine,
> Elle boit un petit coup.....
>   C'est son goût
>   Après tout !
> Alors le chagrin passe
> Et la gaîté le remplace
> Grâce au joli vin d'Anjou ! (1)

(1) Emprunté au *Gastronome angevin* (*Petit Courrier* d'Angers), 28 décembre 1922.

CHAPITRE XII

LES CONDITIONS D'EXPLOITATION
DES VIGNES EN ANJOU

« L'ombre du bon maistre
« Fait la vigne croistre. »

Olivier de SERRES.

MORCELLEMENT DU VIGNOBLE

L E vignoble de l'Anjou, comme toute la propriété rurale de cette province, est très morcelé. Les grandes étendues de vigne appartenant à un même propriétaire sont rares ; et si l'on peut citer un viticulteur qui possède 300 hectares de vigne, c'est une exception unique. Dans tous les cas, on ne les voit jamais d'un seul tenant, mais constitués par un assez grand nombre de morceaux séparés. Les propriétaires de 50 à 70 hectares sont les gros viticulteurs de l'Anjou.

Par contre, on peut dire que tout paysan, ou à peu près, possède son morceau de vigne, qui lui assure tout au moins la boisson familiale. Il y a en effet plus de 30.000 déclarations de récolte. Ajoutez à ceux-là tous les petits vignerons qui ne récoltant que leur provision, ne font pas de déclaration. Bien rares sont les communes qui sont entièrement dépourvues de vignes ; par contre, beaucoup, surtout dans les arrondissements de Cholet et de Segré, n'en possèdent que de 1 à 3 ou 4 hectares (voir les cartes).

D'après ces données, on conçoit que le mode d'exploitation doit beaucoup varier.

DES DIVERS MODES D'EXPLOITATION

Si la plupart des petites parcellès sont exploitées directement par le propriétaire ou le fermier, les étendues plus considérables sont soumises à des régimes divers.

Dans le plus grand nombre des cas, nous voyons les *propriétaires exploitants* surveiller eux-mêmes leur vignoble, diriger les travaux de taille, de labour, les traitements contre les parasites animaux et végétaux.

Quelques-uns confient à un *gérant* la direction du travail. Ce gérant recrute le personnel, fait exécuter la taille et les différentes façons, surveille la vendange et la vinification. En pareil cas, le propriétaire ne s'occupe de sa vigne et de son vin que par l'intermédiaire des registres de comptabilité du gérant.

Des propriétaires, en assez petit nombre, donnent leur vigne à exploiter *à moitié fruits*. Les conditions qui sont faites au colon partiaire varient avec les gens et les localités, le propriétaire participant, dans une mesure variable, aux dépenses d'entretien de la vigne.

Plus souvent, le propriétaire consent une *location à prix d'argent*, soit que la vigne fasse partie intégrante de la ferme, soit qu'elle fasse l'objet d'un bail spécial.

Enfin, il est une forme d'exploitation de vigne particulièrement intéressante et sur laquelle je crois devoir davantage insister, ne fût-ce qu'à titre historique ; assez en usage autrefois, elle tend de plus en plus à disparaître et ne restera bientôt plus qu'à l'état de souvenir. C'est la *vigne à complant*.

VIGNES A COMPLANT

On entend par là un bail à perpétuité ou à durée indéterminée, par lequel un propriétaire cède ses droits sur un terrain donné, à charge au preneur d'y planter de la vigne ou d'y entretenir celles qui y existent, de les cultiver en bon père de famille et de donner au bailleur une partie de la récolte.

Cette sorte de bail, qui remonte... aux Hébreux, et dont on retrouve la trace chez les Grecs et les Romains, fut en usage depuis bien des siècles en Anjou. Il en est déjà fait mention dans les *Formules-Angevines.*

Au xiie et xiiie siècle le bail à complant se répand dans notre région. Très en usage dans le Poitou, au xiiie siècle, il gagna le Nantais en passant sur cette corne de l'Anjou encastrée entre ces deux provinces et qui est la région choletaise. Et c'est encore presque exclusivement dans cette partie Sud-Ouest de notre département qu'on le retrouve à l'époque actuelle.

Au xe et au xie siècle, les bords de la Sèvre nantaise étaient déjà couverts de vignes. Du xiiie au xve, l'extension de cette culture s'y ralentit ; mais à partir du xve, jusqu'au mois de juin 1731, où un arrêt royal en limite l'extension, les vignes y envahirent de plus en plus les autres cultures.

La vigne à complant était un moyen de mettre, sans frais pour le propriétaire, les terrains en rapport. D'autre part, elle assurait au preneur la juste rémunération de ses peines et l'encourageait à bien cultiver.

Les Couvents employèrent largement ce procédé, pour se procurer le vin nécessaire à la boisson des moines.

Le plus ancien bail de ce genre que l'on connaisse remonte au 23 mai de l'année 817 et a été consenti par Wadaldo, évêque de Marseille. Une charte angevine du Cartulaire de l'Abbaye du Ronceray, datée du xiie siècle, en affirme l'usage.

Le bail de la vigne à complant présentait d'ailleurs quelques variantes. Ainsi, un propriétaire concédait un terrain, à condition qu'il fût planté en vigne et qu'au bout de cinq à sept ans ce terrain fut partagé par moitié. C'était le *medium plantum.*

Le bail à complant se confondait souvent avec le *champart*, dénomination très caractéristique ; il se subdivisait en *devoir de quart*, de *quint*, de *sixte*, suivant que le propriétaire recevait pour sa part la 4e, la 5e ou la 6e partie de la récolte.

C'est sans doute à ces conditions d'exploitation que l'on doit faire remonter les noms de Quarts de Chaumes, donné à l'un des vignobles les plus célèbres du Layon.

En dehors de la région des Mauges, on ne rencontre guère la vigne à complant qu'à l'état sporadique, par exemple à Mûrs, aux Ponts-de-Cé, à Saint-Georges-sur-Loire.

Dans le canton de Champtoceaux, il était très pratiqué du xv⁰ au xviiiᵉ siècle. L'ordonnance royale du 3 juin 1731, interdisant la plantation de toute nouvelle vigne, et qui ne fut abrogée qu'en 1791, en diminua beaucoup la pratique. Puis, ce fut en 1790, l'abrogation des redevances féodales, les paysans prétendant que les vignes à quart tombaient sous le coup de la Loi.

D'une façon générale, le complant est devenu beaucoup plus rare à partir de la Révolution ; très peu de baux de ce genre ont été rédigés au cours du xixᵉ siècle.

Depuis l'invasion phylloxérique surtout, il s'en est fait bien peu, et ceux qui ont été consentis ne comportent qu'une période de temps déterminée.

Depuis 1791, date à laquelle le ban de vendange a été également aboli, le bailleur du bail à complant se réservait toujours le droit absolu de fixer l'époque à laquelle la vendange devait être faite.

C'était, en somme, la perpétuation du *ban de vendange* à titre particulier, droit que justifiait d'ailleurs l'intérêt qu'avait le bailleur à ne recevoir sa part de vendange que lorsqu'elle était mûre à point, et une garantie qu'il n'en serait détourné aucune partie.

Le preneur était en outre tenu de conduire au pressoir du bailleur la part qui lui revenait, et qu'un écarteur, placé à la sortie du clos, désignait et faisait diriger par la route *quartière*, c'est-à-dire celle par où devait passer le quart de récolte dû au propriétaire, pour éviter tout détournement en cours de route, car le *devoir était portable,* autrement dit à la charge du preneur, à moins que la distance ne dépassât une demi-lieue.

Seule, la négligence dans la taille ou dans les façons pouvait faire cesser le bail et autoriser le bailleur à rentrer en possession de son fond.

CHAPITRE XIII

UNE PETITE MONOGRAPHIE VITICOLE

LE VIGNOBLE DE CHANZÉ

SITUATION. — ÉTENDUE

I L m'a paru intéressant, dans cet ouvrage sur le vignoble angevin, de noter les changements qui ont été apportés en trois quarts de siècle aux conditions d'exploitation d'un petit vignoble situé dans l'une des meilleures régions viticoles de l'Anjou, et de comparer les frais et produits d'il y a un peu moins d'un siècle à ceux d'aujourd'hui.

Le vignoble de Chanzé, d'une étendue de 8 hectares, 40 ares, situé sur le coteau qui domine le petit château de ce nom, entre Faye et Thouarcé, et qui eut pour propriétaires les Amenard (xive siècle), les de Goulaines, les du Bellay (xvie et xviie siècles), puis les de Cossé (xviie et xviiie siècles), appartient actuellement à la famille Huault-Dupuy.

Placé au flanc d'un coteau qui atteint 89 mètres d'altitude, et au pied duquel coule le Layon, le vignoble a une forme ovoïde, dont le grand axe est orienté Est-Ouest, ce qui lui assure une exposition solaire des plus favorables. La pente, assez abrupte, oblige à établir de distance en distance des sortes de banquettes ou *chapeaux,* assez larges, enherbés, pour s'opposer aux ruissellements trop violents.

Les anciens livres de compte ont malheureusement disparu dans un incendie qui eu lieu en 1906, mais on possède encore ceux qui remontent à 1855.

A cette date, nous lisons :

Achat de 14 barriques neuves à 8 fr. 75 l'une, soit . . . .   127 fr.
Frais généraux de vendange pour les huit hectares . . . .   138 fr.
Frais de béchage et d'entretien annuel . . . .   400 fr.
Impôts pour 1855 . . . .   180 fr.

            Total des dépenses . . . .   845 fr.

Soit, en chiffres ronds : 105 francs l'hectare.

Aujourd'hui, en 1924, il faut compter, par hectare, au moins 2.500 francs, soit plus de vingt-trois fois plus qu'en 1855.

En la même année 1855, le clos rapporta un peu moins de deux barriques à l'hectare, soit au total 14 barriques et demie.

La vente s'éleva à 130 francs la barrique, soit 1.885 francs.

Il faut, en outre, ajouter que le fermier du domaine devait, comme redevances, un mouton pour la nourriture des vendangeurs, et les chevaux nécessaires au transport de la récolte, ce qui venait en déduction des frais généraux d'exploitation.

Aujourd'hui, en estimant à 500 francs la barrique, cela ferait 7.250 francs, soit environ quatre fois plus. Ceci prouve que les prix d'autrefois étaient plus rémunérateurs pour le propriétaire. Il faut noter toutefois que la récolte de 1855 s'était montrée particulièrement faible.

L'année 1858 fut beaucoup plus productive ; le vin fut abondant et d'une qualité remarquable. Aussi le tonnelier augmente ses prix : 10 francs la barrique au lieu de 8 fr. 75. Par contre, le prix du vin baisse : il est de

80 francs à 116 francs, au lieu de 130, soit une moyenne de 98 francs. Il est vrai que le clos a donné 54 barriques et demie au lieu de 14, et qui, après soutirage, en ont laissé 48 net, soit pour une somme de 4.704 francs.

Fig. 21. — Le vignoble de Chanzé.

Les prix de façon augmentent, sans être encore bien élevés.

La journée du vigneron nourri, travaillant au pressoir   1 fr. 30
    — du hottier   —   ....   1 fr. 30
    — du coupeur nourri...................   1 fr. 25
    — de la coupeuse nourrie ....   0 fr. 60

Aujourd'hui tous ces prix doivent être presque multipliés par 10.

Le mode de Vendance

Coupeurs et coupeuses déposaient leur cueillette dans de petits seaux en bois, dont ils déversaient le contenu, au passage du hottier, dans sa hotte d'osier ciré. Celui-ci se débarrassait de sa charge dans des portoires en bois munies d'anneaux, que l'on accrochait par paire à un solide crochet en bois dur de chaque côté d'un bât porté par un cheval, qu'on acheminait aussitôt vers le pressoir.

La fig. 22 représente précisément un bât de l'époque et dont on s'est servi à Chanzé. Il fait actuellement partie de la collection du Musée du Cheval, à Saumur, à qui il a été offert par M. Huault-Dupuy, propriétaire actuel de Chanzé. Assurément le cheval de somme qui le portait n'avait pas l'élégance de son camarade de l'Ecole de cavalerie, qui, à la demande du capitaine Massiet, a bien voulu poser devant l'objectif avec cette charge qu'il a dû trouver bien indigne de lui.

Fig 22. — Un bât à vendange
du domaine de Chanzé
(Musée du cheval à Saumur)

C'est par le même mode de transport que chaque année on remontait les terres que les pluies avaient entraînées au bas du coteau.

En 1883 l'exploitation se grève d'une nouvelle dépense. L'apparition de l'oïdium nécessite l'emploi supplémentaire de trois hommes et de six femmes pour le soufrage de la vigne. La dépense, les ouvriers n'étant pas nourris, s'éleva à 116 francs.

L'opération se faisait d'abord avec un instrument qui ressemblait à un soufflet de cuisine, et un peu plus tard (1886), avec une sorte de petit tarare, mû à la main, qui projetait le soufre. Il en fut employé 200 kilos.

En 1887 on récolta 26 barriques, qui vendues de 140 à 200 francs, soit une moyenne de 170 francs, donnèrent une recette de 4.420 francs.

Mais en 1888 la récolte tombe à 4 barriques. C'est la fin du vignoble. Le phylloxéra a tué la vigne. On arrache les souches.

La Replantation

En 1892, M. Huault-Dupuy, après un voyage d'étude dans le Midi, se décide à reconstituer le vignoble. Jadis, pour planter une vigne ou remplacer les pieds manquants on se contentait de faire un trou avec une barre de fer ; on y enfonçait un brin de sarment, on ramenait un peu de terre autour, et c'était tout. La culture des plants greffés est plus exigeante et demande une terre plus profonde.

Le défonçage fut laborieux, le rocher affleurant en maints endroits. La poudre de mine et la dynamite durent être employées. On profita du remaniement du terrain pour tracer un chemin de charrette qui traverse le clos en écharpe, tantôt en déblai, tantôt en remblai, et d'un développement de plus de 900 mètres.

La première année, cinquante ares sont plantés avec 2.100 pieds de Pineau de Loire, greffés sur américain.

En 1899 et en 1900, la plantation est activement poursuivie sur Riparia, Riparia × Rupestris, Monticola, Aramon × Rupestris, Aramon × Ganzin.

En 1905 la reconstitution était achevée.

Le succès couronna cette difficile et coûteuse entreprise.

La récolte se fait tardivement à Chanzé et donne des vins dont la teneur en alcool va généralement de 12 à 14°, et qui atteignait 15° en 1921.

Elle est rentrée, après pressurage, dans un cellier aux murs épais de 3 à 5 mètres, où la fermentation se poursuit doucement, dans les meilleures conditions, pour donner un vin de grande qualité.

CHAPITRE XIV

UN BEAU PIED DE VIGNE

E permettra-t-on un souvenir personnel ?

Dans la cour d'une maison qu'il avait fait construire à Mirebeau-en-Poitou, mon grand-père avait planté un pied de vigne. Pendant longtemps, soutenu par le mur d'une servitude, ce cep fut un jour privé de son support, dont on avait décidé la démolition. Mais, désormais, vigoureux, il pouvait se tenir droit, par ses propres moyens et défier tous les vents. Ceci se passait de 1820 à 1825.

En 1913, passant à Mirebeau, j'allai voir la maison de mon grand-père, laquelle était passée en des mains étrangères.

Le cep de vigne y était toujours, droit, robuste, superbe, dressé au beau milieu de la cour, qu'il couvrait de ses vigoureux rameaux.

A la hauteur de deux mètres, où il avait encore 65 centimètres de tour, il s'épanouissait en cinq branches énormes, dont chacune mesurait de 18 à 22 mètres de long. Ces maîtresses branches donnaient naissance à des rameaux secondaires encore puissants. C'était comme un immense parasol ouvert au-dessus de la cour et dont une armature de fils de fer maintenait l'horizontalité. Un épais feuillage formé de lames très larges et d'un beau vert, à face supérieure un peu gaufrée, à face inférieure un peu cotonneuse, était mêlé de grappes blanches énormes et nombreuses. Le propriétaire

9

actuel m'assura qu'en certaines années ce cep unique avait donné une
barrique de vin. Un jour, on cueillit une grappe qui pesait « sept livres » ;
pour la rareté du fait elle fut envoyée au marché de Poitiers, où portée par
deux hommes à la manière du raisin célèbre de la Terre promise, elle
remporta un joli succès.

Fig. 23. — Le pied de vigne de Mirebeau, photographié en hiver.

J'exprimai le désir de posséder des rejetons de ce cep peu ordinaire et
me fis envoyer des boutures, qui greffées sur Berlandieri furent plantées
en 1914 contre les servitudes de ma maison de campagne de Bellevue, à
Corné. Elles y réussirent fort bien et trois d'entre elles couvrent aujourd'hui
une surface respectable.

C'est ainsi que l'un des ceps, monté à une hauteur de 2^{m}50 et dont le
tronc a 0^{m}28 de tour à la naissance des branches, s'allonge le long du
bâtiment sur une étendue de 25 mètres. L'enfant a donc bien profité en dix

ans ; et à en juger par sa vigueur actuelle, en digne rejeton d'un père aujourd'hui centenaire et encore plantureux, il est loin d'être au bout de sa croissance.

En 1921, la vente de ses grappes a donné la jolie somme de quatre-vingt-

Fig. 24. — Deux ceps de Gros Verjus, à Corné. L'on ne voit qu'une petite partie de celui de gauche.

dix francs, sans compter ce qui a été gardé pour la consommation familiale. Pour ce juste prix, j'ai acheté une charretée de paille ; c'est d'un assez joli rapport. En 1922 le cep portait 120 kilos de raisins ; bien des grappes atteignaient le poids de 1.500 grammes, et l'une d'elles pesait 2 kil. 100 gr. En 1924 la récolte fut belle aussi, la moitié alla à la cuve ou fut consommée par la famille, l'autre moitié se vendit 45 francs ; cette année n'avait donc pas été inférieure à sa devancière.

Ce cépage, d'ailleurs, n'a pas, il faut bien le reconnaître, que des qualités : il a d'abord le défaut de craindre le mildiou et de prendre très facilement l'oïdium, dont on le défend d'ailleurs très bien par des sulfatages et des soufrages répétés.

Il a ensuite celui d'être d'une maturité tardive (4ᵉ époque) et de demander

Fig. 25. — Une partie d'un cep de Gros Verjus, à Corné, en 1922, avec ses raisins.

beaucoup de calories pour arriver à bien mûrir ses fruits. Si en 1921 ses grappes furent excellentes, en 1922 elles gardèrent trop d'acidité.

Les *caractères ampélographiques* de ce cépage montrent qu'il appartient à la variété dite *Gros Verjus*.

Originaire d'Italie, le Gros Verjus s'est répandu un peu partout en France, dès le XVIᵉ siècle, surtout dans la région de la Seine et de la Saône. Columelle parle d'un pied de vigne qui portait 2.000 grappes. Rien d'impossible à ce qu'il appartînt à la variété qui nous occupe. Notre Gros

Verjus n'est-il pas le descendant du *Bumestra*, dont parle Pline, nom qui rappelle que ses raisins se conservent bien sur la souche pendant les brumes de l'automne ? J'en ai, en effet, cueilli qui étaient encore parfaits au mois de décembre.

Jadis, assez largement cultivé en France pour la beauté de son feuillage et de ses longues grappes, formées de gros grains ovoïdes serrés, on l'utilisait pour la fabrication du verjus, très employé dans la confection des sauces ou des confitures, ou encore de grumes à eau-de-vie. Louis XIV, qui se connaissait en choses de tables, s'en régalait. Et son chef cuisinier écrivait ceci : « Prenés de beau verjus à confire, qui ne commence qu'à meurir, pelés le et en ostés les pépins. Faites chauffer de l'eau presque à bouillir, mettez votre verjus dedans et l'y laissés avec petit feu jusqu'à ce qu'il commence à verdir. Laissés-le ensuite refroidir dans son eau ; estant froid, tirés-le, mettez dans du sucre un peu cuit, faites le bouillir sept ou huit gros bouillons et le tirés (1). »

Fig. 26. — Deux grappes de Gros Verjus, à Corné, : 2 k. 500 dans une main, 1.800 gr. dans l'autre.

Voici maintenant les caractères ampélographiques de ce cépage : Souche très vigoureuse, arborescente, à écorce se levant facilement en longues lanières. Feuilles larges et longues, un peu gaufrées, d'un beau vert, un peu glaucescentes en dessous, à chute automnale tardive. Fructification régulière et abondante ; grappes atteignant 0^m30 et au-delà, très rameuses, souvent accompagnées d'une aile qui en double presque la grosseur. Les grains d'abord sphériques deviennent ensuite ellipsoïdes, longs de 2 à 4 centi-

(1) *L'Escole parfaite des Officiers de bouche*, 1666.

mètres, sur 2 à 2 et demi de large ; la peau est épaisse et la chair croquante.
Par le ciselage fait en temps opportun on peut obtenir des grappes de

Fig. 27. — Grappes de Gros Verjus (culture de Corné).

grosseur monstrueuse. Peu sujettes à la pourriture, quand les grains ne sont
pas serrés, on peut les conserver au fruitier jusqu'à Pâques, et sont les
dernières qu'on puisse manger.

Si le pied de vigne dont je viens de parler est par ses dimensions et sa fertilité une rareté en Anjou, il n'est pas unique. On pourrait citer dans notre région quelques autres spécimens d'un développement énorme. C'est ainsi qu'il existe chez un cultivateur de Varrains, M. Mollay, un pied de Pineau de la Loire, qui remonte à 1832. Parti spontanément d'une souche recépée, il adopta comme tuteur un prunier voisin, qu'il couvrit de ses rameaux. Et lorsque celui-ci mourut, en 1880, la ramure du pied de vigne fut disposée en deux tonnelles séparées par un mur, et couvrant une quarantaine de mètres carrés. A cinquante centimètres au-dessus du sol, la circonférence du cep est de 0^m65, et c'est à partir de ce point qu'il se ramifie.

Ce seul pied fournit, au dire de son propriétaire, en 1900 et 1901, environ 350 litres de vin, et régulièrement, chaque année, il donne sa barrique.

Si chaque pied de Pineau de la Loire de notre Anjou possédait une pareille fertilité, que ferions-nous de tout ce vin ?

Fig. 28. — Un futur vigneron.

CHAPITRE XV

DE LA VENDANGE AU PRESSURAGE

La natura fa l'uva e l'arte fa il vino (1).

Dicton italien.

Le *ban de vendange.* — Jadis, afin de conserver à une région vinicole sa réputation, patrimoine commun des vignerons du pays, les Seigneurs avaient institué le *ban de vendange*. On entendait par là l'autorisation de couper les raisins seulement à partir du jour où les experts désignés jugeaient que la récolte était mûre et apte à donner un bon vin. Cette décision était proclamée à son de trompe et souvent de façon très solennelle. Aussitôt, la plupart des vignerons entraient dans les vignes pour vendanger. Mais ils n'y étaient pas forcés, chacun, s'il n'avait pas le droit d'avancer la date de la vendange, pouvant du moins la retarder (2). Seulement il courait le risque d'être odieusement pillé par les voisins et les passants.

Il faut reconnaître que le Seigneur trouvait aussi, à cet usage, son intérêt, car le droit lui était acquis de vendanger avant tout autre et par suite la possibilité de se procurer facilement le personnel nécessaire ; enfin, c'est l'état de ses vignes qui décidait les experts à se prononcer.

---

(1) La nature fait le raisin et l'art fait le vin.
(2) Claude POCQUET DE LIVONNIÈRE, *Traité des fiefs*, 1729, in-9°. p. 615.

138   *L'ANJOU. SES VIGNES ET SES VINS*

Si le ban des vendanges avait ses avantages, il avait aussi des inconvénients et de sérieux.

Le ban de vendange fut aboli, en droit, en 1791, mais en fait, beaucoup de communes en conservèrent la pratique, parce qu'elles y voyaient des avantages pour le bien général.

C'est ainsi que dans le Saumurois il fut maintenu longtemps après sa suppression légale, et aucun propriétaire n'avait le droit de commencer la vendange avant que le Conseil municipal en eût donné l'autorisation.

Cependant, les inconvénients qui découlaient de l'application de cette vieille coutume provoquaient de vives protestations. C'est ainsi qu'en 1837 la Commission du Comice agricole de Saumur fut unanime à demander sa suppression, afin de laisser à chacun la liberté de vendanger quand il le juge bon. En 1838, Sébille Auger insiste sur les inconvénients qu'il y trouve et dont voici les principaux : toutes les vignes ne sont pas mûres en même temps ; les rouges sont sacrifiés aux blancs ou inversement (1) ; on enlève aux propriétaires la facilité de faire des vins de haute qualité en laissant les raisins plus longtemps sur la souche pour obtenir la surmaturation. On a peur, dit-on, que les vignes non vendangées soient pillées ; mais le ban n'existe pas pour la récolte des noix et autres fruits ou produits de la terre, et on ne voit pas qu'ils soient pillés par ceux qui n'y ont pas droit. Il suffirait donc, pour modifier la coutume et rendre à chacun sa liberté, de faire surveiller pendant quelques années les vignes non vendangées. Le souhait formulé par Sébille Auger ne tarda pas à être réalisé.

Quoi qu'il en soit, dès que le ban de vendange était publié tous les propriétaires se mettaient à l'œuvre, car au bout de très peu de jours les *grappeurs* avaient le droit, créé par l'usage, d'entrer dans les vignes et de *grappiller* ce qui restait sur les souches. C'était souvent ce *droit* des grappeurs qui maintenait l'usage du ban, car on redoutait que les vignes disséminées au milieu de celles qui étaient vendangées ne fussent pillées avant que la récolte n'en fut faite.

―――――――

(1) Ainsi on lit dans le Rapport de Sébille-Auger de 1838 : « Les bans de vendange sont donnés par les Conseils municipaux. La vendange rouge étant la principale récolte, on lui sacrifie la blanche, on les cueille en même temps, quoique la blanche mûrisse plus tard. » *Bulletin de la Société industrielle d'Angers*, 1838, p. 159.

Le fisc, d'autre part, trouvait son compte dans cet antique usage du ban, qui lui facilitait l'établissement de la « dixme ».

La récolte des raisins blancs autrefois. — Voici maintenant comment se faisait jadis la vendange. Des femmes et des enfants, et aussi des hommes faibles, munis de serpettes et, plus près de nous, de petits sécateurs,

Fig. 29. — La vendange au xviiie siècle.
(*Dictionnaire* de l'abbé ROZIER).

coupaient les raisins et les déposaient soit dans des *paniers*, soit dans des récipients en boissellerie ; des hommes robustes ou même des femmes (fig. 29), portant sur les épaules des *hottes goudronnées*, circulaient entre les rangs des vendangeurs, qui y versaient le contenu de leurs paniers. D'autres fois, le transport se faisait au moyen d'une civière portée par deux hommes. Les hottiers allaient au sentier déverser leur hotte dans des *portoires*, sorte de cuviers ovalaires en bois, que l'on chargeait, si l'on était en coteau, par paire, sur le bât d'un âne ou d'un cheval (fig. 29). C'est là ce qu'on appelait une *somme* ; et deux sommes de vendange très mûre faisaient la *busse*, soit environ 250 litres. Quand le terrain le permettait,

les portoires étaient déchargées dans de grands *cuviers* placés sur une
charrette qui faisait le transport au pressoir.

Aujourd'hui. — Avec quelques variantes la manière actuelle de vendanger
est restée la même qu'autrefois, sauf que la serpette a été complètement
abandonnée pour le sécateur, qu'au lieu de paniers on emploie en Anjou
des boîtes légères en bois blanc, à bords évasés, quelquefois des seilles de
tôle ou de boissellerie, que la hotte a été généralement remplacée par des
portoires distribuées entre les rangs de vigne, d'où deux hommes à l'aide
d'un brancard ou *boyard* (fig. 29), les transportent jusqu'à la charrette ;
si le terrain le permet, c'est souvent à la brouette qu'on roule les portoires.

Tous ces détails, qui varient avec la disposition des lieux et les usages
locaux, n'ont pas grande importance.

Il en va autrement du soin qui préside à la récolte.

Tandis que certains propriétaires considérant avant tout la quantité de
la vendange à obtenir et la rapidité de l'opération, font couper tous les
raisins indistinctement, malgré leur maturité inégale, d'autres, s'attachant
plus à la qualité qu'à l'abondance, font faire un triage. Défense est faite
par le propriétaire de couper les raisins encore verts, qui nuiraient à la
qualité de la vendange, mais qui, laissés sur la souche, mûriront un peu
plus tard.

Cette méthode est assurément un peu plus longue et, par suite, plus
coûteuse ; mais le propriétaire y gagne encore, car il fait de meilleur vin,
le vend un peu plus cher et maintient la réputation de son cellier.

Avantage des vendanges tardives. — Rien donc n'est recommandable,
d'une façon générale, comme d'attendre pour couper la vendange, qu'un
bon nombre de grappes soient envahies par la *pourriture noble*, que l'on
ramasse seules. Cette première vendange faite, on attendra pour
recommencer qu'une nouvelle partie de la récolte présente la même
surmaturation. On passe ainsi deux, trois et quatre fois dans la même vigne,
en ne coupant à chaque fois que les grappes très mûres. Je parle des
vendanges blanches.

A cette seule condition, et je ne saurais trop y insister, on peut obtenir, même dans des vignes qui ne sont pas classées comme grands crus, des produits qui ne s'éloignent guère des crus cotés.

Dès le siècle dernier, c'était l'habitude dans le Saumurois, alors que les vins étaient si recherchés des Hollandais et des Belges, d'attendre que la pellicule du raisin très amincie se déchirât au moindre frottement, en un mot que le raisin soit *choppe*, comme on dit à Brézé. Cet état de

Fig. 30. — La vendange en Anjou.

surmaturation est dû à l'action d'un champignon, le *Botrytis*, qui, pénétrant l'enveloppe du grain, provoque l'évaporation d'une partie de son eau, d'où une concentration de la liqueur sucrée ; d'autre part, il y a diminution de l'acidité, en même temps que se développe un parfum très spécial.

On se gardera toujours de fouler la vendange de raisins blancs dans la vigne. Il faut, autant que possible, qu'ils arrivent intacts au pressoir. Il est même très recommandé de répandre sur chaque portoire quelques grammes de poudre de métabisulfite de potasse ou un verre d'une solution d'anhydride sulfureux, surtout si le transport jusqu'au cellier est un peu long, pour que le dégagement d'acide sulfureux empêche le jus de jaunir.

LA RÉCOLTE DES RAISINS ROUGES

La vendange des raisins rouges ne doit pas se faire dans des conditions semblables à celles que réclament les raisins blancs. Elle demande, en Anjou, à être cueillie bien mûre, mais avant que la pourriture, toujours mauvaise pour les raisins rouges, ne les ait envahis, car, ici, il s'agit non plus de raisins qui vont être immédiatement pressés, mais qui vont cuver avec leurs rafles et leurs peaux, ce qui exposerait à donner au vin qui en sortira un désagréable goût de pourri.

Il y a lieu cependant de faire aussi assez souvent des tris. Si l'on a été surpris par une invasion subite de la pourriture (dite *pourriture grise*), il convient de récolter d'abord cette vendange altérée, qu'on portera immédiatement au pressoir, pour en faire un vin rosé. On passera une seconde fois dans la vigne pour recueillir cette fois les raisins mûrs, mais sains. S'il y a une certaine proportion de grappes mal mûres, on les abandonnera aux grappilleurs ou bien on les récoltera dans une troisième tournée.

Toutes ces manœuvres demandent évidemment quelque soin et de la surveillance de la part du propriétaire. Mais si l'on veut bien se souvenir que l'Anjou est à la limite de la région où la vigne peut mûrir ses fruits, on conviendra que ces précautions ne sont pas inutiles quand on tient à faire du bon vin.

LE TRANSPORT AU CELLIER

Les charrettes chargées de vendange la conduisent à la *cuverie*, s'il s'agit de vendange rouge, au bien directement au pressoir, s'il s'agit de vendange blanche. Quand cela est possible, il est très avantageux que les charrettes se déchargent à un étage situé au-dessus de la chambre aux cuves ou aux pressoirs. Dans les coteaux de Saumur, il n'est pas rare de voir, au beau milieu des vignes, l'orifice d'un large conduit ou *botte*, qui établit une communication directe avec les appareils de foulage ou de cuvage installés profondément, en plein rocher.

Fig. 31. — La vendange en Anjou,
le transport au cellier.

ÉGRAPPAGE

Cette opération, qui est réservée à la vendange rouge, seule destinée à cuver, consiste à éliminer une partie des rafles, dont la trop grande proportion pourrait, après quelques jours de fermentation, donner au vin une âpreté désagréable ou un goût herbacé préjudiciable à sa qualité. Ceci est de rigueur pour le Cabernet, dont on doit éliminer la moitié ou les deux tiers des rafles.

Dans les petites exploitations, cette opération se fait sur des claies en osier, soit dans la vigne, soit au cellier. L'ouvrier avec ses mains, ou mieux à l'aide d'un trident fait d'une courte branche de bois dur à plusieurs dents, détache par un mouvement rapide de va-et-vient les grains de raisin, qui, seuls, tombent à travers les jours de la claie.

En grande exploitation, on emploie les *égrappoirs mécaniques*. Dans une auge, criblée de trous, tournent des palettes disposées en hélice qui battent et secouent les grappes et obligent les grains à se séparer des rafles ; les

Fig. 32. — Le retour des vendanges, le soir.

premiers tombent dans un réservoir, tandis que les rafles sont entraînées au dehors.

Souvent l'égrappoir mécanique se combine avec le fouloir : c'est le *fouloir-égrappoir*, très pratique et indispensable quand on a à traiter de grosses quantités de vendange.

Avantages et inconvénients de l'égrappage. — Si l'égrappage a de nombreux partisans, il a aussi quelques adversaires. Il faut reconnaître que s'il augmente la force alcoolique du vin, car les rafles qu'on enlève en auraient absorbé une certaine quantité, s'il empêche le vin d'avoir une âpreté exagérée ou un goût herbacé désagréable, lorsque la vendange manque de maturité, on doit avouer, d'autre part, que la présence des rafles, en rendant la masse du marc moins compacte, favorise la pénétration de l'air et aide par là même à la marche d'une bonne fermentation ; qu'il augmente la richesse en tanin, et que si le vin a une âpreté exagérée, surtout dans les premiers mois, sa bonne tenue ultérieure en est mieux assurée, enfin, que le vin se tire mieux d'un marc pourvu de ses grappes que d'une vendange égrappée et par là même plus compacte.

Cette divergence montre qu'en cela, comme en beaucoup d'autres manipulations vinicoles, on ne doit pas s'en tenir à des règles inflexibles, mais qu'il y faut beaucoup de doigté, et qu'il importe de tenir compte de diverses circonstances, telles que degré de maturité de la vendange, état de propreté ou de souillure des rafles, leur abondance relative, laquelle varie beaucoup d'une année à l'autre, nature du cépage, et selon qu'on se propose d'obtenir un vin léger ou, au contraire, un vin corsé, etc.

10

CHAPITRE XVI

CELLIER ANCIEN ET CELLIER MODERNE

« Comme on voit en septembre, ès tonneaux angevins,
« Bouillir en écumant la jeunesse des vins,
« Qui chaude en son berceau à toute force gronde
« Et voudrait tout d'un coup sortir hors de sa bonde,
. . . .
« Ainsi la poésie en la jeune saison
« Bouillonne dans nos cœurs qui n'a soin de raison. »

RONSARD (XVI° siècle).

PRESSOIRS ET PRESSURAGE

Simplicité des moyens primitifs. — L'outillage employé à la vinification a beaucoup varié depuis les temps anciens, et l'industrie du vin a bénéficié, comme toutes les autres, des perfectionnements apportés par l'esprit humain dans les arts mécaniques. Mais il est à noter que ce progrès a attendu, pour se réaliser, les temps tout à fait modernes, c'est-à-dire le XVIII° et le XIX° siècles.

Jadis la manipulation des vendanges et du vin était des plus simples. Une cuve en bois pour recevoir les raisins, à leur arrivée de la vigne, et qu'on foulait avec les pieds ; un appareil de pression des plus primitifs, pour extraire le jus, lequel s'écoulait dans une cuve, d'où, à l'aide de pots ou *jallayes*, on le transportait dans les récipients à fermentation. Et c'était tout.

On ne connaissait alors ni siphons de cuivre ou de fer-blanc, ni tuyaux de caoutchouc si souples et si commodes, ni pompe, au travail facile et économique, ni soufflet bordelais permettant de soutirer les vins à l'abri de l'air et, pour ainsi dire, sans secousse, d'une barrique à l'autre.

Sans descendre dans trop de détails, qui pourraient sembler fastidieux, sur les divers instruments utilisés dans les celliers au cours des siècles, il ne paraît pas hors de propos de jeter un coup d'œil sur l'histoire du principal appareil nécessaire à la fabrication du vin, je veux dire des systèmes de pressoirs qui ont été ou sont encore usités en Anjou, et de suivre les progrès dont ils y ont été l'objet.

Le Pressoir de Noé. — On peut dire que les pressoirs sont vieux comme le monde. Sans doute que celui dont s'est servi le patriarche Noé n'était pas de structure bien compliquée et ne ressemblait que de très loin à nos appareils modernes. Peut-être que les mains, et sans doute aussi les pieds, suffisaient à l'extraction du jus des raisins entassés dans une auge de pierre. Et sans doute que les premiers vignerons de l'Anjou n'ont pas fait autrement.

Mais nous savons, par le texte de la Bible, qu'au temps de Job il existait déjà de véritables pressoirs, soit 2350 ans environ avant l'ère chrétienne. Il est seulement fâcheux que le Livre Saint ne nous en ait pas laissé la description.

Le Pressoir à pierres. — Il paraît bien probable que l'on se contenta tout d'abord de la pression directe obtenue en accumulant de lourdes pierres sur la vendange entassée dans une entaille pratiquée dans la roche ou entourée de quelques planches. Des dessins découverts dans les ruines de l'ancienne Egypte ne laissent aucun doute à cet égard.

Le Pressoir à torsion des Egyptiens. — On eut aussi l'idée de renfermer la vendange dans des sacs de toile grossière, d'où on forçait le jus à sortir, soit par pression directe, soit par une énergique torsion, ainsi que le prouvent aussi des peintures murales datant du temps des Pharaons et trouvées dans un tombeau de Béni-Hassan, comme le montre la figure 33 (1).

Fig. 33. — Un pressoir égyptien.

Pressoirs à levier. — Puis, on eut recours à la puissance du *levier*, bien autrement efficace qu'une charge de pierres, soit qu'on ait attaché des poids lourds à l'extrémité libre du levier, soit qu'on y ait fixé un fort cordage qui, d'autre part, s'enroulait sur un treuil que manœuvraient des hommes vigoureux.

Le Pressoir en toile de l'Anjou. — Il est très curieux de noter qu'il n'y a pas bien longtemps encore, puisqu'il est de nos contemporains qui en ont vu dans de petites exploitations voisines d'Angers, on se servait en Anjou d'un appareil ins-

Fig. 34. — Pressoir à sac et à levier, très primitif, jadis usité en Anjou.

piré de cet antique instrument égyptien, mais où intervient un levier.

(1) Empruntée à l'excellent ouvrage *La Vigne dans l'antiquité*, de R. BILLIARD. Lyon, Lardanchet, 1913.

Un sac de toile grossière renfermant la vendange, fig. 34 (1), chargé de quelques planches ou madriers, sur lesquels appuie un levier, fixé en arrière dans un rustique montant en bois et s'abaissant, par son extrémité antérieure, sous l'action d'un treuil manœuvré par quelques barres de bois. Le liquide s'écoule dans un baquet placé sous le sac. C'est, on le voit, d'une grande simplicité. De cet instrument primitif vient sans doute le mot *sac*, encore aujourd'hui employé pour désigner l'entassement du marc dans le pressoir.

Le Pressoir à fût. — On eut donc de bonne heure l'idée d'utiliser la force du levier dans le pressurage de la vendange, afin d'augmenter l'énergie de la pression, soit qu'on attachât à son extrémité mobile, c'est-à-dire au point de la puissance, de lourdes charges, soit que l'on y exerçat d'énergiques tractions au moyen de cordages reliés à un treuil, ou encore qu'on y adaptât une vis, dont le mouvement de rotation sur elle-même, forçait cette extrémité du levier à s'abaisser, en écrasant de plus en plus la masse du marc (voy. fig. 36).

On rencontre encore, dans quelques rares exploitations de l'Anjou, des pressoirs de ce type ; mais, la plupart du temps ils ne sont conservés par leurs propriétaires qu'à titre de souvenir, en attendant qu'ils soient, ce qui ne peut guère tarder, complètement démolis et détruits.

On peut encore en voir un à Aunis, près de Dampierre (fig. 38), d'autres au clos Bonnet, près du cimetière de Saumur, et çà et là dans diverses exploitations de l'Anjou. Tel est entre autres celui de Drain, qui est représenté (fig. 36).

Or, il est intéressant de signaler ce fait que deux siècles avant l'ère chrétienne, on se servait de pressoirs de ce genre, comme en fait foi la description donnée par Caton l'Ancien, dans son *De Re rusticâ*, à l'aide de laquelle on a pu reconstituer de toutes pièces l'appareil employé par l'agronome romain et en s'aidant aussi de l'étude de ruines découvertes à Stabies, qui avaient servi à son installation.

Le morceau principal est une maîtresse pièce de bois (A), longue d'au

(2) D'après un croquis de M. Choqui, marchand d'articles de cave, à Angers.

moins cinq mètres, dont une extrémité (point fixe), est reçue entre deux
fortes pièces de bois debout, entre lesquelles elle peut jouer seulement dans
le sens vertical ; c'était le *prelum*, ce que nous appelons le *fût* ; l'autre
extrémité (point mobile), s'abaissait sous l'action d'un fort cordage enroulé
autour d'un treuil (F), mis en mouvement par de longues barres de bois ;
une autre corde passant dans une poulie placée au-dessus du prelum

Fig. 35. — Le pressoir de Caton l'Ancien.

permettait de le relever quand le travail de pression était accompli. La
vendange était accumulée et tassée dans l'aire (area) (κ) ou maie, comme
nous disons, et chargée de madriers sur lesquels s'exerçait l'action de la
grosse poutre ou *prelum*.

Tel était le « pressoir de Caton ». Et on peut dire que, presque jusqu'à
notre époque, il a traversé les siècles sans se modifier sensiblement.

Pour s'en convaincre, il suffit de lire la description pittoresque donnée
par M. le chanoine Verdier (1), sous le nom de *pressoir Saint-Antoine*,

(1) *Bulletin de la Soc. des Lettres, Sciences et Arts du Saumurois.*

type habituel des pressoirs naguère encore utilisés dans le Saumurois.

Une maie carrée, sans cage, recevait la vendange ; celle-ci, bien mise en forme, on *couchait le cep*, c'est-à-dire qu'après avoir placé sur le marc, et à une petite distance des bords, deux longs bâtons ou *aiguilles*, afin de

Fig. 36. — Pressoir à fût (1) et à vis en bois (2) et écrou (6) agissant sur l'extrémité mobile, l'autre extrémité étant reçue entre deux fortes jumelles (3). Pendant le travail cette extrémité est placée et calée au-dessous de la traverse (3). La vendange était placée dans la maie (4) et la vis était mise en rotation au moyen de la barre (5) solidement fixée par une bride de fer. (Photographie prise à Drain.)

supporter les madriers ou *carreaux*, qu'on disposait perpendiculairement à leur direction, on mettait en travers de ceux-ci deux *belins* ou *blains*, pièces de chêne épaisses et robustes, sur lesquelles venait s'appuyer un énorme levier ou *fût*, ayant de 0ᵐ60 à 0ᵐ80 d'équarrissage, lequel fixé par l'une de ses extrémités entre deux *jumelles*, fortes pièces de bois verticales, reliées par une traverse ou moise, dépassait la maie, par son autre extrémité, laquelle portait un câble solide, enroulé, d'autre part, autour d'un treuil, que manœuvraient des hommes vigoureux.

Quand le *cep* ou *sac* diminuait sous la pression, on calait un peu plus bas l'extrémité fixe du fût et on recommençait à faire agir le treuil.

Fig. 37. — Pressoir à vis en bois et à fût mobile, dans un cellier de Thouars.

On le voit, ce pressoir, employé encore récemment en Anjou, paraît calqué sur celui de Caton, vieux de plus de deux mille ans.

Pressoirs à vis en bois. — Une modification de ce sytème consista à substituer, à la traction par un câble, une pression par le moyen d'une forte *vis en bois* solidement fixée dans le sol et qui était prise, au-dessus de ce fût, qu'elle traversait, dans un solide écrou mobile, qui, en tournant, obligeait cette extrémité du fût à s'abaisser (voy. fig. 36 et 37). Mais il faut noter que cette disposition n'est pas absolument nouvelle, car, du temps de Pline, on savait déjà utiliser la vis en bois dans l'extraction du jus des raisins.

La figure 37, qui représente un pressoir emprunté à un cellier de Thouars, localité très voisine de l'Anjou, et dû à la plume de M. Émile Perrein, donne bien l'idée de cette sorte d'installation. Un énorme fût (A), doublé d'une seconde pièce presque aussi forte, traverse une chambre coupée en deux par une murette qui nous cache la maie où s'entasse la vendange. L'extrémité fixe du fût (B) est reçue dans une excavation du mur ; deux jumelles (J. J.) empêchent sa déviation; une colonne de soutien (K) sert à l'appuyer, en dehors du travail ; l'extrémité libre de ce fût est traversée par une vis en bois, et un écrou (C) lui est boulonné. Cette vis tourne dans un solide palier (F) sous l'action d'une barre (D), et, suivant le sens de la rotation, s'abaisse pour écraser la vendange, ou se relève après l'opération. Un réservoir (I) reçoit le moût qui vient de la maie, par un trou pratiqué dans la murette.

Fig. 38. — Ancien pressoir d'Aunis, près Dampierre, à poutre fixe et vis mobile.

Dans d'autres cas, la vis solidement fixée à une poutre placée au-dessus de la maie descendait ou remontait par l'action de barres enfoncées dans des trous creusés sur les côtés de sa tête, comme le montre la figure 38, empruntée à une ancienne installation d'Aunis. La poutre a 0ᵐ70 d'épaisseur et est longue de 3 mètres ; la vis a 0ᵐ35 de diamètre.

Dans ce cas, les blains étaient surmontés d'une autre forte pièce de bois, l'*ignelle*, placée transversalement. Plate en dessous, celle-ci était arrondie en dessus et creusée d'une cuvette hémisphérique en fer, dans laquelle tournait un téton également en fer, boulonné au-dessous de la tête de la vis (fig. 38). Une barre enfoncée dans des trous pratiqués sur les côtés de la tête de la vis la faisait tourner.

Fig. 39. — Pressoir à mariée (château de la Salle, à Montreuil-Bellay).

On rencontrait quelques autres variétés dans le dispositif de l'appareil. Ainsi, parfois, c'est la vis qui restait immobile, tandis que l'écrou seul tournait.

Pressoir à mariée et Pressoir casse-cou. — Pour aider à l'action de la barre qui servait à la rotation de la vis, une corde solide attachée à son extrémité passait dans une forte poulie scellée au mur voisin, ou bien allait s'enrouler autour d'une grosse pièce de bois cylindrique et verticale, sorte de cabestan, que des hommes faisaient pivoter au moyen de chambrières placées en croix à demi-hauteur d'homme. C'est ce qu'on appelait *faire tourner la mariée*. Quand la barre était arrivée au contact de la mariée, on l'enlevait pour l'enfoncer dans la mortaise suivante, afin de continuer le serrage.

Mais il arrivait de temps à autre que le câble, trop vigoureusement tendu, se rompait en fouettant durement le visage ou les épaules des opérateurs, d'où le nom de *Pressoir casse-cou*, qu'il fût à *treuil* ou à *mariée*.

Les pressoirs à mariée se sont conservés et se retrouvent encore çà et là en Anjou, en même temps que de sérieux perfectionnements ont été apportés à la partie principale de l'appareil. C'est ce que l'on voit, par exemple, au château de la Salle, près Montreuil-Bellay (fig. 39). Dans la maie en ciment est scellée une vis en fer, dite *à lanterne*, dans laquelle est engagée une barre de 7 à 8 mètres de long, pourvue, à son extrémité, d'une corde qui s'enroule, d'autre part, autour d'une mariée que deux hommes font tourner.

Tous ces appareils étaient fort encombrants et demandaient un emplacement énorme.

En somme, depuis Caton et Pline, aucun perfectionnement très important n'avait été introduit dans la structure des pressoirs ; et il faut arriver à la fin du XVIIIe siècle pour noter de très sérieux progrès.

Pressoirs à roue horizontale ou verticale. — D'autres fois, une large *roue horizontale*, pourvue de fortes chevilles et placée au-dessus du cep, servait d'écrou. D'abord actionnée directement par des hommes, elle fut, par la suite, mise en mouvement au moyen d'un câble qui s'enroulait sur cette roue creusée d'une gorge et qui venait, d'autre part, s'accrocher à une mariée.

Vers 1710, on substitua, dans bien des celliers, à la roue horizontale, une *roue verticale*, bien plus facile à manœuvrer, soit directement par l'intervention de l'homme, soit à l'aide d'une forte corde engagée dans la gorge dont son pourtour était creusé. Un engrenage reliait cette roue à l'écrou de la vis. Ces sortes de pressoirs étaient désignés sous le nom de *pressoirs à étiquet* (1).

LES PRESSOIRS BANAUX

Tels étaient les appareils très simples dont se servit tout le moyen âge. Et encore, il s'en fallait de beaucoup que chaque exploitant possédât le sien. Mais le Seigneur y suppléait.

Dans la plupart des fiefs existait, au xvᵉ siècle, un *pressoir banal*, comme il y avait un *four banal* et un *moulin banal*, auxquels tous les vassaux de la Seigneurie, à l'exception des Gens d'église, des Nobles et des Roturiers possesseurs d'au moins 10 quartiers de vigne, devaient faire usage, moyennant une redevance en argent ou en nature. Assurément, cette organisation rendit d'abord aux vignerons de réels services. Mais on pressent à combien d'inconvénients un pareil système pouvait exposer. La vendange, une fois coupée, demande à être traitée le plus vite possible ; or, par suite de l'encombrement, elle devait souvent attendre que le pressoir fut débarrassé de la récolte du voisin, ou bien on était obligé de mêler les diverses récoltes pour en faire une pressée unique. On voit à combien de contestations et de conflits devait donner lieu une aussi fâcheuse méthode.

Il est toutefois à remarquer que de très bonne heure, en Anjou, les pressoirs banaux furent abolis, comme le constate le juriste Pocquet de Livonnière : « apparemment à cause de la grande quantité des vignobles qui y sont, de la difficulté qu'il y aurait qu'un Seigneur pût fournir assez de pressoirs pour suffire à un territoire entier et de distinguer le vin des vendanges de plusieurs particuliers de divers crus et de diverse qualité, après les avoir confondus dans un même pressoir. » (2)

Et même, dès 1651, Pierre Touraille écrit : « Pressouérages ne sont en usage au pays d'Anjou ». (3)

---

(1) *Etiquet* signifie *bâtonnet, fiche*.
(2) Pocquet de Livonnière. *Traité des fiefs*, 1729, p. 613.
(3) Pierre Touraille. *Coutumes du Pays et Duché d'Anjou*, 1651.

Si donc, en vertu de la coutume d'Anjou, rédigée en 1462, les Seigneurs de l'Anjou avaient droit au pressoir banal, ce droit était depuis longtemps tombé en désuétude, car, dit Pocquet de Livonnière, lorsque cette coutume d'Anjou a été réformée, l'article relatif au pressoir banal fut purement et simplement supprimé, le four banal et le moulin banal étant par ailleurs maintenus.

Aussi, a-t-on lieu d'être surpris de voir tous les cahiers de 1789 des paroisses de la Sénéchaussée d'Angers demander la suppression de tous les *droits seigneuriaux* et en particulier celui de la *banalité des pressoirs*, puisqu'elle était acquise en fait depuis environ trois siècles en Anjou.

Cela indique une certaine légèreté de la part des rédacteurs des *Cahiers* ou le vain désir de grossir les griefs populaires. Dans ce cas, l'effort aboutissait à défoncer une porte ouverte.

NOUVEAUX TEMPS

Pressoir à pierre ou à tesson. — Employé au XVIIIe siècle, en Anjou, il était pas mal encombrant et nécessitait l'emploi de dix à douze hommes. Une énorme roue verticale était pourvue de chevilles sur lesquelles montaient des hommes ; sur l'arbre de cette roue s'enroulait une corde qui, d'autre part, passait sur une roue horizontale formant écrou autour d'une vis verticale, laquelle agissait sur l'extrémité d'une énorme poutre, dont l'autre bout était maintenu entre deux fortes pièces jumelles et qui serrait les robustes madriers couchés sur la vendange. Il n'était pas rare d'ailleurs de voir ces pressoirs casser sous une action trop énergique.

Pressoirs à vis en fer. — Aux énormes vis en bois, qui avaient l'inconvénient de trop multiplier les frottements et même de se fausser sous l'action de poussées énergiques, on substitua vers 1816, dans les pressoirs des bords de la Loire, la *vis en fer*, munie d'un écrou, en fer également, celui-ci restant seul mobile et mû par des leviers engagés dans ses mortaises.

Pressoir à percussion. — L'un des premiers modèles a été le *pressoir à percussion*, qui comportait une vis centrale en fer, pourvue d'un solide écrou actionné par un levier que l'on faisait mouvoir à coups saccadés, comme si on eut donné des coups de marteau pour le faire un peu plus tourner sur la vis et presser davantage le cep à chaque effort.

Pressoir à engrenage. — Un perfectionnement considérable fut réalisé par l'invention du *pressoir à engrenage*. Un simple ouvrier serrurier de Brissac, Héry, en eut l'idée et le construisit. Il n'est que juste de le rappeler ici et d'en rendre hommage à son ingénieux inventeur.

Il consistait essentiellement en une forte vis en fer verticale, tenue entre deux montants ou pièces de bois jumelles, fixées au sol dans un massif de maçonnerie et réunies en haut et en bas par une forte traverse ou moise ; la vis est pourvue d'un écrou en fer, seul mobile, que met en marche une petite *roue dentée* pourvue de deux manivelles dont chacune commande un pignon. L'écrou agit sur le *mouton* qui glisse entre les deux jumelles.

Ce pressoir qui coûtait un millier de francs, fut vite adopté et eut un grand succès, surtout dans le Saumurois.

Pressoir à coffre. — Il était d'usage, après chaque pressée, de retailler à la bêche les côtés de la masse du marc pour redresser la meule qui, en s'écrasant, s'élargissait de plus en plus. Cette pratique avait l'inconvénient d'augmenter, par la section des rafles, l'acidité du vin. Une amélioration très sérieuse fut donc réalisée par l'emploi d'une *cage* ou *coffre*, de forme ronde ou carrée, sans fond et à parois criblées de trous ou de fentes, la *danaïde*, comme on l'appelait, par où le jus pouvait s'écouler et qui supprimait la retaille.

Pressoir troyen. — L'un des premiers pressoirs auxquels on a adapté la cage fut celui qu'inventa, vers la fin du XVIIIᵉ siècle, un mécanicien de Troyes, en Champagne, Benoît. La vis était remplacée par deux crémaillères horizontales. Ce fut le *pressoir troyen* ou *pressoir Benoît*.

Il se compose d'une cage cubique, dont tous les côtés, sauf celui du dessus, qui est plein, sont à claire-voie, pour laisser s'écouler le liquide. L'une des parois latérales est mobile et, faisant office de piston, refoule le marc dans la cage, sous l'action des deux crémaillères, sur lesquelles agit une vis sans fin, qui leur est perpendiculaire et qui est mise en mouvement par une manivelle placée à chacune de ses extrémités.

D'après de Beauregard, la pression obtenue par l'action de quatre hommes avec ce système serait de 93.000 kilos (1).

Il existe en Anjou encore quelques rares spécimens de ce pressoir, notamment au château des Marchais, près de Mâchelles.

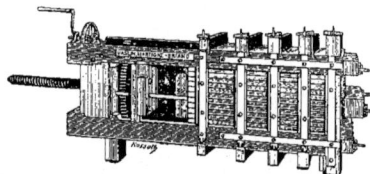

Fig. 40. — Pressoir Vaslin à vis horizontale
et à cage carrée ; le panneau supérieur est rabattu.

Le Saumurois. — Le pressoir troyen reçut des perfectionnements successifs, d'abord de Bianquin, pharmacien à Saumur, qui le baptisa le *Saumurois*, après lui avoir ajouté une deuxième vis sans fin, parallèle à la première, ce qui permit d'obtenir une pression qui atteignait 216.000 kilos et par conséquent un assèchement du marc bien plus rapide et plus complet.

Pressoir Vaslin. — Le pressoir troyen fut surtout heureusement modifié en 1858 par Vaslin, constructeur à Martigné-Briand. Très répandu en Anjou, où on en compte de 1.500 à 2.000, ce pressoir n'en a guère franchi les frontières ; il est donc essentiellement angevin. Il en est des spécimens qui datent du début de l'invention et qui fonctionnent encore à la satisfaction de leur propriétaire.

----

(1) DE BEAUREGARD, *Mém. de la Soc. d'Agric., Sc. et Arts d'Angers*, 1849.

Dans le pressoir Vaslin les crémaillères du troyen ont été remplacées par une ou par deux vis horizontales robustes, mises en mouvement par une roue dentée dont le moyeu fait écrou ; celui-ci tourne sur place, sous l'action d'une manivelle. La vis seule se déplace et entraîne la paroi latérale de la cage, à laquelle elle est solidement boulonnée (voy. fig. 40).

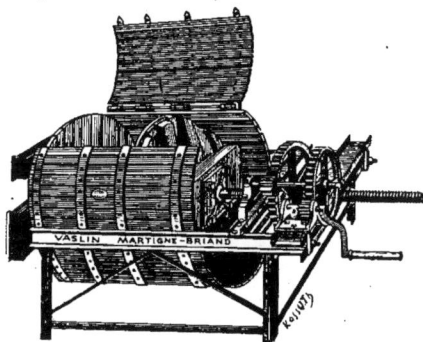

Fig. 41. — Pressoir Vaslin à cage circulaire ;
vue du mécanisme ; le panneau supérieur est
relevé. La manivelle est placée sur la petite roue.

Outre la grande roue qui sert aux mouvements rapides, une autre roue d'engrenage, d'un diamètre beaucoup plus faible, sert aux pressions lentes, mais, par suite, plus énergiques. Un seul homme suffit aux serrages, mais on peut en mettre deux sans inconvénient, surtout sur la grande roue.

Le constructeur a introduit quelques autres modifications heureuses. Le panneau supérieur, qui se relève à volonté, au moyen d'un palan, roule sur charnières ; le panneau latéral, opposé à celui qui porte la vis de pression, tourne également sur charnière et s'ouvre pour permettre de rejeter d'un bloc la masse du marc qui a été pressé.

11

Remarque. — Qu'il me soit permis d'ajouter qu'au moyen d'un dispositif très simple, j'ai pu me servir de ce pressoir comme d'un appareil à marche continue. Lorsqu'arrive la première charretée de vendange, au lieu d'ouvrir la cage en grand, j'en fais écarter simplement les parois de la quantité voulue pour recevoir cette première charge ; en même temps, on applique contre le panneau mobile une claie. Après serrage, quand arrive une seconde charretée de vendange, on ouvre de nouveau et on agrandit la cage de la quantité nécessaire pour la recevoir. La claie maintient en place la première tranche de marc, et on verse la nouvelle vendange entre la première claie et une seconde appliquée à son tour contre le panneau mobile, et ainsi de suite. La masse de la vendange se trouve ainsi partagée en trois ou quatre segments, et les cloisons rigides, interposées dans la masse du marc, aident singulièrement au serrage et à l'égouttement.

Lorsque sous l'action du serrage, la première tranche est épuisée, on ouvre le panneau à charnières et on la rejette en conservant les suivantes, qui seront successivement mises dehors après dessication, et seront en même temps remplacées par de nouveaux apports de vendange fraîche.

Cette manœuvre pourrait se continuer pendant toute la durée des vendanges ; mais on est forcé d'arrêter souvent la marche de l'opération, au moins tous les deux jours, pour laver et nettoyer le pressoir, sous peine d'accidents d'acétification.

Le nettoyage de ce pressoir est malheureusement long et minutieux, et c'est le principal reproche que j'adresse à un appareil par ailleurs excellent.

Pressoir Vaslin automatique. — La maison Vaslin a récemment adapté à ce pressoir une *cage circulaire* (fig. 41), qui facilite l'égouttage ainsi que le nettoyage de l'appareil. En outre, en 1921, M. Vaslin a appliqué à son pressoir la marche mécanique et automatique par l'adjonction d'un moteur et d'un dispositif très simple. Une bielle dynamométrique transmet à un rochet (roue à dents recourbées, ne pouvant tourner que dans un sens), l'effort moteur, par l'intermédiaire d'un excentrique qui pousse un ressort réglable ; celui-ci, quand l'effort est maximum, ne pousse plus le rochet, d'où une marche réglée automatiquement. Quand la pression a diminué, par suite d'écoulement de liquide, elle reprend d'elle-même sans qu'on ait à intervenir (fig. 42).

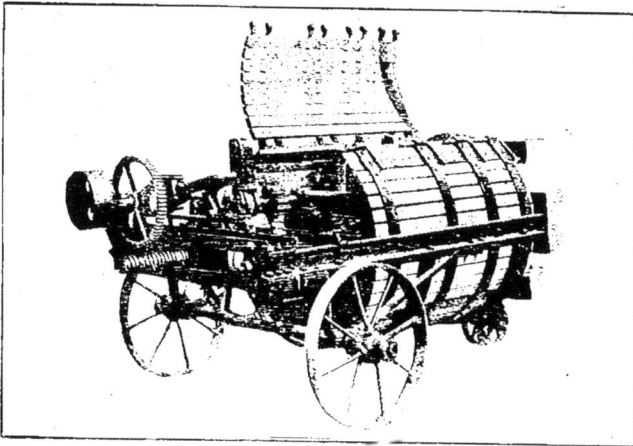

Fig. 42. — Pressoir Vaslin, à cage circulaire, monté sur roue et à marche automatique.

Pressoir Mobile. — Le *pressoir Mobile*, à vis verticale et à maie, avec ou sans claie, très répandu en Anjou et dans la France entière, est trop connu pour qu'il soit utile de le décrire : tous les viticulteurs le connaissent. L'adjonction de ressorts à boudin puissants, qui continuent à exercer leur action quand on cesse le serrage, y a réalisé un intéressant perfectionnement.

Pressoir à claies et toiles filtrantes. — Dans quelques celliers de l'Anjou on utilise, dans le montage du cep, une série de claies recouvertes de

toiles faites de fines cordelettes, qui le partagent en gâteaux superposés.
Cette innovation, due à la maison Simon, de Cherbourg, facilite beaucoup
l'égouttage, abrège notablement le temps nécessaire à son épuisement et
dispense de rebécher, ce qui est un grand avantage dans la vinification du
vin blanc. Si le pressoir est à vis centrale les claies, divisées en deux
moitiés, se placent de part et d'autre de la vis, mais mieux vaut un

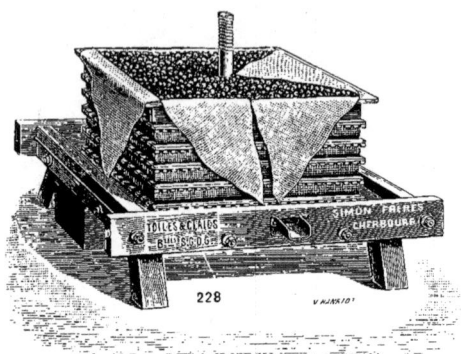

Fig. 43. — Pressoir à claies et toiles filtrantes.

pressoir à *presse*, tout le plateau de charge s'abaissant d'une seule pièce
sur le cep et agissant par pression verticale sous l'action d'un moteur
électrique ou d'une pression d'air.

Le montage du cep est assurément un peu long, mais on récupère largement le temps dépensé par la rapidité avec laquelle se fait le pressurage.

Il existe encore en Anjou d'autres modèles de pressoirs, excellents aussi,
mais qui y sont bien moins répandus, tels que Marmonnier, Mayfarth, etc.

Pressoirs continus. — Enfin, dans quelques exploitations importantes, on se sert de pressoirs à marche continue et rapide. Le type de ces appareils est le *pressoir Colin*.

On sait en quoi il consiste. Une cage cylindrique en tôle d'acier, criblée de trous, reçoit la vendange par le moyen d'une trémie. Deux vis d'Archi-mède à larges ailettes, placées bout à bout, à spires inverses, et exerçant par suite une pression en sens contraire, sous l'action d'un moteur, assèchent rapidement la vendange ; le marc épuisé sort à l'autre extrémité par une fissure de forme circulaire, dont la largeur est limitée au moyen d'un cône réglable. Le jus reçu dans trois compartiments étanches s'écoule par autant de larges orifices ou *goulottes*, disposés le long de la cage. De la première à la dernière le jus diminue de qualité. La goulotte qui donne le produit de la dernière pressée fournit un liquide aqueux et acerbe, dû à un excès de tanin, et qui ne doit pas être mêlé à celui des premières goulottes.

Le danger d'un semblable appareil, c'est que celui qui l'emploie tend à pousser trop loin la pression. Bien réglé, il rend grand service dans les exploitations importantes. Suivant la puissance de l'appareil on peut traiter de 50 à 150 hectolitres de vendange par jour. Son action extrêmement énergique fait généralement hésiter à l'utiliser dans les exploitations où l'on tient avant tout à la finesse du vin.

Une installation moderne. — Pour terminer cette révision des pressoirs usités en Anjou, voici la vue d'une *installation moderne* créée au Bois Planté, commune de Juigné-sur-Loire et appartenant à M. Lemonnier.

Dans le même local se voient à droite (fig. 44) les appareils de vinifica-tion des raisins blancs ; à gauche (fig. 45) ceux des raisins rouges.

La vendange blanche est amenée par les charrettes dans un réservoir en ciment, où une chaîne à godets (1) s'en empare et la déverse dans une trémie (2) d'où elle descend dans un pressoir continu Collin, lequel est presque entièrement masqué sur le cliché.

La vendange rouge est jetée dans un fouloir égrappoir (3), d'où, après son écrasement, elle est transportée par l'action d'une moto-pompe (4) dans les cuves à fermentation. Celles-ci peuvent être en bois ou en ciment, mais

Fig. 44. — Une installation moderne. Vinification des raisins blancs.
Cliché de M. Lemonnier (Juigné-sur-Loire)

Fig. 45. — Vinification des raisins rouges.
Cliché de M. Lemonnier (Juigné sur Loire).

dans ce dernier cas, garnies de carreaux de verre. La même pompe sert à
remonter dans les cuves à décantation les moûts de raisins blancs. Le
moteur (5) imprime le mouvement aux divers appareils.

De quelques précautions a prendre dans le pressurage

1° Quel que soit le système de pressoir adopté, on devra se rappeler qu'il
faut autant que possible éviter que la vendange écrasée ne se trouve
largement, et surtout d'une façon prolongée, en contact avec du fer, si l'on
veut mettre le vin à l'abri d'accidents graves (casse ferrique). C'est pourquoi
il est mauvais de recouper le marc avec une bêche de fer ou un grand
tranchoir de ce métal ;

2° Pour une raison semblable il est bon, dans la manipulation des moûts
et des vins, de substituer aux récipients en fer des vases en bois ou en cuivre.
On peut se servir cependant de tôle galvanisée ou de fer battu, mais à la
condition de les recouvrir à l'intérieur et à l'extérieur d'un vernis noir à
l'essence, sur lequel l'alcool du vin n'aura pas d'action ;

3° Il est nécessaire que les pressoirs et tous les ustensiles en contact avec
le moût et le vin soient fréquemment nettoyés et lavés à l'eau bouillante,
pour éviter le développement des moisissures et des germes de la
fermentation acétique.

Une recette intéressante pour finir

Il arrive assez souvent que les pressoirs usagés, avec maie en bois, sont
difficiles à étancher et laissent, malgré les échaudages répétés, filtrer le vin
dans l'interstice des madriers disjoints. J'indiquerai donc avec plaisir, pour
le cas où on serait pris de court et que le temps manquât pour faire exécuter
une réparation sérieuse par un ouvrier compétent, un moyen très simple
dont j'ai eu l'idée dans une circonstance urgente et qui m'a fort bien réussi
dans d'autres cas analogues. On commencera par écraser dans les fissures

apparentes de la maie, des morceaux de cette cire mastic que l'on trouve aujourd'hui partout et dont on doit toujours avoir une petite provision. Cela fait, on étale et l'on superpose sur le fond du pressoir, dans les endroits en mauvais état, deux ou trois larges feuilles de papier collé ; le simple papier écolier convient parfaitement à cet usage. On jette la vendange sur cette doublure, qu'on a soin de ne pas déplacer, et l'on presse comme d'ordinaire. Le papier s'oppose parfaitement à l'infiltration du jus et le pressoir est devenu étanche.

C'est là un moyen de fortune dont chacun peut essayer à l'occasion, qui ne coûte par cher et qui peut rendre grand service.

CHAPITRE XVII

LA SCIENCE
DE LA VITICULTURE ET DE L'OENOLOGIE
EN ANJOU

> « A notre connaissance il n'existe
> actuellement en France qu'une
> seule collection de vignes vérita-
> blement importante et de tout
> temps ouverte au public. C'est
> celle du Jardin public de Sau-
> mur. »
>
> PORTES et RUYSSEN. *Traité de
> la vigne*, 1886.

UNE revue rapide de ce que l'Anjou a fait en vue du développement des connaissances viticoles et vinicoles est tout indiquée
dans un semblable ouvrage.

Des établissements d'une haute importance ont été créés, un
enseignement a été organisé, des sociétés savantes ont publié des mémoires
sur de nombreux sujets relatifs à la vigne et au vin. Il va en être rendu
compte sobrement.

I. — LA STATION VITICOLE DE SAUMUR

En 1834, Auguste Courtiller, viticulteur à Saint-Cyr-en-Bourg, crée sur
les terrains de l'ancien couvent des Cordeliers, qui dominent Saumur à l'est,

et qui forment un plateau élevé de 86 mètres au-dessus du niveau de la mer, une collection de cépages tirés de divers départements et de pays étrangers. Pendant les trente années qu'il dirigea cette Collection ampélographique, il l'enrichit de nombreuses variétés, parmi lesquelles on comptait déjà quelques cépages américains, Jacquez, Herbemont, York-Madeira.

Rossé, de 1875 à 1877, augmenta la collection ampélographique. Elle était devenue très importante quand lui succéda le Dr Bury.

Le nouveau Directeur publia en 1878 un *Catalogue* qui contenait déjà 875 variétés. En 1880, il donna une seconde édition, disposée méthodiquement, et qui indiquait l'ordre de plantation, la synonymie, le groupement des cépages par départements, la partie du monde dont ils sont originaires.

En même temps, des acquisitions de terrain portèrent à trois hectares la superficie consacrée à cette belle collection.

En 1892, des Conférences y furent pour la première fois données par Bouchard sur la Viticulture et par M. Lepage sur le Greffage.

En 1903, l'établissement passe entre les mains de Gilles Deperrière, et sous l'impulsion du Dr Peton, maire de Saumur et avec le concours de la *Société industrielle et agricole d'Angers* devient *Station viticole de Saumur et de Maine-et-Loire.*

A cette date la collection comprend 1.452 variétés. C'est certainement une des plus belles de France et du monde.

De 1904 à 1906, M. L. Moreau, directeur de la Station œnologique de Maine-et-Loire, publie les résultats de l'analyse comparée, au point de vue de la teneur en sucre, en acide, en alcool, de 280 variétés de raisins de cuve, rouges ou blancs.

En 1910, la Station s'enrichit d'une collection de Producteurs directs, offerte par M. Roy-Chevrier.

Le 22 août 1910 la Station reçoit la visite d'une délégation de viticulteurs alsaciens, sous la conduite de M. Bürger, président de la *Société de Viticulture de la Haute-Alsace.* A la suite de cette visite, pour la première fois en France, on tenta la destruction des papillons de la Cochylis par le moyen des pièges alimentaires.

En 1911, des échantillons de petits papillons, qui me sont soumis par le Directeur, me permettent d'y reconnaître l'Eudémis. C'est la première constatation de l'existence de ce parasite en Anjou. Pour le combattre, ainsi que la Cochylis, on essaie, sous le nom d'*Emulsion Station de Saumur,* un mélange de savon noir du commerce, 2 kilos ; huile de pétrole, 4 kilos ; eau, 100 litres.

Fig. 46. -- La Station viticole de Saumur, en 1923, dominée par le château de Saumur.

M. Bacon (1916-1919), qui succéda à Deperrière, entreprend d'inté-ressantes expériences sur l'effeuillage très précoce de la vigne. Dans la deuxième quinzaine de mai il fait enlever, en même temps que les gourmands venus sur le vieux bois, tous les bourgeons poussés à l'aisselle des feuilles, de façon à mettre à nu les jeunes grappes, afin de les habituer de bonne heure à l'action du soleil, et de les mettre dans une certaine mesure en défense contre l'oïdium et la cochylis, qui l'un et l'autre préfèrent les grappes ombragées. Les résultats de cette tentative furent excellents.

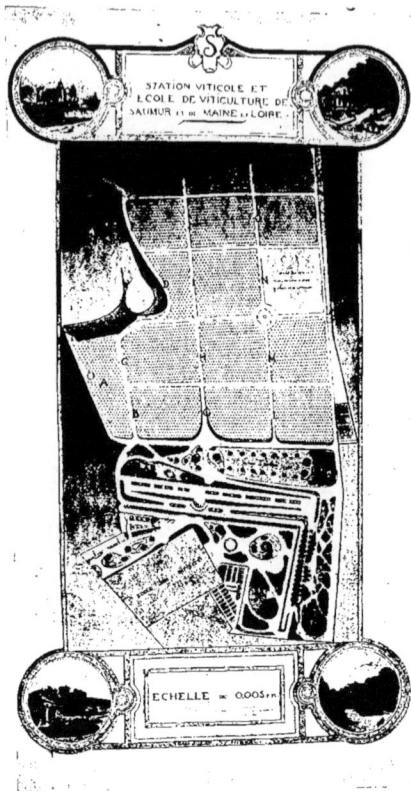

Fig. 47. — Plan de la Station viticole de Saumur.
En bas, le Jardin des Plantes ;
En haut, les Carrés de la Collection ampélographique
(*Dessiné par M. Brunel, architecte à Saumur*).

Pour donner une vigueur nouvelle à des souches qui faiblissent, M. Bacon les taille à très long bois, de façon à leur faire atteindre en deux ans jusqu'à 7 à 8 mètres de long ; ainsi traitées les souches ont repris de la

Fig. 43. — L'ensemble des bâtiments de l'Ecole de viticulture
de la Station viticole de Saumur.

vigueur, de nouvelles racines s'étant développées proportionnellement aux nouveaux rameaux.

En 1919, appelé à succéder à M. Bacon, mon premier soin fut de faire la révision des différents Carrés de la Station, en vue d'un nouvel étiquetage de toutes les variétés. La collection des Producteurs Directs prend une nouvelle extension et s'enrichit chaque année des variétés nouvelles les plus intéressantes. L'enseignement viticole et œnologique y est repris et développé ; des Conférences y sont chaque année régulièrement données et publiées. Elles sont suivies de Cours pratiques de greffage et de taille. Des

Fig. 49. — La partie centrale de l'Ecole de viticulture de la Station de Saumur, en 1923. De gauche à droite : le Directeur de l'Ecole ; Joseph Meslet, chef de culture ; André Sosthènes (35 ans de service); Henri Brisset (27 ans de service).

Fig. 50. — Station viticole de Saumur. Une cascade de raisins.
(Le Gros Blussard)

diplômes de greffeur sont, après concours, attribués aux meilleurs élèves. En 1921, une très belle collection de raisins de table comprenant 38 variétés, formant un total de 116 ceps, est plantée contre la muraille qui soutient la grande terrasse, sur une longueur de 130 mètres. C'est la *Treille de Saumur*.

12

En 1922, une collection de tous les cépages étrangers disséminés jusqu'ici dans les différents Carrés est groupée méthodiquement, suivant l'ordre géographique. Ce Carré servira aussi à l'étude des différentes sortes de taille.

En 1824, un autre Carré se constitue en vue d'essais de vinification, à part, des différentes variétés qui semblent les plus intéressantes pour l'Anjou, principalement celles de la région de l'Est.

A la récolte, les raisins de tous les cépages de la Station sont mêlés : rouges, rosés, blancs, hybrides. Le tout donne un vin fort bon et qui trouve facilement preneur. Déjà, en 1865, Guillory disait qu'il avait goûté à l'Ecole des vignes du Jardin des Plantes de Saumur un vin fait avec plus de de cinquante variétés de raisins rouges et qu'il était d'un goût exquis.

II. - LES SOCIÉTÉS SCIENTIFIQUES DE MAINE-ET-LOIRE ET LA VITICULTURE

Deux Sociétés scientifiques ont eu une action plus particulièrement efficace sur la viticulture angevine, à savoir : la *Société industrielle et agricole d'Angers* et la *Société d'Horticulture*.

D'autres Sociétés encore y ont contribué, mais dans une mesure moindre, la *Société d'Agriculture, Sciences et Arts d'Angers*, surtout à ses débuts, et la *Société des Arts et Belles-Lettres du Saumurois*.

Les faits et actes les plus intéressants seront énumérés suivant l'ordre chronologique.

1834. — Ackerman, fondateur de la maison de ce nom à Saumur, présente au Concours régional organisé par la Société industrielle un échantillon des premiers vins champagnisés de Saumur.

Création d'un Jardin-Ecole, actuellement *Jardin fruitier*, dans les terrains voisins du musée, sous la direction de Millet (Soc. Agr.) (1).

_____

(1) Signification des abréviations employées : Soc. Agr. : *Société d'Agriculture, Sciences et Arts*. — Soc. Ind. : *Société Industrielle et Agricole d'Angers*. — Soc. Hort. : *Société d'Horticulture d'Angers*.

1841. — Création des premiers *Comices vinicoles*, sur la proposition de Guillory aîné, en vue de perfectionner les modes de culture de la vigne et encourager les vignerons.

1842. — Le Jardin-École d'Angers comprend 450 variétés de cépages, provenant de la Station viticole de Saumur.

Congrès de vignerons et de producteurs de cidre à Angers. C'est le premier Congrès de ce genre qui ait eu lieu en France.

1843. — Guillory crée dans sa propriété de la Roche-aux-Moines, en vue d'essayer leur acclimatation en Anjou, une nombreuse collection de variétés de cépages. Plusieurs ont pleinement réussi : Cabernet, Sauvignon, Gamay.

1855. — Les vins d'Anjou reçoivent un Premier Prix à l'Exposition de Londres.

1863. — Pour combattre l'oïdium, qui avait apparu en Anjou en 1855, la Société industrielle fait appel au comte de la Vergne, propriétaire dans le Médoc et l'Hérault, lequel donne de nombreuses conférences et fait des démonstrations pratiques sur le *soufrage*, à Angers et dans différentes localités viticoles du département : Saumur, Chalonnes, Thouarcé.

1864. — La Société d'Horticulture crée un *Cours de viticulture*, qui fut confié successivement à Constant Lemoine, à Pelletier, puis à Focquereau-Lenfant et Gabriel Focquereau. Ce dernier publia ultérieurement son cours sous le titre : *Manuel de Viticulture* (1894).

1865. — Le Dr Guyot, chargé d'une mission par le Gouvernement, parcourt le vignoble angevin et donne surtout des conseils sur la taille des vignes.

1878. — André Leroy, président de la Société d'Horticulture, avait constitué à Angers même, dans ses pépinières, qui occupaient un vaste terrain entre les rues Volney et Rabelais une belle collection de cépages, comprenant 476 variétés (1).

---

(1) Dans le *Traité de la Vigne*, de PORTES et RUYSSEN, 3 vol. in-8°, 1886-1888, on lit t. I, p. 194, que la collection d'André Leroy, comprenant 2.000 variétés, a été cédée avec le terrain qui la portait, pour l'installation des Facultés catholiques en 1875 « sous condition, dit-on, qu'elle sera conservée. Un an après il n'y en avait plus un seul pied ». La bonne foi de ces éminents auteurs a été certainement surprise. Je constate, en effet,

1889. — La Société Industrielle crée à Savennières la première pépinière départementale, d'une étendue de 87 ares, pour l'étude des principaux cépages greffés sur américains. Chaque semaine le délégué départemental du service phylloxérique, M. Bouchard, à qui l'Anjou viticole doit tant, y donne une conférence.

1890. — Création d'une autre pépinière de 57 ares, celle-ci en terrain calcaire, à Chacé (Saumurois). Mission de M. Pierre Viala, qui pendant douze jours parcourt infatigablement l'Anjou en vue de la reconstitution des vignobles ravagés par le phylloxéra.

1891. — Leçons sur le greffage données par Bouchard à la Soc. Ind. Elles s'y continuent pendant onze ans, sous la direction de Morain, professeur départemental d'agriculture.

Dans le même temps, la Soc. d'Hort. en organise de son côté et décerne un grand nombre de diplômes de Maître Greffeur. En outre, elle suit de près tous les travaux relatifs à la reconstitution du vignoble angevin.

1891-1895. — Rapports publiés par la Soc. d'Hort. sur les sujets viticoles : choix des porte-greffes, leur culture, la pratique du greffage, l'écussonnage de la vigne, les maladies cryptogamiques, etc., etc.

1895. — Congrès viticole organisé par le Syndicat agricole d'Anjou, sous la présidence de M. Couderc, en vue de l'étude des porte-greffes à employer dans notre région de l'Ouest. Sous les auspices de la Soc. Ind. présentation à l' « Exposition d'Angers » des premiers vins obtenus de vignes greffées ; ce fut la consécration de leur succès.

1900. — Création à Angers, puis à Saumur, de la première « *Foire aux Vins* », par la Soc. Ind.

---

le catalogue André Leroy, de 1875, sous les yeux, que la collection était seulement de 476 variétés et non de 2.000. J'ajouterai que les mêmes auteurs ont bien fait de faire une réserve en ajoutant le mot « dit-on », car l'établissement des constructions rendait impossible la conservation intégrale de cette collection, dont un certain nombre de ceps d'ailleurs ont été conservés, malgré l'affirmation ci-dessus et peuvent se voir encore le long du haut mur qui borde la rue Volney. Le caractère un peu odieux de l'acte de vandalisme imputé à l'Administration des Facultés catholiques est donc ainsi réduit à néant.

Publications sur le blak-rot, les labours d'hiver dans les vignes greffées (Soc. Hort.).

1902. — Création de la Station œnologique de Maine-et-Loire (Soc. Ind.).

1903. — Sous l'impulsion du Dʳ Peton, maire de Saumur, avec l'appui de la Soc. Ind., le Jardin de viticulture de Saumur devient « Station viticole ».

La Soc. d'Hort. publie un mémoire sur « Le choix des greffons » et « l'influence du porte-greffe sur le greffon ».

1908. — Cours général de viticulture et Cours pratique de greffage, par M. Lepage, horticulteur, organisé par la Soc. d'Hort.

1910 à 1923. — Nombreuses études publiées dans les Bulletins des deux Sociétés, dont les titres figureront dans la *Bibliographie* placée à la fin de l'ouvrage.

III. — LA STATION ŒNOLOGIQUE DE MAINE-ET-LOIRE
ET SON VIGNOBLE D'EXPÉRIMENTATION

La Station œnologique de Maine-et-Loire fut créée le 29 mars 1902, à la suite d'un Rapport présenté par M. Léon Moreau, ingénieur agronome, directeur du laboratoire agricole de l'Ecole supérieure d'Agriculture d'Angers, à la séance mensuelle de la Société Industrielle et Agricole de Maine-et-Loire.

Dans ce Rapport, M. Moreau rappelait, à titre de programme, qu'il s'obligeait à suivre les termes du décret du 13 octobre 1893, signé par le Ministre de l'Agriculture, à l'occasion d'un Concours pour la chaire de deux directeurs de Stations œnologiques à Montpellier et à Narbonne. L'article 2 de ce décret porte que « les directeurs des Stations œnologiques auront à consacrer tout leur temps aux recherches et études spéciales que comportent la vinification et la bonne conservation des vins.

« Ils seront tenus de répondre à toutes les demandes de renseignement qui leur seront faites par les viticulteurs. Ils donneront des conférences, dans lesquelles ils feront connaître les résultats de leurs travaux et recherches et indiqueront les meilleurs procédés à employer pour la vinification et la conservation des vins et ainsi que pour la préservation ou la guérison des maladies du vin ».

Ce programme, après vingt ans d'application, on peut dire que le Directeur de la Station œnologique y a été fidèle et l'a scrupuleusement suivi.

De ce laboratoire sont partis des enseignements sous la forme orale ou par la voie de la presse, qui ont eu la plus heureuse influence sur les progrès de la vinification dans tout le département.

Le siège de la Station fut fixé au laboratoire agricole de l'Ecole supérieure d'Agriculture. La même année, le Conseil général, par une première subvention de 700 francs, qui fut portée à 7.000 francs par la suite, montrait le vif intérêt qu'il attachait à cette fondation.

Si, en 1902, la question viticole était un peu reléguée au second plan, tandis que tous les efforts portaient sur l'amélioration des méthodes de vinification, on ne tarda pas à s'apercevoir qu'en viticulture proprement dite il y avait beaucoup à faire, et que l'ennemi, sous la forme de l'insecte ou du champignon, n'ayant pas abandonné la partie, devait être énergiquement combattu.

Pour remplir cette seconde fraction du programme on jugea qu'un vignoble d'expérimentation était nécessaire. Celui-ci fut trouvé et mis gracieusement dès 1910 à la disposition de la Station par un propriétaire angevin, M. Paul Lorin, qui ne saurait être trop remercié d'avoir autorisé M. Moreau et son dévoué collaborateur, M. E. Vinet, professeur de viticulture, à user de son vignoble de Belle-Beille, d'une superficie de six hectares, et situé à la porte d'Angers, pour y faire tous les essais et expériences qu'ils jugeraient à propos d'y entreprendre.

L'Union des Viticulteurs de Maine-et-Loire, la Société des Agriculteurs de France, et depuis trois ans l'Office départemental agricole, ont permis, grâce à leurs subventions, d'y poursuivre des études diverses, dont les résultats sont publiés chaque année, pour en faire bénéficier les viticulteurs de toute la région. Les nombreuses publications sorties de la Station œnologique sur la biologie des insectes ampélophages, la chimie appliquée à l'Œnologie, la Viticulture, la Physiologie végétale, montrent l'activité scientifique qu'on y a déployée.

On trouvera à la bibliographie qui termine l'ouvrage l'indication de ces diverses publications.

A la suite d'une décision du Conseil général de Maine-et-Loire, prise le 28 avril 1923, la Station œnologique est devenue Station départementale.

Quelques semaines plus tard elle a été rattachée à l'*Institut des recherches agronomiques*, et par arrêté du Ministre de l'Agriculture, en date du 20 juin 1923, MM. Moreau et Vinet ont été nommés directeur et sous-directeur de la *Station œnologique régionale d'Angers*.

IV. — ECOLE SUPÉRIEURE D'AGRICULTURE ET DE VITICULTURE D'ANGERS

L'enseignement de la Viticulture est particulièrement soigné à l'*Ecole supérieure d'Agriculture d'Angers*. Cet enseignement, qui comprend un cycle de deux années, se compose de leçons théoriques et d'exercices pratiques.

L'enseignement théorique a pour programme, la première année, l'étude de la Viticulture générale : *vigne — climat — sol*, et la seconde année, la Viticulture spéciale : *création du vignoble — maladies et accidents de la vigne et leurs traitements — viticulture comparée*.

Les exercices pratiques se font au vignoble de Belle-Beille, situé à la porte d'Angers. Les élèves y sont exercés aux pratiques de la taillle d'hiver, des tailles en vert, écimage, rognage, etc., plantation des producteurs directs, qui chaque année viennent augmenter la collection.

En outre, les élèves qui s'orientent plus spécialement vers l'étude de la viticulture, sont tenus de faire des conférences sur des sujets viticoles, inspirés de préférence de la région qu'ils habitent. Ce sont souvent les premiers jalons posés en vue d'une Thèse de viticulture, pour l'obtention du titre d'Ingénieur agronome délivré par l'Ecole. Il en est présenté chaque année et souvent d'une réelle valeur.

En résumé, l'effort de l'Ecole tend à donner un enseignement bien vivant, pratique, de la Viticulture, appuyé sur des bases théoriques solides.

V. — Associations et Groupements agricoles

Le besoin de défendre leurs intérêts communs a déterminé la plupart des viticulteurs de l'Anjou à se grouper en Syndicats ou Associations. Le but poursuivi peut se résumer ainsi, d'après les idées directrices publiées par l'un de ces groupements : étude de toutes les questions concernant la vigne et le vin, culture, entretien, vulgarisation de l'emploi des engrais et autres produits employés en viticulture ; fourniture de ces produits aux adhérents et dans les meilleures conditions de qualité et de prix ; vulgarisation des bonnes méthodes en viticulture et œnologie par des conférences ou publications ; participation aux Expositions ou Foires aux vins ; création de caisses de crédit mutuel, organisation de Caves coopératives, création de débouchés nouveaux, poursuite de la fraude, en un mot, propagation et défense toujours et partout du bon renom des vins d'Anjou.

Ces groupements sont au nombre de quatre :

L'Union des Viticulteurs de Maine-et-Loire, créée en 1902, qui compte 300 adhérents, et dont le siège est à Angers ; président, M. Massignon, de Saint-Lambert-du-Lattay ;

Le *Syndicat des Vignerons des coteaux de Saumur*, fondé en 1911, qui comprend plus de quatre cents membres, et a son siège à Saumur; président, M. des Ages, de Dampierre ;

L'*Union syndicale de Viticulteurs saumurois*, créée en 1910, qui après la guerre a modifié son titre, pour devenir une association mixte : *Syndicat de Viticulteurs saumurois et Agriculteurs du Syndicat d'Anjou réunis*. Il compte cinq cents membres et a son siège à Doué-la-Fontaine ; président, M. Richardin, de Doué-la-Fontaine ;

Le *Syndicat agricole et viticole de Thouarcé*, fondé en 1888. Ce syndicat mixte réunit actuellement 3.800 membres. Il a son siège social à Thouarcé ; président, M. Renou, à Thouarcé.

En 1920, ces syndicats se sont groupés en une *Fédération générale des Syndicats viticoles de l'Anjou*, réglée par la loi du 29 mars 1884. Son but était de réunir en une seule main l'autorité de toutes ces Associations, afin

de défendre avec plus d'énergie et d'efficacité les intérêts de la viticulture
et des viticulteurs, en raison de ce vieil adage : « L'Union fait la Force. »
Le siège de la Fédération est à Angers et a pour président M. Massignon.

VI. — CAVE COOPÉRATIVE SAUMUROISE

Je crois devoir ajouter à ce Chapitre une note sur cette entreprise,
puisqu'elle sert les intérêts des viticulteurs d'une importante région de
l'Anjou.

Fondée le 17 mai 1914, à Doué-la-Fontaine, c'est la première et jusqu'ici
la seule qui fonctionne en Anjou.

Son but a été de grouper en un même chai les vins des Sociétaires, de les
unifier, suivant leur qualité respective, de leur donner tous les soins voulus
pour en assurer la tenue et la conservation, en faciliter la vente, en
fournissant à la clientèle pendant toute la campagne annuelle un vin
identique, suivant qualité, et cela promptement et irréprochablement, grâce
à un personnel bien dressé et au voisinage d'une gare.

Elle fonctionne à l'aide des capitaux fournis par les membres de la
Société civile, en quantité variable suivant les disponibilités de chacun.

Une œuvre de ce genre a pour effet de maintenir et de développer la
réputation des vins de la contrée, leur acquérir une clientèle fidèle, mettre
les participants à l'abri de la mévente, apporter une aide aux petits
viticulteurs, souvent mal outillés et sujets à vendre leurs vins dans une
futaille défectueuse. C'est, en même temps, une œuvre d'assistance, car elle
a prévu, en dehors des répartitions régulières, des avances de fonds à ceux
de ses participants qui auraient besoin de toucher une partie de la valeur
de leur vin, avant que la vente n'en ait été réalisée.

Cette création, comme la plupart des œuvres nouvelles, a eu à lutter contre
l'esprit individualiste et certaines préventions, la plupart de ceux qui
auraient pu y trouver intérêt redoutant l'inconnu. La Coopérative de Doué
a surmonté ces difficultés du début, et elle voit chaque année augmenter le
nombre de ses adhérents. Il est bien probable que s'il survenait une période
de mévente les adhésions se feraient beaucoup plus nombreuses encore.

La Direction de l'entreprise croit que de nombreuses organisations de ce genre, imitées de celles qui existent dans le Midi, auraient pour effet de mieux satisfaire le commerce et la clientèle, empêcheraient à certains moments la débâcle des prix, car elles auraient la puissance voulue pour résister à une pression, à laquelle le viticulteur isolé est le plus souvent obligé de céder ; et ainsi les cours seraient sagement stabilisés.

Je ne saurais contredire à ces suggestions, du moins en ce qui concerne les vins courants. Quant à ce qui regarde les vins de choix la question me paraît plus délicate.

CHAPITRE XVIII

LES VINS MOUSSEUX D'ANJOU

« Qu'ils boivent et qu'ils oublient leur pauvreté !
« Qu'ils oublient pour jamais la mémoire de leurs douleurs ! »

Proverbes de Salomon, Chap. XXXI.

LEUR ORIGINE

SAUMUR est le centre de l'industrie des *Mousseux* (1). C'est là qu'elle a pris naissance, vers l'année 1830.

M. Ackerman présenta, en 1834, à une Exposition organisée sous les auspices de la Société Industrielle et Agricole d'Angers, quelques modestes échantillons de vins *champagnisés*, comme on disait alors ; ce furent les premiers d'une industrie dont on ne soupçonnait pas alors la future importance.

Ce vin conquit de suite la faveur des dégustateurs, et c'est, aujourd'hui, par millions que les bouteilles de *Mousseux* sortent chaque année des caves de Saumur, pour de là se répandre dans tous les pays du monde.

---

(1) Il existe en Anjou quelques autres fabrications de Mousseux, obtenues par fermentation en grands récipients. Il ne sera question ici que de la préparation des Mousseux suivant la « méthode champenoise », c'est-à-dire par la fermentation en bouteille.

Généralement, en Champagne, la vendange est amenée en nature aux maisons où le vin doit être travaillé ; tandis qu'en Anjou le vin est fait chez le viticulteur même et amené ensuite aux maisons de Mousseux.

La première idée de cette fabrication dérive de cette observation, que si l'on met en bouteilles le vin blanc d'Anjou dès le mois de février ou de mars qui suit la récolte, quand on le débouche il sort en écumant et pétille dans les verres. Cette remarque date de très loin. Le fait est déjà signalé au xvᵉ siècle, à l'occasion du mariage de Louis XII avec la duchesse Anne de Bretagne. C'est une nouvelle fermentation, qui se produit au retour de la chaleur ; elle donne au vin un goût un peu piquant, fort agréable, qui en accentue la finesse et le bouquet, mais qui ne va pas sans que le liquide se montre un peu trouble. Dans ces conditions il serait difficile, on le comprend, de le faire accepter par les consommateurs.

L'idée vint alors d'appliquer aux vins des coteaux de Saumur la méthode champenoise, créée au commencement du xviiiᵉ siècle par dom Pérignon, procureur de l'Abbaye d'Hautvillers, et qui permet, comme on sait, de débarrasser le vin de ses troubles et de le livrer parfaitement limpide, après avoir amélioré sa qualité par des procédés rationnels.

La période des tâtonnements dura une quinzaine d'années, et ce n'est que vers 1845 que la fabrication des « Champagnisés » comme on disait alors, prit un réel développement. Ce fut à l'occasion de l'apparition de l'Oïdium en France, et plus spécialement en Champagne, où il commit de grands ravages. Les Champenois, en présence de la diminution de leur récolte, se virent obligés d'aller chercher plus loin leur matière première. Ils s'adressèrent à la Touraine et à l'Anjou. Or, si les fabricants de Champagne pouvaient continuer leur industrie en utilisant nos vins, pourquoi nous-mêmes ne pourrions-nous pas fabriquer du Champagne chez nous ? Ce n'était donc qu'une question d'outillage et d'expérience.

L'outillage fut trouvé, et l'expérience fut bientôt acquise.

On fabriqua d'abord des Mousseux avec une seule sorte de vin. Mais, l'exemple des Champenois, qui venaient chercher nos vins, produits par des cépages différents des leurs, fut un enseignement pour les Saumurois. Nos fabricants mêlèrent les vins blancs de Pineau de la Loire au jus pressé des Cabernets et du Breton ; et les cuvées ainsi obtenues se montrèrent bien supérieures, d'un fruité, d'un bouquet composite, bien plus délicat, de nature à plaire au plus grand nombre des dégustateurs et notamment aux

Anglais et aux Américains, devenus bientôt de gros consommateurs de ces vins mousseux.

Suivons maintenant de point en point les opérations assez compliquées auxquelles sont soumis les vins destinés à devenir des *Mousseux*, dans ces

Fig. 51. — Ackerman, le créateur de l'industrie des Mousseux de Saumur.

belles caves de Saint-Hilaire-Saint-Florent creusées dans le calcaire turonien.

Remarquons tout d'abord qu'il n'y a pas de raison pour que Saumur n'obtienne pas la qualité des vins faits en Champagne, étant donné que le sol du Saumurois est calcaire, comme celui de la Champagne, que les coteaux saumurois sont aussi ensoleillés que les coteaux champenois, et que les cépages fins y réussissent fort bien ; si, d'autre part, on y apporte le même soin dans la cueillette des raisins, leur transport au cellier, leur

pressurage rapide, le choix des vins qui doivent entrer dans la composition
de la cuvée, on ne voit pas pourquoi les Mousseux de Saumur n'arriveraient
pas à égaler les produits de la Champagne.

Pressurage. — Il demande à être fait rapidement : s'il s'agit de vendange
rouge, les raisins ne devront pas être écrasés dans la vigne ou pendant le
transport, pour éviter toute macération des peaux et par suite toute teinte
rosée.

Les pressoirs doivent être puissants pour que le jus soit tiré promptement
et reste le moins possible en contact avec le marc, afin d'être le moins taché
qu'il se peut.

Le modèle champenois, pourvu de deux fortes vis mises en mouvement
par une calendre ou énorme roue à chevilles, sur laquelle s'exerce la vigueur
de plusieurs hommes, est parfaite pour obtenir un jus incolore ; la maie a
une grande surface et la masse du marc est peu épaisse pour que l'extraction
du moût soit rapide. On n'utilise que le vin de la première pressée ; la
première et la seconde rebêche donnent un vin teinté, qui est mis à part et
destiné à d'autres usages. On pourrait assurément décolorer les moûts un
peu teintés, mais les procédés chimiques employés nuisent à la finesse du
vin.

Débourbage. — Pour que le Mousseux ne conserve pas un goût de terroir,
lequel peut plaire aux gens du pays, mais qui, généralement, ne flatte pas le
palais des étrangers, la première condition est de pratiquer le *débourbage*,
c'est-à-dire d'opérer la séparation, avant toute fermentation, des matières
étrangères qui se trouvent mêlées au moût. Cette opération, que, d'une
façon générale, les viticulteurs ne pratiquaient guère, est maintenant entrée
dans les habitudes de beaucoup d'entre eux, et tout au moins exigée pour les
vins destinés à la champagnisation.

Assemblage. — Le vin est débourbé ; il s'agit maintenant de procéder
à l'*assemblage*, c'est-à-dire au choix des vins qui doivent entrer dans une
cuvée.

Cette opération est délicate entre toutes. Dans une énorme cuve en ciment et verrée, qui peut contenir mille hectolitres, on mêle aux vins blancs provenant du Chenin ou Pineau de la Loire des vins obtenus de raisins rouges rapidement pressés, de façon qu'ils ne soient pas teintés, tels que Groslot, Pineau de Bourgogne et surtout Cabernet.

Le chef technicien de la maison, après dégustation attentive des différents vins, doit apprécier quelle quantité de chacun d'eux il convient de prendre : vins généreux et corsés pour lui communiquer le corps, la mâche voulue, sans cependant lui donner de la lourdeur, vins ayant de la fraîcheur, une certaine verdeur, qui donne le « grimpant », mais qui ne doit pas arriver à produire une sensation d'acidité.

Il faut, pour bien remplir cette fonction, posséder une connaissance approfondie des vins et avoir acquis une longue expérience, qui permettra de prévoir ce qu'ils donneront, une fois réunis.

Il faut, en outre, que les vins ne proviennent pas de vignes malades, les raisins cochylisés ou mildiousés ne donnant pas de vins fins. La récolte des raisins rouges doit être faite avant que la pourriture ne s'y mette ; les grappes non mûres doivent être éliminées.

En outre, le directeur technique devra veiller à ce que la composition de la cuvée nouvelle, qui remplace l'ancienne, lui soit identique, pour que l'acheteur ne se trouve pas dérouté par une saveur différente de celle à laquelle il est habitué. Elle devra donc avoir même vinosité, même effervescence de mousse, même bouquet, d'où la nécessité d'avoir d'importantes réserves de vins vieux achetés dans les bonnes années, et que l'on ajoute dans une proportion à déterminer dans la cuvée en préparation.

Le plus souvent le vin étant fait chez le propriétaire récoltant qui le livre ensuite aux Maisons de Mousseux, on peut exiger de lui qu'il prenne des soins auxquels on s'astreint dans la Champagne.

C'est en mars que se fait la cuvée. Tous les vins qui doivent entrer dans sa composition et qui ont été soigneusement dégustés et étudiés sont parfaitement clairs, limpides. Les fûts qui les contiennent sont amenés à pied d'œuvre, c'est-à-dire devant la cuve. En quelques heures, par le moyen de pompes électriques, les 1.000 hectos sont déversés dans la cuve. Un agitateur en bois remue et égalise les éléments de la cuvée : alors l'assemblage est parfait, homogène. La cuvée est faite.

De la cuve le vin est refoulé dans d'autres réservoirs de moindre capacité, réunis à elle par une tuyauterie à intérieur argenté.

Collage. — Le lendemain de cette distribution le vin est tanisé et collé ; et pendant une quinzaine de jours on n'y touchera plus. Il est alors transvasé dans les foudres de tirage, en vue de sa mise en bouteilles ou bien dans d'autres cuves, pour attendre le moment propice à cette mise en bouteilles.

Sucrage de la Cuvée. — Jusqu'ici toutes les opérations qui ont été faites ressemblent beaucoup à celles que font tous les propriétaires producteurs de vin, un peu soigneux. Maintenant va commencer l'opération industrielle proprement dite.

Tout le monde sait, en Saumurois, comme il a été dit plus haut, qu'à l'approche du printemps le vin qui s'était arrêté de fermenter sous l'influence des froids de l'hiver, subit, au retour de la chaleur, une seconde fermentation sous l'action des levures réveillées de leur engourdissement, et qui agissent alors sur le sucre restant. De deux choses l'une, ou le sucre est très abondant et la production d'acide carbonique à laquelle il donnera lieu sera si active qu'il cassera les bouteilles ; ou bien, ce restant de sucre ne sera pas suffisant pour assurer la formation de la mousse. Bien rarement elle se trouve être juste dans les proportions voulues.

La première chose à faire est donc d'examiner avec grand soin quelle quantité de sucre possède le vin de la cuvée. Il est préférable qu'il n'en possède plus ou très peu, mais on lui en ajoutera. Avec du sucre de canne pur raffiné, fondu dans du vin de la cuvée, on fait une solution sucrée, dite *liqueur de tirage*, que l'on mêle au vin de cette cuvée, qui va être mise en bouteilles.

Levurage. — Mais les opérations précédentes, notamment le collage, qui ont eu pour but de débarrasser le vin de tous les troubles qui s'y trouvaient en suspension, ont eu aussi pour résultat de lui enlever les levures qu'il contenait.

Pour assurer la nouvelle fermentation, il faudra lui en ajouter. On a préparé un *levain* très riche en levures et on en verse une certaine quantité dans chaque bouteille avec la solution sucrée.

Fig. 53. — Le tirage.

Rinçage des bouteilles. — On n'emploie pour l'embouteillage que des bouteilles neuves. Pendant la guerre de 1914, les verreries se trouvant dans la zone des armées, on fut bien forcé d'utiliser des bouteilles usagées ; mais, en temps normal aucune maison sérieuse ne voudrait en employer, car il a été constaté qu'elles donnaient lieu parfois à de sérieux déboires.

Le *rinçage* des bouteilles neuves se fait au moyen d'un rinçoir mécanique actionné par l'électricité. Elles sont ensuite égouttées et visitées avec soin par un spécialiste appelé « lorgneur » ; puis a lieu leur remplissage.

Tirage. — Le vin sort du foudre par deux robinets, dont chacun aboutit à une *tireuse*, qui sert douze bouteilles à la fois, au moyen d'autant de

13

siphons qui se ferment automatiquement dès que les bouteilles sont remplies à la hauteur voulue. Elles passent alors au bouchage.

Bouchage. — Tout d'abord les bouchons doivent être de bonne qualité pour ne pas communiquer un mauvais goût au vin. Chaque bouteille est successivement placée sur un appareil à boucher automatique, mû par l'électricité et dont le travail est si rapide qu'un homme peut manutentionner 12.000 bouteilles dans sa journée. Le bouchon déborde l'orifice d'environ un quart de sa longueur.

Ce premier bouchon est dit *bouchon de tirage.* Plus tard, il sera remplacé par un autre plus fin, celui-ci, définitif. Mais le premier ne sera pas perdu, et sera utilisé une seconde fois pour la même opération ; ensuite, rafraîchi par une retaille, il est vendu au commerce et sert pour d'autres vins.

Une agrafe métallique assure la résistance du bouchon contre la pression du gaz carbonique, qui va se former dans la bouteille au moment de la prise de mousse.

Rangement des bouteilles. — Chargées sur de petits wagons Decauville mus par un tracteur électrique, les bouteilles sont transportées dans les caves creusées dans le rocher turonien, et sillonnées de rails qui font plusieurs kilomètres de longueur, puis elles sont amenées au *rangeur.* Cet habile ouvrier les entasse avec une merveilleuse adresse et une solidité, qui étant donné les faibles moyens de consolidation, surprend le visiteur. Et en parcourant ces immenses galeries on a l'impression de circuler entre deux murailles de verre. C'est simple et élégant.

La prise de mousse. — Au bout d'une quarantaine de jours a lieu la *prise de mousse*, c'est-à-dire que la fermentation qui s'est accomplie dans la bouteille produit, quand on la débouche, une mousse abondante. D'ailleurs, on est averti que l'opération est à point par l'explosion de quelques bouteilles qui claquent çà et là ; la perte est d'environ 5 pour 1000.

Déplacement. — Deux ou trois mois après les bouteilles sont changées de place. A ce moment on leur donne le *coup de poignet*, qui a pour but de mélanger au vin le dépôt qui s'est fait dans la bouteille et aider à compléter la fermentation. En outre, on note à ce moment le nombre de bouteilles cassées et celui des couleuses.

Les bouteilles sont emmagasinées dans un autre endroit, où elles restent deux ou trois ans au repos, pour que le vin y mûrisse. Elles subiront après ce laps de temps une opération capitale.

Fig. 51. — En route vers les profondeurs de la cave.

Mise sur pointe et remuage. — A ce moment les bouteilles sont transportées sur les *pupitres*, plans inclinés percés de trous, dont chacun reçoit une bouteille, par conséquent le goulot en bas et le fond en l'air. Mais ce déplacement s'opère avec précaution. En effet, par suite de la fermentation qui s'y est produite un assez large dépôt s'est formé sur la paroi inférieure de la bouteille couchée. La bouteille sera donc placée sur le pupitre, le goulot en bas, un peu inclinée et toujours de façon que le dépôt soit sur le flanc inférieur. Peu à peu on forcera par de rapides secousses ce dépôt à se détacher et à descendre jusqu'au contact du bouchon.

Le *remueur* saisissant de chaque main un fond de bouteille l'agite vivement un très court instant, en faisant exécuter à la bouteille environ un huitième de tour, puis il passe aux deux suivantes. Dans une journée il peut en remuer 30.000. Et pendant trente ou quarante jours ces bouteilles subiront quotidiennement le même traitement, que l'on arrête seulement quand tout le dépôt s'est accumulé sur le bouchon. Le vin est alors devenu d'une limpidité parfaite.

Fig. 55. — Une cave de mousseux de Saumur creusée dans le rocher.
Les bouteillles sont sur pupitre pour être soumises au remuage.

En tas sur pointe. —— Les bouteilles sont alors enlevées des pupitres, c'est le *dépointage*, et entassées debout, mais toujours la tête en bas, en attendant que vienne leur tour pour subir l'opération du dégorgeage.

Dégorgeage. — Celle-ci est particulièrement délicate et exige des ouvriers habiles. Il faut, en effet, débarrasser le vin de son dépôt, sans qu'il en reste la moindre trace et en même temps perdre le moins de liquide possible. Le problème est délicat à résoudre.

Le dégorgeur saisit de la main droite le fond de la bouteille, toujours tenue renversée, la présente à la flamme de sa lampe pour s'assurer de la limpidité du vin ; si celle-ci laisse un peu à désirer, il la *rebute*. Si elle est en état, soutenant la bouteille du bras et de la main gauche, il fait de sa main droite sauter l'agrafe d'un coup de crochet ; puis, au moyen d'une pince spéciale il arrache le bouchon par un mouvement de va-et-vient, pendant que l'index de la main gauche le soutient et ne l'abandonnera que lorsque sous la poussée du gaz carbonique le bouchon est chassé avec bruit.

Fig. 55. — Travail sur pupitre.
Le remuage.

Fig. 56. — Le Dégorgeage.

Le dépôt accumulé sur le bouchon est en même temps entraîné par la mousse qui se précipite.

L'ouvrier imprime à la bouteille un mouvement tournant qui arrête le flot de mousse ; puis, rapidement, il passe le goulot sous ses narines pour s'assurer que le vin n'a pas pris l'odeur de bouchon.

Pour que cette vérification soit sérieusement faite, une prime est assurée à l'ouvrier pour toute bouteille reconnue mauvaise et qu'il met de côté.

J'ai été témoin dans une des meilleures maisons de Mousseux de Saumur d'une autre manière fort élégante d'opérer le dégorgeage. Les bouteilles

sont placées la tête en bas dans un liquide incongelable malgré la température à plusieurs degrés au-dessous de zéro à laquelle il est amené. Dans
un frigorigène (procédé Singrün), un mélange d'anhydride sulfureux et de
gaz ammoniac fortement comprimé se détend dans un radiateur, ce qui
produit un abaissement de température ; et celui-ci plongeant dans le liquide
incongelable où trempe le goulot des bouteilles, le dépôt qui surmonte le
bouchon se prend tout entier en un disque glacé, qui est expulsé par la
mousse quand on débouche la bouteille. Par ce procédé la perte de vin est
moins grande et le travail tout aussi facile.

Dosage de la liqueur. — Les bouteilles débouchées sont placées un peu
inclinées sur un tourniquet, où un appareil doseur, avec des soins de
propreté extrême, verse dans chacune la liqueur sucrée soigneusement
mesurée. Elle est faite de sucre candi dissous dans le vin vieux de la cuvée
et vinée avec de très vieilles fines Champagnes.

La dose varie suivant le goût des clients : trois ou quatre centilitres pour
les vins secs, que préfèrent les Anglais et les Américains ; huit à dix pour
les Champagnes très doux.

Bouchage. — Le bouchage définitif de la bouteille se fait avec les lièges
de premier choix. Les bouchons, étampés au nom de la maison de Mousseux
et minutieusement triés, sont lavés et trempent pendant vingt-quatre heures
dans de l'eau froide ou bien pendant quelques minutes seulement dans de
l'eau chaude. Leur diamètre dépasse de beaucoup celui du goulot des
bouteilles ; leur tissu est plus souple pour celles qui sont destinées à la
consommation intérieure, plus ferme si elles sont destinées à l'exportation.

Placé dans une douille formée de quatre pièces d'acier trempé qui s'ouvre
ou se ferme au moyen d'un levier et où il est fortement comprimé, sa surface
inférieure ou *miroir* est alors soigneusement essuyée ; puis, sous l'action
d'une broche sur laquelle frappe un lourd mouton, qu'un ouvrier manœuvre
au moyen d'une corde munie d'une poignée, le bouchon s'enfonce en deux
ou trois coups dans le goulot.

Un ouvrier peut en boucher 1.100 par jour.

Museletage. — La bouteille bouchée passe au *museleteur*, ouvrier qui a
pour office de placer sur le bouchon non plus une simple agrafe, mais un
muselet, formé de fils métalliques étamés, à quatre branches. L'opération se
fait à la machine, et le museleteur doit rendre autant que le boucheur et
abattre ses 1.100 par jour.

Fig. 57. — Habillage et emballage des bouteilles.

La bouteille passe alors entre les mains d'un jeune ouvrier ou d'une
femme qui rabat l'anneau du muselet, s'assure en la *mirant*, autrement dit
en la regardant par transparence, qu'elle a bien reçu la liqueur et lui donne
un bon coup de poignet pour assurer le mélange de cette liqueur avec le vin.

Le caveau de réserves. — Par un surcroît de précautions on ne veut pas
que le vin soit dès maintenant prêt pour l'expédition et livrable à la
consommation. Les bouteilles sont transportées dans un autre caveau où
elles séjourneront quelques mois, après quoi le *releveur* examinera

soigneusement chacune d'elles, éliminant toutes celles qui sont quelque peu
défectueuses, d'une limpidité douteuse, celles où flotte la moindre parcelle
de corps solide, toutes les couleuses.

Emballage. — Après ce contrôle, les bouteilles qui ont été jugées
parfaites passent seules au hangar d'emballage. Lavées, essuyées, coiffées
d'une feuille d'or ou d'une capsule, cravatées d'un médaillon élégant et
recouvertes de l'étiquette qui portera au loin le renom de la maison, les
bouteilles sont enveloppées chacune d'une fine chemise de papier, puis
enfoncées dans un paillon et rangées dans les caisses d'emballage, qui
dûment pointées et pourvues d'agrafes de sûreté, les emportent en tous pays.

Et le consommateur lointain à qui elles porteront la joie et la santé ne se
doutera guère en les dégustant qu'il a fallu tant d'années, tant de manipulations et tant de soins pour lui faire oublier un instant les soucis de la vie.

LA STATISTIQUE DES VINS MOUSSEUX
(Chambre de Commerce de Saumur)

ANNÉES	NOMBRE de bouteilles prises en charge	QUANTITÉS en fûts	TOTAL en hectolitres	NOMBRE de bouteilles expédiées à l'étranger	NOMBRE de bouteilles expédiées en France	EXPÉDITIONS de négociants à négociants dans le département	TOTAL du mouvement des bouteilles
1891	5.494.044	18.959	60.518	2.438.515	1.937.814	»	4.376.329
1895	6.016.775	22.695	68.381	2.195.466	2.704.484	35.398	4.935.348
1900	9.311.214	18.085	79.297	2.611.857	4.350.374	340.295	7.302.526
1905	11.632.275	30.035	119.763	2.257.359	4.221.5 5	151.647	6.630.602
1910	10.656.459	31.161	114.441	2.248.786	4.148.716	143.702	6.541.204
1915	10.608.776	33.459	116.144	1.558.036	2.801.131	232.450	4.591.617
1920	6.730.475	16.889	69.914	2.910.761	2.605.010	56.425	5.572.196
1921	6.762.812	15.121	69.142	1.429.943	2.869.579	57.000	4.346.522
1922	6.890.967	15.689	71.282	1.539.455	4.486.311	238.744	6.294.710
1923	6.163.434	16 315	65 621	1.735.575	5.449.451	19.575	7.204.601

CHAPITRE XIX

ICONOGRAPHIE DE LA VIGNE EN ANJOU

I L aurait été naturel de penser qu'un pays, qui comme l'Anjou a cultivé la vigne de temps immémorial et dont les habitants ont toujours su apprécier le bon vin, se serait fréquemment inspiré dans la décoration de ses monuments religieux et civils ou de ses habitations particulières, les verrières de ses églises, les enluminures de ses manuscrits, etc., des motifs d'ornementation fournis par la grappe de raisin et la feuille de vigne. L'Egypte, l'Italie, la Grèce, tous pays vignobles, abondent en peintures et sculptures inspirées de cette plante précieuse. Les anciens monuments de Rome, ses catacombes, les ruines de Pompéi en sont fort riches. Les artistes se plaisaient à faire courir dans la pierre des chapiteaux et des pilastres, à entourer les colonnes des temples, les frontons des portes, d'élégants cordons de pampres. Les tombeaux, même ceux des chrétiens, en étaient souvent décorés, la vigne, et le vin qu'elle donne, ayant dans les rites de la religion du Christ une auguste signification.

C'est un étonnement pour moi d'avoir trouvé l'Anjou, pays de vignes, si pauvre de ces représentations décoratives ou symboliques. L'iconographie en cette matière y est extraordinairement rare, si bien qu'il faut beaucoup chercher pour rencontrer quelques figurations qui s'y rapportent. Toutefois, on peut en recueillir çà et là quelques-unes d'intéressantes.

*

Je signalerai tout d'abord avec plaisir deux intéressants médaillons de forme circulaire, enchâssés dans la belle rosace du transept nord de la cathédrale d'Angers (1). Cette verrière consacrée au *Jugement dernier*, et

Fig. 58. — La taille de la vigne (Verrière de la cathédrale d'Angers).

Fig. 59. — Le foulage de la vendange (Verrière de la cathédrale d'Angers).

qui date du xvᵉ siècle, a été exécutée, après un marché passé avec le Chapitre de la Cathédrale, par André Robin, en 1452. Les différents mois y sont figurés par les travaux agricoles auxquels on a l'habitude de se livrer. C'est ainsi que le médaillon qui est consacré au mois de mars représente la *taille de la vigne*. Un homme chaussé de gros sabots, les jambes protégées par des guêtres de toile grossière et armé d'une serpe solide, émonde les ceps

(1) Communiqués par M. le Chanoine URSEAU.

fortement branchus. A ses pieds, un petit baril, dont le contenu est évidemment destiné à soutenir ses forces (fig. 58).

Le mois d'octobre est figuré par le *foulage de la vendange*, oh ! très primitif : un homme, jambes nues, écrase les raisins entassés dans un baquet de forme circulaire. A droite et à gauche de l'opérateur, deux autres récipients, l'un de forme ovale et tout à fait façonné comme nos portoires ou comportes modernes ; l'autre, une sorte de barrique, rappelant celles de notre époque et défoncée à un bout, également pleine de vendange (fig. 59).

Fig. 60. — La taille de la vigne. (*Livre d'Heures du Roi René.*)

Fig. 61. — Le foulage de la vendange. (*Livre d'Heures du Roi René.*)

Ces deux sujets se retrouvent, et traités à peu près de la même manière, dans le *Livre d'Heures*, aux belles enluminures, du Roi René, que possède la Bibliothèque municipale de la Ville d'Angers. L'un (fig. 60), représente un vigneron en train de tailler la vigne, et l'autre (fig. 61), un ouvrier qui, enfoncé dans la vendange fraîche jusqu'au haut des cuisses, la foule activement.

Je dois encore signaler l'intéressante miniature qui orne les *Très riches Heures du duc de Berry*, que possède le musée de Chantilly. La scène se passe à Saumur et a pour objet les vendanges. Sur la terrasse qui précède le Château, tel qu'il était, ou à peu près, au XVe siècle, et non loin par conséquent de l'emplacement de la *Station viticole* actuelle, on fait la vendange, c'est le mois de septembre. Les raisins sont déposés dans des paniers, que l'on vide dans des baquets portés par des ânes chargés d'un bât, ou

Fig. 62. — La vendange au pied du château de Saumur (xvᵉ siècle).

bien entassés dans de larges tonneaux défoncés à un bout et qu'une paire de
bœufs, attelés à une charrette et conduits par un toucheur, emmènent vers le
pressoir installé au Château.

Voilà tout ce que j'ai pu découvrir en fait de peintures anciennes inspirées
de la vigne. Je ne doute pas que quelques autres m'aient échappées.

⁎

La revue des motifs de sculpture représentant l'arbuste cher à Noé sera
un peu plus fournie.

Je noterai à l'église Saint-Pierre, de Saumur, qui remonte au XIIᵉ siècle,
parmi les modillons de la corniche du côté droit de la nef, en regardant

Fig. 63. — Un tonnelier ;
(modillon de l'église Saint-
Pierre de Saumur), XIIᵉ
siècle. Dessin de M. Em.
Perrein.

Fig. 64. — Tailleur de vigne
(autre modillon de la
même église). Dessin de
M. Em. Perrein.

l'autel, et un peu avant la chaire, un petit motif qui se réfère à notre sujet :
un homme qui manie ou façonne une barrique (fig. 63).

C'était bien la moindre des choses que dans le pays de Saumur il y ait un
antique souvenir de l'industrie du vin. Celui-ci est intéressant par son
antiquité même. Il est à noter d'ailleurs que c'est dans le voisinage de cette
église que les tonneliers de Saumur avaient groupé leurs ateliers.

Un autre modillon de la même église représente un vigneron (fig. 64).

A mentionner dans une autre église de la même ville, Notre-Dame de
Nantilly, qui remonte au XIᵉ siècle, à droite de la porte d'entrée un pilastre,
dont les sculptures, assez frustes, représentent des grappes et feuilles de
vigne entourant un vénérable personnage, qui sans doute figure le patriarche
Noé. Dans cette même église le cintre de l'élégante logette qu'on trouve à

droite et qui porte cette inscription : *Cy est l'Oratoire de Roy Louis XI*, est orné d'une jolie guirlande de feuilles de vigne.

Il n'est pas très rare de rencontrer çà et là sur les chapiteaux des églises du xvᵉ siècle ou plus récentes quelques motifs de décorations empruntés à la vigne. Ainsi, à Angers, l'église Saint-Serge, (intérieur à gauche), celle de la Trinité (porte latérale), peuvent en fournir des exemples.

Le musée Saint-Jean, d'Angers, possède deux magnifiques colonnes torses, en bois, richement travaillées. Sur ces colonnes courent sculptés en relief des ceps et sarments de vigne, au milieu desquels se jouent de petits enfants nus. Elles font partie d'un grand retable du xviiᵉ siècle de la chapelle Saint-Jacques le Majeur, à l'Hospice général, et démolie en 1865 ; le boulevard Descazeaux passe sur son emplacement.

Une église tout à fait moderne, celle de Brézé, élevée grâce aux libéralités de la famille de Dreux-Brézé et consacrée à saint Vincent, protecteur des vignes, possède une belle statue du saint, qui le représente sous les traits d'un jeune homme, vêtu d'une longue robe de diacre, aux parements brodés de feuilles de vigne, et tenant des grappes dans ses mains (fig. 66). Au-dessous se lit cette inscription tirée des Livres Saints et appliquée à Jésus-Christ : *Ego sum vitis vera et pater meus est agricola.* « Je suis la véritable vigne et mon père est le vigneron. »

Sur un tympan de la même église (fig. 67), se voit le même saint, la main chargée de grappes, tandis qu'à sa droite trois personnages le prient, et qu'à sa gauche, sans doute en témoignage de reconnaissance, une

Fig. 65. — Fragment d'une des colonnes de l'ancienne chapelle Saint-Jacques, aujourd'hui au Musée Saint-Jean.

femme lui présente une corbeille remplie de raisins et un enfant élève vers
lui une grappe dans chacune de ses petites mains. Dans l'ogive qui encadre
cette scène courent des rameaux de vigne stylisés et chargés de belles
grappes, que des oiseaux, des étourneaux sans doute, picorent à plein bec.

Évidemment les vignerons représentés dans le motif de droite
implorent la protection du saint
contre les oiseaux destructeurs
de la vendange, et dans le panneau de gauche ils le remercient
de les avoir exaucés.

Dans la même église, une
fausse fenêtre est ornée d'un
beau et vigoureux pied de vigne
chargé de feuilles à cinq lobes
et de nombreuses grappes aux
grains serrés (fig. 68).

Très curieuse est la photographie (fig. 69) d'une brique
trouvée à Saint-Mathurin, dans
un tombeau ancien, manifestement chrétien, comme le montre
la croix placée au-dessus de la
tête du personnage, de chaque
côté de laquelle pend une grappe
de raisin.

Fig. 66. — Autel de Saint-Vincent, patron
des vignerons, à Brézé.

Si des monuments religieux nous passons aux monuments civils ou aux
habitations particulières, nous ne ferons pas une moisson beaucoup plus
riche ; la récolte est cependant parfois assez intéressante.

J'ai tout d'abord plaisir à signaler au petit château de Pont-de-Varanne,
à trois ou quatre kilomètres au nord de Doué-la-Fontaine, construit dans le
style Louis XII et François Ier, sur la façade de l'habitation, une sculpture
curieuse, de forme d'ailleurs assez grossière, représentant la traditionnelle

grappe de la Terre promise, que deux hommes portent au moyen d'un
bâton suspendu à leurs épaules (fig. 70).

Quoique le château date du xvi° siècle, on doit faire remonter ce bas-relief
à une époque bien plus ancienne et reconnaître qu'il constitue, dans son
emplacement actuel, un hors-d'œuvre. D'où provient-il ?

A huit cents mètres du château existaient un village et une église, qui furent
détruits au xvi° siècle par les Huguenots et dont il reste encore une ruine.

Fig. 67. — Tympan de l'église de Brézé, avec l'image
de saint Vincent.

Les débris de sculpture qu'on y voit semblent établir qu'elle remontait au
xiii° ou xiv° siècle. Vraisemblablement la sculpture dont nous nous
occupons date de plus loin encore, du xii° ou du xi° siècle, et provenait d'une
construction antérieure à cette église.

Sans aucun doute, la « Grappe » symbolique avait bien sa place
marquée dans les murs d'une église, car, comme le fait justement remarquer
Godard-Faultrier (1), la grappe de raisin est souvent prise dans les Saintes
Ecritures comme symbole du corps de Jésus-Christ. Evidemment ce

_____

(1) GODARD-FAULTRIER. *Mém. de la Soc. d'Agric., Sc. et Arts d'Angers*, 2° série, t. V.

fragment de sculpture ayant échappé à la destruction du monument religieux pour lequel il avait été fait fut utilisé dans l'ornementation du petit castel où on le voit aujourd'hui.

Dans tous les cas sa présence sur un monument public semble bien

Fig. 68. — Un motif de décoration (Pied de vigne avec feuilles et grappes) église de Brézé.

Fig 69 — Brique avec moulage, trouvée dans un tombeau à Saint-Mathurin (Musée Saint-Jean).

indiquer que dès cette époque très reculée la région de Doué-la-Fontaine était riche en vignes. Elle l'est restée, comme chacun le sait.

J'ai encore à noter au château de Montreuil-Bellay, au-dessus de la porte d'entrée par laquelle on passe justement pour descendre dans « l'antre des Sacavins », dont il sera question plus loin (le hasard fait bien les choses), un joli motif de décoration emprunté à la vigne. Son élégant cintre en anse de panier est orné d'un cordon de feuilles de vigne, à chaque extrémité duquel Adam et Ève se tiennent debout, dans une absence de costume où le sculpteur osé de la Renaissance a précisément et malencontreusement oublié la feuille de vigne.

14

La porte d'entrée de l'Hôtel de Ville de Saumur, de construction récente d'ailleurs, aussi bien que celle qui ouvre sur la cour intérieure sont également ornées de feuilles de vigne mêlées de grappes de raisin (fig. 71).

Le sculpteur devait bien cela à la maison commune du chef-lieu d'un arrondissement viticole aussi important.

Fig. 70. — La Grappe de la Terre promise, au château de Pont-de-Varanne
(près Doué la Fontaine).
Communiqué par M. le commandant Rothé, propriétaire du château.

Plus rares encore sont les maisons des particuliers d'autrefois et d'aujourd'hui qui ont eu recours aux motifs de décoration empruntés à la vigne et à ses produits.

S'il m'est permis de pousser une petite pointe en dehors de l'Anjou, mais en m'éloignant très peu de sa limite méridionale, au château de Monts-sur-Guesnes, pays auquel me rattachent de très chers souvenirs, ce qui sera mon excuse pour ce hors-d'œuvre, j'ai trouvé un délicieux motif de décoration, dont la vigne fait les principaux frais. Son très bel escalier

Fig. 71. — Porte de la cour intérieure de l'Hôtel de Ville de Saumur.

en colimaçon et aux larges pierres calcaires, est richement orné sur tout son développement d'une large frise composée de feuilles et de grappes, avec, çà et là, un renard qui dévore un raisin, une chauve-souris qui déploie ses ailes, un gros escargot qui se traîne sur une feuille de vigne. Ce travail est ravissant, très fini, admirablement fouillé et ajouré.

Les croquis représentés ci-contre, dus à la complaisance et la plume de M. Courtrais, agent voyer à Monts-sur-Guesnes, donnent l'idée de quelques-uns de ces élégants motifs.

Fig. 72. — Portion de frise d'une maison de la rue de Bordeaux, à Saumur, par M. Brunel, architecte.

Je citerai, seulement pour mémoire, une maison assez récente de la rue de Bordeaux, à Saumur, qui construite pour un marchand de vin, a été enrichie d'une frise où se succèdent de petites scènes bachiques, dont la fig. 72, donnera une idée.

Il n'est cependant pas très rare de rencontrer dans les vieilles maisons d'Angers des corniches de salon où courent des rameaux de vigne avec leurs feuilles et leurs fruits, ou de jolis trumeaux de cheminée ornés d'un encadrement dont la grappe de raisin et la feuille de vigne fournissent le sujet ornemental.

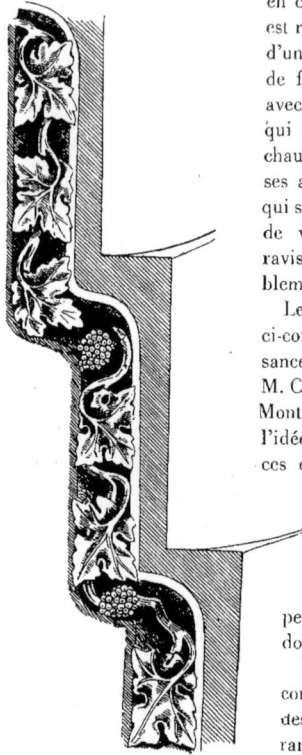

Fig. 73. — Partie de la frise de l'escalier du château de Monts-sur-Guesnes. Dessin de M. Courtrais.

De même aussi dans le mobilier, les coffres et sièges divers, on voit assez souvent intervenir, comme motif de décoration, les pampres et les raisins.

Je ne clorai pas ce chapitre iconographique sans signaler, au château de la Salle, à dix-huit cents mètres de celui de Montreuil-Bellay, l'existence d'une sculpture intéressante. Il s'agit d'une statuette représentant saint Joseph, qui tient sur son bras l'Enfant-Jésus. Cette statuette, qui a 0^{m}87 de tour à la base et qui a une hauteur de 0^{m}83, est faite d'un seul morceau, et tout entière sculptée dans un tronc de vigne.

La dimension insolite de ce fragment de cep donne à penser que celui-ci devait avoir atteint un grand âge quand on l'a utilisé pour en faire cette statuette.

On sait, par ailleurs, que la vigne peut acquérir des proportions extraordinaires. C'est ainsi que Pline nous a conservé le souvenir d'une statue de Jupiter, qui, sculptée dans un seul morceau de vigne, était encore parfaitement conservée au bout de trois siècles ; que le temple de Junon, à Marseille, était soutenu par des colonnes faites de tronçons de vigne ; et que la charpente du temple de Diane, à Ephèse, était construite avec le même bois. La grande porte, enfin, de la cathédrale de Ravenne serait faite, paraît-il, de planches toutes prises dans des ceps de vigne. On a vu des pieds de vigne atteindre jusqu'à un mètre de diamètre.

Fig. 74. — Partie de la même frise avec renard dévorant un raisin. Dessin de M. Courtrais.

Fig. 75. — Partie de la même frise, avec chauve-souris. Dessin de M. Courtrais.

Fig. 76. — Statuette de saint Joseph avec
l'Enfant-Jésus, sculpté dans un tronc de
vigne. (Château de la Salle, près Montreuil-
Bellay, appartenant à la famille de Gué-
nyveau).

Je ne doute pas que d'autres
peintures ou sculptures inspirées
de la vigne ne se rencontrent en
Anjou, et qu'en fouillant de
divers côtés on n'en retrouvât
d'autres spécimens intéressants,
notamment dans les églises, tant
anciennes que modernes, les
feuilles et les grappes étant assez
souvent utilisées pour orner les
chapiteaux des colonnes et les
modillons, les chaires en bois ou
en pierre et les rétables des
autels, les stalles du chœur, les
tabernacles et candélabres.

C'est ainsi que dans l'une des
magnifiques salles de réception
de l'évêché d'Angers, restaurées
par Joly-Leterme, dans le style
du XIIe siècle, se trouve sculptée
sur un chapiteau, près d'une
fenêtre, une amusante scène de
vendange : deux personnages
aux coiffures hautes et pointues,
et dont l'un est assis, avec une
belle corbeille de raisins sur les genoux, dont l'autre se saisit, sans doute
pour la vider dans un baquet, où un jeune garçon, enfoncé à mi-corps, foule
la vendange, tout en s'amusant à décoiffer le bonhomme.

C'est cette petite scène humoristique qui se trouve reproduite sur la
couverture.

Nous sommes, en tous cas, bien loin de trouver dans notre contrée la richesse décorative que les Italiens ont empruntée à la vigne. Sculpteurs, peintres, mosaïstes utilisaient à l'envi les dessins capricieux de l'arbuste cher à Bacchus. Tantôt c'est un tout petit motif semé çà et là ; tantôt comme une liane flexible, la plante à vin se ramifie, s'étend, s'étale, couvre de ses rameaux et de ses mille grappes tout le travail de l'artiste ; des bijoux en émail, des pendants d'oreille reproduisent la grappe de raisin, des vases précieux se couvrent de ses pampres et de ses fruits. Il semble bien d'après les nombreux documents laissés par les anciens et surtout par les Italiens et les Grecs, que la vigne jouissait jadis d'une « considération » beaucoup plus grande qu'à notre époque moderne. Mais aussi, il faut reconnaître que le port de l'arbuste producteur du vin ne ressemble guère chez nous à ce qu'il est en Italie. Nos voisins ont l'habitude de faire grimper, comme des lianes, les ceps sur les arbres, qu'ils entourent de leurs frondaisons ; les sarments se marient harmonieusement aux branches de leurs supports, et de ces rameaux aériens pendent les grappes vermeilles. C'est un élégant tableau, autrement propre à inspirer le pinceau du peintre et le ciseau du sculpteur que le mode de culture au ras du sol en usage chez nous ; et l'on comprend aussi qu'il ait souvent fourni aux poètes des termes de comparaison charmante, témoin cet Epithalame de Catulle : « Pareille à la vigne flexible qui s'enlace aux arbres voisins, jeune épouse tu tiendras ton mari enchaîné par tes embrassements ».

CHAPITRE XX

DICTONS ET CROYANCES POPULAIRES
SUR LA VIGNE ET LE VIN

Sæpe lingua popularis
Est doctrina salutaris.

SAINT AUGUSTIN.

L E cultivateur n'est pas un révolutionnaire ; c'est essentiellement un traditionnaliste. La stabilité des États y gagne sans doute ; mais son tempérament, par trop conservateur, n'est pas sans présenter quelques inconvénients pour les progrès de la culture. Difficilement, le paysan consent à changer sa méthode, et trop souvent les procédés nouveaux lui apparaissent ne mériter que son scepticisme, fermement attaché qu'il est aux anciens errements.

C'est ainsi que des croyances et préjugés, vieux comme le monde, trouvent chez le cultivateur en général et le vigneron en particulier, à notre époque encore, un crédit auquel une saine critique ne saurait souscrire. C'est comme une chanson qui a bercé l'enfance de l'agriculture et que les générations se transmettent pieusement d'âge en âge, sans contrôle et sans en vérifier la justesse.

Huit siècles avant J.-C., le célèbre philosophe persan Zoroastre

recommandait de ne pas soutirer les vins au moment du lever des astres,
sous peine d'en faire remonter la lie, en vertu sans doute d'un imaginaire
rapprochement entre ces deux mouvements ascensionnels, celui de l'astre
et celui de la lie. — Il dit que si on travaille le vin le jour, il faut le
faire à l'abri du soleil (ce qui se conçoit), et que si on le fait la nuit, il
faut aussi le faire à l'abri des rayons de la lune (ce qui est prêter à cet astre
une action imaginaire). — Si l'on soutire le vin au moment de la pleine
lune, il y a des chances pour qu'il tourne au vinaigre ; il ne doit être
soutiré que le premier ou le second jour de la lune, avant qu'elle
n'apparaisse au-dessus de notre horizon, etc.

Une critique judicieuse des faits a prouvé combien tout cela est
fantaisiste. Néanmoins, la croyance à cette action de la lune sur les vins,
fille d'antiques préjugés, s'est perpétuée jusqu'à nos jours, et combien de
vignerons angevins qui ne voudraient pas mettre leur vin en bouteilles
pendant le croissant ! A les entendre, le *décours* est le seul temps convenable
pour que le vin se comporte bien par la suite.

Les pratiques agricoles et viticoles courantes et les croyances populaires
au sujet de l'action des astres et des divers météores sur les récoltes ont été
le plus souvent formulées et fixées dans la mémoire des générations, sous
la forme de dictons plus ou moins heureusement versifiés.

Pour quelques-uns tout au moins, je crois bien que le hasard d'une
consonnance a suffi pour établir un rapprochement entre l'opération agricole
en vue et telle circonstance météorologique, dont l'influence est mise en
cause, de même que si le vin a comme protecteur naturel reconnu saint
Vincent, c'est évidemment le fait d'une simple similitude de nom.

Quoiqu'il en soit, il existe dans chacune de nos provinces de nombreux
dictons, que l'on se transmet fidèlement d'âge en âge et auxquels la critique
n'a pas le droit de toucher.

Pour être juste, on doit reconnaître que plusieurs d'entre eux reposent
sur une longue suite d'observations et peuvent être regardés comme
l'expression de la sagesse populaire, dont parle saint Augustin.

Sæpe lingua popularis est doctrina salutaris.

Mais il serait dangereux d'accepter les yeux fermés les affirmations de beaucoup d'autres, surtout pris dans un sens absolu ; il en est trop d'ailleurs qui se contredisent. C'est ainsi que si l'un d'eux affirme que s'il fait beau à la Saint-Vincent (22 janvier), il y aura abondance de vin, un autre conclut de la même façon, à la condition qu'il pleuve à cette époque.

Sous le bénéfice de ces quelques remarques, il m'a paru intéressant de reproduire un certain nombre des dictons qui ont cours parmi les vignerons de l'Anjou. Comme on va le voir, presque chaque mois a les siens.

Janvier

> Quand il tonne en janvier
> Apprête ton cellier.

───

> S'il pleut le jour de Saint-Vincent (22 janvier)
> Le vin monte dans le sarment ;
> Mais s'il gèle il en descend.

───

> A la Saint-Vincent
> Petit bonhomme mets la serpe dans le sarment.

───

> A la Saint-Vincent clair et beau
> Autant de vin que d'eau.

───

> Il y a du vin dans le sarment,
> S'il fait beau à la Saint-Vincent

Février

> Vin soutiré en février
> Est toujours bien clarifié.

Mars

> Le vigneron me taille,
> Le vigneron me lie ;
> Le vigneron me baille
> En mars toute ma vie.

> Brouillards en mars,
> Gelées en mai.

Avril

> Bourgeon qui pousse en avril
> Met peu de vin au baril.

> ———

> Georget, Marquet,
> Vitalet, Croiset,
> S'ils sont beaux font du vin parfait (1).

> ———

> Quand en avril partout il gèle
> Vigneron est en cervelle.

> ———

> Quand il tonne en avril
> Il faut apprêter son baril.

> ———

> Avril froid pain et vin donne ;
> Avril doux,
> Lorsqu'il tourne, est le pire de tous.

Mai

> A la Saint-Urbain (25 mai)
> Ce qui est à la vigne est au vilain.

> ———

> Frais mai et chaud juin
> Amènent pain et vin.

> ———

> Ne sait pas vendre son vin
> Qui de mai attend la fin.

Quand le temps est beau le premier jour des Rogations,
C'est un beau temps pour la fenaison.
Quand le temps est beau le second jour des Rogations,
C'est un beau temps pour la moisson.
Quand le temps est beau le troisième jour des Rogations,
C'est un beau temps pour la boisson.

---

(1) Georget : Saint-Georges, 23 avril ; Marquet : Saint-Marc, 25 avril ; Vitalet : Saint-Vital, 28 avril ; Croiset : Invention de la Sainte-Croix, 3 juin.

Le vin mis en mai
Vaut celui de février.

Juin

S'il pleut le jour de la Saint-Pierre
La vinée est réduite d'un tiers.

——

Eau de Saint-Jean ôte le vin
Et ne donne pas de pain.

——

Entre la Saint-Jean et la Saint-Pierre,
La floraison de la vigne n'est en arrière.

Juillet

Saint-Vincent (de Paul, 19 juillet) sec et beau
Fait du vin comme de l'eau.

Août

S'il mouille à la mi-août
Le vin ne sera pas doux.

——

Mois d'août pluvieux
Rend le cep vineux

——

Pendant l'août (époque de la moisson) et en vendange
Il n'y a fête ni dimanche.

Septembre

Août mûrit, septembre vendange ;
En ces deux mois tout bien s'arrange.

Novembre

A la Saint-Martin (11 novembre)
Le moût passe pour vin.

A la Saint-Martin
On goûte le vin.

———

A la Saint Martin
Bonhomme, bonde tou vin.

———

Saint Martin boit le bon vin
Et laisse l'eau courre au moulin.

———

A la Saint-Martin
Faut goûter le vin ;
Notre-Dame après (8 décembre)
Pour boire il est prêt.

Décembre

Il est très certain
Que Noël ne fut jamais bon marchand de vin.

———

Le vin d'Anjou n'est bon
Que lorsqu'il a passé la messe de minuit

Nos pères, dans leur foi naïve, on le voit par ces dictons, avaient l'habitude de dater les divers travaux du vignoble ou du cellier de la fête des saints du calendrier, pour mettre sous leur protection les opérations que réclament la vigne et le vin. Leurs travaux se mêlaient intimement à leur vie religieuse.

Nous ne serons donc pas étonnés de les voir chanter le vin dans leurs naïfs Noëls.

Témoin celui qui a été composé par Urbain Renard et que j'extrais de la *Grande Bible des Noëls Angevins*, publiée en 1766 par le libraire angevin Jahyer. Ce Noël se compose de vingt-trois versets, de chacun huit vers. L'auteur invite successivement toutes les paroisses d'Angers et les principaux quartiers de la ville, puis, nombre de localités de l'Anjou, de France et enfin du monde entier, à célébrer la naissance de l'Enfant de la Crèche.

Arrivé au 22ᵉ couplet, le chanteur devait avoir soif ; il propose de boire et d'invoquer la divinité pour la protection de la vigne angevine contre toutes les intempéries et insectes malfaisants :

> Buvons sur ce verset
> De la grappe angevine.
> Prions Dieu de bon hait (1)
> Qu'il conserve nos vignes
> De gelée, grêle et bruine,
> De grilles et gillebers (2).
> Les blés et fruits d'estime
> De charançons et vers.

Fig. 77. — Extrait des *Noëls Angevins*.
Dessin de M. G. Filoleau.

Et puisque le vin nous a conduit à la poésie, ai-je besoin de dire qu'il a, en maintes circonstances, inspiré la verve de nos bon poètes angevins, des anciens comme des modernes.

J'en prends à témoin cet auteur du commencement du XVIIᵉ siècle, Philippe Pistel, dont le *Tombeau des Yvrongnes* (3) ne manque pas d'humour et dont je me contenterai de citer deux fragments :

---

(1) De bon souhait, de bon cœur.
(2) Nom ayant cours encore aujourd'hui : gillebert, pécan, cigarier.
(3) Extrait d'un exemplaire rarissime de la bibliothèque du marquis de Villoutreys, à Chaudefonds, et qui a pour titre : *Le tombeau des Yvrongnes*. 1611, dédié à M. François Bernard, du Haut Mont, gentilhomme de la commune de Faye, canton de Thouarcé.

Elégie VI

SUR LA TOMBE D'UN GRAND BUVEUR

Vous donc, graveurs, qui taillez ce plastron
Pour en orner cet homme de renom,
Trouvez moyen d'enclore avec sa bière
Deux bons flaccons du vin de Savennières.
Et vous, humains qui par icy passez,
Priez qu'aux cieux avec les trépassez
En voluptez moins son âme n'abonde
Pour avoir pris du bon temps en ce monde.

Et pour finir, cette amusante *Epitaphe* :

Icy gist qui beuvait des mieux,
Et qui assez ne but encore ;
S'il eut bien bu, il ne fut ore
Aux rives du Lété oublieux.

**

Il tomba dans un cuveau
Viron le temps de la vendange,
Qui tout comblé de vin nouveau
Lui causa la mort bien estrange.

**

Car en défaute de secours
Par cette mort diffamatoire
Il finit tristement ses jours
A raison qu'il ne peut tout boire.

CHAPITRE XXI

LE VERRE A VIN D'ANJOU

Heureux doublement ceux qui te boiront
. . . .
Dans ce verre unique aux arêtes fines,
Anjou, vin des Rois, Anjou, Roi des vins !

Marc LECLERC.

LA RÉALISATION D'UN RÊVE

D EPUIS des années, l'Anjou viticole nourrissait le rêve de boire dans « son verre » le vin de ses coteaux.

Pour passer du rêve à la réalité, il pensa que le mieux était d'ouvrir un *Concours,* auquel seraient conviés tous les dessinateurs, peintres et mouleurs de France.

Ce Concours eut lieu en 1914, et l'Exposition des projets envoyés, au nombre de plus de trois cents, se fit à Angers, dans la *Salle des Amis des Arts.*

Mais cinq années, de douloureuse mémoire, ont fait reculer jusqu'en 1920, à l'occasion de la Quinzième Foire aux Vins d'Anjou, la présentation du Rapport auquel avait donné lieu le Concours.

Le Jury était composé de : MM. MASSIGNON, Président de l'*Union des Viticulteurs de Maine-et-Loire,* Président ; Dr MAISONNEUVE, Secrétaire du Concours et Rapporteur ; G. BODINIER, Sénateur de Maine-et-Loire ;

15

BORDEAUX-MONTRIEUX, Président de la *Société Industrielle et Agricole de Maine-et-Loire* ; COCHARD, Président du *Syndicat d'Initiative* ; A. PLANCHENAULT, Conseiller municipal ; DE SOLAND, BOURCIER, DES AGES, Ed. LAFARGE, GAZEAU, BAZOT.

Une nombreuse assistance de viticulteurs et de simples amateurs, et parmi eux : MM. BOUJU, Préfet de Maine-et-Loire ; BODINIER, Président du Conseil général ; BERNIER, Maire d'Angers, et un grand nombre de notabilités du département, intéressés par l'originalité du sujet, se pressaient dans la Salle des Amis des Arts, pour entendre la lecture du Rapport et connaître la décision du Jury.

RAPPORT SUR LE CONCOURS DU VERRE A VIN D'ANJOU

Par le D' P. MAISONNEUVE

« MESSIEURS,

« Diogène estimait que pour se désaltérer pas n'était besoin de recourir à la tasse façonnée par un habile potier, et que la main creusée en cuvette y suffisait amplement. Mais, le Cynique ne fit pas école, et les buveurs de tous temps lui ont dédaigneusement répondu avec Delille :

> Tu peux jeter ta coupe, orgueilleux Diogène,
> Et boire dans tes mains, moi je garde la mienne.

« De quoi furent faites les premières coupes ?

« La matière en fut aussi variée que celle des objets sur lesquels put s'exercer l'ingéniosité humaine.

« Les coquillages en forme de conques ou de patères, que la mer rejette sur le rivage, certaines parties des végétaux, comme une tige creuse ou une noix de coco coupée par la moitié, étaient trop naturellement propres à cet usage pour que les hommes ne les aient pas utilisés dès les premiers temps.

« L'histoire nous apprend que les antiques habitants de la Tauride, nous dirions aujourd'hui la Crimée, race guerrière, après avoir décapité leurs ennemis, buvaient dans leur crâne, qu'ils avaient la coquetterie de border d'un cercle d'or et d'incruster de pierres précieuses.

« Se griser avec le vin de palme, bu avec un chalumeau dans le crâne de l'ennemi, est, paraît-il, une jouissance doublement exquise.

« A travers les temps, cet usage s'est continué jusqu'à l'époque actuelle chez quelques tribus sauvages, qui tiennent à cette coutume comme à une précieuse et fétichiste tradition.

Fig. 78. — Corne à boire, probablement d'origine flamande (réduite au quart de grandeur), enrichie d'ornements en argent ciselé. *Collection du Comte Lair*, Musée de Saumur (1).

« Dans les alluvions de Madagascar, on rencontre, parfois encore, des œufs d'Epiornis, gigantesque oiseau, aujourd'hui disparu. La coquille très épaisse et l'ample cavité de l'œuf, qui peut contenir cent cinquante œufs de poule, en font un superbe cratère, que les grands faisaient richement orner et dont ils se réservaient jalousement l'usage pour leurs libations.

« Tout naturellement, les peuples pasteurs ont dû penser de bonne heure à utiliser, pour boire, les cornes creuses de leurs animaux domestiques, bœufs et béliers. Aussi, ne serons-nous point étonnés de les voir servir de coupes à vin chez les Hébreux, les Gaulois et tout récemment encore, chez

---

(1) Sur la garniture en argent, on lit cette inscription : *Der trank der in deme Horne ist den geseine uns! — (Que le breuvage qui est dans cette corne nous soit salutaire).*

nos voisins les Suisses. Le roi Robert le Pieux fit don à une église de deux petites cornes pour contenir le vin de messe.

« Mais, une telle coupe avait cet inconvénient, quelques-uns pourront penser, cet avantage, que ne pouvant reposer sur sa pointe, quand on l'avait remplie, force était de la vider d'un trait.

« Je ne rappellerai que pour mémoire, dans cette revue du verre à boire, l'usage, tout à fait exceptionnel, et qui, je crois, n'a pas eu de seconde édition, qu'a fait de sa botte de cavalier le maréchal de Bassompierre. Il montra, en un jour de belle humeur, que les Français pouvaient, la botte à la main, soutenir la lutte avec le gosier du reître allemand le plus chaussant.

« Et, pendant quatre ans de guerre, le Poilu Angevin but le « Pinard » dans son quart, en regrettant que ce « quart » ne fût pas un « entier ».

« La connaissance des métaux et l'art de les façonner et modeler, eurent bientôt fait de transformer le bronze, l'argent et l'or en des vases de forme variée, qui enrichirent les tables des grands et ajoutèrent leur luxe aux services somptueux des festins. Les princes et les rois mettaient leur orgueil à posséder une grande quantité de coupes précieuses. C'est ainsi que lorsque Alexandre eut vaincu Darius, il trouva, dit-on, dans le trésor du monarque persan, des coupes d'or pour une valeur équivalente à 700.000 francs de notre monnaie.

*
* *

« Au vase, quelle que fût sa forme, qui servait à boire, se rattachaient de curieux usages.

« Au temps de la Chevalerie, dans les banquets, les convives étaient placés par couple autour de la table ; et de même qu'il n'y avait qu'une assiette pour deux, d'où l'expression, qui a été conservée, « manger à la même écuelle », pour désigner l'intimité qui existe entre deux personnes, tous deux aussi buvaient à la même coupe.

« Quand un prince voulait honorer quelqu'un, il lui passait sa coupe, où il restait encore un peu de vin.

« Le vin a toujours passé pour une noble boisson, et on n'a jamais rien trouvé de trop beau pour le recevoir et l'offrir à ceux qu'on voulait honorer. La coupe où on le verse, est, par suite, devenue elle-même un noble objet et fut souvent, chez les anciens, comme de nos jours, le prix offert aux vainqueurs, dans les tournois pacifiques de la course, de la lutte athlétique ou nautique, si bien que l'expression « gagner la coupe » revint à celle-ci : « remporter la victoire ».

« Enfin, quand l'homme fut devenu maître de cette admirable matière, le verre fondu, dont la plasticité se prête avec une rare facilité à tous les caprices de la forme, qui, à la fois d'une extrême dureté et d'une parfaite incorruptibilité, se laisse traverser par la lumière qui s'y joue gaiement, et dont les vibrations produites sous le choc donnent des sons si harmonieux, la forme du vase à boire se diversifia pour ainsi dire à l'infini. On vit alors sortir de la masse vitrifiée, en ébullition dans le creuset, une bulle pure comme l'air, qui sous la baguette magique de l'ouvrier, se mua en des formes élégantes et précieuses, sœurs de la tulipe, du crocus ou du nymphéa.

« S'il est vrai que le moule de la première coupe, comme nous l'assure la Mythologie, fut gracieusement offert par la plus belle des déesses, qui daigna entr'ouvrir son corsage devant le potier grec, d'autres formes très élégantes aussi jaillirent des mains des artistes verriers. L'époque de la Renaissance notamment sut créér des types d'une grande richesse et d'un style rare. Le caprice du verrier ne connut plus de limites, et sa fantaisie s'était si bien exercée sur le sujet, qu'on aurait pu croire que tout avait été tenté et qu'il n'y avait plus rien à inventer sur un thème si habilement et depuis si longtemps exploité.

*
* *

« Et cependant quelques-uns des nôtres ont eu l'audace de penser que la question n'était pas encore épuisée et qu'il serait possible de trouver autre chose que ce qui avait été fait jusque-là. Et dans quel but ?... Messieurs, pour servir le *vin d'Anjou*.

« Le vin d'Anjou, le vin blanc de nos riches coteaux, l'un des meilleurs de France, et d'un caractère si spécial, n'avait-il pas droit d'être présenté dans un verre fait pour lui, dans son « verre », qui, mieux que tout autre, mettrait en valeur sa limpidité merveilleuse, ses belles nuances, qui vont du pur cristal à la teinte ambrée et à l'or le plus chaud, et dont le parfum si fin et si délicat ne ressemble à aucun autre.

« Le vin de Bordeaux se boit dans son verre ; le Bourgogne est jaloux du sien ; le Champagne en a deux pour lui tout seul, la coupe et la flûte ; pourquoi le vin d'Anjou, dont la race le distingue de tous ceux-là, n'aurait-il pas son verre à lui ?

« Le regretté Gilles Deperrière, président des *Amis des Arts*, lança le premier, l'idée du « verre à vin d'Anjou ». Il fut bientôt appuyé par M. Raymond Brunet, rédacteur en chef de la *Revue de Viticulture*, et l'idée fit vite son chemin. Le Concours du « Verre à Vin d'Anjou » fut donc décidé. Patronné avec empressement par toutes les Sociétés viticoles et les Industries vinicoles du département, il fut ouvert à tous les artistes, à tous les amateurs, de nationalité française.

« Les seules conditions du programme imposées aux concurrents étaient que le verre fut de forme inédite, d'une capacité d'environ douze centilitres, d'apparence élégante, pas trop fragile, facile à laver et apte, surtout, à mettre en valeur les qualités du vin d'Anjou.

« Notre appel fut entendu ; et, reconnaissons-le, sans fausse modestie, le succès de ce Concours particulièrement original, comme le dit un des grands quotidiens de Paris, dépassa les espérances des plus optimistes.

« En effet, plus de trois cents projets nous furent adressés.

« Il en vint de tous les côtés, de Lyon, de Marseille, d'Avignon ; les départements du Centre y furent représentés avec Clermont-Ferrand, Limoges, Tours, Poitiers. Paris ne manqua pas au rendez-vous. Mais c'est le Nord qui s'est montré le plus généreux. Il était même assez piquant de voir le pays de la bière se préoccuper de fournir un digne logement à un vin que beaucoup sans doute parmi ses habitants connaissaient tout au plus de nom.

*
* *

« Rien de varié et d'amusant comme la galerie de tous ces projets peints à l'aquarelle ou à l'huile, dessinés à la plume ou au crayon.

« Beaucoup, inévitablement, reproduisaient des formes connues ou n'en différant que par l'ornementation. Comment sortir, en effet, des types classiques et depuis longtemps consacrés par l'usage ?

« De fait, l'œuf est au point de départ de toutes les formes de verre à boire. L'œuf est-il coupé à la hauteur de son équateur, vous avez la coupe profonde et assez largement ouverte : c'est le verre à Bordeaux ; fait-on la section plus bas, c'est le petit verre à liqueur; n'enlève-t-on, au contraire, que la calotte supérieure, les bords se rétrécissent et concentrent davantage le parfum, le bouquet du vin. Allongez les parois, vous obtenez une forme de cornet, la flûte, écrasez-les en les évasant, vous avez la coupe, le cratère,

« L'Exposition fut très intéressante à parcourir. La plupart des projets dénotent un généreux effort, la recherche, la volonté de faire bien. Beaucoup sont dessinés avec une conscience, une habileté rares ; quelques-uns sont de véritables petits chefs-d'œuvre.

« Dans plusieurs, on reconnaît la main d'un maître ; mais, fort intéressants sont d'autres projets qui, pour être dus à des pinceaux moins expérimentés, n'en sont pas moins d'un aspect bien plaisant. Dans plusieurs écoles des Beaux-Arts, les professeurs avaient proposé aux élèves, comme sujet d'étude, le « Verre d'Anjou », et cela nous a valu de très jolies séries des Ecoles de Tourcoing, de Nantes et d'ailleurs.

« Un « Angevin de Paris », habile du pinceau autant que de la plume, nous a gratifié de tout un album, où chaque cru coté de l'Anjou a son verre spécial :

> Voilà les vins du Layon ;
> Beaulieu, Rablay, Thouarcé, Faye,
> Doux comm' le miel en rayon,
> Chauds comm' le soleil qui raye :
> Voilà la Coulée d'Serrant,
> Saint-Barthél'my, Savennières,
> Qui tiennent bien aussi leur rang,
> Avec ceux d'La Possonnière ;
> Ceux d'Saumur et d'alentour
> Montsoreau, Parnay, Dampierre,
> Varrains ou Saint-Cyr-en Bourg,
> Et leu si plaisant goût de pierre !
> L'Champigny, qu'a la couleur
> Et la senteur des framboëses...
> Et l'on n'sait quel est le meilleur,
> Vin de tuffeau, ou vin d'ardoëse.

« Depuis, le peintre-poète a conquis la gloire, d'abord en faisant vaillamment son devoir sur la ligne du front, et puis en composant ce chef-d'œuvre « La passion de notre frère le Poilu ».

« Voilà maintenant de plus timides essais. Ce sont œuvres de jeunes filles. Leurs verres ne sont pas toujours, il est vrai, de dimension très pratique. Déguster le vin n'est pas, on le voit, dans leur habitude ; il ne faut pas leur en vouloir. Et puis, elles ont si bonne intention et ont l'esprit si conciliant, qu'elles croient parfois devoir ajouter à leur projet une petite note écrite qui mette le jury bien à l'aise et lui permette de retrancher « ceci » à leur projet ou d'y ajouter « cela ».

« En voici un, par exemple qui, monté sur une haute tige gracile et terminé par une cupule de la dimension à peu près de celle d'un gland de chêne, ferait un joli bibelot d'étagère. L'auteur féminin de ce minuscule verre à boire, prenant son désir pour la réalité, a dû, en confectionnant son petit chef-d'œuvre, penser avec le poète :

Mon verre n'est pas grand, mais je bois dans mon verre.

« D'ailleurs, nous rencontrons toutes les dimensions, depuis le verre tout au plus assez profond pour abreuver une abeille, jusqu'au hanap où Gargantua aurait eu plaisir à plonger ses lèvres gourmandes. Beaucoup d'artistes ont suivi leur fantaisie, plutôt qu'ils ne se sont inspirés des indications très précises données par les organisateurs du Concours.

« En voici d'ornés, d'ouvragés, de tourmentés ; évidemment, dans de semblables verres, le vin ne peut être qu'un accessoire sans importance, et il est visible que leurs auteurs ont bien plus songé au contenant qu'au contenu.

« Poursuivant notre promenade à travers toute cette cristallerie, nous restons en présence de verres de forme tellement évasée et à bords si renversés que celui qui pour porter un toast, tiendra entre ses doigts un aussi instable récipient, devra être assuré contre tout tremblement importun, s'il ne veut pas en laisser échapper le contenu sur le gilet de son voisin ou le corsage de sa voisine.

« Et puis, il y a le coin des aimables plaisants. Autour d'un corps de femme bien campé, formant la colonne du verre, s'enroule un serpent à sonnette (il en a une au bout de la queue). Sur sa tête, la femme porte une vasque étroite, du bord de laquelle émerge la tête du serpent, la gueule largement ouverte. C'est par là que le vin doit être bu. Mais cela n'est possible qu' « à la régalade », à la manière du moissonneur qui lève son baril un peu au-dessus de sa bouche, laquelle largement ouverte reçoit le filet liquide.

« Il n'est pas défendu de rire un peu, surtout en pareille matière. Aussi le jury n'a-t-il pas pris en mauvaise part cet autre envoi, qui lui est arrivé avec la mention « très fragile ». Le paquet ouvert, on s'est trouvé en présence d'un cornet de papier collé par la pointe sur un morceau de carton trilobé. L'inventeur de ce verre très spécial attire l'attention sur la facilité que l'on aura, si le verre paraît trop élevé, à le diminuer d'un coup de ciseaux. La tribu des pince-sans-rire a encore aujourd'hui de joyeux représentants.

« Il est tel inventeur qui ne brille pas par un excès de modestie. « J'ai le plaisir, écrit-il, de vous présenter trois projets qui résument toutes les qualités désirées. »

« Revenons au grave... je me trompe, je veux dire au vin d'Anjou.

« L'un des concurrents, qui est un maître (1), développe à l'appui du projet de verre qu'il a envoyé, quelques considérations sur la façon dont, selon lui, se pose le problème du « Verre d'Anjou ». Avec raison, il fait remarquer qu'en réalité le « Verre à Bordeaux », le « Verre à Madère », le « Verre à liqueur », n'existent pas comme forme spéciale. Ils dérivent nettement du verre ordinaire et n'en diffèrent que par leur contenance. Deux verres seulement existent hors série, la coupe et la flûte, qui sont bel et bien « verres à Champagne ».

Or, pour créer un troisième type de verre, qui sera consacré au Vin d'Anjou, de quoi s'inspirera-t-on ? Du caractère de la vieille province d'abord ; ensuite de la liqueur aux riches éclats ; enfin, de son précieux parfum.

« Or, l'Anjou est essentiellement féodal ; une forme altière, aristocra-

---

(1) M. Recouvreur, Conservateur du Musée Pincé.

tique, s'impose. Une ampoule haut montée, avec un regain de modernité, la vague stylisation d'une fleur. Le brillant et mobile soleil qu'elle doit faire valoir et contenir ne permet pas d'ornementation. Tout au plus, quelques vagues facettes au collet d'insertion qui aident au scintillement. Son parfum, enfin, doit permettre à l'organe olfactif une discrète exploration. Il y faut donc une ouverture suffisante, mais un peu resserrée, pour que dans le geste d'un toast, on ne risque pas de verser le contenu sur le voisin.

« On ne saurait guère mieux dire.

« Les mêmes préoccupations hantaient évidemment l'esprit du jury, puisque au milieu de cette multiplicité de verres aux formes élégantes, recherchées et ornées, il a fait choix d'un verre à l'allure simple et noble, assez haut monté, dont la tige droite porte une coupe à fond plat et large, d'où les parois s'élèvent en s'inclinant légèrement en dedans, de manière à en rétrécir quelque peu l'orifice.

« La forme est volontairement de ligne simple, son rôle étant surtout de mettre en valeur les caractères du vin ; sa beauté est sobre, le contenant devant modestement s'effacer devant le contenu et ne pas se substituer à lui en attirant sur ses fioritures l'admiration des convives.

« Le fond, large et plat comme une glace, est éminemment propre à faire valoir, en même temps que la limpidité du vin, sa belle couleur un peu ambrée, qui gagne singulièrement à être vue sous une grande épaisseur. L'orifice un peu rétréci, en concentrant davantage le parfum, permet à l'odorat de mieux saisir les effluves délicats qui montent du précieux liquide, en même temps que la bouche se délecte à son passage savamment réglé.

« Savoir boire le vin est un art, savoir le présenter en est un autre, suivant l'heureuse expression du vainqueur du Concours : Fi donc, du fameux : « Qu'importe le flacon !... Pourvu qu'on ait l'ivresse. »

« Non pas, Messieurs, c'est là un affreux barbarisme.

« Si la main délicate d'une dame jolie vous offre, avec un aimable sourire dans les yeux, une rose, vous trouverez celle-ci plus belle et son parfum plus doux.

« Est-ce que l'écrin ne fait pas valoir le collier ?

« Donner, ce n'est rien, la manière de donner, c'est tout.

« Et de même si la table est élégamment servie, la nappe d'une éclatante blancheur, les cristaux scintillants, le dîner vous paraît déjà meilleur.

« Une fine coupe de cristal qui met en valeur la liqueur ambrée en réjouissant les yeux, donne au buveur une agréable sensation de plus et le dispose à trouver à son contenu une qualité plus grande.

*
**

« Le jury, après plusieurs séances éliminatoires, ne retint, en définitive, que quatorze projets ; ceux-ci furent à leur tour l'objet d'un examen approfondi et soumis à de longues discussions.

« Puis, on procéda au vote secret. On ouvrit les enveloppes cachetées, dont chacune renfermait le nom d'un des concurrents, accompagné d'une légende reproduite sur l'envoi. Les membres du jury eurent alors la surprise et le plaisir de

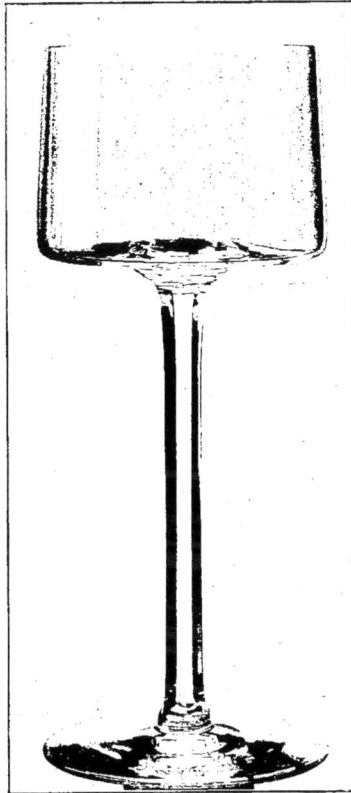

Fig. 79. — Le Verre à Vin d'Anjou.

constater qu'à une grosse majorité, 193 points sur un maximum possible de

240, leur choix s'était porté sur le projet de M. Louis Mignot, propriétaire du vignoble de Belle-Rive, à Rochefort-sur-Loire, l'un des meilleurs crus de l'Anjou.

« Le vin avait inspiré le verre.

∗
∗ ∗

« Et maintenant, joli vin d'Anjou, que tu as ton verre à toi, fais-lui honneur, comme il te fera honneur à toi-même. Et de compagnie, lancez-vous à travers le monde. Allez, réjouissez la vue et le cœur des hommes, de ceux qui vivent sous les tropiques, car le vin d'Anjou rafraîchit, comme de ceux qui grelottent dans les régions glacées du pôle, car le vin d'Anjou réchauffe ; prenez place, chaque jour, à la table du riche, et à la table du pauvre aux jours de grande fête ; que ceux qui vous ignorent apprennent à vous connaître, et que ceux qui vous connaissent vous apprécient chaque jour davantage ; qu'il ne se fasse pas de banquet en dehors de votre présence, et que les toasts que vous inspirerez, l'un portant l'autre, ne manquent jamais leur effet ; qu'à votre approche les soucis détalent et laissent la place à la belle humeur, à la gaîté, ce rayon de soleil de l'âme humaine... de l'âme humaine réchauffée par le rayon de soleil du Vin d'Anjou ! »

COMITÉ DE PATRONAGE DU « VERRE A VIN D'ANJOU »

A la suite de cette séance mémorable dans les fastes de l'histoire vinicole de l'Anjou, pour aider le « Verre à Vin d'Anjou » à faire son chemin dans le monde, il a été formé un COMITÉ DE PATRONAGE, réunissant aux noms de plusieurs membres du Parlement, ceux de nombreuses personnalités qui, à des titres divers, portent un vif intérêt aux choses de l'Anjou et notamment à ses richesses viticoles.

Ce Comité a été chargé de donner à la création du « Verre » la publicité désirable et de négocier avec les cristalleries les conditions de sa fabrication.

Sa composition montre d'une façon éloquente combien les diverses régions de l'Anjou viticole sont sympathiques à l'idée de servir le jus généreux de ses coteaux dans un verre spécialement fait pour lui.

MM.

BODINIER, Sénateur de Maine-et-Loire.

Ferd. BOUGÈRE, Député de Maine-et-Loire.

DE GRANDMAISON, Député de Maine-et-Loire.

RABOUIN, Député de Maine-et-Loire.

BESSONNEAU, Manufacturier, Député de Maine-et-Loire.

Dr ASTIÉ, Maire de Saumur.

BORDEAUX-MONTRIEUX, Président de la « Société Industrielle et Agricole d'Angers ».

POTTIER, Adjoint au Maire d'Angers.

Dr PETON, ancien Maire de Saumur.

BRUNET, Professeur d'Œnologie à l'Ecole supérieure de Commerce de Paris.

MASSIGNON, Président de la « Fédération générale des Syndicats viticoles de Maine-et-Loire ».

Marquis DE DREUX-BRÉZÉ.

Dr LEPAGE, Président du « Syndicat d'Initiative de l'Anjou ».

Dr MAISONNEUVE, Directeur de la « Station Viticole et Ampélographique de Saumur et du département de Maine-et-Loire ».

MOREAU, Directeur de la « Station Œnologique de Maine-et-Loire ».

Dr SIGAUD, Vice-Président de la « Société Industrielle et Agricole d'Angers ».

PINEAU, Directeur des Etablissements Bessonneau.

DES AGES, Président du « Syndicat des Vignerons des coteaux de Saumur ».

MIGNOT, Propriétaire-Viticulteur.

FOURRIER, Conseiller municipal d'Angers.

P. BRICHET, Conseiller d'arrondissement.

*
* *

Le Comité de Patronage nomma une *Commission* exécutive chargée de la publicité et des démarches à faire en vue de l'exécution et de la vente.

Deux modèles furent créés : l'un plus robuste, en demi-cristal, destiné surtout aux restaurants et débits de vin ; l'autre plus élégant, en fin cristal, monté sur une colonne plus haute et à pans coupés ; ce verre a beaucoup de cachet et ne dépare pas la table la plus richement servie. Le vin y est très beau et s'y fait singulièrement apprécier.

Le verre à vin d'Anjou eut bientôt conquis tous les suffrages, et sans doute que son Comité de Patronage lui a porté bonheur, puisqu'à l'heure actuelle sa vente a atteint le chiffre de cent mille.

CHAPITRE XXII

LA BOUTEILLE A VIN D'ANJOU

ne création difficile. — Les viticulteurs angevins, qui ont si bien réussi à créer et à lancer le « verre à vin d'Anjou », ont pensé qu'ils n'étaient qu'à moitié de leur tâche et qu'il leur restait à inventer la « bouteille à vin d'Anjou ».

Mais si la création du premier offrait de sérieuses difficultés, l'invention de la seconde en rencontrait de plus grandes encore.

Il est difficile, en effet, d'imaginer, en dehors des lignes classiques du litre, ou de la bouteille Champagne, ou de la bordelaise, ou encore de la bourguignonne, une forme qui soit à la fois élégante, solide, et qui se prête facilement au rangement en cave. Nous allons voir quels efforts ont été faits pour surmonter la difficulté.

On s'est demandé d'abord si la fabrication du « verre à vin d'Anjou » ayant été confiée à une verrerie étrangère à notre province, la bouteille rêvée ne pourrait pas, au contraire, être fabriquée sur place.

Mais, avant de voir ce qui a été tenté dans ce sens, jetons un coup d'œil sur l'historique de la verrerie.

Le logement du vin au temps jadis. — Il nous semble aujourd'hui tout naturel de loger et conserver nos vins en bouteilles. Et nous ne nous doutons guère du progrès énorme que synthétise l'invention, en somme assez récente, du récipient de verre. Jadis, chez les grands seigneurs, chez le Roi même, aussi bien que chez les simples particuliers, ce récipient, si commode et si propre, était inconnu et on tirait le vin à la pièce.

Quand on voulait transporter en voyage une petite quantité de vin, on le renfermait dans une outre, qu'on plaçait à côté de soi sur la selle de son

FIG. 80. — Flacons à vins en faïence, de forme aplatie et pourvue d'anneaux pour aider au transport. *a* Delft ; *b* Rouen ; *c*, *d*, Nevers. Collection de M. de Grandmaison.

cheval, et on donnait à ces récipients le nom de *bouchans, boutiaux, bouties, boutilles,* d'où est venu le nom de *bouteilles,* généralement employé à partir du XVᵉ siècle, encore qu'il ne s'agit pas alors des vases de verre qui sont aujourd'hui désignés sous ce nom. C'est ainsi que lorsque Charles VI présenta, au cours d'un voyage, les premiers signes de démence, on crut qu'il avait été empoisonné par le vin qu'il avait bu. Pour prouver leur innocence, ses officiers s'offrirent, disent les mémoires du temps, à boire le vin « qui restait « ès *bouteilles* » dont avait bu le roi ». Evidemment il s'agissait là d'outres de cuir.

Le chartrier de Chenonceaux nous fait savoir que lorsqu'Henri II venait au château avec la belle Diane de Poitiers, on ne mettait pas le vin en bouteilles, mais on le « tirait au poinçon. ».

L'art du verrier existait, il est vrai, déjà 2.000 ans avant Jésus-Christ ; mais les bouteilles étaient des raretés ; c'étaient en quelque sorte des objets d'art, utilisés surtout pour renfermer des parfums.

Jusqu'aux XVᵉ et XVIᵉ siècles, on peut dire que les bouteilles de verre sont restées choses inconnues.

Pour boire dans les champs, les cultivateurs emportaient, en guise de gourdes, des récipients en faïence, à ventre aplati et plus ou moins richement décorés de dessins ou d'inscriptions fantaisistes, à orthographe souvent douteuse : « Boy » ou « Boys », « verce Jean », etc. (fig. 80 et 85). Sur les côtés de cette sorte de bouteille, étaient fixés des anneaux, dans lesquels on enfilait une cordelette que l'ouvrier passait à son cou.

Fig. 81. — Baril de vigneron, en faïence peinte. Collection du Dʳ O. Couffon.

D'autres fois encore c'était un petit baril en faïence également et souvent décoré de peintures allégoriques (fig. 81).

La faïence avait le grand avantage de conserver frais, et beaucoup mieux que ne l'aurait fait le verre, le liquide contenu et en même temps d'être moins fragile que lui.

Les verreries d'Anjou. — Au XVIIIᵉ siècle, il existait déjà quelques verreries en Anjou, comme le prouve le Rapport de Lescalopier, Intendant de la Généralité de Tours, adressé au Contrôleur général L'Averdy, en 1754. L'une existait à Chenu, arrondissement de La Flèche ; une autre à Continvoir, de l'arrondissement de Chinon, compris alors dans les limites de l'Anjou ; d'autres verreries s'étaient créées à Chanteloup, à Mouliherne, à Nuaillé, mais elles ne faisaient pas le verre à bouteille ; une autre, enfin, était installée à Ingrandes-sur-Loire ; seule, cette dernière faisait le verre à bouteille.

16

La verrerie royale d'Ingrandes (1755), avait une grosse importance, elle exportait des bouteilles jusqu'en Amérique et aux Indes. Le métier de verrier passait pour un noble métier, si bien qu'en 1773 le seigneur de la Bouvraie, chevalier de Limesles, ne crut pas se mésallier en épousant

Fig. 82. — Types de bouteilles anciennes.

a. — Fillette d'Anjou, XVIIe siècle.
b. — Bouteille à fond écrasé, XVIIe siècle.
c. — Bouteille de curé, XVIIe et XVIIIe siècle. Sa dimension dépasse celle du litre.
d. — Bouteille XVIe siècle.
c. — Bouteille se rapprochant du litre, XVIIIe siècle.
f. — Bouteille à ventre aplati sur deux faces opposées. (Le dessin rend mal cette particularité). — Collection de M. de Grandmaison.

la fille du roturier Müller, directeur de la verrerie. Cette verrerie a disparu depuis assez longtemps et sur son emplacement s'élèvent les celliers de la maison Grandin.

Les bouteilles qui sortaient de ces anciens établissements étaient en verre foncé, solides, mais de forme assez grossière, peu régulières dans leurs

Fig. 83. — Modèle de litre du début de la fabrication. Il porte un cachet de verre en relief avec le mot « litre ». Collection de M. de Grandmaison.

lignes extérieures et inégales de capacité, de panse un peu lourde, d'un aplomb souvent douteux. Le fond était parfois élargi, comme écrasé ; souvent l'épaule était plus large que le fond ; parfois les flancs étaient bien parallèles (fig. 82, e), rappelant la forme de notre litre, tout à fait réalisée dans la fig. 83, qui représente un des premiers litres fabriqués en Anjou ; il porte un cachet saillant, sur lequel est écrit le mot « litre ». Parfois on exagérait les dimensions de la panse, en même temps qu'on diminuait la longueur du col, qui était robuste ; c'était la « bouteille de curé », dont la capacité dépassait la mesure ordinaire et ainsi appelée parce que les curés qui avaient droit de prélever la dîme sur la récolte des vins, avaient soin, dit-on, de choisir à cet effet, des bouteilles de grande capacité.

Fig. 84. — La bouteille des Juges Consuls d'Angers. (Musée Saint-Jean.)

La figure 82 a, b, c, d, e, f, montre une série de bouteilles diverses du XVIᵉ au XVIIIᵉ siècle, qui toutes ont été recueillies à Montreuil-Bellay ou dans son voisinage immédiat.

Je ne saurais oublier dans cet historique la bouteille dite des « Juges-Consuls d'Angers » (1). La figure 84, prise sur un échantillon des collections du Musée Saint-Jean, représente

(1) Les Juges Consuls représentaient notre « Chambre de Commerce » actuelle.

cette bouteille en verre très foncé, de fabrication assez maladroite, à panse bien large, ornée d'un cachet de verre aux armes royales, avec cette légende: « Les Juges Consuls d'Angers. » La hauteur de la bouteille est de 0^m26, le grand diamètre de la panse 0^m12, le diamètre du fond 0^m10. Il me paraît probable que cette bouteille constituait une sorte d'étalon comme mesure de capacité pour le vin. Aux Archives départementales figure à la date de 1741, dans les comptes de cette juridiction, une dépense de 133 livres, 70 sols et 6 deniers, pour paiement de 485 bouteilles de ce type.

Verreries modernes en Anjou. — Tout récemment, l'industrie de la verrerie a pris en Anjou un développement important. Il s'est créé une première usine à Saumur, en plein centre de production des Mousseux, spécialement en vue de la fabrication de la bouteille à Champagne. Elle n'a guère fonctionné qu'un an, et dans ce court laps de temps elle a fabriqué 800.000 bouteilles. Elles étaient de bonne qualité. Un manque de fonds suffisant pour laisser passer la crise qui a sévi sur le commerce des Mousseux, l'a obligée à cesser sa fabrication ; mais elle la reprendra.

En 1913, sous le nom de *Verreries mécaniques de l'Anjou*, une nouvelle verrerie fut installée à Angers même, au faubourg de la Chalouère, au confluent de la Maine, de la Sarthe et de la Mayenne. Trois éléments étant indispensables à la fabrication du verre : le sable, la chaux, le charbon, la Loire fournissait abondamment le premier, les formations calcaires dévoniennes si importantes de la Chalouère donnaient le second ; quant au troisième, on l'amenait facilement à pied d'œuvre de Saint-Nazaire, en attendant que les dépôts houillers de l'Anjou, convenablement exploités, le fournissent eux-mêmes dans l'avenir.

Des bouteilles de toutes teintes, depuis le verre blanc jusqu'au verre très foncé, et de toutes formes, suivant les désirs des clients, y sont fabriquées.

Mais on s'y est appliqué spécialement à façonner un type de bouteilles qui convienne au vin blanc d'Anjou. Il se rapproche de la forme bourguignonne (dite communément « champenoise » dans notre pays).

Elles sont faites mécaniquement. Le verre, fondu dans des fours où la température atteint de 1.200 à 1.500 degrés, est déposé par des ouvriers munis de bâtons de fer, dans des moules, où une poussée d'air comprimé souffle mécaniquement ce verre liquéfié.

Une installation toute récente supprime même l'intervention des ouvriers mouleurs, les moules venant d'eux-mêmes se présenter à l'orifice du four, pour recevoir le verre en fusion.

Dans cette fabrication, la jonction des deux parties du moule, si exacte qu'elle soit, laisse de chaque côté de la bouteille une fine ligne saillante, ce qui a fait croire à quelques personnes naïves que la bouteille était faite de deux moitiés collées ensemble.

La fabrication des bouteilles, qui a atteint le chiffre de 14.000 par jour, ne suffisant pas aux demandes, de nouveaux agrandissements ont été décidés pour donner satisfaction à la clientèle.

En attendant que la bouteille « idéale » à vin d'Anjou, qui remportera tous les suffrages, ait été trouvée, j'engage fort mes confrères en viticulture à loger leurs vins de choix, destinés à la clientèle élégante, aux grands restaurants et à l'exportation, dans la bouteille Champagne, à verre renforcé, et dont la capacité est d'environ 80 centilitres. Ils peuvent être assurés qu'elle sera toujours bien accueillie du client.

Fig. 85. — Gourde plate en faïence. (Collection de M. Rozé, maire Brissac.)

CHAPITRE XXIII

LA DÉGUSTATION

> « Et il n'y a point d'homme qui
> buvant du vin vieux en veuille
> en même temps du nouveau ;
> car il dit : « Le vieux est le
> meilleur. »
>
> *Évangile selon saint Luc,*
> chap. v, verset 39.

ÉGUSTER un vin est une opération délicate et que peu de personnes savent accomplir avec toute la perfection désirable. Autrement dit, tout le monde boit, mais peu de gens savent boire. Montaigne disait des Allemands : « Ils boivent quasiment de tout vin avecque plaisir ; leur fin est de l'avaller plus que le goûter. » Hélas ! il n'y a pas que les Allemands à être béotiens en cette matière.

Lisez ce qu'écrit dans *Le Lac noir* le romancier Henry Bordeaux, un nom prédestiné, sur la manière de déguster un vin. Je le copie textuellement, me permettant, et j'en demande pardon à l'auteur, la simple substitution du « vin d'Anjou » au « vin de Bourgogne », car ce qu'il dit de l'un s'applique avec autant de raison à l'autre :

« Vous avalez ce grand vin d'Anjou comme s'il devait vous désaltérer. Or, il n'est point destiné à un usage aussi commun.

« .....Non, mon ami, ne plaidez pas pour vous-même, votre cause est mauvaise : vous négligez, en buvant, quelques précautions essentielles, qui, si vous les preniez, tripleraient, quadrupleraient votre plaisir. Respirez plus longuement et avec une avidité moins hâtive le bouquet de cet Anjou incomparable, digne de vous inspirer des pensées orgueilleuses et fortes. Puis, au lieu de le violer comme une maritorne, assurez-vous de sa possession par des caresses plus lentes et plus adroites. Effleurez-le tout d'abord du bout des lèvres. N'en aspirez ensuite qu'une gorgée ou deux, que par un mouvement habile vous conduirez jusqu'aux papilles supérieures, celles qui avoisinent le nez. Ces papilles, rarement utilisées et comme vierges, gardent généralement une sensibilité suraiguë et frémissent sous l'action de l'alcool comme l'huître qui reçoit le citron. Quand vous aurez accompli ces rites préliminaires je vous autoriserai à ingurgiter noblement le corps du grand vin ».

On ne saurait mieux dire.

Je rapprocherai de ce délicieux tableau la parole que me dit un jour à Beaune un propriétaire bourguignon, après qu'il m'eût fait goûter tous les vins de son cellier, que selon la tradition habituelle des dégustateurs j'avais bien soin de rejeter, après les avoir promenés dans tous les coins de ma bouche. Arrivés à une dernière tonne, la perle du cellier, il en remplit ma tasse jusqu'aux bords, puis, se plantant devant moi, étendant ses grands bras, solennel, et me regardant bien en face : « Avalez, Monsieur, » me dit-il de sa voix grave, que j'entends encore. Ce que je fis, et je n'eus pas à le regretter.

Pour bien déguster, l'opérateur doit s'entourer de certaines précautions, afin que les sens auxquels il va faire appel remplissent leur mission avec toute la perfection dont ils sont capables. Trois sens entrent en jeu dans la dégustation : la vue, qui apprécie la couleur, la limpidité, le brillant du vin ; l'odorat, qui perçoit le parfum qui s'en exhale ; le goût, qui juge de sa saveur.

Mais, au milieu de ce concours des sens, le cerveau ne reste pas inactif ; aboutissant de toutes les impressions transmises par les nerfs, c'est lui qui en dernier ressort formule le jugement. Si donc, les organes des sens recueillent les impressions, c'est le cerveau qui les perçoit, les groupe et prononce.

En conséquence, pour bien déguster, il faut être tout à son affaire et ne pas être distrait ; le dégustateur doit faire abstraction des influences extérieures, telles que conversations bruyantes, agitation des voisins, ne pas se laisser influencer par le plaidoyer du propriétaire en faveur de son produit, l'élégance et l'habillage de la bouteille, etc.; en un mot l'attention doit être tout entière concentrée sur l'objet soumis à l'examen.

Par ailleurs, il faut que le goût, pour conserver toute sa finesse, toute

Fig. 86. — Tasse à déguster en buis sculpté.

son intégrité, soit sain ; un coryza est tout à fait contraire à une bonne dégustation ; la bouche ne doit pas avoir été impressionnée auparavant par des sensations trop fortes, et déguster un vin après de l'eau-de-vie serait un barbarisme.

Et puis, il faut reconnaître que s'il y a des palais naturellement plus fins, plus délicats, des odorats plus subtils et par suite plus aptes à sentir et à apprécier, une éducation méthodique des sens peut singulièrement accroître leur acuité. On peut « naître dégustateur », mais on peut aussi le « devenir ».

Pour procéder à l'examen d'un vin nous avons à notre disposition deux sortes de récipients : le *verre* et la *tasse*. Si l'on fait usage du verre, on le choisit à parois minces, sans côtes, ni guillochures, et d'une propreté parfaite, assez large d'ouverture pour que les effluves qui s'en dégageront soient facilement perçus. Sa transparence permet d'apprécier la limpidité du liquide. Si l'on peut se placer dans une chambre obscure, où ne pénètre qu'un pinceau de lumière, qui traversera obliquement le verre par rapport à l'œil qui l'examine, les moindres troubles tenus en suspension dans le

Fig. 87. — La même tasse à déguster vue en dessous.

liquide n'échapperont pas à l'examen, surtout si l'on imprime de légères secousses au liquide, pour les mettre en mouvement.

Mais la tasse de métal, à raison de la commodité de son transport et de la facilité de son nettoyage, est le récipient ordinaire du dégustateur. On en a fait souvent un objet de luxe, élégant, enrichi de gravures : parfois ce n'est qu'un bibelot de collection, dont la dimension n'excède guère celle d'une coquille de noix, et semblable à celles que les mariées d'autrefois portaient suspendues à leur corsage avec quelques autres « affutiaux ».

On en a fait quelquefois de fort jolies, en bois, finement sculptées. Telle est cette tasse du XVIIIᵉ siècle et qui porte la date de 1786, que reproduisent les fig. 86 et 87, d'un si remarquable travail de ciselure (1). Parfois on leur a donné la forme d'une petite navette, comme celle qui est représentée par la fig. 88 (2). Mais ici nous entrons dans la fantaisie ; ce n'est plus la tasse à déguster classique.

La véritable tasse à déguster est en argent ou en ruolz ; elle est large, et sa surface intérieure, brillante, lisse, est tout unie, ou, mieux encore, à rondes bosses et facettes, ce qui permet d'apprécier le vin sous diverses épaisseurs et de le faire miroiter pour juger de sa couleur,

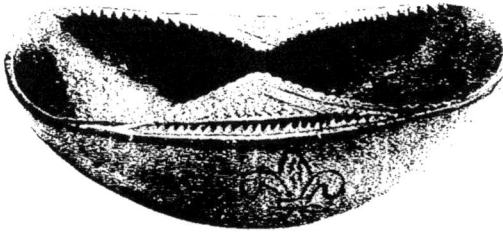

Fig. 88. — Tasse à déguster en bois, en forme de navette.

contrôler son degré de limpidité, son brillant. Tenue à plat dans la main, elle en transmet facilement la chaleur à son contenu, ce qui favorise le dégagement de ses parties volatiles, acide carbonique, éthers, parfums divers, qui constituent cet ensemble complexe désigné sous le nom d' « arome ».

Celui-ci varie avec les crus, et un bon dégustateur sait les reconnaître.

Pour bien déguster il convient de ne puiser d'abord, et seulement du bout des lèvres, que quelques gouttes de liquide, afin d'acquérir une

(1) Elle fait partie des collections du D' Lionet, de Bagneux, et provient de Mᵐᵉ Bouchet, morte à Doué-la-Fontaine, vers 1856, à l'âge de 104 ans.
(2) Elle appartient également au D' Lionet, et lui vient de Saint-Macaire-en-Mauges.

première idée d'ensemble du caractère du vin, saisir, si l'on peut dire, « sa
dominante » ; ensuite, il faut en prendre une large gorgée, que l'on
promène dans la bouche pour impressionner la langue, de la pointe à la
base, le palais et les joues, en affecter toutes les papilles gustatives et en
obtenir la réponse attendue sur les caractères du vin, à savoir : son corps,
son étoffe, sa vinosité, son degré de moelleux ou de sécheresse, son fruité,

Fig. 89. — Le poète des *Rimiaux d'Anjou*.
en présence d'une fine bouteille.

en un mot sa *saveur*, autrement dit sa *bouche*, suivant l'expression des gens
de métier.

On devra toujours se rappeler que la température à laquelle se trouve
le vin joue un rôle très important dans la dégustation, et que faute d'observer
les règles que l'expérience a consacrées, on peut méconnaître la qualité du
meilleur. Si le Bordeaux doit être servi attiédi, le Bourgogne très légèrement
chambré, le Champagne frappé, le vin d'Anjou demande à être versé très
frais, tel qu'on l'obtient par une immersion prolongée de la bouteille dans

de l'eau très froide. Ainsi il se trouvera amené à la température idéale qui lui convient pour mettre en pleine valeur ses éminentes qualités.

Il reste à ajouter que c'est au moment du rôti que les vins fins d'Anjou décèlent tout leur mérite. Que l'on se garde donc bien de commettre la faute de les servir avec les pâtisseries et les fruits sucrés. Mais un bon Layon sera de nouveau le bienvenu quand on passera le fromage de haut goût. Un Camenbert ou un Roquefort, accompagné d'un bon verre de vin d'Anjou, termine toujours d'une façon très heureuse un repas bien compris.

CHAPITRE XXIV

PRÉSENTATION ET HABILLAGE
DE LA BOUTEILLE D'ANJOU

I L ne suffit pas, pour assurer la fortune du vin d'Anjou, de le loger dans une bouteille appropriée à ses qualités et puis de le lancer dans le monde ; il faut encore que cette bouteille soit bien présentée, ou, comme ont dit en terme de métier, « bien habillée ».

Chargé, en 1911, d'un Rapport sur un Concours qui avait pour objet *l'habillage des bouteilles*, à l'occasion de la Onzième Foire aux Vins d'Anjou, voici à peu près ce que j'ai dit :

En ce xxᵉ siècle, qui à mesure qu'il s'avance vers des temps nouveaux, s'éloigne de plus en plus, il faut le reconnaître, de l'innocente simplicité des âges primitifs, ce n'est pas le tout pour un honnête négociant, que d'offrir au public des acheteurs une marchandise de qualité, il faut — et ceci est presque aussi important que cela — savoir la lui présenter.

Nous sommes ainsi faits, hélas ! que malgré les sages avis des gens d'expérience, nous agissons, au moins trois fois par jour, comme si nous croyions que « c'est l'habit qui fait le moine ». Et voilà comment nous nous laissons prendre à l'agréable mise en scène à laquelle excellent les grands magasins, comment nous nous sentons alléchés par l'étalage savamment combiné des marchands de primeurs, et comment, quand, à travers les rideaux de fine mousseline suspendus à des baguettes dorées, apercevant les petites tables des restaurants aux couverts bien dressés, où parmi des fleurs fraîches brillent les cristaux et où quelque surtout d'argent jette sa note cossue, nous ne doutons pas un instant que le dîner qui sera servi au milieu de choses si élégantes ne soit exquis, et..... nous entrons.

Fig. 90. — Panier à vin en étain repoussé. (Collection de Marc Leclerc).

Les mentors de l'humanité ont beau nous crier à l'oreille : « tout ce qui brille n'est pas or », nous ne les écoutons pas et nous faisons comme si nous étions persuadés du contraire. Le moyen, je vous le demande, de ne pas croire que la beauté d'une femme est comme un riche manteau, sous lequel se cachent, sans aucun doute possible, toutes les qualités de l'esprit et du cœur ?

Puisque l'homme est ainsi bâti, le connaître tel qu'il est, et le traiter tel qu'il le demande, n'est-ce pas à la fois du bon sens et de l'habileté ?

Et, qui de nous n'approuverait pas hautement ce maître de bonne maison qui sait son monde et tient à faire honneur à ses invités, lorsque, sur son ordre, un maître d'hôtel bien stylé, s'avance solennel, portant sur un panier d'argent un vénérable magnum, tout poudreux de la poussière des années, joliment enrubanné d'un satin rose et qui tient prisonnier un vieux Romanée-Conti, un clos Vougeot de 58, un Château-Yquem de 70 ou un coteau du Layon 1900 ? « Je n'en ai plus que vingt-cinq bouteilles, Messieurs, ajoute d'un petit air modeste l'amphytrion, et je suis heureux de vous le faire goûter. » Et lorsqu'avec des précautions qui sont tout un poème, le sommelier verse dans les coupes de pur cristal la précieuse liqueur, qui coule comme du rubis ou de l'or liquide, comment voulez-vous qu'avant même d'avoir approché le verre de ses lèvres, chacun ne trouve pas déjà le vin exquis ?

Telles sont les réflexions qui me venaient à l'esprit tandis que j'examinais avec un soin scrupuleux tour à tour, la coupe, la forme, la couleur du vêtement dont on avait habillé, la façon dont on avait coiffé, les fillettes ou autres formes de plus large envergure, destinées à recevoir le noble Vin d'Anjou.

Si le vin d'Anjou offre, au milieu des bons vins de France une note si spéciale, que sa finesse, son fruité, son bouquet ne se retrouvent nulle part ailleurs, que même la façon exceptionnelle dont il est vinifié permet de le mettre en bouteilles, bien propre et bien limpide, quatre à six mois seulement après que le raisin a été conduit au pressoir, serait-ce trop

Fig. 91. — Panier à vin en étain repoussé.
(Collection de Marc LECLERC).

demander que l'on étudiât pour le loger, une forme spéciale de bouteille, qui ne serait ni la Champenoise, ni la Bourguignonne, ni la Bordelaise, mais qui serait la « bouteille d'Anjou » ?

Bien entendu, elle devrait joindre à l'élégance de la forme, à la pureté du verre, la solidité de la matière, car nous ne devons pas oublier que si le vin d'Anjou est parfumé comme une coquette, il en a parfois aussi les caprices imprévus, et, impatient de toute contrainte, manifeste trop souvent quelque tendance à s'évaporer.

Sa forme trouvée, reste à l'habiller.

Avant nous, les étrangers sont passés maîtres dans cet art, et jusqu'à ces derniers temps pouvaient nous donner des leçons. Peut-être pourrait-on reprocher à quelques-uns de parer les flacons d'ornements un peu criards, de couleurs un peu trop vives. Sans tomber dans cette exagération, nous pouvons nous inspirer de ce que font nos concurrents d'au delà de nos

17

frontières, en prenant garde de nous écarter de ce cachet de bon goût et
de sobriété dans l'élégance, qui est la marque du tempérament français.

Chacun, d'ailleurs, peut se donner libre carrière.

Tel veut une robe somptueuse, des atours de princesse, et tel autre
préfère le vêtement plus modeste, mais de bon goût, de l'honnête bourgeoise.
Celui-ci désire la toilette ample et recouvrante, tandis que celui-là se
contente d'un soupçon de corsage, d'une étroite ceinture, d'un léger écusson.
Autant d'amateurs, autant de goûts différents.

Aussi, quand il s'agit de choisir parmi tant de projets divers, la difficulté
est parfois assez grande. Si, parmi les bouteilles soumises à l'appréciation
du jury, le tablier posé sur la rondeur de l'une d'elles paraissait d'une
heureuse invention, la collerette d'une autre semblait être du meilleur goût.
L'idéal serait donc de faire une heureuse sélection en prenant à l'une sa
coiffe, à la voisine sa collerette, et à la suivante sa jupe, pour composer
ainsi de pièces et de morceaux un ensemble fort agréable, j'allais dire une
toilette charmante.

D'une façon générale, le Jury a été d'avis que le col ne restât pas nu,
mais qu'une légère collerette ou plutôt quelque chose comme un médaillon,
un écusson, y fut appliqué, le collier étant d'ores et déjà l'apanage reconnu
des « Mousseux ».

Et maintenant quelle coiffure offrir à la bouteille d'Anjou ? Revêtement
de cire à la chaude ou pâle couleur, ou léger casque métallique ? Le
premier a en faveur la beauté, quelque chose de plus riche, de plus cossu,
de plus aristocratique, tandis que le second rappelle un peu trop le flacon
de sirop de groseille de l'épicier du coin ou la bouteille pharmaceutique
de l'officine d'en face. Seulement, les maîtresses de maison, et il est prudent
de tenir compte de leur sentiment, vous diront que la capsule métallique est
un bonnet que l'on fait sauter facilement, « honni soit qui mal y pense »,
tandis que la cire, brisée, au débouchage, en mille petits fragments,
s'émiette un peu partout, s'égrène sur le parquet, où les convives l'écrasent,
ou même choit en menues parcelles dans le verre du premier servi, petits
inconvénients dont on ne saurait se désintéresser. Il est vrai qu'aujourd'hui
la bouteille se débouche généralement à l'office, et que si l'on veut prendre

quelque soin, on évite de faire tomber de la cire dans le verre des convives.

En somme, j'estime que la capsule est d'un usage plus pratique, mais que la cire fait plus noble figure. A chacun de choisir.

Pour les étiquettes, le bon goût demande de ne pas les surcharger de dessins ou d'inscriptions, mais qu'elles allient la clarté dans les indications nécessaires, à une élégante simplicité. Elles devront porter le nom du cru, l'année de la récolte, le nom du propriétaire.

Le mot « *Anjou* » y figurera toujours en belle place, dans l'espoir que ce nom à la consonance provocatrice exerce l'irrésistible fascination sur le client hésitant et soit le mot fatidique qui lui fera largement ouvrir... son porte-monnaie.

CHAPITRE XXV

LE DINER DU VIN D'ANJOU

U N beau soir du mois de mars 1885, quatre Angevins de Paris se réunissaient chez l'un d'eux pour jeter les bases d'une Association amicale. C'étaient René Brochin, principal clerc de notaire ; Emile Cormeray, rédacteur au Ministère de la Justice; Dr Gauchas ; Jules Plaçais, commissaire-priseur.

C'est chez ce dernier, rue Hippolyte-Lebas, qu'eut lieu le dîner prépara-toire, oh ! très modeste, de l'Association naissante, laquelle ne faisait guère présager alors les hautes destinées qui lui étaient réservées.

Le lundi, 23 mars, de la même année, un dîner, officiel, celui-là, le premier, se donnait chez Brébant. Il comptait vingt-quatre convives et fut présidé par le Dr Menière. Toute association régulièrement constituée devant avoir son Bureau, on vota. Furent élus : Président, Eugène Lelong, archiviste-paléographe ; Secrétaire, Dr Gauchas ; Trésorier, Plaçais ; Membres, Cormeray, Mareau, Dr Ménière.

L'enfant était né ; quel nom lui donner ? On hésita entre le « Dîner de la Baumette », « la Belle Angevine », le « Vin d'Anjou ». C'est ce dernier qui réunit les plus nombreux suffrages.

Des statuts furent élaborés, aux termes desquels les réunions devaient avoir lieu tous les deux mois. Mais, dans l'impatience de se retrouver et de recruter de nouveaux membres, on fixa la date du second dîner au 20 avril suivant, c'est-à-dire un mois après le premier. Il réunit trente-neuf convives ; et c'est à notre illustre compatriote Chevreul que fut décernée la présidence. On ne lui tint pas rigueur de ce qu'il était « grand buveur d'eau » et on le sacra Président d'honneur de l'Association.

L'année suivante, Chevreul atteignait sa centième année ; le dîner du 7 juin 1886 fut consacré à fêter le centenaire de notre éminent compatriote. Présidés par un autre savant angevin, le Dr Motet, cinquante convives se groupèrent autour de lui, au Café Corazza, du Palais-Royal.

A partir de 1887, sans heurt et « sans histoires » le « Vin d'Anjou » poursuit son honnête existence

En 1891 les cartes d'invitation, jusqu'ici libellées dans le style classique, sont rédigées en ce patois angevin dont l'auteur des *Rimiaux d'Anjou* se fera la savoureuse spécialité. Et ce fut une note bien locale ajoutée à des réunions déjà si plaisantes.

Voici, d'ailleurs, un échantillon de ces invitations nouvelle manière :

Avis aux gas du Vin d'Anjou,

« Il se fait assavoir aux siens qui sont icit ed'soèr que : Mait Pasquiet, du *Lion d'Or*, et sa bourgeoise quant-et-lui, sont venus tout à l'essprès d'Candé, avec leus caq'roles, leus poëlons et leus moches d'beurre fin, pour nous assimenter eune fénéraille d'première à la mode d'cheux nous. »

En 1894, le dîner, qui fut donné au mois de juillet, sur la première plate-forme de la Tour Eiffel, était pour la première fois exclusivement inspiré du souvenir des choses succulentes qui se mangent en Anjou. Qu'on en juge par le Menu : *Potages crème à l'Angevine et Consommé au Roi René, Filet Bodinière, Poularde de Château-Gontier, Salade de Corné, Petits pois de Beaufort, Bombe Dumnacus, Crémets d'Anjou.*

En même temps, les vins d'Anjou s'y montrent avec moins de parcimonie et de timidité que jusque-là, en attendant que vienne le moment où ils y brilleront de tout leur éclat.

Et les dîners se succèdent joyeux, sans autres incidents que des changements de Présidents ou de résidences. L'histoire nous saura gré de conserver les noms des uns et des autres. Les Présidents, ce furent le peintre LENEPVEU, LOYSEAU, professeur au Lycée de Vanves, DE SOLAND, BERGER, Comte DE MAILLÉ, tous trois députés de Maine-et-Loire, Eugène LELONG, JOUSSELIN, PERSAC, Dr GUIGNARD, CHÉRAMY, LORIN, MÉAULLE, Gabriel RICHOU, BROCHIN, CORMERAY, JEUNIETTE, PEYSONNIÉ, Dr FURET, BLACHEZ, PLAÇAIS, LEROUX-CESBRON, Etienne PORT, Dr RÉGNARD, MELLET.

Les résidences successives furent : Café Corazza, Hôtel des Sociétés Savantes, Notta, Dîner Français, Abbaye de Thélème, Ronceray, Véfour, Restauration des Cadets de Gascogne, puis du Congo, pendant l'Exposition de 1900, puis le Café Cardinal, auquel le Vin d'Anjou demeura fidèle de 1903 jusqu'à l'année fatale.

Nous voici en 1914 ! Henri COUTANT préside la réunion du 24 mars ; la suivante eut lieu le 30 juin, à l'Alcazar d'été. Un mois après c'était la guerre. On ne songea plus à s'amuser. Mais les réunions du Vin d'Anjou n'étaient pas un simple jeu ; elles resserraient des amitiés qui sont de toute saison et de toute circonstance, et jamais on n'en éprouva plus le besoin qu'à cette époque effroyable. C'est pour cela que le 16 mars 1915, après une interruption de neuf mois, on décida de se réunir de nouveau. Trente convives se retrouvèrent au Restaurant de la Belle-Meunière, pour une agape presque improvisée et qui d'ailleurs, au moment du dessert, fut interrompue par une alerte de Zeppelins. Quels souvenirs !

Les maillons de la chaîne étaient ressoudés et si solidement que rien ne put les rompre désormais. Les réunions se succédaient, simples, sans apparat, tout imprégnées des sentiments qui remplissaient, dans cette triste époque, tous les cœurs français, avec la confiance invincible en la prochaine Victoire et l'espoir du retour de tous les amis que le devoir avait éloignés et vers lesquels la pensée de ceux qui restaient était continuellement orientée.

11 Novembre 1918 ! C'est la Victoire si attendue ! Un mois plus tard, le 10 décembre, les trente-cinq convives du « Vin d'Anjou », et parmi

eux quelques démobilisés de la veille, se réunissent au Restaurant de la Métropole, boulevard Montmartre. Un des plus sympathiques fils de l'Anjou, qui pendant la guerre avait fait vaillamment son devoir, Marc LECLERC, y fut désigné pour présider le dîner suivant, qui eut lieu le 1er avril 1919.

En 1921, le bon peintre Ludovic ALLEAUME lui succéda. En élevant à la présidence cet artiste si probe, si consciencieux, ses camarades avaient la pensée de saluer en lui une ère de paix, si favorable au développement de l'Art, qu'il représentait avec tant de distinction.

Cependant, l'amour de la paix ne se confond pas avec le sommeil et la routine. Ce fut le sentiment des Angevins de Paris, qui donnèrent pour successeur au peintre Alleaume l'actif, l'infatigable réalisateur qu'est Camille SERVAT, de Saumur. Dès le lendemain de sa nomination, secondé par son zélé secrétaire, Eugène Boré, dont on ne dira jamais assez le dévouement infatigable, il s'applique à donner au « Vin d'Anjou » un essor nouveau. Les mesures qu'il préconisa, quelques-uns étaient tentés de les trouver révolutionnaires. Il affranchit le « Vin d'Anjou » de la tyrannie des restaurants, fit décider l'institution de dîners originaux, pour lesquels on ferait appel au concours de cuisiniers de terre angevine, afin que les plats soient préparés à la manière du pays, arrosés de vins d'origine angevine authentique et servis par des bonnes en coiffe d'Anjou, aux jolis papillons de dentelles, des Ponts-de-Cé, de Chalonnes ou de Thouarcé.

Cette nouvelle série fut inaugurée au Palais des Fêtes, de la rue Saint-Martin, le 20 juin 1922 et eut un tel succès que le nombre des convives attirés par l'annonce de cette exceptionnelle manifestation régionale et culinaire dépassa la centaine. Toute la presse s'en fit le joyeux écho.

Aujourd'hui, le « Dîner du Vin d'Anjou » est devenu un événement sensationnel de la vie parisienne. Les Angevins y viennent de plus en plus nombreux et les invitations en sont recherchées. Tous sont assurés d'y rencontrer le plus cordial accueil, et ce qui ne gâte rien, d'y savourer des mets exquis, préparés à la mode de « chez nous » et d'y déguster des grands vins d'Anjou, que d'aimables propriétaires sont heureux d'offrir.

Pour faire excuser l'aridité de cette Notice historique, il faudrait placer sous les yeux du lecteur le tableau vivant de ces agapes, où la joie de se trouver réunis entre gens de même terroir, animés du même esprit et du même cœur, engendre les aimables épanchements et par moment provoque, pourquoi ne pas le dire, la folle gaieté. Délicieux instants de détente pour tous ces hommes à la vie grave et laborieuse, qui se font une agréable obligation, en franchissant le seuil du dîner du « Vin d'Anjou », d'abandonner les soucis de la vie quotidienne et de ne plus songer aux affaires.

Et puis, c'est, au dessert, alors que circulent les meilleurs vins d'Anjou, le régal, toujours attendu avec impatience, du discours du Président en exercice. Et Dieu sait si on lui fait un succès ! La harangue varie de ton d'un dîner à l'autre, suivant la tournure d'esprit de l'orateur ; mais toujours elle est intéressante, souvent pétillante d'esprit et d'une belle tenue littéraire.

Enfin, pour terminer dignement la soirée, des artistes, tous angevins, hommes ou dames, membres de l'Association ou invités pour la circonstance, donnent avec une incomparable bonne grâce la mesure de leur talent. On peut citer, au hasard, Décard, l'éminent artiste, Marc Leclerc, le barde du patois angevin, Mme d'Herblaye, de la Comédie-Française, Mme Cesbron-Viseur, la grande cantatrice, M. Audouin, de l'Opéra-Comique, Marcel Roussel, le bon diseur, et combien d'autres !

Et voilà comment la modeste initiative de quelques Angevins, isolés dans Paris, il y a près de quarante ans, eut pour conséquence de rapprocher fraternellement une foule de braves gens sortis du même sol, qui s'ignoraient et auraient continué à passer les uns près des autres sans se connaître et sans soupçonner quels liens intimes les unissaient.

Et puis, pourquoi ne pas l'ajouter dans un livre tout entier consacré à la vigne et au vin d'Anjou ? L'éclat de ces réunions a eu un second effet, qu'il convient de signaler. Il a rejailli sur le fin produit de nos coteaux et largement contribué à attirer sur lui l'attention des Parisiens.

Ne fut-ce qu'à titre de reconnaissance, le « Dîner du Vin d'Anjou » avait donc ici sa place toute marquée.

Ses débuts ont été modestes, ses fruits sont abondants :

Ad augusta per angusta

CHAPITRE XXVI

LA CONFRÉRIE DES SACAVINS D'ANJOU

> « Mais i ne sçay que diable cecy
> veult dire : ce vin est fort bon,
> délicieux ; mais plus i' en boy,
> plus i' ay soif. »
>
> PANTAGRUEL.

Les précédents. — Et tout d'abord, une réminiscence classique, dont on me pardonnera d'altérer un peu le texte :

Andecavæ Musæ paulo minora canamus,

Muses angevines abaissons un peu nos chants.

On a parfois reproché aux Angevins d'aimer « un petit peu trop » le vin de leurs coteaux. Le reproche est-il fondé ? Je ne sais. En tout cas, si la mesure était, par aventure, quelque peu dépassée, faudrait-il leur en faire un crime ? Ayant sous la main tout ce qu'il faut pour étancher agréablement leur soif, et même aller un peu au delà, la tentation est forte, et « il n'y a' pas loin de la coupe aux lèvres ».

Rappelons aux sévères mentors que Caton, le sage Caton, tenait tête aux plus rudes buveurs de son temps et que beaucoup de ses disciples roulaient sous la table, avant qu'il y roulât lui-même :

Narratur et prisci Catonis
Sœpé mero incaluisse virtus (1).

_____

(1) D'après l'abbé Rozier : « On raconte que souvent la vertu de Caton a sombré dans le vin. »

Et puis, comme le rappelle si bien le dicton latin : *Causæ sunt quinque bibendi : Hospitis adventus — præsens sitis atque futura — vini bonitas et quolibet altera*. « Il y a cinq raisons de boire : l'arrivée d'un ami, la soif présente et la future, la bonté du vin et peut-être encore une autre cause. »

Les Ordres religieux ne nous ont-ils pas donné, au cours des siècles, l'exemple continu du culte de la vigne et de son produit ? Pas un monastère qui se fondât sans qu'un clos de vigne fut planté dans son voisinage. C'est aux Bernardins de Cîteaux que l'on doit la création du Clos Vougeot, ce vignoble entre tous célèbre et auquel le colonel Bisson faisait présenter les armes par son régiment, de même que le fameux cru de Johannisberg est dû aux Bénédictins. Enfin, n'est-ce pas au Religieux, dom Pérignon, cellérier aveugle de l'abbaye de Hautvillers, dans la Marne, qui vivait au commencement du XVII⁰ siècle, que l'on doit la création du vin de Champagne ?

Il arriva même que ce culte fut poussé un peu trop loin ; les censeurs qualifiés de la morale durent alors s'élever contre les abus qui se produisirent. On lit dans une curieuse paraphrase du Livre de Job en 3336 vers, due à un auteur inconnu du XIII⁰ siècle, une critique assez vive des moines qui discutaient avec passion sur les qualités des vins et levaient un peu trop souvent leur verre.

> Fols de che faire, disputer
> Vont des vins, des couleurs, du goust ;
> Chils est clers, chils ressamble moust,
> Chils est Saint-Jehan, chils François,
> Chils vint trop tard, chils vint anchois
> Chils est d'Anjo, et chils du Rin ;
> Orre au voirre ! orre au mazerin ! »
> Dist Bernars, Augustins, Benois,
> « Qui che foula, il soit benois ! (1) »

(1) Fous de cela faire, disputer
   Sur les vins, leur couleur, leur goût :
   « Celui-ci est clair, celui-là lui ressemble beaucoup,
   Celui-ci est de Saint-Jean, celui-là français,
   Celui-ci vient trop tard, celui-là trop tôt.
   Celui-ci est d'Anjou, et celui-là du Rhin.
   Allons ! au verre ! allons ! à la coupe ! »
   Disent Bernardins, Augustins, Béuédictins,
   « Celui qui le foula qu'il soit béni ! »

Aussi voyons-nous le Concile d'Aix (817), déterminer prudemment la quantité de vin qu'il convient de donner par jour aux religieux vivant en communauté. Si la maison est riche et le vin abondant au voisinage, cinq livres pesant de vin pour chaque chanoine et trois aux chanoinesses. Si la maison est pauvre et le vin plus rare, il faut se contenter de deux litres de vin, la ration nécessaire étant complétée par de la bière. Celle-ci n'est donnée que faute de mieux, comme pis-aller, car si nos pères buvaient d'abord de la bière, ils l'abandonnèrent dès qu'ils surent faire le vin.

On connaît, à propos de bière, la virulente apostrophe que lui adresse l'empereur Julien, qui avant de monter sur le trône des Césars habitait Lutèce, où il se régalait fort du vin, pourtant assez peu généreux, de Suresnes : « Qui es-tu », dit-il à la bière ? « Non, tu n'es pas le vrai fils de Bacchus. L'haleine du fils de Jupiter sent le nectar, et la tienne est celle du bouc (1). »

De son côté, Paulmier, médecin normand, élève de Fernel, dit que c'est la bière qui engendre le « spleen » des Anglais.

Voilà certes une maladie dont ne souffriront pas les Angevins, buveurs de vin.

Le vin d'Anjou délie la langue, évertue l'esprit, fait éclater la satisfaction du cœur par les gais refrains.

J'en prends à témoin Gilles Ménage, qui déclare que les quatre meilleurs diseurs de bons mots de son temps étaient quatre Angevins : prince de Guéméné, marquis de Jarzé, comte de Lude, Guillaume Bautru, tous amateurs de vin, et ce dernier propriétaire de la Coulée de Serrant.

Les Angevins, auxquels on accole d'une façon assez insolente l'épithète de Sacavins (évidemment pour les besoins de la rime), n'oublient pas, dans leurs plus joyeuses agapes, que la vigne au dire d'Anacharsis, cité par Olivier de Serres, produit « trois grappes, la première de plaisir, la seconde d'ivrognerie, la troisième de tristesse et de pleurs », et ils ont bien soin de ne mordre qu'à la première.

Prenant donc du bon côté la réputation un peu malicieuse faite aux

(1) LEGRAND D'AUSSY.

Angevins, et pensant qu'il vaut mieux battre le chien devant le loup, rire
d'une plaisanterie, plutôt que de s'en fâcher, mettre les rieurs de son côté
plutôt que de bouder, je dirai ce qu'est la

Confrérie des Sacavins angevins.

Etablissons tout d'abord, sur documents authentiques, que cette Confrérie
a des précédents et non des moins recommandables. Au xvie siècle, l'évêque
de Strasbourg, Jean de Munterscher, aimable homme et solide buveur, créa
l'*Académie poculative de la Corne*, ainsi appelée parce que celui-là seul
était proclamé membre de cette joyeuse association, qui vidait d'un seul
trait une ample corne remplie de deux pots (4 litres) de Lippelsberg, de
Wolxheim doré, ou de vin du Rhin.

Les origines de la Confrérie. — En ce qui concerne l'Anjou, voici ce que
je sais sur l'origine de l'Ordre des « Sacavins ».

Au commencement du présent siècle, un aimable usage s'était établi à
Saint-Georges-sur-Loire. Chaque année, après les courses de Serrant, un
dîner était offert à quelques amis, fidèles au rendez-vous, par un excellent
et aimable compagnon, Camille Granger, ancien négociant, conseiller
municipal. Le menu, préparé et servi par Marie, l'habile cuisinière, ne
variait jamais. Les habitués étaient sûrs de trouver chaque année le Potage
au gras, la Poule en daube, un Poisson au beurre blanc, le gigot aux
haricots, la salade de saison, le gâteau et les desserts assortis. Inutile de
dire que le tout était arrosé des meilleurs vins du pays.

Une quinzaine d'amis se serraient autour de la table hospitalière. On y
voyait des conseillers généraux et d'arrondissement, des députés, avoués,
banquiers, industriels, propriétaires, heureux d'oublier, entre amis et *inter
pocula*, les soucis des affaires publiques, la crainte de l'électeur, les
difficultés de la procédure.

Or, c'est au cours de ces dîners que germa dans l'esprit de l'un des
convives l'idée d'une Association, qui consoliderait et développerait le

groupement dû à l'initiative du père Granger. A M. de Grandmaison, député de Saumur, en revient l'honneur.

Le château de Montreuil-Bellay fut désigné pour être le siège de l'Institution ; des statuts furent élaborés : l'Ordre des Sacavins était créé.

Fig. 92. — L'antre des Sacavins, au château de Montreuil-Bellay.

Ce ne fut pas plus difficile que cela, et M. de Grandmaison en fut le premier Prieur.

Le siège du nouvel Ordre n'était-il pas vraiment bien choisi, dans ce pays, où Guillaume Bautru, le spirituel châtelain de Serrant, au xviie siècle, disait, en parlant des clercs de Montreuil-Bellay : « Ils boivent mieux qu'ils ne savent écrire (1). »

Le dîner d'inauguration fut donné dans la grande salle à manger du Château, le 1er octobre 1905. Rabelais, en un curieux portrait, venu des

_____

(1) Pour l'honneur des clercs de Montreuil, il entendait par le mot « écrire » non pas calligraphier, mais composer.

collections du marquis de Biencourt, au château d'Azay-le-Rideau, présidait
la cérémonie culinaire et semblait suivre de son œil bienveillant et moqueur
les faits et gestes des convives. La chère fut magnifique et les vins exquis.
Chaque convive avait devant lui douze verres. Ils furent tous garnis et
tous vidés. Ronsard était battu, lui qui ne prétendait vider que neuf fois son
verre à la gloire de sa belle amie :

Fig. 93.

> Neuf fois au nom de Cassandre
> Je vais prendre
> Neuf fois du vin du flacon,
> Afin de neuf fois le boire
> En mémoire
> Des neuf lettres de son nom.

De suggestives inscriptions décoraient les murs de la
salle : « Quand mort seras, plus ne boiras. » —
« Buvons bien, nous mourrons gras. » — « Mieux vaut
se tromper de femelle que de bouteille... » J'en passe, et
des meilleures.

L'année suivante, une innovation piquante.

C'est dans la cave que fut servie l'agape panta-
gruélique. Mais cette cave est une magnifique salle
gothique (fig. 92). On dirait plutôt une crypte de
cathédrale.

Ce jour-là fut créé l'insigne des membres de la
Confrérie (fig. 93), un petit ruban mi-parti rouge et bleu,
frangé d'or et surmonté d'une grappe de même métal, et
vers le milieu du ruban un tonnelet avec les outils professionnels des tonneliers, encadrés dans cette inscription :

SACAVINS, *Montreuil-Bellay.*

Quant à la formule du serment que devait prêter chaque invité devant
le portrait de maître Rabelais, la voici dans son éloquente simplicité :

« *Je jure devant notre père Rabelais, que lorsque mon verre sera plein
je le viderai, et que lorsqu'il sera vide je le pleindrai.* »

RABELAIS.

Fig. 94. — D'après un tableau de la collection de M. de GRANDMAISON et qui passe pour avoir été composé à une époque peu éloignée de celle où vivait le grand écrivain.

18

Le nombre des membres de la Confrérie fut fixé à quarante, comme à l'Académie française, mais avec faculté d'admettre des membres honoraires.

L'admission. — Il va de soi qu'avant d'être reçu à titre de « membre titulaire », le candidat devait subir l'épreuve, *dura lex, sed lex*, permettant de juger de la capacité de l'impétrant. Naturellement, c'est le verre en main qu'elle devait se subir. D'abord, avant de s'asseoir autour de la table, les futurs initiés devaient consommer de copieux apéritifs, et ne refuser ensuite aucun des vins servis au cours du repas. Si l'on ne se sentait pas de force à les consommer tous, on n'était plus invité, et si l'on était trop ému après leur absorption on ne l'était pas davantage.

Cette mesure de rigueur était évidemmennt inspirée des festins de la Rome antique : *Aut bibat, aut abeat.* « Qu'il boive ou qu'il s'en aille (1). »

Enfin, venait la dernière et dangereuse épreuve, à savoir : remonter, sans aide et sans appui, l'escalier qui du sous-sol allait aux appartements du château : il ne fallait ni tomber, ni rester en route.

La longue liste des membres de l'Ordre prouve que beaucoup d'Angevins et aussi des étrangers de marque étaient en mesure de subir l'épreuve avec succès.

Les orgies de l'Abbaye de Montreuil-Bellay, sous l'œil indulgent du père de la gauloiserie et du franc-rire, l'illustre Rabelais, ne doivent pas cependant être par trop scandaleuses, car parmi les initiés, je relève les noms de fins lettrés, d'artistes, de Conseillers d'Etat, d'hommes politiques, de graves Docteurs, tous gens posés et fort recommandables. J'y vois même quelques Dames ; oui, de nobles Dames y furent admises, ce qui aurait grandement indigné le vertueux Caton, qui interdisait aux Romaines de boire du vin et recommandait à leurs proches de les embrasser pour voir si elles ne sentaient pas le vin. *Cato ideo propinquos feminis osculum dare, ut scirent an temetum olerent* (2).

(1) Cicéron. *Tusculanes.* V. 41.
(2) BILLIARD. *La vigne à travers les âges*, 1913, p. 36.
Renouvelant ces antiques traditions, la plus moderne des fabriques d'automobiles

L'histoire dit même que quelques-uns abusaient de ce contrôle, comme quoi les meilleures choses tournent parfois aux pires excès. Voilà bien l'humanité !

Parmi les membres les plus récemment élus je vois les Présidents des Chambres de Commerce de Limoges et de Saumur, et même le Préfet de Maine-et-Loire, ce qui doit rassurer sur la nature des Statuts, qui s'ils sont « versifs » (qu'on me pardonne cet affreux néologisme), n'ont rien de subversif, ni de révolutionnaire.

Je soupçonne d'ailleurs, à voir certains noms parmi les initiés, qu'on dût avoir quelque indulgence pour les estomacs de moindre capacité et que le Grand Maître s'est contenté parfois de simples preuves de bonne volonté.

Tout finit par des chansons. — On comprend que de pareilles cérémonies ne peuvent pas s'achever sans des chants appropriés : après « l'échanson », « les chansons ». Un poète, austère magistrat, a fourni les paroles et David Bernard les a mises en musique. C'est ainsi que nous avons la *Chanson du vin d'Anjou,* dédiée

> Au fier vin qui nous émoustille,
> Au vin d'Anjou clair et vermeil,
> Liqueur d'or qui si bien pétille
> Que l'on croit boire du soleil ;

et aussi la *Marche des Sacavins,* musique de Gaston Lemaire, paroles de Georges Boissec, un nom prédestiné, mais qui cache peut-être un personnage au très grave caractère. En voici le refrain :

> Vrais Sacavins, gais compagnons,
> Dans cette cave bien garnie
> Faisons ripaille et festoyons,
> Ce soir c'est grande beuverie.

Le contrôle. — Bien entendu, on n'est pas admis à prendre part à ces solennelles assises de la Confrérie, sans montrer patte blanche, je veux dire

---

américaines, la maison Ford, en 1924, expulse tout ouvrier qui a le malheur d'exhaler la moindre odeur de boisson fermentée. Et voilà comment l'histoire se recommence.

sans être muni de l'invitation en règle rédigée dans le style savoureux du XVIe siècle et que je transcris fidèlement :

« Les Révérendissimes membres de la Confrérie des Sacavins d'Anjou sonct requis et priez de venir se repaistre de harnois de gueule, et de flacons et fillettes de franc-pinot des pays de Saumur et de l'Anjou, et de chansons à boire et d'amour en l'Abbaye de Montreuil-Bellay, le.................. du mois d................. à six heures de relevée pour les liqueurs et filtres d'excitation à manger, et à sept heures et trois quarts de relevée pour ripailles, en nos caves vineuses : et de revestir à cet effet les insignes de l'ordre.

Ils sont priez de respondre le plus tôt qu'il leur sera possible à nous Dom Georges de Grandmaison, Prieur de l'Ordre, en notre Abbaye de Montreuil-Bellay, en Saumurois.

« Salut à tous en Maistre Rabelais! »

Le dernier dîner des Sacavins d'Anjou eut lieu le 27 septembre 1913. Souhaitons qu'après une interruption due à des événements qui ne prêtaient pas à rire, la tradition des gaies réunions reprenne son cours, pour la joie des convives et la gloire du vénérable Dom Georges de Grandmaison, Prieur de l'Ordre des Sacavins !

NOTE RECTIFICATIVE

Ami lecteur, *à parcourir ces lignes écrites sur le ton dithyrambique, tu pourrais t'imaginer peut-être que sur cette bonne terre angevine nous sommes tous gens occupés du matin jusqu'au soir, et sans doute aussi du soir jusqu'au matin, à caresser et à vider la « dive bouteille », et que c'est notre habitude journalière de crouler sous la table, en attendant qu'on nous emporte pour nous jeter sur nos lits.*

Va, n'en crois rien, sunt verba, non acta, *plus de paroles que de gestes.*

Ne sois donc pas scandalisé de ce que tu viens de lire. Le vin d'Anjou émoustille l'esprit et aiguise la plaisanterie, et c'est tout. Nos agapes sont gaies, mais personne n'en sort en titubant. Peut-être sommes nous des fanfarons qui nous faisons gloire d'un vice que nous n'avons pas.

Crois-moi bien, ce n'est pas de la « passion poculative » comme dirait Rabelais, mais du pur dilettantisme. Et j'en sais qui chantent le vin, le joli vin d'Anjou, et qui se contentent le plus souvent de boire un grand verre d'eau à leur repas. Va, nous avons bon caractère et nous savons très bien supporter le lardon que nous lance le passant, lorsque dégustant sous la tonnelle, en compagnie de deux ou trois amis, une fine bouteille descendue de nos coteaux, nous l'entendons nous jeter, en guise de bonjour :

SALUT, ANGEVINS, SACAVINS !

Fig. 95. — Ces bons Angevins !

STATISTIQUE DE LA VIGNE ET DU VIN
EN ANJOU

Elle comprend :

1° L'indication de la superficie des vignes, établie pour l'ensemble du département de Maine-et-Loire, chaque arrondissement, chaque canton, chaque commune, enfin, chaque viticulteur possesseur d'au moins un hectare de vigne ;

2° Le montant de la récolte de vin pour les deux années 1921 et 1922, l'une de qualité exceptionnelle, l'autre de grande vinée, pour la totalité du département, les arrondissements, les cantons et les communes.

———————

Les documents qui m'ont servi à établir ces Statistiques m'ont été fournis obligeamment par le Service des Contributions Indirectes, pour les communes, et par les Mairies pour les propriétaires, d'après les déclarations de récolte.

Il me paraît indispensable de faire certaines réserves au sujet des chiffres fournis par ces Administrations, car il est bien difficile qu'en pareille matière il ne se glisse pas quelques erreurs. C'est ainsi, par exemple, que nombre de propriétaires, possesseurs de parcelles de vignes sur plusieurs communes, ont fait une déclaration unique, totalisant ainsi leur récolte, au bénéfice d'une seule commune et au détriment des autres. Je ne saurais donc, en aucune façon, prendre la responsabilité des chiffres, que je me contente de transcrire.

J'en dirai autant pour les noms des viticulteurs, dont je ne saurais garantir

rigoureusement l'orthographe, et que je reproduis tels qu'ils m'ont été donnés.
Enfin, si le nom des viticulteurs de quelques communes viticoles, et non
des moindres, telles que Martigné-Briand, Rablay, Le Vaudelnay, Huillé,
manquent dans cette énumération, ce que je regrette profondément, c'est que
malgré mes demandes réitérées, les renseignements sollicités ne m'ont pas
été adressés par les Mairies.

*
**

OBSERVATION. — *Il m'avait paru intéressant d'établir aussi la proportion
tant des divers cépages français que des Producteurs directs cultivés en Anjou.
Pour établir cette Statistique j'ai fait appel, à plusieurs reprises, par le moyen
de la presse, à tous les propriétaires. Les réponses ne me sont pas venues assez
nombreuses pour me permettre de dresser cette Statistique, et je le regrette.
Je n'en adresse pas moins mes sincères remerciements à ceux qui ont bien voulu
se donner la peine de me répondre et dont la bonne volonté se trouve ainsi
malheureusement inutilisée.*

A. — STATISTIQUE DU DÉPARTEMENT DE MAINE-ET-LOIRE

Superficie du Vignoble et Récolte de vin.

Ensemble du Département.

1921		1922	
Superficie en hectares	Récolte en hectos	Superficie en hectares	Récolte en hectos
31.943	654.027	32.289	1.431.685

B. — **STATISTIQUE PAR ARRONDISSEMENT**

	1921		1922	
	Superficie en hectares	Récolte en hectos	Superficie en hectares	Récolte en hectos
Arrondissement d'Angers . .	11.466	200.641	11.778	561.032
--- de Saumur..	14.054	309.220	13.891	587.995
— de Cholet...	3.665	100.639	3.878	255.391
— de Baugé...	2.440	39.200	2.503	115.669
— de Segré....	318,53	4.327	239,40	11.598

C. — **STATISTIQUE PAR CANTON**

Arrondissement d'Angers

	1921		1922	
	Superficie en hectares	Récolte en hectos	Superficie en hectares	Récolte en hectos
Canton d'Angers N.-E...	737	12.372	613	31.586
— — S.-E....	208	3.348	198	9.414
— — N.-O	294	3.996	240	9.847
Canton de Chalonnes-sur-Loire.	1.530	22.797	1.723	65.465
— — Saint-Georges-sur-Loire.....................	936	12.051	986	40.207
Canton du Louroux-Béconnais..	164	2.336	195	7.127
— des Ponts-de-Cé.......	1.751	38.584	1.749	100.138
	687	13.459	630	37.858
— de Thouarcé..........	4.713	85.077	4.946	239.858
— de Tiercé	446	6.621	498	19.532
Totaux.,...........	11.466	200.641	11.778	561.032

Arrondissement de Saumur

	1921		1922	
	Superficie en hectares	Récolte en hectos	Superficie en hectares	Récolte en hectos
Canton de Doué	2.465	56.408	2.353	111.456
	1.245	28.085	1.006	51.175
Canton de Gennes	1.796	35.178	1.443	60.972
— de Montreuil-Bellay ...	3.152	83.854	3.470	159.481
— de Saumur N.-O et N.-E.	1.043	10.314	1.058	36.183
— — — Sud	2.527	48.502	2.517	72.449
— de Vihiers	1.826	46.879	2.044	96.279
Totaux	14.054	309.220	13.891	587.995

Arrondissement de Baugé

	1921		1922	
	Superficie en hectares	Récolte en hectos	Superficie en hectares	Récolte en hectos
Canton de Baugé	244	4.585	244	11.368
— — Beaufort-en-Vallée ..	703	13.282	703	38.449
— — Durtal	384	6.117	359	16.779
— — Longué	401	4.901	453	18.388
— — Noyant	165	1.829	189	6.064
— — Seiches	380	5.972	379	16.285
	163	2.514	176	8.336
Totaux	2.440	39.200	2.503	115.669

Arrondissement de Cholet

	1921		1922	
	Superficie en hectares	Récolte en hectos	Superficie en hectares	Récolte en hectos
Canton de Beaupréau.........	193	7.589	217	17.077
— — Champtoceaux......	1.158	30.644	1.144	81.872
— — Chemillé........... {	139	3.842	171	9.628
	144	2.795	151	6.594
— — Cholet.............	65	1.682	65	4.237
— — Saint Florent-le-Vieil	867	18.400	939	50.093
— — Montfaucon..........	517	14.074	591	46.365
— — Montrevault	582	21.613	600	49.525
Totaux.............	3.665	100.639	3.878	255.391

Arrondissement de Segré

	1921		1922	
	Superficie en hectares	Récolte en hectos	Superficie en hectares	Récolte en hectos
Canton de Candé...............	44	719	52	2.182
— — Châteauneuf........ {	68	888	54	1.848
	74	1.041	65	2.512
— du Lion-d'Angers	78	1.064	58,10	3.069
— de Pouancé .... {	3,50	34	2,34	62
	3,03	33	3	36
— — Segré	48	548	32,67	1.186
Totaux...........	318,53	4.327	239,40	11.598

D. — STATISTIQUE PAR COMMUNE ET PAR VITICULTEUR

Arrondissement d'Angers.

CANTON D'ANGERS NORD-EST

ANGERS (pour les 3 cantons)

1921. Superficie : 211 hectares ; récolte : 3.943 hectolitres.
1922.   —   233   —   —   12.051   —

	Hectares			Hectares
MM. LORIN Paul	6,50	MM. PICHERY Lucien		1,50
GASNIER François	5	PINARD François		1,40
Mme DE BERNARD (Comtesse)	3,30	Mme MARTIN Gabrielle		1,30
ASILE DES VIEILLARDS SAINT-NICOLAS	3	MM. AUBRY Henri		1,24
		LAMOUREUX Louis		1,20
Mme ROGERON	3	HAMON Louis		1,20
MM. BELLIARD François	2,50	ROUILLARD René		1,20
DUBOIS Charles	2,23	PINIER Henri		1,11
PAPIN Auguste	2	DUFRÊNE Désiré		1,06
VAN GROENENDAEL Henri	2	GUÉNAULT Alfred		1
AUBRY Prosper	2	BARBIN Joseph		1
LE GORREC Emile	2	Mme BÉLIER (Veuve)		1
AUBRY René	2	MM. PLACÉ Félix		1
MENOU-MOREAU	2	DAIGNIÈRE Gaston		1
HODEBOURG DE VERBOIS	2	SÉCHER Louis		1
MASSON Charles	1,83	POTARD Louis		1
BRAULT Alexandre	1,70	SAMSON René		1
GAUVIN René	1,60	BOUMIER Henri		1
BEAUMONT Eugène	1,50	COMMUNAUTÉ DU BON PAS-TEUR		1
HÉBERT DE LA ROUSSELIÈRE	1,50	BOISNARD René		1
HALOPÉ Pierre	1,50			
	CLAVIER François	1		

SAINT-BARTHÉLEMY

1921. Superficie : 91 hectares ; récolte : 1.018 hectolitres.
1922.   —   91   —   —   2.853   —

	Hectares		Hectares
MM. RICHOU	8	M. BOUCHEREAU Louis	5
BOUGÈRE Ferdinand	6,50	Mme CLAMENS Jean (Veuve)	3
CHARPENTIER Théodore	6	MM. CLÉMENT Lucien	2,50
DE LAAGE Jules	5,50	PERDRIAU Rémi	1,80
	DOLBOIS Pierre	1	

ECOUFLANT

1921. Superficie : 20 hectares ; récolte : 343 hectolitres.
1922.   —   21   —.   —   1.059   —

	Hectares
Mme Fortin (Veuve)	2,50

PELLOUAILLES-LES-VIGNES

1921. Superficie : 61 hectares ; récolte : 2.140 hectolitres.
1922.   —   41   --   ---   3.919   —

	Hectares		Hectares
MM. Dubas Alfred	11,50	Mme Tuchais Edmond (Veuve) .	2,50
Clouard Jules	5,50	MM. Peullier Louis	1,30
Mme Tuchais-Hamard (Veuve)...	3	Tranchant Louis	1,22
M. Tuchais Marcel	2,50	Delahaie Pierre	1

LE PLESSIS-GRAMMOIRE

1921. Superficie. : 64 hectares ; récolte : 1.311 hectolitres.
1922.   — '   53   ---   --   2.852   —

	Hectares		Hectares
MM. Lemesle Félix	3	MM. Leroyer Henri.............	1,34
Mauny Jules	2	Herrier Henri	1,30
Bachet Edmond	3	Grassin Georges	1,25
Lindé Jules	1,50	Métivier Jacques	1,10

SARRIGNÉ

1921. Superficie : 28 hectares ; récolte :   441 hectolitres.
1922.   —   16   —   —   1.051   --

	Hectares		Hectares
MM. Décorce Emile	2	M. Colas Octave	1,10
Chauveau Etienne	1,92	Mme Dreux	1

SAINT-SYLVAIN

1921. Superficie : 161 hectares ; récolte : 1.373 hectolitres.
1922.   —   71   —   —   3.493   —

	Hectares		Hectares
M. Lepert Lucien	8	MM. Poulain Louis.............	1,50
Mmes Bonin M. L...............	7	Rillon Joseph	1,50
Voisin Albert	4,50	Foucron Baptiste	1,25
MM. Poirier Alexandre	2,50	Saulnier Elie	1,25
Le Bomin	2	Hamelin André	1,04
Philippe René	2	Vérité Alfred	1

VILLEVÊQUE

1921. Superficie : 101 hectares ; récolte : 1.803 hectolitres.

1922.		—		87		—		4.308		—

	Hectares		Hectares
MM. Cognée René	6	MM. Bodusseau Laurent	1,40
Répussard-Lehousse	6	Répussard Victor	1,20
Lafarge Edouard	3	Hamon Michel	1
Doublard Emile	2,70	Jacquelin Adolphe	1
De Lagros	2	Février Augustin	1
Répussard Auguste	1,50	Monty Pierre	1

Canton d'Angers S.-E.

ANDARD

1921. Superficie : 75 hectares ; récolte : 1.609 hectolitres.

1922.		—		70		—		4.551		—

	Hectares		Hectares
MM. Allaume François	3	MM. Poulain Emile	1,09
Piquelin Etienne	3	Troulay François	1,06
Poulain Henri	2,33	Minou René	1
Boutreux-Moreau Alexandre	2	Robert Hubert	1
Guémas Jean	1,80	Hodée Eugène	1
Dubois Théodore	1,62	Mme Legrand (Veuve)	1
Richou Olivier	1,50	MM. Dolbois Joseph	1
Richou Jean	1,50	Froger Joseph	1
Mme Martineau (Veuve)	1,23	Lemesle Jules	1

BRAIN-SUR-L'AUTHION

1921. Superficie : 75 hectares ; récolte : 966 hectolitres.

1922.		—		70		—		3.374		—

	Hectares		Hectares
Mme Hervé (Veuve)	7	MM. Desbois André	1
MM. Normandière Edouard	5	Védy Georges	1
Maisonneuve (Docteur)	3,50	Goudevin Clément	1
Troule Charles	2	Moreau Célestin	1
Bachet Georges	1,16	Lemoine Olivier	1
Jouy Constant	1	Pangole Joseph	1
Florance Eugène	1	Hue Louis	1

TRÉLAZÉ

1921. Superficie : 58 hectares ; récolte : 773 hectolitres.

1922.		—		58		—		1.489		—

	Hectares		Hectares
MM. Vincent	6,50	MM. Bertrand Pierre	1
Sigaud Paul	4	Gaudry Célestin	1
Bardoul Emmanuel	1	Rottereau Lambert	1
Baranté Jean	1	Benoit Eugène	1
	Halopé Henri	1	

CANTON D'ANGERS N.-O.

AVRILLÉ

1921. Superficie : 50 hectares ; récolte :   586 hectolitres.
1922.   —   30   —   —   1.493   —

	Hectares		Hectares
MM. GUERRIER André	2	MM. BODÈRE René	1,50
DE CUMONT	1,50	MICHAUD Firmin	1,10
Mme LAGOGUÉ (Veuve)	1,50	GAULTIER Joseph	1

BEAUCOUZÉ

1921. Superficie : 21 hectares ; récolte :   240 hectolitres.
1922.   —   21   —   918   —

	Hectares		Hectares
M. BRIDIER Ernest	7	Mme BUIGNER (Veuve)	1,10
Mmes GOHIER (Veuve)	1,50	MM. BERNARD Gaston	1
DEZANNEAU (Veuve)	1,25	MUSÉ Joseph	1
M. FESSART André	1,20	HENRY Loïc	1

BOUCHEMAINE

1921. Superficie : 115 hectares ; récolte :   1.708 hectolitres.
1922.   —   109   —   —   3.901   —

	Hectares		Hectares
MM. JÉHIER Félix	15,40	MM. BOUVIER-BOUGILLON	1,50
JOUAFFRE	6	MAUGOURD (Docteur)	1,50
Mme FOLLENFANT	5	EON Henri	1,50
M. SAVIGNER Emile	5	FOUCHER Jean	1,50
Mmes FILLON	4	JANNETEAU	1,50
MM. CARTIER Paul	3,50	MERCIER	1,30
GAUVIN Paul	3,25	DESPRÉS Gaston	1,10
DENIAU Gaston	3	BARASSÉ Yves	1
Mlle COURNOT	2	COSNEAU Théophile père	1
MM. LECHAT	2	COSNEAU Théophile fils	1
LEMARCHAND Paul	2	LA COMBE	1
OCTAVE	2	Mlle PASQUIER Alice	1
POITOU Maurice	2	Mme PERRIN Ch.	1
GARNIER Désiré	2	MM. BOUET Joseph	1
PROUTIÈRE Christophe	1 60	CHAILLOU Julien	1
BONNELLE Pierre	1,50	FOCQUERAU	1

CANTENAY-ÉPINARD

1921. Superficie : 37 hectares ; récolte :   391 hectolitres.
1922.   —   17   —   —   835   —

	Hectares		Hectares
M. ALLARD Louis	2	MM. BERGER Eugène	1
Mme BRIAND (Veuve)	1,65	DE LA BRUNIÈRE	1
M. LABBÉ-DUSOUCHAY	1,13	POIRIER J.-B.	1

JUIGNÉ-BÉNÉ

1921. Superficie :   10 hectares ; récolte :   115 hectolitres.
1922.   —   10   —   —   400   —

	Hectares		Hectares
Mme DE MONTLAUR (Comtesse) ..	2,70	M. AYRAULT DE SAINT-HÉNIS....	1,50

SAINT-LAMBERT-LA-POTHERIE

1921. Superficie :   4 hectares : récolte :   58 hectolitres.
1922.   —   3   —   —   97   —

LA MEIGNANNE

1921. Superficie :   20 hectares ; récolte :   250 hectolitres.
1922.   —   21   —   —   707   —

	Hectares		Hectares
MM. Coiiu Georges	1,50	Mme GOURAUD D'ABLANCOURT	
Coiiu Marcel	1,50	(Veuve)	1
Mlles DE JOANNIS	1		

LA MEMBROLLE

1921. Superficie :   20 hectares ; récolte :   413 hectolitres.
1922.   —   19   —   —   1.109   —

	Hectares		Hectares
MM. JUTEAU Paul	4	MM. GAUTHIER Henri..........	1,11
POITOUT Camille	1,75	GANDON Simon	1,02
BOULAY Charles	1,50	GAROBY Charles	1
Mme CADEAU (Veuve)	1		

MONTREUIL-BELFROY

1921. Superficie :   6 hectares ; récolte :   100 hectolitres.
1922.   —   6   —   —   197   —

LE PLESSIS-MACÉ

1921. Superficie :   11 hectares ; récolte :   126 hectolitres.
1922.   —   4   —   —   190   —

CANTON DE CHALONNES

CHALONNES-SUR-LOIRE

1921. Superficie : 388 hectares ; récolte : 8.629 hectolitres.
1922.   —   410   —   —   14.159   —

	Hectares
MM. BASTARD Louis	8
BOURRIGAULT Louis	7
BOMMARD Auguste	7
Mlle HARANG Jeanne	7
MM. LIONET Fernand	6,50
DE BIRÉ Henri	6,50
Mme BOISTAULT (Veuve)	6
M. MILLEVOYE Jules	6
Mme LEMONNIER (Veuve)	6
MM. PÉTRY François	5,50
SOCIÉTÉ DES FOURS A CHAUX	5
GAVINET Jean	4,50
CHÉNÉ Mathurin	4,30
GASTÉ Eugène	4
HULIN (Docteur)	4
FLEURIOT Eugène	3,50
LEMONNIER frères	3,33
Mme ALLEREAU (Veuve)	3,33
MM. GRUAT Maurice	3,20
CADY Joseph	3,20
BREVET Pierre	3
LAFFON DE LADEBAT	3
GRELLIER Louis	3
FROGER Lucien	2,66
LECLERC Eugène	2,50
POISSONNEAU Elie	2,50
Mmes COUSIN (Veuve)	2,50
BASTARD (Veuve)	2,50
M. BORÉ Jean	2,50
Mme DEFOIS (Veuve)	2,40
MM. LAUNAY Louis	2,40
MÉNARD Louis	2,40
THULEAU Louis	2,33
Mmes GIRAULT (Veuve)	2,33
POILIÈRE (Veuve)	2,14
MM. PARENT Eugène	2
MONDAIN Léon	2
LEDUC Jacques	2
BOURREAU René	2
OGER Louis	2
OGER Charles	2
ROYER Théophile	2
BOURRIGAULT Jean	2
PETIT Léon	2
CESBRON Pierre	2
GOURDON Jules	2
BLOT Auguste	2
Mme FARION	2

	Hectares
MM. BUREAU François	2
COULON Jean	2
PELLETIER Jean	2
MANCEAU Joseph	1,86
PROUTIÈRE René	1,86
ESVELIN Jean	1,79
GIRAULT Pierre	1,66
PUISSANT Elie	1,66
HACQUET Alfred	1,50
HOREAU René	1,50
BREVET Jules père	1,50
LANTINIER Henri	1,50
MÉNARD Auguste	1,50
Mmes ATHIMON (Veuve)	1,50
BLOT (Veuve)	1,50
MM. ANTIER René	1,50
OGER François	1,50
GAIGNARD père	1,50
GAIGNARD Léon	1,50
Mme GAIGNARD (Veuve)	1,50
MM. MAILLET Henri	1,50
BUREAU François	1,50
DAVY Louis	1,50
GEVEAU Louis	1,50
CATELAIN Léon	1,46
BÉNARD Victor	1,40
LEDUC Michel	1,33
BORÉ Jules	1,33
CHUPIN René	1,33
Mlle ARNAUDEAU	1,33
MM. ALLARD Benjamin	1,33
GUAIS Louis	1,33
MAILLET François	1,33
BOUREAU François	1,33
Mme CHIRON (Veuve)	1,33
MM. CADY Pierre	1,33
VÉRON Louis	1,33
ESSEAU Louis	1,33
ROBIN Henri	1,30
COUTAULT Louis	1,30
Mmes LECACHEUR (Veuve)	1,30
DAVY (Veuve)	1,30
PIFFARD (Veuve)	1,30
M. PROUTIÈRE Louis	1,30
Mme LECLERCH (Veuve)	1,20
MM. PORCHÉ Henri	1,20
MARCHAND René	1,20
BERNIER François	1,20

19

CHALONNES-SUR-LOIRE (*suite*)

	Hectares			Hectares
BELLANGER Marie	1,16	MM. VACHER Jules		1
PINEAU Marcel	1,16	JOLLIVET René		1
Mlle REULIER (Veuve)	1,10	LEGUENNEC Paul		1
MM. PIRON Louis	1,06	Mmes GUYARD (Veuve)		1
BARRAULT Paul	1,06	MARTINEAU (Veuve)		1
ABELLARD Gustave	1,06	MM. DAVY René		1
Mme BOUET (Veuve)	1	MAILLET Jacques		1
MM. JOUFFRAY fils	1	Mme BOUET (Veuve)		1
CHAUVIN Pierre	1	MM. BOURIGAULT Pierre		1
PINEAU René	1	ROBIN Louis		1
GANDON Louis	1	GUILLOUT fils		1
DAVY Louis	1	GUÉNIN Léon		1
BREVET Jules fils	1	BORÉ Auguste		1
OGER Louis	1	DAUDIN Auguste		1
MICAULT Alexandre	1	CHAILLOU François		1
Mme BOURREAU (Veuve)	1	OGER Mathurin		1

SAINT-AUBIN-DE-LUIGNÉ

1921. Superficie : 396 hectares ; récolte : 5.549 hectolitres.

1922.   —   431   —   17.465   —

	Hectares			Hectares
MM. BEAUVAIS Jean	18	MM. BROCHARD Emile		3,50
DELAUNAY René	12	ROBIN Pierre		3,25
OGER Gabriel	12	CHAUVIGNÉ Louis		3
GOUSSET Maurice	10,20	Mme BERNIER (Veuve)		3
GAUTIER Yvon	10	MM. RICOU Louis		3
BLANCHARD Clain	9	CERQUEU Dominique		3
DE GRANDCOURT	8	ROBINEAU Louis		2,66
GOISLARD Fernand	7,66	CHAUVIRÉ Pierre		2,66
BORDEAUX-MONTRIEUX	7	LACROIX Pierre		2,66
GOURDON-BÉDUNEAU	7	DUBIGEON Auguste		2,66
PINEAU Pierre	7	CHALONNEAU Jean		2,50
GOYON Louis	6,50	ROCHARD		2,50
Mme DIONNEAU (Veuve)	6	VERDIER-DELAUNAY		2,50
MM. DUBREIL René	6	MISANDEAU		2,50
BROCHARD Pierre	6	DAVY André		2,50
DAVY Pierre	5	MARÇAIS Désiré		2,40
JACQUELIN Pierre	5	CHIRON Pierre		2,33
VERMOND Gabriel	4,79	SÉCHER Charles		2,32
JAMAIN Prosper	4,50	CADY Sébastien		2,30
VERDIER-FAUCILLON	4,50	GALLARD Joseph		2,26
GALLARD Jean	4,25	CLAIN Alphonse		2,24
MORIN Marcel	4,25	BÉDUNEAU Robin		2,18
BÉDUNEAU-CHAUVIGNÉ	4,20	Mme COURANT (Veuve)		2,14
RENAUDINEAU Victor —	4,10	MM. DELAUNAY Jules		2,14
RENOU René	4	FARDEAU Louis		2,03
BREUILS Albert	4	MORINIÈRE Mathurin		2
MALINGE Charles	4	BÉZIAN René		2
CADY Jean	4	CHAILLOU Louis		2
CASSIN Olivier	4	CHALONNEAU Julien		2
BONDU Jean	3,50	DE LA VALETTE		2

SAINT-AUBIN-DE-LUIGNÉ (*suite*)

	Hectares			Hectares
MM. Leray Gustave	2	Mme Chalonneau (Veuve)		1,33
Benoit Joseph	2	MM. Boulestreau Jean		1,33
Delaunay Zacharie	2	Cigogne Charles		1,33
Piron Jean-Baptiste	2	Béduneau Victor		1,33
Bidet Joseph	2	Verdier Pierre		1,33
Marsais Émile	2	Banchereau Charles		1,32
Papin Louis	1,95	Gourdon Auguste		1,24
Chauvigné Henri	1,90	Dubigeon Baptiste		1,20
Marsais René	1,90	Boulestreau Louis		1,20
Binet Jules	1,87	Béduneau Yvon		1,14
Béduneau René	1,78	Barré Louis		1,13
Touchais Auguste	1,75	Chalonneau Baptiste		1,13
Picherit Dominique	1,74	Gasté Jean		1,13
Barbot Charles	1,70	Mme Roussin (Veuve)		1,13
Boulestreau Louis	1,70	MM. Meunier Pierre		1,13
Usines de la Basse-Loire	1,70	Yvon Marie		1,10
Bodin Joseph	1,66	Dupont Judée		1,06
Halbert Émile	1,66	Chevallier Georges		1
Gaignard Jacques	1,60	Mérit Anatole		1
Tharreau Alphonse	1,60	Mme Gandard (Veuve)		1
Robin Paul	1,53	MM. Gasté Jules		1
Chupin Henri	1,50	Gaudin Jean		1
Rochard Eugène	1,50	Chalonneau Jean		1
Fromageau Louis	1,50	Chalonneau Maurice		1
Papin Jules	1,50	Blot René		1
Bompas Noël	1,50	Blot Georges		1
Verdier-Colineau	1,50	Raimbault Jean		1
Barbot René	1,50	Béduneau Victor fils		1
Juret Jacques	1,50	Piron Jean		1
Gelineau Paul	1,40	Gautier-Verdier		1
Gaschet Louis	1,33	Daviau Louis		1
Mme Chevalier (Veuve)	1			

CHAUDEFONDS

1921. Superficie : 151 hectares ; récolte : 1.680 hectolitres.

1922. — 151 — 4.919 —

	Hectares			Hectares
MM. Bastard Félix	10	MM. Juteau Honoré		2,60
Courtin Alfred	6	Chateau Louis		2,50
Sallé Louis	5	Dubois		2,40
Piffard Jean	5	Massiot François fils		2,30
Juby	4,06	Bricheteau Pierre		2
Pessier Raymond	4	Pichot Louis		2
Chiron Mathurin	3,50	Marçais Lucien		2
Bertrand Jacques	3	Ruillier René		2
Robin Louis	3	Mme Gaschet (Veuve)		2
Tesson (Docteur)	3	MM. Piffard Jules père		2
Jeanneteau Maurice	3	Piffard Jules fils		2
Davy de Virville Hervé	3	Mme Gasté (Veuve)		2
Mme Réthoré (Veuve)	3	MM. Guérin Eugène père		2
MM. Mercier Denis	2,80	Bretault François		2
Juteau Pierre	2,75	Boulestreau Émile		1,94
Juteau Louis	2,75	Mme Barbot (Veuve)		1,90

CHAUDEFONDS (*suite*)

		Hectares			Hectares
M.	GILLARD Constant	1,90	MM.	CHUPIN François	1
Mmes	BAZANTÉ (Veuve)	1,80		REULLIER Pierre	1
	GASTÉ Pierre (Veuve)	1,75		DE VIRVILLE Antoine	1
MM.	BUREAU Joseph	1,70		BOURMAMÉ François	1
	DAVY Louis	1,65		BARAULT René	1
	BIDET Célestin	1,60		BRETAULT Henri	1
	FARDEAU Elie	1,50		BERTRAND-DAVY	1
	BRICHETEAU-SOULARD	1,50		LEBRUN-MARIONNEAU	1
Mme	MAILLET (Veuve)	1,50		BARBOT Charles	1
MM.	BÉDUNEAU Germain	1,50		BASTARD Pierre	1
	DIOT Louis	1,40		COGNÉE Louis père	1
	BOUET Jean	1,40		FLANDRIN Alphonse	1
	THOMAS Jean	1,40		GRONEAU Louis père	1
	BOUTEILLER René	1,36		GRONEAU Louis fils	1
Mme	BLOND (Veuve)	1,35		PICHOT-CHAUVIGNÉ	1
MM.	BINET Jean	1,30		COUPEL	1
	BLOT René	1,30		JUTEAU Elie	1
Mme	JURET Auguste (Veuve)	1,30		PICHOT-MASSINOT	1
M.	CÉBRON Jean	1,30	Mme	JUTEAU-MARUAU (Veuve)	1
Mme	COULON-BINET (Veuve)	1,25	MM.	COURANT Pierre	1
MM.	PICHOT-DIOT	1,20		OGER René	1
	LANGLOIS James	1,20		GRONEAU Jean-Baptiste	1
	MARIONNEAU Antonin	1,15		BARRAULT Jacques	1

ARDENAY

1922. Superficie : 95 hectares ; récolte : 3.119 hectolitres.

DENÉE

1921. Superficie : 134 hectares ; récolte : 1.875 hectolitres.
1922.　　　—　　　　　150　　　—　　　　　—　　　7.001　　　—

		Hectares			Hectares
MM.	DUCHESNE Paul	8	MM.	LERAY René	2
	BRICHETEAU Auguste	6		CHAILLOU Jean-Baptiste	2
Mlle	MILLY Georgette	5		BIENVENU Elie	1,73
MM.	MARIONNEAU Louis	4,30		LAMBERT Jean	1,71
	BOMPAS Jacques	4		BERTRAND René	1,66
	GAIGNARD Auguste	4		LEBRETON Laurent	1,60
	MARCHAIS Pierre	3,80		ROUSSEAU Pierre	1,58
	BEZIES Jean fils	2,78	Mme	BLAIN (Veuve)	1,40
	MARQUIS Auguste	2,64	MM.	GASTÉ Charles	1,32
	RENOU Jean	2,60		PASVIE Louis	1,20
	BÉDOUET J.-B.	2,44		FRIBAULT-BOISDARD	1,06
	GOUASBAULT Désiré	2	Mme	BERTRAND (Veuve)	1
	GILLARDEAU Alexandre	2	MM.	ALLARD Pierre	1
	OGER Jean	2		LERAY Joseph	1
	MARAIS Jean	1			

STATISTIQUE 293

ROCHEFORT

1921. Superficie : 461 hectares ; récolte : 5.064 hectolitres.
1922. — 486 — — 18.802 —

	Hectares		Hectares
MM. David-Gauthier Jean	35	MM. Oger Louis Girard	2,20
Lengouiné-Compoint	18	Chaillou Pierre	2,10
Fourmond Félix	17	Citoleux-Roynard	2,10
Breyer Alexandre	16	Reullier Louis	2
Hariat Eugène	13	Moreau Florent	2
Bernard Paul	12	Roisnard Joseph	2
Courtillié Alfred	10	Coïcault Joseph	2
Tijou Hippolyte	9	Rochard Auguste	2
Compagnie des Grands Vins		Huet Victor	2
d'Anjou	9	Cesbron Joseph	2
Rozé Pierre	9	Renou Michel	2
Beillard Théophile	8	Gachet René	2
Breyer Georges	7	Dénécheau Antoine	1,88
Van der Hecht	6,66	Chalonneau Louis	1,84
Guerchais François	6,50	Chalonneau Louis père	1,84
Garran Paul	6	Vialoux Georges	1,73
Aubry Paul	5,70	Gaudin Eugène	1,71
Dupont d'Astafort	5,50	Leray Adrien	1,68
Grellier Jean	5,45	Delahaye Henri	1,66
Albert-Martin Jean	5,33	Réthoré René	1,66
Samson Jean père	5	Laud Auguste	1,59
Gachet André	5	Bidet Henri	1,59
Prestreau Louis	5	Mme Goujon Jean (Veuve)	1,52
Audiau Joseph	4,77	MM. Bourdel Barthélemy	1,51
Verdier Pierre	4,50	Blouin Jules	1,51
Moreau Henri	4	Riaou Jacques	1,50
Gazeau Pierre	4	Chauveau Fortunat	1,50
Samson Henri	4	Mme Montfort	1,50
Augoumé-Moreau	4	M. Citoleux-Giffard	1,50
Mme Bigot (Veuve)	4	Mme Barrault-Godard (Veuve)	1,50
MM. Laulaigne Joseph	4	M. Pasquier Paul	1,50
Béclair François	4	Mme Pipard (Veuve)	1,50
Tijou Louis	4	MM. Réthoré-Moreau	1,50
David Pierre	3,86	Mahé Henri	1,46
Maingot Jean	3,60	Busson René	1,46
Béclair François	3,50	Trottier Jacques	1,45
Béduneau Joseph	3,33	Goujon François	1,45
Boulestreau Joseph	3	Binet Auguste	1,45
Bouton Auguste	3	Maurice Henri	1,40
Lucas Auguste	3	Pasquier Henri	1,39
Gouzil André	2,80	Bellanger Eugène	1,39
Parent Louis	2,66	Mme Bougère (Veuve)	1,39
Sorin Pierre	2,64	MM. Levieux Jean	1,35
Chevrier Auguste	2,50	Duchêne Louis	1,33
Mme Houdet Emile (Veuve)	2,50	Réthoré Jean	1,33
MM. Fourmond Félix	2,50	Collin de Montesson	1,33
Besnard Honoré	2,50	Poitevin-Marionneau	1,33
Barreau Jean Mareau	2,50	Bellanger-Marionneau	1,33
Gueffier Louis	2,40	Malinge Joseph	1,32
Aubry Pierre	2,40	Morène Jean Jahain	1,30
Boyer François	2,33	Taunay Auguste	1,26

ROCHEFORT (suite)

MM.		Hectares			Hectares
MM.	Poitevin Auguste	1,25	M.	Gouzil Jacques	1
	Poitevin Auguste	1,25	Mme	Cailleau Henri (Veuve)	1
	Masset Victor	1,20	MM.	Cailleau Henri	1
	Tharreau Michel	1,20		Oger René Saurin	1
	Morène Jacques	1,20		Abellard Pierre	1
	Foncaljaz	1,20		Bouton Alexandre	1
	Pasquier Jacques	1,19	Mme	Maquaire (Veuve)	1
	Vincent Anatole	1,19		Bouton Jean	1
	Godard Mathurin	1,19	M.	Grellier Clément	1
	Bobé Jules	1,18	Mme	Morène (Veuve)	1
	Chiron Hippolyte	1,15	MM.	Ricou Louis	1
	Trottier Pierre	1,13		Milon Paul	1
	Pertué Marie	1,13		Samson Jean Lepain	1
	Delahaye Clément	1,12		Maingot Gustave	1
	Esseau Aristide	1,11		Gaignard Auguste	1
Mme	Rouiller (Veuve)	1,06		Malinge Auguste	1
MM.	Chaillou Toussaint	1,06		Chiron Auguste	1
	Cathou Jean	1		Giffard René	1
Mme	Courant Louis (Veuve)	1		Bouton Emile	1
MM.	Courant Louis Dady	1		Renou Etienne	1
	Chevalier Jacques	1		Roynet Marie	1

CANTON DE SAINT-GEORGES-SUR-LOIRE

SAINT-GEORGES-SUR-LOIRE

1921. Superficie : 127 hectares ; récolte : 1.395 hectolitres.

1922.   —   107   —   —   3.909   —

MM.		Hectares	MM.		Hectares
MM.	Simier J.-B.	7,50	MM.	Gaultier François	1,20
	Lair Maurice	4		Davy François	1,20
	Morin Louis	4		Beyer Jean	1,13
	Gatine Hyacinthe	3		Robineau Joseph	1
Mmes	Servain (Veuve)	2,60	Mme	Guesdon Gustave (Veuve)	1
	Grellier-Drieu (Veuve)	2,60	MM.	Lory Dominique	1
MM.	Jousselin Auguste	2,50		Lochet Alfred	1
	Faugeron (Général)	2		Peltier Maurice	1
Mme	Oger-Guitton (Veuve)	1,75		Allardin André	1
M.	Martineau Jacques	1,60		Mondain Joseph	1
Mme	Camus (Veuve)	1,55		Herguais René	1
MM.	Rabineau Emile	1,48		Regrettier Louis	1
	Peltier Mathurin	1,30		Patrin Louis	1
	Joubert Adèle	1,25		Dr Gaigneron Louis	1
		Cholet Louis	1		

BÉHUARD

1921. Superficie :   20 hectares ; récolte :   294 hectolitres.

1922.   —   16   —   —   768   —

CHAMPTOCÉ

1921. Superficie : 109 hectares ; récolte : 1.526 hectolitres.
1922.   —   109   —   —   5.593   —

	Hectares			Hectares
MM. Pelé Pierre	6	MM. Trottier Jean		1,60
Gignoux	6	Meslet Jean		1,30
Belliard Félix	5	Meignan Jacques		1,30
De Rorthays	4	Chereau Antoine		1,30
De la Bévière	4	Mérand Jacques		1,30
Raimbault Louis	3	Jublt Maurille		1,20
Avrillon Jules	2.50	Mme Broullet (Veuve)		1,20
Moreau Pierre	2	MM. Chambourdon		1,10
De Grainville	2	Blanchard Jean		1
De Fresnay	2	Mme Chaslot (Veuve)		1
Leteuille	2	MM. Marin frères		1
Boidron Henri	2	Blond Jean		1
Mme Boidron (Veuve)	2	Berthelot Louis		1
Livenais (Veuve)	2	Hersant Louis		1

SAINT-GERMAIN-DES-PRÉS

1921. Superficie : 45 hectares ; récolte :   503 hectolitres.
1922.   —   48   —   —   2.080   —

	Hectares			Hectares
MM. De Boissard (Vicomte)	11	MM. Neveu Maurice		1,66
Villedey François	3,50	Lefèvre Louis		1.50
Mme Bauvin Charles	2	Besnard Mathurin		1
	Hudon Jacques	1		

INGRANDES

1921. Superficie : 221 hectares ; récolte : 3.525 hectolitres.
1922.   —   227   —   —   14.339   —

SAINT-JEAN-DE-LINIÈRES

1921. Superficie : 12 hectares ; récolte :   93 hectolitres.
1922.   —   8   —   —   457   —

SAINT-LÉGER-DES-BOIS

1921. Superficie : 43 hectares ; récolte :   325 hectolitres.
1922.   —   70   —   —   1.174   —

SAINT-MARTIN-DU-FOUILLOUX

1921. Superficie : 8 hectares ; récolte :   107 hectolitres.
1922.   —   9   —   —   422   —

LA POSSONNIÈRE

1921. Superficie : 140 hectares ; récolte : 1.374 hectolitres.
1922.   —   138   —   4.692   —

	Hectares		Hectares
MM. ROBINEAU Louis	7	Mᵐᵉ SAPIN (Veuve).............	1,32
DE ROMAIN Félix (Comte) .	7	MM. BRÉHAMEL	1,25
DEPERRIÈRE DE VILLARET Gilles	5	GRANDGUILLET (Docteur) ..	1,15
Mᵐᵉ DEPERRIÈRE Gilles	5	GUITONNEAU Joseph	1,13
MM. MÉNARD Pierre	4,70	BLANDIN François	1,04
MESLET Armand	4	BORDIER Louis	1
Mˡˡᵉ BURGERIE	3	GAUDIN René	1
MM. PLANCHENAULT Adrien	2,80	FOUCHARD Jean	1
THIERRY Edmond	2,33	MAURICE Jean père	1
LECLERC Michel	2,33	MABOU Emile	1
CLISSON (Docteur)	2	DAUNEAU Jacques	1
TERTRAIS Eugène	2	CRASNIER François	1
PENET François	1,95	CHÉREAU Paul	1
FONTENEAU François	1,80	RABINEAU René	1
GARIN frères	1,50	Mᵐᵉ JOULAIN Jean (Veuve)	1
EON Joseph	1,50	MM. DE ROMAIN René (Comte) ..	1
MAHÉ Paul	1,45	ROUX Prosper (Docteur) ...	1
Mᵐᵉˢ FRESNEAU Louis (Veuve) ..	1,38	PLACÉ René père	1
		JUVENEL Georges	1

SAVENNIÈRES

1921. Superficie : 211 hectares ; récolte : 2.909 hectolitres.
1922.   —   190   —   5.677   —

	Hectares		Hectares
MM. BARON BRINCARD	21	MM. MAZÉ Jean-Michel	2,06
BENZ-BICHSEL	19,20	BOULARD	2
Mᵐᵉ BOUGÈRE Laurent (Veuve) ..	13	Mᵐᵉ BRICAULT (Veuve)	1,80
MM. GIRARD Émile.............	12,10	MM. DE ROCHECOUSTE..........	1,60
BIZARD René	9,50	MAURY Eugène :.........	1,59
JANET-ONILLON	6,13	MÉTAYER Charles	1,50
Mᵐᵉ LAIR (Veuve)	6	Mᵐᵉ BELLIARD-POITEVIN (Veuve)	1,33
M. POILASNE Jean	6	M. TROUILLEAU Joseph	1,33
Mᵐᵉˢ LENOIR (Veuve)	5,60	Mᵐᵉ BESNARD Jean (Veuve)	1,33
BELLIARD (Veuve)	5,50	MM. BURGEVIN Jean	1,33
MM. AUFFRAN Pierre	5	BOUET Jules	1,32
DE JOURDAN	5	FOURNIER René	1,26
DU CLOSEL	4,75	LHERBETTE François	1,20
GUILBEAU Edgard	4	TINTURIER Léon	1,18
DE LA FLEURIAYE.........	4	CHARLEAU Jacques	1,16
COCARD	4	BELLIARD Louis	1,13
Mᵐᵉ ROUSSIER (Veuve)	3,50	BARON Charles	1,10
MM. BELLIARD-NEVEU	3,40	PRESSOIRIER Pierre	1,06
PICHARD	3,14	DE CAMBOLAS	1
RÉTHORÉ Jean	3,06	BOURGEOIS Louis	1
LEDOYEN Jules	2,80	RHÉTORÉ Jean-Baptiste	1
FRESNEAU Joseph	2,20	TROUAULT Jules	1

EPIRÉ

1922. Superficie : 64 hectares ; récolte : 1.096 hectolitres.

Canton du Louroux-Béconnais

LOUROUX-BÉCONNAIS

1921. Superficie : 12 hectares ; récolte :   137 hectolitres.
1922.   —   15   —   —   713   —

Hectares
M.   Lorin 5,50

SAINT-AUGUSTIN-DES-BOIS

1921. Superficie : 43 hectares ; récolte :   325 hectolitres.
1922.   —   70   --   —   1.174   --

BÉCON

1921. Superficie : 15 hectares ; récolte :   243 hectolitres.
1922.   —   12   —   —   575   —

	Hectares		Hectares
Mᵐᵉ Salmon (Veuve)	2	M. Chateau Pierre	1,35

SAINT-CLÉMENT-DE-LA-PLACE

1921. Superficie : 38 hectares ; récolte :   886 hectolitres.
1922.   —   40   —   —   2.180   —

	Hectares		Hectares
M. Frappier Adrien	12	MM. Mauvif de Montergon	8
Mᵐᵉ Fillon (Veuve)	10	Fourmond Guy	5
	Levacher Louis 1,50		

LA CORNUAILLE

1921. Superficie : 13 hectares ; récolte :   186 hectolitres.
1922.   —   14   —   —   638   —

SAINT-SIGISMOND

1921. Superficie : 27 hectares ; récolte :   337 hectolitres.
1922.   —   27   --   —   1.118   —

	Hectares		Hectares
MM. Baril	12	M. Barbarin J.-B.	1

VILLEMOISAN

1921. Superficie : 16 hectares ; récolte : 222 hectolitres.
1922.   —   17   —   —   729   —

	Hectares		Hectares
MM. BARIL Ignace	20	M. JAMAIN André	2
Mme CHAUVEAU	1		

CANTON DES PONTS-DE-CÉ

PONTS-DE-CÉ

1921. Superficie : 49 hectares ; récolte : 1.719 hectolitres.
1922.   —   79   —   —   3.937   —

BLAISON

1921. Superficie : 185 hectares ; récolte : 5.090 hectolitres.
1922.   —   194   —   —   13.277   —

	Hectares		Hectares
MM. CAILLEAU Emile	19	M. MARAIS Henri	2
LECOMTE Théodore	11	Mme GUILLEMET (Veuve)	1,98
PRIOU Henri (Docteur)	7,18	MM. DELAFUYE Jean	1,81
GOIZIL-QUEMON Séraphin	6,40	BOUCHER Louis	1,81
POISSON René	6	Mme MARGUERITTE (Veuve)	1,70
GOISNARD Mathurin	5,40	MM. CHALON Marcel	1,69
TIJAU Louis	5,10	GESLIN-TÉNIER Félix	1,68
BONNETTE	4,20	RENAULT Auguste	1,52
BENOIST Antoine	4	ESNAULT Louis	1,50
CHAUVEAU Henri	3,96	BRUNET René	1,46
CHAUVEAU Valentin	3,40	LEBRETON Louis	1,36
TROUILLARD André	3,05	LEGAGNEUX Louis	1,33
JAUNAULT Louis	3	Mme LEMAÎTRE (Veuve)	1,26
GUILLEMET-PETITEAU Henri	3	M. GROYER Jules	1,20
DE KERGOS DE KERNAFFEU	3	Mme JAUNAULT (Veuve)	1,20
LECOMTE Gustave	2,56	MM. BOUHIER Emile	1,18
DEROUINEAU Alexandre	2,50	COURTIN-DUBOIS	1,12
MARTIN Louis	2,26	HARDOUIN Alphonse	1,07
GUITTON Louis	2,17	ESNON Pierre	1,06
MARION Henri	2,13	CHALON Séraphin	1
DELAFUYE Octave	2,06	MARCHAND Calixte	1
Mme GAUGUELAIS (Veuve)	2	TRAVERS Charles	1
MM. RENAULT Léon	2	GICQUEL Jean	1
DUBOIS Valentin	2	COULIES Désiré	1
LEMESLE Alfred	2	DE CHEMELLIER Guy (Vte)	1
		POISSON Eugène	1

LA BOHALLE

1921. Superficie : 9 hectares ; récolte : 147 hectolitres.
1922.   —   8   —   —   425   —

	Hectares
M. CAMUS Gustave	1,06

LA DAGUENIÈRE

1921. Superficie : 8 hectares ; récolte : 154 hectolitres.
1922.   —   8   —   —   426   —

SAINTE-GEMMES-SUR-LOIRE

1921. Superficie : 80 hectares ; récolte : 1.828 hectolitres.
1922.   —   80   —   —   3.657   —

	Hectares		Hectares
Mme JALOT	6	MM. JAHAN Raymond	1,50
MM. ROUILLARD Symphorien	6	VIGAN Victor	1,12
COTIREZ	4	DESPORTES Mathurin	1
FRANCK Charles	2,50	CROCHET Louis	1
NOURRY Louis	2,50	RENARD	1
LECADRE Gustave	2	ROUILLARD Victor	1
LASCAUD Jean	2	CHAUVIN René	1
SAMSON Jean-Louis	1,70	PLANCHENAULT Julion	1
FOURRIER	1,66	VIGAN Edouard	1
VIGAN Jean	1,50	VOISINE Joseph	1
PASQUIER (Mgr)	1,50	PLANCHENAULT Ernest	1
PELTIER Louis	1		

GOHIER

1921. Superficie : 33 hectares ; récolte : 910 hectolitres.
1922.   —   32   —   —   2.053   —

	Hectares		Hectares
MM. MARION Jules	4,35	MM. GASTINEAU René	1,98
BAUDIN Louis	3,21	PEYSSONNIÉ (Docteur)	1,90
COUTURIER Jean	2,75	Mme PEYSSONNIÉ Henri (Veuve)	1,90
LEGAGNEUX Anatole	2,53	MM. MOREAU Auguste	1
CHOPPIN fils	2,50	LEGAGNEUX Louis	1

SAINT-JEAN-DE-LA-CROIX

1921. Superficie : 9 hectares ; récolte : 208 hectolitres.
1922.   —   9   —   —   513   —

SAINT-JEAN-DES-MAUVRETS

1921. Superficie : 243 hectares : récolte : 7.715 hectolitres.
1922.   —   279   —   —   16.505   —

	Hectares			Hectares
Mme D'OLLONE (Comtesse)	15	MM. MISANDEAU Eugène		1,80
MM. ROZÉ	10,30	PENARD Pierre		1,78
BOUILLET	9	GILARDEAU Henri		1,65
OGER	9	CHEVALIER Eugène		1,60
BRUNET Fulbert	6,07	HUET		1,60
DELUMEAU	6	CLAIN Eugène		1,60
BENOIST Auguste	5	ROGERON Arthur		1,60
COTTIER Charles	4	LÉGER Clovis		1,52
Mme BRUNET-HAMON (Veuve)	4	COMBAT		1,50
Mme ROZÉ	4	URSEAU Auguste		1,50
MM. PIRON Pierre	4	VÉTAULT Eugène		1,50
PELLETIER Joseph	4	MARQUIS		1,50
COUET	4	Mme MARION (Veuve)		1,49
BENOIST Louis	4	MM. SIMON Eugène		1,40
PAGAUD	4	LEFRON Pierre		1,40
BENOIST Louis	4	LECOMTE Joseph		1,40
LEBRETON Emile	4	GALLET Auguste		1,40
Mme GANNE (Veuve)	4	VALLÉE François		1,40
MM. HUTTEMIN	3,50	GUITTONNEAU Eugène		1,33
LUSSEAU Joseph	3,50	VÉTAULT Laurent		1,32
TRÉGIS Pierre	3,30	BOUTANT		1,30
PROUTEAU-HAMON	3,30	COLLET Elie		1,30
MORAT	3,26	SIMON Aimé		1,26
LEMÉE Gustave	3,09	MESNARD		1,25
LEROUX Jean	3	RABOYAU		1,19
DAVY	3	PERRAULT Louis		1,18
LÉGER Eugène	3	VERRON Michel		1,18
MÉTAYER	3	GASNIER Vincent		1,18
BIENAIMÉ fils	3	LATOUCHE		1,12
ROGERON-GILARDEAU	3	VALLÉE Laurent		1,12
CLAIN René père	2,95	BENOIST André		1
BRIAND	2,90	MARTIN		1
BONSERGENT	2,64	THOREAU		1
HOUILLOT	2,50	BOUCHET Eugène		1
GABILLY	2,50	HAMON-LÉGER		1
REULLIER	2,50	HAMON-MÉTIVIER		1
MASSÉ	2,40	Mme MÉTIVIER-BENOIST (Veuve)		1
URSEAU Aimée	2,32	M. BROUARD Honoré		1
FOUCHARD Jean	2,25	Mme LEMEUNIER (Veuve)		1
LEROUX Martin	2,20	MM. HAMON Toussaint		1
Mme MISANDEAU (Veuve)	2,16	VERRON Pierre		1
MM. HAMON Louis	2	AUBIN		1
DESPLENTES	2	LEBRETON Alexandre		1
BOZIER Jean	2	LENTRAIGUES		1
GILARDEAU Désiré	2	BRUNET Adrien		1
GASNIER Henri	2	GALLAIS		1
LEBRETON Henri	2	GUILLET Henri		1
LEBRETON-HAMON	2	ROGERON Isidore		1
LAMBERT	2	LEGRAND Louis		1
HAMON-DELÉPINE	2	ALLARD Louis		1
GOIS Pierre	1,80	Mme DELÉPINE (Veuve)		1

JUIGNÉ-SUR-LOIRE

1921. Superficie : 296 hectares ; récolte : 4.991 hectolitres.
1922.   —   240   —   —   15.753   —

	Hectares		Hectares
MM. LEMONNIER Emilien	16	MM. MARTIN-ROUILLARD	2
DELHOMMEAU Henri	14	MARCHAIS Emmanuel	2
PROVOST Arthur	8	PIHOUÉE Louis	2
MORON François	7	CHARBONNIER Narcisse	2
JAUNAULT	5	BEAUMONT Florent	2
LEROUX Alphonse	5	MORON Eloi	2
BRUNET Augustin	4	Mᵐᵉ BREAU Fulgence (Veuve)	2
DUREAU Anatole	4	MM. FOURNIER Gustave	2
REULLIER Louis père	4	GUENTIER Ernest	2
RIDEAU-QUÉNION	3,50	BRUNEAU-LECOMTE	1,95
RALUNEAU-OURION	3,50	LECOMTE-CHAPRON	1,80
MAILLET Eugène	3,50	GARREAU Louis	1,80
Mᵐᵉ BONNETTE-BLOUIN (Veuve)	3,35	BELLARDEAU Séraphin	1,76
MM. BAUDRILLER-PROUTIÈRE	3	PROUTEAU Pierre	1,55
AUFFRAY Pierre	3	COMBAS Jean	1,54
MACAULT Emile	3	PAILLOCHER Joseph	1,50
MAILLET Joseph	2,80	REULLIER Louis fils	1,50
SERISIER Louis Métay	2,66	LECOMTE Pierre	1,50
NUCELEAU Louis	2,60	DELHUMEAU Louis	1,50
MAILLET-SERISIER	2,50	CHÉRON Louis	1,50
LECOMTE-CAMUS	2,40	DESBOIS Jacques	1,40
LECOMTE Edouard	2,40	BIENAIMÉ Emile	1,35
HERVÉ Séraphin	2,25	GOISNARD Alfred	1,30
PIHOUÉE Fulgence	2,20	LEBLANC-BOUGÈRE	1,20
LECOMTE Louis	2,20	Mˡˡᵉ DESBOIS Françoise	1,18
ECHARD Henri	2	MM. BAUDRILLER Fulgence	1,15
BENOÎT Louis	2	POUPARD Victor	1
PROVOST Aimé	2	CHAPRON Louis	1
RIDEAU Fulgence	2	Mᵐᵉ BONNETTE Joseph (Veuve)	1

SAINT-MATHURIN

1921. Superficie : 68 hectares ; récolte : 1.891 hectolitres.
1922.   —   69   —   —   4.500   —

	Hectares		Hectares
Mᵐᵉˢ EMERY (Veuve)	6,32	MM. BOUVET-CHARTIER	1,50
CHARTIER-LAIGLE (Veuve)	5,50	BERTHE Eugène	1,30
M. MOREAU Mathurin	2,50	DUFOSSÉ Henri	1,30
Mᵐᵉ BIGOT (Veuve)	2,43	LEMOINE Louis	1,15
MM. NICOLAS Camille	2	LEBARON	1,15
CHESSEBŒUF Octave	1,92	Mᵐᵉ BOUTIN (Veuve)	1,15

SAINT-MELAINE

1921. Superficie : 129 hectares ; récolte : 2.595 hectolitres.
1922.   —   115   —   —   9.377   —

	Hectares			Hectares
MM. VAILLANT Alexandre	12	MM. MARCHAIS Vincent		2,20
ESNOU-LEVIER	10,30	VINSONNEAU Joseph		2,18
GAZEAU-DELHOMMEAU	9,80	RAIMBAULT Laurent		2,07
RABINEAU Eugène	8,43	PIREAULT Eugène		1,97
FOURNIER Emile	8,40	Mme PELLUAU		1,88
GIRARDEAU Adolphe	7	MM. JOULAIN Gustave		1,86
ESNOU Joseph fils	6,70	VÉTAULT François		1,77
GELINEAU Marcel	5,95	GENDRY père		1,75
GRIPON Eugène	5,75	BÉRITAULT Joseph		1,50
ORTION Firmin	5	COSNU Eugène		1,46
BARRÉ Eugène	4,45	ORTION Valentin		1,39
BRAULT	4,23	AUBRY Florent		1,32
Mme BESSON (Veuve)	4	RENOU Auguste		1,32
M. GUINCHUT Joseph	3,50	AUBEUX Louis		1,22
Mlle BRIVAIN	3,13	CHATEAU Victor		1,22
MM. SUROT Louis	3	DELAUNE Ferdinand		1,21
GARREAU Victor	3	GENDRY fils		1,15
Mme BOURGOGNON	2,90	Mlle COLLET		1,13
VALLÉE Joseph	2,87	M. GUILLOUX Louis		1,05
MM. DUVEAU Barthelemy	2,80	Mme LOPPÉ (Veuve)		1
MORON Eugène	2,50	MM. VINSONNEAU Félix		1
GOISNARD Henri	2,50	CHATEAU Pierre		1
		PIHOUÉ Eugène	1	

LA MÉNITRÉ

1921. Superficie : 30 hectares ; récolte : 800 hectolitres.
1922.   —   38   —   —   2.306   —

MOZÉ

1921. Superficie : 247 hectares : récolte : 3.949 hectolitres.
1922.   —   233   —   —   12.355   —

	Hectares			Hectares
Mme PRIÉ (Veuve)	10	MM. BOMPAS Joseph		3
MM. DUBOIS Henri	8	BONDU Adolphe		2,91
MONTERNAULT Louis	7	AUDIAU Victor		2,76
PLANCONNEAU Louis	6,40	VÉTAULT Léon		2,64
RICHOU Henri père	4,50	Mme LAIR (Veuve)		2,64
BOUGÈRE Etienne	4	MM. RICHOU J.-B.		2,60
BÉGUIER J.-B.	3,83	DUBOIS-FÉRON		2,50
POIRIER Louis fils	3,66	CANDÉ Auguste		2,35
GIRARD Jules	3,43	AUGEREAU Maurice		2,33
FROUIN Louis Hunault	3,06	DADY Joseph Lair		2,31
GAULTIER Eugène père	3	ABELLARD Jean		2,30
GAULTIER Eugène fils	3	REULLIER Maurice		2,25

MOZÉ (*suite*)

	Hectares			Hectares
MM. Vétault Eloi	2,25	MM. Joyau Thomas		1,30
Fromageau Pierre	2,13	Renouard Dominique		1,30
Gochard Joseph	2,10	Touchet Jean		1,30
Mme Emery (Veuve)	2	Bondu Joseph		1,30
MM. Porcher Gustave	2	Thomas Maurice père		1,25
Rouillet Joseph	2	Maindron Paul		1,25
Garreau René	2	Mme Pasquier (Veuve)		1,25
Gilardeau Pierre	2	MM. Audeau Jean		1,24
Gilardeau Lucien	2	Bricheteau Auguste		1,20
Poirier Laurent fils	2	Lévêque Clément		1,20
Bourge Maurice et Marie	2	Boussard Louis		1,20
Richou Pierre	2	Mmes Bompas Pierre (Veuve)		1,19
Frouin René	1,83	Berthelot J.-B. (Veuve)		1,13
Candé Toussaint	1,80	MM. Macé Francis		1,12
Réthoré Louis	1,78	Planchenault Joseph		1,12
Mme Porcher (Veuve)	1,70	Thomas Maurice fils		1,12
MM. Jean François	1,70	Mme Belliard (Veuve)		1,10
Bouton Auguste	1,70	MM. Mège Louis		1,10
Massé Mathurin	1,70	Esnault-Gillet		1,10
Roy Alfred	1,66	Vétault Louis		1,05
Monnier Baptiste	1,66	Rouillet Pierre		1
Papin Alphonse père	1,66	Lebreton Maurice		1
Gaignard Louis père	1,52	Mongonneau		1
Fribault Jean	1,50	Feydi Ambroise		1
Bourge Jean	1,50	Boulitreau Célestin		1
Bourge Victor fils	1,50	Candé Auguste Candé		1
Guillot René	1,50	Richou Henri fils		1
Buret Charles	1,50	Dubois Louis		1
Boussard Joseph	1,50	Granger Charles		1
Frouin Louis Renou	1,50	Bourge Augustin		1
Dureau René	1,50	Guérin Paul		1
Tessier Léon	1,47	Mme Candé-Bougère (Veuve)		1
Poirier Laurent père	1,40	MM. Maison Aimé		1
Renou Louis	1,40	Juret Jean		1
Girard Marie	1,33	Bourge Victor père		1
Bessard Louis Gazeau	1,33	Riaffault Marcel		1
Bélisson René	1,30	Boussard Auguste fils		1

MURS. — ÉRIGNÉ

1921. Superficie : 365 hectares ; récolte : 6.587 hectolitres.
1922.   —   365   —   —   15.054   —

	Hectares			Hectares
MM. Boussard Auguste	16	MM. Grimault Albert		4,67
Vaillant Alexandre	12	André Jean		4,60
Renault Victor	8,60	Abellard Eugène		4,40
Mme Jouet (Veuve)	8	Bonnamy Pierre		4
MM. Le Maignan de l'Ecorce	8	Cesbron Théodore		4
Allard Marie-Louise	6	Fribault Jules		4
Bonnamy Edouard	6	Gouasbault Désiré		4
Mme Fenaille (Veuve)	6	Boussard Frédéric		4
MM. Pairal Louis	6	Mme Dubeau Anatole (Veuve)		3,90

MURS-ÉRIGNÉ (*suite*)

	Hectares
M. Deboimé Victor	3,70
Mmes Charron (Veuve)	3,50
Rompiou (Veuve)	3,50
MM. Garreau Sosthène	3,30
Fretellière	3,24
Rabineau Louis père	3,20
Chiron Louis	3
Maindron Joseph	3
Huet Louis	3
Poirier Jean	2,80
Bonnamy Camille	2,78
Bouesse Léon	2,70
Decelle Alexandre	2,70
Simont Clément	2,66
Levoyer Vincent	2,50
Bonnamy Victor père	2,40
Bonnamy Victor fils	2,40
Rabineau Louis fils	2,39
Martin-Dureau	2,37
Choisnet Ernest	2,30
Vétault René	2,30
Mme Roger (Veuve)	2,20
MM. Raimbault Gustave	2
Pirault Jean	2
Albert Marie	2
Chauvigné Pierre	2
Gaignard Jules	2
Jeanneteau Louis	2
Lecomte Pierre	2
Normandin Florent	2
Bourugault Jules	1,98
Picoret Adolphe	1,80
Mme Rabineau Paul (Veuve)	1,74
MM. Detwiller Gaston	1,70
Dureau Jules	1,69
Vétault Victor	1,66
Jahan Louis	1,65
Picoret Marcel	1,60

	Hectares
MM. Gaultier Jean	1,56
Bellanger Baptiste	1,50
Mme Breau (Veuve)	1,50
MM. Garreau Alfred	1,50
Malécot Gabriel	1,33
Mme Jolly René (Veuve)	1,33
MM. Jolly Fernand	1,33
Lemoine Louis	1,32
Greffier Joseph	1,30
Dady A.	1,30
Dubois Jean	1,30
Greffier Eugène	1,26
Martin Gustave	1,20
Jeffriau François	1,20
Valluche Augustin	1,20
Renou André	1,20
Carrey Henri	1,18
Raveneau Joseph	1,18
Rabineau Alphonse	1,13
Robin Pierre	1
Renou Pierre	1
Allory Auguste	1
Bailly Marcel	1
Berthelot Jean	1
Bonnamy René	1
Buron Antoine	1
Colas Victor	1
Colas Jean	1
Choisson Jacques	1
Diot Elie	1
Jehan Albert	1
Lefèvre Jean	1
Mme Martin (Veuve)	1
MM. Paillocher Marcel	1
Papin Emile	1
Renou Clotilde	1
Varry Jean	1
Mme Verron (Veuve)	1

SAINT-RÉMY-LA-VARENNE

1921. Superficie : 190 hectares ; récolte ; 4.408 hectolitres.

1922. — 175 — — 7.060 —

	Hectares
MM. Moron Pierre	8
Goizil Vincent	6
Ogereau Jacques	5
Boisseau Emile	4,60
Mme Ogereau Léon	4
M. Vallet Edouard	4
Mme Dron Pierre (Veuve)	4
M. Couturier-Dodard	4

	Hectares
MM. Rabault Auguste	3,40
Chauveau Jean	3
Rouchet Victor	3
Aureux Théodore	3
Ménager Ernest	2,50
Chevalier Justin	2,35
Eugène Léon	2
Trottier Pierre	2

SAINT-RÉMY-LA-VARENNE (*suite*)

	Hectares
MM. Chureau Charles	2
Couturier-Véger	2
Boisseau Auguste	2
Noron Antoine	2
Lemasson Aimé	2
Renou-Chudeau	2
Simon-Chudeau	2
De Fontenay Amaury	2
Meunier Pierre	1,80
Chauveau-Richomme	1,75
Guilleau Lucien	1,70
Gastineau René	1,65
Villin Jean	1,58
Bonneau Pierre	1,50
Courjaret Constant	1,50
De Gaalon Pierre	1,50
Chauvry Pierre	1,50
Moron Joseph	1,50
Chartrain Emile	1,50

	Hectares
Mme Richomme-Chaudry (Vve)	1,40
Brevet (Veuve)	1,33
MM. Béchet Louis	1,32
Nérit René...............	1,30
Gastineau Alphonse	1,26
Mme Boisneau (Veuve)	1,22
MM. Couturier Louis	1,20
Dalaine Baptiste	1,20
Mme Barré (Veuve)	1,18
Niellet Léon	1,20
Chevalier Joseph	1
Goizil Louis	1
Buron Abel	1
Lemasson Eugène	1
Dubé Louis	1
Courjaret Guillaume	1
Gagneux René	1
Maugin Louis	1
Du Buysson Robert	1

SAINT-SATURNIN

1921. Superficie : 166 hectares ; récolte : 5.411 hectolitres.

1922.   —   214   —   —   18.827   —

	Hectares
MM. Breau Octave	28
Gasnier Louis	8
Guittonneau-Tesnier	6
Breau-Bodineau	6
Guittonneau-Tesnier Pierre	6
Brault Henri	6
Morin Gustave	5
Barré Séraphin	5
Lemée Octave	5
Duflot Hector	5
Perrin Louis	5
Prouteau-Alleaume	4,50
Renault Arsène	4,50
Mme Héry (Veuve)	4,50
MM. Pihoué Emile	4
Lecomte Pierre	4
Chicoteau Fulgence	4
Jolivet Cyprien...........	4
Conin Victor.............	3,50
Brouard Henri	3,50
Mme Gasnier (Veuve)	3,50
MM. Lecomte Martin	3,50
Bloujn Lucien	3
Couet Séraphin	3
Brouard Henri	3
Lecomte Emile	3
Mme Bompas (Veuve)	3

	Hectares
M. Nicolas Eugène	3
Mme Pelletier (Veuve)	2,60
MM. Vallet François	2,50
Peltier Louis	2,50
Hamon Jean	2,50
Hamon Mathurin	2,50
Rullier Jacques	2,40
Jaunaut Prosper...........	2
Simon Emile	2
Lebreton Victor	2
Vétault Alphonse	2
Goisnard-Dureau	2
Mme Héry-Chevalier (Veuve) ..	2
MM. Souchet René	2
Guillot-Couet	2
Simon Basile	2
Houillot Fernand	2
Davy-Conin	2
Martin Elie	2
Breau Henri	2
Gaisdier Louis	2
Mme Mabille (Veuve)	1,90
Mlle Bodineau Célestine........	1,80
M. Guillot Adrien...........	1,80
Mme Lebreton (Veuve)	1,60
MM. Robineau Léon	1,60
Couet Eugène	1,60

20

SAINT-SATURNIN (suite)

	Hectares			Hectares
MM. Leroux Théophile	1	MM. Blouin Joseph		1
Rethoré Joseph	1,50	Rogeron Albert		1
Lecomte Pierre	1,50	Ursault-Guittonneau		1
Villain Rémi	1,50	Brault Alfred		1
Lamoureux Aimé	1,50	Chatelais-Leroux Pierre		1
Chevalier René	1,50	Vilain-Trier Jean		1
De Bec de Lièvre	1,50	Denécheau Auguste		1
Guittonneau Louis	1,50	Vétault René		1
Jaunault Louis	1,50	Autrusson Désiré		1
Casteuble Alexandre	1,50	Ferchaud Rigobert		1
Vétault Stanislas	1,50	Lemasson Eugène		1
Guillot Adrien	1,50	Robineau Léon		1
Mme Goisnard Eugénie	1,50	Guichet Valentin		1
MM. Cadix Fernand	1	Leroux Stanislas		1
Delhumeau Joseph	1	Leroux Édouard		1
Mme Vallet (Veuve)	1	Leroux Martin		1
M. Chauveau Julien	1	Girard René		1
Mme Réveillère (Veuve)	1	Martin René		1
MM. Viau Pierre	1	Geslin Prosper		1
Lemée Félix	1	Guillot-Moron		1
Lemée Victor	1	Renault Fulgence		1
Moreau Joseph	1	Charrier Marcel		1
		Peltier Valentin		1

SOULAINES

1921. Superficie : 291 hectares ; récolte : 2.330 hectolitres.

1922.   —   200   —   —   8.934   —

	Hectares			Hectares
MM. Cochin	11	MM. Lebreton Gaston		2,50
Thaubin	10	Halbert Eugène père		2,30
Vétault Joseph	10	Vallée Julien		2
Leroy	8	Changion		2
Moron	6	Guilloux		2
Bouton	5,50	Vallier		2
Robert	5	Dufrenne		2
Martin Léon	4,25	De la Morinière		2
Asseray	4	Richard		2
Fontaine	4	Cerisier		1,79
Dittière	3,96	Martin-Tessier		1,78
Vallet	3,95	Maillard		1,65
Gazeau-Symphorien	3,66	Halbert		1,65
Goisnard	3,63	Lebay		1,65
Chevrier	3,50	Plessis		1,65
Delaunay	3,50	Mme Delaunay-Samson (Veuve)		1,60
Mme Cesbron-Plessis (Veuve)	3,25	MM. Bertrand		1,60
MM. Bertrand	3,20	Lepron Joseph		1,58
Rogier	3	Trouillet		1,50
Mme D'Ollonne	3	Pasturelle		1,50
MM. Réveillère	3	Martin Pierre		1,50
Lebreton Auguste	3	Mme Rohard (Veuve)		1,50
Baron	2,50	M. Gautreau		1,50

SOULAINES *(suite)*

	Hectares			Hectares
Mme LEFÈVRE	1,50	MM. CANDÉ		1,15
MM. BOULAY	1,50	HALBERT Jean		1,10
LEBRETON Marcel	1,50	SUDRE		1,07
Mmes BOUCHER	1,45	VITEUR		1
BURGEVIN (Veuve)	1,45	Mme BESSON		1
MM. HALBERT Pierre	1,32	MM. MARTIN-MARTIN		1
JOLLY Victor	1,32	PIFFARD		1
Mmes CESBRON	1,32	PIFFARD père		1
BOUTON (Veuve)	1,32	TREMBLAY		1
MM. MERCEROLLE	1,32	Mlle LEBRETON Aimée		1
BOURREAU	1,31	Mme HALBERT (Veuve)		1
BARRÉ	1,30	MM. HALBERT Eugène fils		1
Mme PAPIAU (Veuve)	1,30	CESBRON Ernest		1

SAINT-SULPICE

1921. Superficie : 40 hectares ; récolte : 1.310 hectolitres.
1922.   —   41   —   —   3.037   —

	Hectares			Hectares
MM. BRUNET Hyacinthe	8	M. HÉRY Mathurin		1,42
PELLETIER Joseph	3	Mme GUILLOT-PELLETIER (Veuve)		1,35
GASNIER Félix	2,80	MM. TAUGOURDEAU François		1,32
GUILLOT Henri	1,91	DELAFUYE Henri		1,20
BARANGER Séraphin	1,84	LEPOUDRÉ Henri		1,17
PELLETIER Baptiste	1,50	GOIZIL Baptiste		1,15
DESBOIS Baptiste	1,48	AUBIN René		1,14

CANTON DE THOUARCÉ

THOUARCÉ

1921. Superficie : 417 hectares ; récolte : 7.021 hectolitres.
1922.   —   447   —   —   20.454   —

	Hectares			Hectares
MM. GOURDON Jules	40	MM. GALLÉ Louis		5,50
BOIVIN Ambroise	23	ROUSSELOT		5
RENOU René	18	PELTIER Joseph		4,33
Mme HACAULT (Veuve)	13	MM. ANDRÉ Henri		4
MM. BÉNION Louis	12	SIMONET Jean		4
DE RUSSON Jean	10	VAILLANT Michel		4
PLICHON	10	Mlle BRÉMAUD Éléonore		4
RAIMBAULT Henri	10	MM. MAILLET Jean		3
COIFFARD Maurice	9,50	HORREAU Joseph		3
Mme COULBAULT (Veuve)	7	Mme BAUDRILLER (Veuve)		3
M.M. BIDET Paul	7	MM. PESNEAU Joseph		3

THOUARCÉ (*suite*)

	Hectares		Hectares
MM. Grimault	3	MM. Asseray Justin	1,33
Cesbron Joseph	2,80	Blot François	1,33
Jadeau Paul	2,70	Gasnault Charles	1,33
Bazantay	2,66	Lecuir Jules	1 33
Cailleau Jean	2,50	Sauvêtre Charles	1,33
Servan Auguste	2,40	Peltier Alphonse	1,33
Mme Guichet (Veuve)	2,33	Clairembault	1,33
Cathoux (Veuve)	2,33	Chauvigné Laurent	1,33
MM. Robin Maurice	2,33	Courant Henri	1,32
Bompas Pierre	2,30	Misandeau Henri	1,30
Malécot Albert	2,26	Brault Louis	1,30
Gasté Francis	2,25	Bompas René	1,20
Clémot Casimir	2,20	Meslier René	1,20
Martin Jules	2	Groyer Joseph	1,20
Chateau Pierre	2	Ludier Charles	1,20
Cerisier Jean	2	Reulier Louis	1,20
Martin Denis	2	Lecuir Jean	1,15
Maillet Adolphe	2	Dénéchère Pierre	1,13
Peltier Emile	2	Rochard Henri	1,10
Vaillant Pierre	2	Lecuir Jules	1,33
Bordereau René	2	Enault-Elie	1
Ogereau Marcel	2	Lebeau Camille	1
Mme Roger (Veuve)	2	Cordier René	1
MM. Humeau Pierre	2	Blet	1
Bidet Eugène et André	2	Audian Jean	1
Chollet Jean	2	Ornouest Pierre	1
Dénéchère Augustin	2	Biouet François	1
Cholet René	2	Jaunault Pierre	1
Bompas Alexis	2	Aubert Victor	1
Papin Jean	2	Hallaire Jean	1
Davy Jean	1,70	Chailloux Pierre	1
Suard	1,67	Davy Jules	1
Cerisier Augustin	1,66	Mme Bompas (Veuve)	1
Martin Auguste	1,66	MM. Lecuit Jean	1
Bouyer Jules	1,66	Dufroux Pascal	1
Gouzit René	1,66	Dufour Louis	1
Roger Georges	1,66	Humeau Joseph	1
Chevrier Noël	1,60	Gouzit Célestin	1
Bénion Henri	1,60	Barrault André	1
Chauveau François	1,60	Rochard Thérèse	1
Proutière François	1,60	Davy Jean	1
Baloche	1,60	Poisson Georges	1
Jolivet Pierre	1,50	Vaillant François	1
Maillet Noël	1,50	Bompas Jules	1
Davy Paul	1,50	Dufoux Désiré	1
Brault Jean	1,50	Houdet Désiré	1
Rahard Aimé	1,50	Roulet François	1
Peltier Pierre	1,50	Mme Rouillard (Veuve)	1
Bouhiron Auguste	1,44	MM. Réthoré Henri	1
Ménard Jean	1,40	Leclair Pierre	1
Mme Gardais (Veuve)	1,33	Gasnault Stanislas	1

NOTRE-DAME D'ALLENÇON

1921. Superficie : 141 hectares ; récolte : 2.486 hectolitres.
1922.   —   134   —   —   6.691   —

	Hectares		Hectares
MM. Plessis Alexis	11	MM. Chevallier Louis	1,80
Légé Pierre	7,30	Guichet René	1,75
Rouché François	6	Blot René	1,70
Bompas Joseph	6	Girault Célestin	1,70
Touret Jean	5	Blot-Poirier	1,50
Gourichon-Leduc	5	Guilmet Jean	1,50
Rocher Joseph	5	Ménard Louis	1,50
Roulet François	3,50	Raimbault Auguste	1,45
Mlle Du Boucher	3	Cordon Pierre	1,34
MM. Garreau Jean	3	Lecointre René	1,32
Lecuit Pierre	3	Legeay	1
Roulet Pierre	3	Chevallier François	1
Mme Barré (Veuve)	2,81	Lambert Joseph	1
MM. Urseau Prosper	2,78	Lamisse Louis	1
Monnier Auguste	2,70	Roulet-Hervé	1
Leroux Pierre	2,45	Chevallier Mathurin	1
Mme Guichet (Veuve)	2	Mme Laveneau (Veuve)	1
MM. Verdon Claude	2	M. Jacquet Jean	1
Boussion Eugène	2	Mme Gourrichon (Veuve)	1
Legué Louis	2	M. Taugourdeau Jules	1
Vaillant Pierre	1,90	Mme Marion (Veuve)	1
Augier Victor	1,89	M. Lecointre Joseph	1

LES ALLEUDS

1921. Superficie :   90 hectares ; récolte :   2.885 hectolitres.
1922.   —   132   —   —   7.760   —

	Hectares		Hectares
MM. Doussard	12,80	MM. Caillault	2,30
Houdin	12,80	Lemaître René	2
Liziér	7	Talon	2
Hardouineau	4	Boucher	2
Boureau	4	Brunet	2
Ortion	4	Landriou	2
Gaydier	4	Blet	2
Massonneau	3,40	Monvoisin	2
Desplaces	3	Pommier	1,80
Girardeau	3	Besnard	1,70
Renou	3	Benion Pierre	1,60
Béchet	3	Menou	1,50
Poingt	3	Bouriché E.	1,50
Britault	3	Frouin	1,50
Letheuil	2,60	Raboyeau	1,50
Viger	2,60	Daudet	1,50
Guinehut	2,50	Pichon	1,50
Lecomte J.	2,50	Grimaud	1,50
Baudin	2,50	Auriou	1,50
Guillemet Clovis	2,50	Pichon	1,50

LES ALLEUDS (suite)

	Hectares		Hectares
MM. PERRAY	1,50	MM. GAUTREAU	1
CLÉMOT	1,45	DAVID	1
ABRAHAM J.	1,30	GENNEVAISE	1
MORON Jacques	1,20	AUFFRAY	1
Mme HARDOUINEAU (Veuve)	1,20	Mme THOMAS (Veuve)	1
MM. POUPART	1	MM. DRAPEAU	1
VALÉE	1	MARTINEAU	1
BENION	1	GUINEHUT Henri	1
CHIROT	1	LEVOYE L.	1
GOISLARD fils	1	BENION	1
GOISLARD père	1	LEVOYE	1
ABRAHAM Vincent	1	BENION H.	1
MOREAU France	1	RENAULT	1

BEAULIEU

1921. Superficie : 418 hectares ; récolte : 4.602 hectolitres.

1922.   —   458   —   —   19.745   —

	Hectares		Hectares
MM. PIVERT Alexandre	28	MM. BOURREAU Jules	3
HAMON Louis	22	RAGOT Ismaël	3
GIRARD Gustave	18,62	Mme FORTIN (Veuve)	3
USUREAU Henri	11	MM. POIRIER J.-B.	3
AGOULON-DÉNÉCHEAU	10,33	Mme JULLIOT (Veuve)	2,85
CLOUARD Jean	10	MM. HUGUET Marcel	2,80
Mme DEZANNEAU (Veuve)	10	BIDET Eugène	2,66
MM. DESVIGNES Jean	9,90	DENÉCHEAU-LEBLEU	2,60
BOIVIN Ambroise	9	AUBRY Joseph	2,56
GOUIN Auguste	9	BERNIER Pierre	2,50
BENION-DUPUY	8	BERTHELOT Léon	2,50
CHAUVIGNÉ Théodore	7,50	MARCHAND Eugène	2,50
CHAUVIN Elie	7	PLOQUIN Adolphe	2,40
RENOU-CHAILLOU	6,90	BERTHELOT J.-B.	2,20
BOUCHET Louis	6,50	RENOU Emile Fauveau	2,07
CLÉMENT Alphonse	6	BICHON Auguste	2
GIRARD Henri	6	GRELLIER François	2
JOUBERT Cécile	5,80	Mmes USUREAU Renée (Veuve)	2
FILLION Alphonse	5,66	DELAUNAY (Veuve)	2
DONEAU Joseph	5,30	MM. PINEAU Alfred fils	2
MÉNARD Jean	5	BRETON Georges	2
RENOU Jules	5	BARANGER Emile	2
FROGER Louis	5	DOUET Pierre	2
GOURDON Léon	4,20	CHEVRIER Louis	2
PINEAU Alfred	4,18	FOREST Ernest	2
Mme DESVIGNES Jeanne	4,17	Mme LEROYER Gustave (Veuve)	2
FOURNIER Anatole	4	MM. BERTRAND Etienne	2
TURPIN Joseph	4	DE SAINTE-HERMINE	1,90
CHAILLOU Auguste	4	Mme COURANT-BAILLIF (Veuve)	1,90
BOURIGAULT Jules	4	MM. BERTHELOT Auguste	1,85
EGGIMANN Henri	3,50	RENOU Célestin—	1,66
THOMAS Jacques	3,50	Mme BLOUIN-BLOND (Veuve)	1,50
BOISNET Victor	3,18	M. GODINEAU Henri	1,50

BEAULIEU (*suite*)

	Hectares		Hectares
MM. Richard Denis	1,50	MM. Girard Constant	1,26
Juteau Louis	1,50	Godineau Joseph	1,25
Delhumeau François	1,50	Dailleux Jules	1,20
Bretault-Florestan	1,50	Bompas Léon	1,20
Mme Desmeaux (Veuve)	1,45	Bondu Louis	1,20
MM. Godineau Alexandre	1,33	Richou-Pineau	1,18
Maillet Léon	1,33	Pineau Jules	1,13
Reuillé Albert	1,33	Clément Léon	1,10
Boré Auguste	1,33	Huet Michel	1,10

BRISSAC

1921. Superficie : 161 hectares ; récolte : 3.732 hectolitres.

1922.   —   150   —   —   12.175   —

	Hectares		Hectares
MM. Daviau Adolphe	27	MM. Boutin Camille	2,78
Rozé Eugène	23	Ménard	2
Brault Auguste	13	Loiseau René	1,80
David Ernest	7,60	Boureau Louis	1,75
Saucereau Aimé	6,16	Miau Jean	1,46
Cottenceau Henri	6	Rozé Pierre	1,20
Bouzat	5	Peltier Maurice	1,11
Mme Maillet (Veuve)	4,60	Mme Peltier (Veuve)	1,11
M. Desvignes Louis	4	M. Goizet	1,05
Mme Lepeltier (Veuve)	4	Mme Fournier (Veuve)	1
MM. Jouanneau Aimé	3,30	MM. Coent Jean	1
Bregeon Joseph	3	Douet Joseph	1
Benoist Eugène	3	Dubois Auguste	1
Mlle Chateau Séraphine	3	Morand Baptiste	1
Barré Louis	1		

LE CHAMP

1921. Superficie : 507 hectares ; récolte : 8.055 hectolitres.

1922.   —   532   —   —   20.760   —

	Hectares		Hectares
Mme Monprofit (Veuve)	65	MM. Gazeau François	15
MM. Dénécheau René	32	Renou-Robichon	15
Lebeau	30	Rochais Henri	14
Gélineau Jean	25	Boussard Auguste	12
Boucheron	25	Baugas frères	12
Fribault Pierre	22	Chupin Michel	10
Thuleau Maurice	20	Lacave B.	9
Lecointre Jacques père	20	Griet Elie	8
Lecointre fils	18	Bidet Pierre	8
Maugin Louis	18	Duveau Louis	8
Boulet Paul	17	Dulong J.	8
Clément Auguste	17	Roché René	6

CHANZEAUX

1921. Superficie : 226 hectares ; récolte : 2.487 hectolitres.
1922.   —   197   —   —   8.676   —

	Hectares			Hectares
MM. BESNARD Jean	13,50	M. DURAND François		1,66
VALLÉE Clément	8,30	Mme DE LA GRANDIÈRE (baronne)		1,60
MARILLE Gustave	6,74	M. DELHUMEAU Auguste		1,54
MARTIN Jean	5,33	Mme MARTIN-LOUIS (Veuve)		1,50
BODY Auguste et Joseph	5	M. BREVET Jean		1,50
ALBERT Jean	3,61	Mme MALINGE (Veuve)		1,50
OGER Henri	3,58	MM. SOCHARD Pierre père		1,50
BALLU Baptiste	3,05	GRÉAUX Jean-Marie		1,50
LUCAS René	3	AUDIAN Louis		1,46
CESBRON Louis	2,80	FROUIN Jules		1,35
D'HATTECOURT Georges	2,60	DE LA ROCHEFORDIÈRE Xavier		1,33
FOREST Théodore	2,40	Mme HAMON (Veuve)		1,33
GASTÉ Emile	2,36	MM. COURCAULT François		1,33
CHAUVIGNÉ-BENJAMIN	2,30	BANCHEREAU René		1,33
GOURDON J.-B.	2,25	CHAPIN Jean		1,28
LUSSON Louis	2,20	VIAU Joseph		1,26
GASTÉ Michel	2,20	GASTÉ Abel		1,25
AUDEAU Louis-Mathurin	2,13	Mme DURAND François (Veuve)		1,20
CHEPTON Jean	2	MM. BOMPAS Jean Caillaux		1,15
BOMPAS Jean Maillet	2	MARTIN Louis		1,15
LOPIN François	2	BLOUIN Thomas		1,10
HUCHON Emmanuel	2	DUPONT François		1,10
NOUTEAU Pierre	2	BOMPAS Paul		1,09
VINCENT-CHAUVIN	1,82	BOMPAS Auguste		1
JEAN-CHAUVIN	1,82	Mme AUDIAN Martin (Veuve)		1
GASTÉ Francis	1,70	M. BOMPAS Eugène		1
Mmes CAILLEAU-COURCAULT (Vve)	1,70	Mmes PRESTREAU (Veuve)		1
BANCHEREAU (Veuve)	1,66	FROUIN (Veuve)		1
MASSON (Veuve)	1,66	M. HOREAU Joseph		1

CHARCÉ

1921. Superficie : 111 hectares ; récolte : 2.784 hectolitres.
1922.   —   128   —   —   8.071   —

CHAVAGNES

1921. Superficie : 323 hectares ; récolte : 6.965 hectolitres.
1922.   —   321   —   —   16.180   —

	Hectares		Hectares
MM. LEBLOND Louis	15	Mmes LECUIT (Veuve)	6,66
CHAUDET	10	GRIMAULT	6,50
DESCHAMPS Gaston	10	MM. OURIOU	6
RUAIS Eugène	10	MAUGIN François	6
ROSIN Gaston	10	MAQUIN-BIDET	6
BAZANTAY Lucien	8	POIGNAUD	6
CHEVRIER Jean	7	PASQUEREAU Charles	5

CHAVAGNES (*suite*)

MM.		Hectares			Hectares
MM.	BILLARD Eugène	5	M.	GIRARD Jean	1,40
	CHAUVEAU Jean	5	Mme	MAQUIN (Veuve)	1,40
	LEBRETON René	4	MM.	BENION Aimé	1,40
	DIARD Raphaël	4		NORMANDIN Jean	1,36
	LECOINTRE Eugène	3,50		MERCIER Alfred	1,33
	NICOLAS	3,20		BESNARD (Veuve)	1,33
	MAUGIN Pierre	3		TASSIS Jean	1,32
	FARDEAU	3		LECOINTRE Pierre	1,30
	BIDET Séraphin	3		COCHARD Germain	1,25
	GOISNARD	3		NŒSIS François	1,25
	SAULAIS	3		NŒSIS Victor	1,25
	DESCHAMPS Auguste	3	Mme	GUICHET (Veuve)	1,22
	LECOINTRE	3	MM.	BLOT Désiré	1,20
	DIARD René	3		BOULEAU-MARIONNEAU	1,20
	LEDUC Clément	3		TERRIEN Joseph	1,19
	CHAUVIGNÉ René	2,60	Mme	MENEZ	1,18
	MOREAU Edouard	2,50	MM.	LEROY Maurice	1,15
	PEIGNIER Léon	2,33		POISSON Valentin	1,14
	GUICHET Jean	2		PEYNEAU	1
Mme	MAUGIN (Veuve)	2		THOMAS Elie	1,50
MM.	FILLON	2		LEBLOIS Jean	1
	LEGEAY Jean fils	2		DUVEAU	1
	BLOT Toussaint	2		PENEAU Louis	1
	GUIBERT Jacques	2		LEROY Henri	1
	PELTIER Jean	2		COCHARD Victor	1
	ROBIN Florent	2		COCHARD Arsène	1
	MERCIER Germain	2		VAULOUP Jean	1
	GUIBERT Jacques	2		VAULOUP Urbain	1
	DUVEAU Henri	2		MAURICEAU François	1
	GUILLOTON	2		CHAUVIGNÉ Emile	1
	BESNARD Paul	1,75	Mme	MAQUIN-POISSON (Veuve)	1
	VALLÉE Victor	1,70	MM.	BIDET Germain	1
	BRÉGEON Louis	1,70		PAUVERT Joseph	1
	ROULET René	1,66		TERRIEN Charles	1
	MENNETEAU Pascal	1,65		MÉNARD Georges	1
	OGEARD Jean	1,50		MÉTAYER Henri	1
	THOMAS Jules	1,50		MONNIER François	1
	ROBIN Louis	1,50		CLÉMOT	1
	BOMPAS	1,50		BOULEAU-GASNAULT	1
	DUREAU Jean	1,50		BIDET Georges	1
	RENAULT Léon	1,50	Mme	NAQUES Ludovic (Veuve)	1
	GUIBERT Louis	1,50	MM.	BLOT Séraphin	1
	POIRAUDEAU	1,50		BIDET Ludovic	1
	VAILLANT François	1,50		BLOT Jean	1
	COCHARD-BLOT	1,50		MONNIER Victor	1
Mme	COCHARD (Veuve)	1,50		LAMBERT Auguste	1
MM.	MÉNARD René	1,50		REUILLIER fils	1
	BRÉGEON	1,50		LEDUC Victor	1
	GIRARD Charles	1,50		LEDUC Joseph	1
Mme	LIZÉE (Veuve)	1,50		MARTIN René	1
MM.	GATCEAU Pierre	1,40		ETOURNAY Joseph	1

SAINT-ELLIER

1921. Superficie : 31 hectares ; récolte :   712 hectolitres.
1922.   —   37   —   ...   1.940   —

	Hectares		Hectares
MM. Lebreton-Leroy	3	MM. Béritault-Blain	1,50
Petiteau Charles	2,30	Béritault-Roy	1,50
Rogeron Jacques	2,20	Lecacheur	1,50
Bastard Pierre	2	Guillemet Victor	1,50
Baudin Henri	2	Ourjou François	1,40
Gruget Auguste	2	Aubelx Jean	1,32
Chennau Valentin	2	Guinchut Yves	1,30
Renault Auguste	1		

FAVERAYE

1921. Superficie : 202 hectares ; récolte : 5.183 hectolitres.
1922.   —   228   —   —   9.628   —

	Hectares		Hectares
MM. Cesbron-Lavau	15	MM. Aurion	2
Clairouix Ernest	13	Guinebeau	2
Bazantay Pierre	9	Le Huruglen Victor	2
Mⁱˡᵉ de Soland	8,35	Rullier René	2
MM. Maugin-Cochard	7,90	Allard Alphonse	1,92
Brunet Louis	7,90	Bessard H.	1,80
Belouineau Jules	7,60	Marceault Aimé	1,65
Peignault Adolphe	7,16	Picherit Michel	1,65
Marais Théophile	5,50	Boutin Jean	1,50
Gadras Jean	5,26	Courjaret-Rabouin	1,41
Herpin Jean	5	Philomèle A.	1,40
Cochard Augustin	5	Tujeau Jules	1,33
Herpin Armand	4,85	Roulet Eugène	1,32
Arsandeau Jean	4,76	Blouin Aimé	1,32
Reullier Louis	4	Terpault	1,25
Ménard François	4	Martin Aimé	1,20
Mᵐᵉ de Cambourg (Vicomtesse)	4	Groyer Charles	1,20
MM. Pinier Jean	3,80	Laboureau Louis	1,18
Reullier Aimé	3,47	Robert Pierre	1,16
Mᵐᵉ Herpin (Veuve)	3,46	Orthion François	1,15
MM. Houet François	3,42	Priou Joseph	1,11
Courjaret	3,33	Tatignée	1
Gauthier Jean	3,14	Sigogne J.	1
Mᵐᵉ Defaye (Veuve)	3	Drapeau H.	1
MM. Touret François	3	Baranger Eugène	1
Bernier Jean	2,68	Fougère Marcel	1
Loittière Armand	2,50	Cordier François	1
Godicheau Alexis	2,35	Buchet René	1
Mᵐᵉ Gougeon (Veuve)	2,32	Rullier René père	1
MM. Buchet Pierre	2,30	Guillet Pierre	1
Robin Jean	2,20	Durand Victor	1
Rochard François	2	Martin Gabriel	1
Viet Léonce	2	Ménard François	1

FAYE

1921. Superficie : 452 hectares ; récolte : 7.082 hectolitres.
1922.   —   450   —   — 23.295   —

	Hectares			Hectares
MM. LEDUC Henri	20	MM. FROUIN Pierre		2,50
LECACHEUR Paul	14,50	CERISIER Gabriel		2,50
BILLARD Pierre	8	GARREAU Gustave		2,50
HUAULT-DUPUY	8	COURCAULT Jean		2,40
BASTARD Joseph	7,50	COURCAULT Louis		2,19
Mlle DU BOUCHET	7	BORDEREAU Pierre		2,18
MM. FERIBAULT Ernest	6,50	BIGOT (Abbé)		2,14
FERIBAULT Eugène	6,50	ROCHER Emile		2
Mme OGER-BASTARD (Veuve)	6,40	GIRAULT Louis		2
MM. BAUER Georges	6	GRIMAULT-MONTEAU		2
LAGROUAS Jean	6	PICHERIT Jules		2
SOURDRILLE (D^r)	6	DELAUNAY Marin		2
Mme COUILBAULT (Veuve)	6	DUVEAU Pierre		2
M. CADET Jean	5	GIGON Dieudonné		2
Mme CHAILLOU (Veuve)	5	BÉLOUINEAU-DAVY		2
MM. LEBLANC Jean	5	FAUCHEUX Louis		2
BÉNION Eugène	5	GUEFFIER Toussaint		2
VALLÉE Louis	5	Mme PÉRISSEAU (Veuve)		2
RUBIGEON Eugène	5	MM. FAUVEL Louis		2
FERIBAULT Jean	4,50	BÉLOUINEAU-GUILLON		2
POISSON René	4	ROCHARD-CHOLLOUX		2
VAILLANT Jean	4	ROUILLARD Charles		2
DULONG Toussaint	4	CHATEAU Jean		2
GIRAULT Eugène	4	BLAINVILAIN Pierre		2
CHUPIN-MAILLET	4	BOUCHET Pierre		2
ONILLON Henri	4	NOUTEAU Joseph		2
FEILLON Pierre	4	CHESNEVEAU René		2
DULONG Toussaint	4	DEFAYE Eugène		2
COQUEREAU François	4	ALBERT François		2
ROCHARD François	3,85	FAUVEL Louis		2
Mme GIRAULT (Veuve)	3,54	DELAUNAY Pierre		2
MM. ROUILLARD Clément	3,50	GROLLEAU Pierre		2
FROUIN (Abbé)	3,50	MOUSSION Edouard		1,86
VAILLANT Aimé	3,50	PICHERIT Théophile		1,80
DRAPEAU Louis	3,50	DUPONT Jules		1,75
Mme MÉNARD Jules (Veuve)	3,40	BÉLOUINEAU Charles		1,72
MM. GODINEAU Jean	3,31	PROUTIÈRE-CHEVALIER		1,72
GIRAULT Jules	3	MÉRIT Pierre		1,72
FAUVEL Joseph	3	ACHARD René		1,72
Mme TROUVÉ Mathurin (Veuve)	3	ACHARD André		1,72
M. LEMOINE Jacques	3	MÉNARD René		1,70
Mme RAMIER (Veuve)	3	LEBRETON Louis		1,70
MM. LAGROUAS-LECOINTRE	3	MARTIN-CERISIER		1,66
BANCHEREAU Jean	2,65	MÉNARD Michel		1,66
PROUTIÈRE Toussaint	2,65	CERISIER Louis		1,66
GIGON Jean	2,60	Mme FAUVEL Pierre (Veuve)		1,65
AUBIN-CHUPIN	2,50	MM. LUCAS René		1,60
CHAPELET François	2,50	CERISIER Amand		1,60
ROUILLARD Jean	2,50	PÉRISSEAU Alfred		1,60
DULONG Pierre	2,50	Mme ROHARD Pascal (Veuve)		1,60
CESBRON Auguste	2,50	M. GIGON-CHOLET		1,50

FAYE (suite)

	Hectares			Hectares
MM. ROGER-TROUVÉ	1,50	MM. WIBERT Georges		1,18
CHEVALIER Joseph	1,50	TERRIEN Henri		1,14
AUBIN Jean	1,50	ROCHARD Jules		1,14
BÉNION Jean	1,50	DULONG Albert		1,10
GALLARD Alexis	1,50	MARTIN Jean		1
Mme DELAUNAY Emmanuel (Vve)	1,50	ROBIN René		1
MM. BOUCHET (Abbé)	1,50	BORDEREAU-MICHAU		1
JACQUET Jules	1,50	BORDEREAU-LIZÉE		1
JACQUET Joseph	1,50	Mmes RABIN (Veuve)		1
MAILLET Adolphe	1,50	ROUILLARD (Veuve)		1
GRAVELEAU Jules	1,50	CESBRON Auguste (Veuve)		1
BLOT Pierre	1,50	M. ROGER Jacques		1
DRAPEAU Jules	1,40	Mmes MISANDEAU (Veuve)		1
CESBRON-GAZEAU	1,35	RICHOU (Veuve)		1
ROCHARD-VAILLANT	1,33	MM. GRIMAULT-ROHARD		1
PAPIN Aimé	1,33	DAVY Lucien		1
GOYON François	1,33	ROULIER Jean		1
ROGER Jean	1,33	GUILLON Marie		1
GAZEAU Louis	1,32	DULONG Victor		1
GROLEAU Adolphe	1,32	AURIOU Pierre		1
THOMAS Auguste	1,30	TURQUAIS		1
PAILLAT François	1,30	ROHARD-GUEFFIER		1
FILLON-BOURICHÉ	1,30	Mmes DÉNÉCHEAU Michel (Veuve)		1
Mme FROUIN (Veuve)	1,25	OUVRARD-CHATEAU (Veuve)		1
M. BOUTIN Pierre	1,20	MM. BOMPAS Paul		1
Mme DUREAU (Veuve)	1,20	BLAINVILLAIN Emile		1
MM. GAZEAU France	1,20	ALLARD Alphonse		1
BLOT Michel	1,20	Mme MARION (Veuve)		1
Mme CHEMINEAU (Veuve)	1,20	MM. LEPRON Georges		1
		BOUCHET-CHATEAU		1

GONNORD

1921. Superficie : 124 hectares ; récolte : 2.109 hectolitres.
1922.   —   131   —   —   4.979   —

	Hectares			Hectares
MM. CHAUVET Pierre	7	MM. RABIN Eugène		1,66
GODICHEAU Louis	6	MÉNARD Michel		1,66
RICHARD Louis	6	GOUZIT Joseph		1,60
RICHARDIN	3,32	Mme MELLOUIN-LEYNIET (Veuve)		1,60
PANEAU Louis	3,32	MM. FARDEAU Victor		1,50
RICHARD Joseph	3	GRELLIER Jean		1,50
LANDREAU Pierre	3	MM. TREMBLAY Jacques		1,47
FOURNIER Hippolyte	2,57	MELLOUIN Jean		1,43
ASSERAY-ALLARD	2,02	Mme GUILLON (Veuve)		1,43
LANDREAU Joseph	2	MM. LABILLEUX Pierre		1,35
CHESNÉ Eugène	2	MARTIN Jean Rabin		1,33
Mmes CAILLEAU (Veuve)	2	BOUBIRON Alexis		1,33
BUREAU Jean (Veuve)	2	RABIN Jacques		1,32
M. HOUDEBINE-BUFFARD	1,70	LEGUÉ Victor		1,32
Mme RABIN (Veuve)	1,66	HOUDEBINE-TREMBLAY		1,27

GONNORD (*suite*)

	Hectares			Hectares
MM. Beucher Xavier	1,25	MM. Gourdon Auguste		1
Léger François	1,20	Groyer Adolphe		1
Pineau Victor	1,15	Landreau Pierre		1
Boussion Jules	1,12	Hospices de Gonnord		1
Chiron Joseph	1	Réveilleau Pierre		1
Jacquet Pierre	1	Houet Joseph		1

JOUÉ-ÉTIAU

1921. Superficie :   76 hectares ; récolte :   1.184 hectolitres.

1922.   —   80   —   —   3.573   —

SAINT-LAMBERT-DU-LATTAY

1921. Superficie : 462 hectares ; récolte : 7.388 hectolitres.

1922.   —   547   —   —   23.117   —

	Hectares			Hectares
Mme Chaillou (Veuve)	20	MM. Saudreau Dominique		4
MM. Bougère Laurent	19	Blouin Auguste		3,50
Belliard Jean	15	Mme Blanchard (Veuve)		3,50
Coulais Benjamin	11	MM. Picot Louis		3,50
Tijou Hippolyte	10	Martin Emile		3,43
Bastard-Oger	10	Picherit Abel		3,41
Morin Alphonse	8	Mme Cailleau (Veuve)		3,33
Provost Alfred	8	MM. Bourreau Mathurin		3,16
Piabd Ludovic	6,50	Blot Louis		3
Belliard Auguste	6	Cerqueux Paul		3
Chauvin Auguste	6	Angebault Marcel		3
Renou Joseph	6	Martin Marcel		3
Moron Louis	5,30	Poudré-Belliard		3
Peyron-Oger	5	Davy Pierre		3
Robin Désiré	5	Buda Jean		3
Merveillon Eugène	5	Courbet Pierre		3
Mme Bidet (Veuve)	5	Robin Ernest		3
MM. Massignon Maurice	5	Roas Léon		3
Morin Jules	5	Tessier Urbain		3
Poulain Casimir	5	Denécheau-Jollinet		2,65
Vaillant Simon	5	Mme Lopin (Veuve)		2,59
Tijou Louis	5	MM. Augereau François		2,50
Doussain	5	De Terves		2,50
Moron Honoré	5	Verdier-Poirier		2,47
Audiau-Desmaux	5	Hoyau		2,30
Saudreau Paul	4,50	Barbier Alphonse		2,20
Martin René	4,30	Derré Pierre		2,20
Audiau-Martin	4	Brevet J.-B.		2
Courbet Elie	4	Mme Abélard (Veuve)		2
Jollivet-Moron	4	MM. Martin Jean		2
Davy Louis	4	Limouzin Victor		2
Jouan frères	4	Boulestreau Hippolyte		2

SAINT-LAMBERT-DU-LATTAY (*suite*)

	Hectares			Hectares
Mme RENOU-BOULESTREAU (Vve) .	2		MM. ROUSSEAU Pierre	1,30
MM. RENOU Pierre	2		COURANT Joseph	1,30
POUDRÉ Louis	2		Mme BOULORD (Veuve)	1,30
VERDIER Robin	2		MM. PELLETIER Auguste	1,30
LACROIX Pierre	2		CHARRUAULT Joseph	1,30
Mme PAUVERT (Veuve)	2		DELANOE Julien	1,20
MM. BÉNARD Marcel	2		BRÉMOND Joseph	1,20
BENOÎT Pierre	2		Mmes BÉNION (Veuve)	1,20
Mme BÉDUNEAU-DUBREUÉ (Veuve)	1 90		JOBIN (Veuve)	1,20
MM. ROBIN Louis	1,80		MM. JURET Jean	1,20
MARTIN Pierre	1,80		CERQUEUX Pierre	1,20
HOUDET Louis	1,80		GUEFFIER Jean	1,20
ROBIN Louis	1,80		BEDOUET Henri	1,15
ROBIN Suzanne	1,76		LAMBERT Victor	1,15
MARTIN René	1,70		BEDOUET Henri	1,15
COURRAULT-AUDIAU	1,70		LAUMONNIER François	1,08
PASQUIER Pierre	1,60		CHAUVIRÉ Louis	1,06
JOLLIVET-OGER	1,60		PASQUIER-BARON	1
ROBINEAU François	1,60		Mme BROSSIER (Veuve)	1
PASQUIER Emmanuel	1,60		MM. MASCÉ Martin	1
JOLLIVET Louis	1,53		MARTIN Martin	1
BOUTIN Pierre	1,50		BESNARD René	1
PASQUIER Julien	1,50		CESBRON Pierre	1
TOUBLANC Léon	1,50		BOULAUD Louis	1
HARDOUIN-MAUNÉL	1,50		JOLLIVET Joseph	1
BERNIER Eugène	1,50		RENOU Michel	1
BESNARD Joseph	1,50		DAVY Joseph	1
Mme PROUTIÈRE (Veuve)	1,50		BÉDUNEAU Louis	1
M. PLOT Léon	1,50		Mmes MARTIN-RULLIER (Veuve) ..	1
Mme PLOT (Veuve)	1,50		COTTEREAU (Veuve)	1
MM. MASSON Pierre	1,50		MM. CHAUVEAU Dominique	1
PICHERIT Jules	1,50		PELÉ Paul	1
CHOLLET François	1,50		BARREAU Emmanuel	1
CESBRON Aimé	1,50		FRANÇOIS (Docteur)	1
PICHERIT Emile	1,50		AUDIAU Jules	1
ROBIN Pierre	1,45		CESBRON Joseph	1
GASTÉ-JOLLIVET	1,40		ROULEAU Célestin	1
VERDIER Luc	1,40		Mme RULLIER (Veuve)	1
ROBIN Victor	1,30		MM. RACINEUX Alfred	1

DENÉCHEAU (Docteur) 1

LUIGNÉ

1921. Superficie : 17 hectares ; récolte : 892 hectolitres.
1922.   —   73   —   —   2.324   —

	Hectares			Hectares
MM. CHEVRIER Léon	4,42		MM. VERDON René Bourgerie	2,12
ROTTIER Jean	3,93		CAROUX Benjamin	2
CHOUTEAU Louis	2,82		GOUJON Joseph	1,99
BOBLET Valentin père	2,64		AMANT Denis	1,65
Mme LORIN Jean Bellard (Veuve)	2,24		DELHUMEAU frères	1,52
MM. ROBIN Louis	2,20		BOBLET Valentin fils	1,50

LUIGNÉ (*suite*)

	Hectares		Hectares
MM. Boutin René	1,41	MM. Arsandeau Elie	1
Goisnard-Amant	1,36	Billard Pierre	1
Mme Gouzy et fils (Veuve)	1,34	Daveau Jean	1
Gueffier René	1,33	Fortier Louis	1
Guinhut Pierre	1,32	Guichet Henri	1
Chauvigné Pierre Boussion	1,20	Gueffier Joseph	1
Audiau Pierre	1,15	Renault Henri	1
Moisis père et fils	1		

QUINCÉ

1921. Superficie : 241 hectares ; récolte : 5.612 hectolitres.

1922.   —   125   —   —   8.684   —

			Hectares
MM. De Brissac (Duc)	30	MM. Guilloteau-Flon	2
Goisnard Joseph	13	Marionneau Henri	2
Guinhut Jean	12	Béritault	1,75
Gayet Eugène	11	Einiau	1,66
Moron Eugène	11	Béchet Auguste	1,65
Durand	10	Delacroix Eugène	1,65
Mme Lecuit (Veuve)	8,44	Moron Dominique	1,60
MM. Chevrier Baptiste	8	Augereau	1,58
Samson René	7	Bertheleau	1,51
Mircourt Ernest	5	Davau Gustave	1,50
Genêt Alphonse	4,66	Vitault	1,50
Mme Béchu (Veuve)	4,40	Chevrier Raphaël	1,50
MM. Beaumont Marcel	3,50	Guillot Ernest	1,50
Richou	3,33	Mmes Defois	1,46
Gouin Jean	3	Filon	1,25
Priou Auguste	3	M. Aubin Ernest	1,25
Barré	3	Mme Guichet-Lemoine	1,25
Robin Julien	3	MM. Lucas Alexis	1,20
Guinhut Baptiste	3	Tremblay	1
Mme Béritault (Veuve)	2,50	Baschereau	1
MM. Jouin Lucien	2,50	Jouin Pauline	1
Ogereau Noël	2,50	Gautier Joseph	1
Mmes Ragueneau (Veuve)	2,50	Robert Louis	1
Benion	2,50	Guilloteau Renaud	1
M. Martin Alphonse	2,47	Genet Prosper	1
Mmes Baudoin (Veuve)	2,40	Robin Maurice	1
Chéret (Veuve)	2,10	Samson Marcel	1
Duracier (Veuve)	2		
Froger-Audiot	1		

RABLAY

1921. Superficie : 307 hectares ; récolte : 3.693 hectolitres.

1922.   —   312   —   —   12.768   —

SAULGÉ-L'HOPITAL

1921. Superficie : 42 hectares ; récolte : 1.905 hectolitres.
1922.   —   82   —   —   4.170   —

	Hectares		Hectares
MM. Tricoire	6	Mme Couteau (Veuve)	1,30
Moreau Ernest	3	MM. Herrault Léon	1,30
Lambert Eugène	3	Lecointre Jean	1,30
Bounault père	2,50	Bouton Anatole	1,26
Leroux	1,60	Ortion François	1,20
Couteau	1,70	Samson Simon	1,16
Leroux	1,60	Boivin	1,06
Mmes Genais (Veuve)	1,60	Samson Joseph	1,05
Gourichon (Veuve)	1,50	Billard	1
MM. Guyard Pierre	1,50	Defoix	1
Harboumeau Pierre	1,50	Genais Gabriel	1
Blet	1,50	Mme Cochard (Veuve)	1
Coléon	1,36	M. Bounault fils	1

VAUCHRÉTIEN

1921. Superficie : 365 hectares ; récolte : 8.270 hectolitres.
1922.   —   382   —   —   24.868   —

Canton de Tiercé

TIERCÉ

1921. Superficie : 34 hectares ; récolte :   643 hectolitres.
1922.   —   56   —   —   2.510   —

	Hectares		Hectares
MM. Guinoiseau Louis	3,44	MM. Meignan François	1
Boré Dieudonné	3	Vaslin Joseph	1
Cotteverte J.-B.	1,50	Hardouin René	1
Foulonneau Auguste	1,50	Laniel Jacques	1
Lecomte François	1	Mme Guillet (Veuve)	1

BRIOLLAY

1921. Superficie : 165 hectares ; récolte : 2.043 hectolitres.
1922.   —   164   —   —   4.608   —

	Hectares		Hectares
MM. Laurenceau Paul	4	MM. De Saint-Pern	2,50
Gaignard Baptiste	3,50	Chateau Auguste	2,25
Monnier Pierre	3,50	Cerisier Tristan	2,25
Gaignard Léon	3,20	Jubin Frédéric	2
Ménard François	3	Renier François	1,60

BRIOLLAY (*suite*)

	Hectares		Hectares
MM. Saulnier Joseph	1,50	MM. Bédouet Olivier fils	1
Turquais Maurice	1,50	Thourault Auguste	1
Riffault Raoul	1,40	Rozeray Pierre	1
Deshaies Louis	1,30	Rudor	1
Ragneau Paul	1,30	Malabœuf Louis	1
Ferrand Joseph	1,26	Rochais François	1
Mᵐᵉ Fleury (Veuve)	1,25	Perrineau René	1
MM. Langlois Joseph	1,20	Poirier Marcel	1
Gaignard Auguste	1,20	Gaignard Jean	1
Bédouet Olivier père	1	Provost Louis	1
	André Gustave	1	

CHEFFES

1921. Superficie : 49 hectares ; récolte :   583 hectolitres.

1922.   —   51   —   - -   2.030   —

	Hectares		Hectares
Mᵐᵉ Godin (Veuve)	7	MM. Frétier J.-B.	1,50
MM. De Bernard	6	Ramé Joseph	1
Bréchin André	2	Chaillou Robert	1
Guittière Eugène	1,65	Goujon Auguste	1
Dorgère Louis	1,50	Fourmy Denis	1

ÉCUILLÉ

1921. Superficie : 37 hectares ; récolte :   629 hectolitres.

1922.   —   54   —   —   2.402   —

	Hectares		Hectares
Mᵐᵉ De Luyrot	3,50	MM. Benoit Auguste	1,50
MM. Chesneau Paul	2	Bourgeois	1,50
Chantrel Joseph	1,50	De la Bastille Henri	1,50
Lochard Jean	1,50	Blot Edouard	1,10
	Mᵐᵉ Heulin (Veuve)	1	

FENEU

1921. Superficie : 57 hectares ; récolte :   744 hectolitres.

1922.   —   46   —   —   2.144   —

	Hectares		Hectares
MM. Normandière Paul	4	M. Batereau Louis	2
Girard	3,50	Mᵐᵉ Jacob (Veuve)	2
Mᵐᵉ De Roquefeuil	3	M. Girault Pierre	1,20
MM. Aubert Louis	2,50	Mᵐᵉ Heulin (Veuve)	1
Tertrais Robert	2	MM. Chauveau René	1
	Bergeras Frédéric	1	

21

MONTREUIL-SUR-LOIR

1921. Superficie :   4 hectares ; récolte :   72 hectolitres.
1922.   —   6   —   —   230   —

SOUCELLES

1921. Superficie :   55 hectares ; récolte :   797 hectolitres.
1922.   —   46   —   —   2.117   —

	Hectares		Hectares
MM. Boyer Edmond	10	MM. Chapuet Pierre	1
De Pétigny Xavier	3,20	Guilleux Ernest	1
Brichet Joseph	1,27	Picard Maurice	1
Descorces François ...	1	Barbot Louis	1

SOULAIRE-ET-BOURG

1921. Superficie :   45 hectares ; récolte :   1.110 hectolitres.
1922.   —   75   —   —   3.491   —

	Hectares		Hectares
Mᵐᵉˢ Hucheloup Marie (Veuve)	7	MM. Lépissier	1,50
Anis Pierre (Veuve)	6	Lebreton Lucien	1,20
MM. De Villoutreys François ..	5	Denauw Paul	1
Brugerolle Adolphe	5	Denis Jacques	1
Tertrais Eugène	2	Beaumont Jacques	1
Héry Alfred	1,60	Donat Léon	1
	Baugé Pierre	1	

Arrondissement de Saumur

Canton de Doué

DOUÉ-LA-FONTAINE

1921. Superficie : 350 hectares ; récolte :   9.021 hectolitres.

1922.   —   329   ---   ---   14.015   —

MM.		Hectares			Hectares
MM.	Thomazeau Henri	4,95	Mⁿᵉ Coulbault-Brisset (Veuve)		1,10
	Chatenay-Gourin	2	MM. Coulbault-Gautier		1
	Houssin	2	Nouteau Alphonse		1
	Renaudat	2	Dallet Pierre		1
	Chaigneau	2	Erussard		1
	Guérin-Genty	2	Flagel Constant		1
	Goubrard Jules	1,75	Chatenay Henri		1
	Dima-Bernier	1,50	Bessard-Coutelleau		1
	Body	1,50	Neau-Grolleau		1
	Chauvière	1,50	Guitton-Allard		1
	Bobet Félix	1,50	Mangonneau		1
	Pambourg	1,50	Loret-Guilbault		1
	Guyot	1,50	Mⁿᵉ Dittière (Veuve)		1
Mⁿᵉ Maitreau-Forest (Veuve)		1,40	MM. Girard Joseph		1
MM.	Grolleau-Charbonneau	1,40	Davy-Roucher		1
	Lard-Lemée	1,30	Razin-Beaumont		1
	Gautier-Caillé	1,30	Boutin-Delaveau		1
	Jamin-Breton	1,30	Boutin-Meunier		1
	Noret	1,20	Gautier-Ménard		1
Mⁿᵉ Gasnault (Veuve)		1,20	Dima-Boutin		1
M.	Coulbault-Diard	1,10	Marchand Gustave		1
		Douet-Weiss		1	

BRIGNÉ

1921. Superficie : 290 hectares ; récolte :   7.440 hectolitres.

1922.   - -   258   - -   .   14.462   .

		Hectares			Hectares
Mⁿᵉ D'Ollone (Comtesse)		40	MM. Forest Louis		3
MM. De la Mérie		25	Lambert Léon		3
	Weber-Paride	12	Genet Louis		3
	Fournier-Percher Léon	10	Métivier Joseph		2,66
	Vaslin Ambroise	10	Hétreau Emmanuel		2,50
	Martin-Augereau Aristide	8	Brunet Jean		2,50
	Hardouin François	6,60	Fournier-Boutin Léon		2,50
	Boivin Louis	5,60	Deschamps Gaston		2,44
	Vaillant Gustave	5,50	Mⁿᵉ Girard (Veuve)		2,33
	Rimbert Julien	5,41	MM. Guiard Jean-Marie		2,30
	Vinçonneau Lucien	5	Robineau René		2,20
	Lhumeau Léon	5	De Montalant		2
	Lhumeau Baptiste	4,50	Boivin Jean		2
	Lambert Alfred	3	Mabille Eugène		2

BRIGNÉ (*suite*)

	Hectares			Hectares
MM. Réveillère Léon	2	MM. Bourreau Victor		1,33
Marais François	2	Chartier Joseph		1,33
Boivin René	2	Sillard Émile		1,33
Hétriau Auguste	1,90	Berthellot Hubert		1,33
Chevallier Albert	1,85	Baudouin Alcide		1,33
Viau Auguste	1 80	Brunault Eugène		1,33
Cochard Emile père	1,66	Hardouineau Pierre		1,30
Bouttier Jean	1,64	Barré Francis		1,25
Gruget Jean	1,63	Marolleau Fernand		1,20
Durand Jean fils	1,50	Harsandeau Louis		1,20
Durand Jean père	1,50	Aubin Louis		1,18
Laurendeau Joseph	1,50	Vaslet Maurice		1,13
Mme Lhumeau Joseph (Veuve)	1,50	Mme Cochard Louis (Veuve)		1,10
MM. Duveau Etienne	1,50	MM. Martin François		1,05
Biniou François	1,50	Guyard François		1
Maillet Jean	1,50	Misandeau Séraphin		1
Michaud Jean	1,50	Duveau Louis		1
Aubin Victor	1,50	Sergent Marcel		1
Simonneau Pierre	1,50	Rabardeau Louis		1
Berthelin Léon	1,50	Lecointre Camille		1
Mme Augereau (Veuve)	1,40	Mme Delaunay (Veuve)		1
Lecointre Victor	1,39	M. Vaillant Alexandre		1

CONCOURSON

1921. Superficie : 280 hectares ; récolte : 5.574 hectolitres.

1922.　　—　　　280　　—　　　—　12.651　　—

	Hectares			Hectares
MM. Jousset-Borit	7	MM. Marolleau Pierre		2,50
Aubineau Georges	7	Benéteau Louis		2,50
Frémin Édouard	6	Lorin Roger		2,45
Dittière Pierre	5	Pineau Henri		2,27
Ferrand-Mosset	5	Oriot Henri		2,20
Renard Louis	4,50	Martineau-Lamoureux		2
Mme Coquin (Veuve)	4	Rouleau Camille		2
MM. Roulleau Alphonse	4	Rouleau Pierre		2
Boissonot Marcel	4	Rouleau Auguste		2
Gaudicheau Charles	3,64	Briand Pierre		2
Bonin-Girard	3,50	Graveleau Félix		2
Vaillant Aimé	3,50	Beau Armand		2
Briand Jean	3,50	Auger-Commeau		2
Boudier Michel	3,26	Dittière-Maitreau		2
Touret Jean	3	Piau Louis		2
Froger Pierre	3	Aubineau-Charuau		2
Fournier Pierre	3	Mmes Maitreau (Veuve)		1,90
Cloteau Jean	2,96	Mallard (Veuve)		1,90
Gabard Élie	2,75	MM. Tellier Élie		1,70
Misandeau Pierre	2,73	Clée Henri		1,54
Péan Louis	2,70	Tarreau Pierre		1,50
Guérineau Eugène	2,50	Bionneau		1,50

CONCOURSON (suite)

	Hectares			Hectares
MM. Aubin Louis	1,50	MM. Hacault René		1
Aubin Aimé	1,50	Ploux Jean		1
Boutin Jean	1,30	Bompas Camille		1
Gabillard Pierre	1,30	Touret Louis		1
Pinier René	1,30	Lafuye Jean		1
Quétineau Pierre	1,30	Jousset-Rémin		1
Coulot Joseph	1,25	Dittière Eugène		1
Acault-Jobin	1,15	Charbonnier Jean		1
Guittonneau René	1,10	Jolly Joseph		1
Boivin Jean	1,06	Maitreau-Tellier		1
Lamoureux Pierre	1,05	Bompas Camille		1
		Perchard Étienne		1

DÉNEZÉ

1921. Superficie : 110 hectares ; récolte : 2.048 hectolitres.

1922. — 101 — — 3.707 —

	Hectares			Hectares
MM. Besnard-Corbineau	3	MM. Touret Jean		1,30
Gelineau	3	Chevrier Jean		1,10
Guérineau	3	Thurba		1,10
Guyot Louis	2,50	Cailleau		1
Besnard Laurencin	2,50	Godeau		1
Derouet Eugène	2,30	Hudon-Bouclé		1
Renou Emile	2	Hudon-Bertin		1
Besnard J.-B.	2	Guillemet René		1
Marcheteau-Lutin	2	Mme Pharadon (Veuve)		1
Métivier Pascal	2	MM. Marcheteau-Challet		1
Leroy Clément	2	Jollivet		1
Chartrain	2	Guillet		1
Fillon	2	Derouineau		1
Pinard	2	Métivier René		1
Chauvin Jean	1,50	Letheuille		1
Huet René	1,50	Besnard-Huet		1
Laboureau Louis	1,50	Beaumont Jean		1
Bonnet Constant	1,50	Auroy Camille		1
Cordier-Masseletiot	1,50	Fallourd		1
Duveau	1,50	Guyot Émile		1
Lemée Victor	1,50	Marchand		1
Pharadon J.-B.	1,50	Besson		1
Chazal	1,50	Métivier Benjamin		1

DOUCES

1921 Superficie : 145 hectares ; récolte : 2.836 hectolitres.

1922. — 124 — — 7.166 —

FORGES

1921. Superficie : 55 hectares ; récolte : 1.055 hectolitres.

1922. — 55 — — 2.065 —

	Hectares		Hectares
MM. SENANTE Victor	15	MM. MARTIN Auguste	1,50
AUBRUX Eugène	3	BARRET Henri	1,50
PÉAN Camille	2	Mᵐᵉ BARRA-GUICHOUX (Veuve)	1,20
BEAUMONT Louis	2	MM. GANDON Maurice	1
MOUSSET Gustave	2	DESLIN Auguste	1
LEMAITRE Ernest	1,50	FREMIN François	1
COCHARD Eugène	1,50	TESSIER-ROULEAU	1
VIGER Florent	1,50	PICHOT-RAIMON	1
		VIGNERON Victor	1

SAINT-GEORGES-CHATELAISON

1921. Superficie : 230 hectares ; récolte : 7.380 hectolitres.

1922. — 112 — — 13.400 —

	Hectares		Hectares
MM. DE MONTI Maurice	15	MM. OBLIGIS Jacques	1,50
HUET-MARIN	11	CHAUVEAU Louis	1,50
BOIVIN Marcel	8	ROCHAIS Henri	1,50
RENAULT Auguste	6	ROCHAIS BARRÉ	1,50
CHAILLOU DE FOUGEROLLE	5,20	PAUMEAU Pierre	1,50
ROTTIER Émile	5	CHALOUINEAU-HARDOUIN	1,50
MARTINEAU Louis	4,50	CHAUVEAU Joseph	1,50
PERCHER Alexandre	4	PASQUIER Alexandre	1,50
RIDEAU Charles	3,50	THOURET-THIBAULT	1,50
CLÉE Jean	3	BAZILLE Charles	1,50
LANDREAU Adolphe	3	CHAUVREAU Aimé	1,50
FERCHAUD Pierre	3	PILLARD Louis	1,50
THOURET Émile	3	ROULLEAU Louis	1,50
COIFFARD-TAUPIER	3	BAZANTÉ Henri	1,50
THOMAS Victor	2,50	FROGER René	1,50
BORIT Jacques	2,35	RICHARD Benjamin	1,50
MASSOTEAU Jean	2,30	BONDU Émile	1,40
TOUCHAIS René-TAUPIER	2,15	PAUMEAU Eugène	1,40
HUET Eugène	2	CHOLOUX Gaston	1,40
REUILLER Louis	2	MAILLET Camille	1,30
CHAUVREAU-MARTINEAU	2	BIDET Jean	1,30
PERCHER François	2	BUFFARD Fernand	1,30
ORIOU-BAZANTÉ	2	BESNARD Léon	1,30
DOUBLÉ Ernest	2	HUMEAU Louis	1,30
OGEREAU Pierre	2	BÉLARD Louis	1,25
ROTTIER Pierre	2	NIVELEAU Jean	1,25
MADÉ Joseph	2	Mᵐᵉ PICAUTIN (Veuve)	1,25
TOUCHAIS Joseph	2	MM. HUET Henri	1,25
TAUPIER Alfred	1,90	COIFFARD Victor	1,20
VARY Louis	1,80	TERRIEN Victor	1,20
PUCHAULT Constant	1,80	GIRAULT-RICHARD	1,20
GRELLIER Jean	1,65	GIRAULT Jean	1,15
THIBAUDEAU Félix	1,65	LAMBERT Auguste	1,15

SAINT-GEORGES-CHATELAISON *(suite)*

	Hectares		Hectares
Mme CHAUVREAU-HIZOT (Veuve)...	1,10	MM. GUILLOU René	1
MM. MARTIN François	1,10	ALOPÉ Jean	1
CHAUVREAU Victor	1,10	LEROUX Louis	1
JAUDOIN-LEROY	1,10	JOUSSET Alexandre	1
DESNOUES Auguste	1,10	RENAULT Émile	1
ROTIER François	1,10	HUET-GUILLOU	1
BARON Baptiste	1,10	Mme BAZILLE HUET (Veuve)	1
DRAPEAU Maximin	1,10	MM. RÉTHORÉ Joseph	1
POUPARD Louis	1,10	JOLIVET Pierre	1
JUGEDÉ Jean	1,10	LAURIÈRE Victor	1
ROUILLARD René	1,10	BOUDAIRON Auguste	1
VAILLANT-RICHOU	1,10	LAURENDEAU Léon	1
BOUDAULT Louis	1,10	MASSOTEAU Florent	1
GALICHET GUIBERT	1	GIRAULT Émile	1
THIBAULT André	1	BENETEAU Joseph	1
DABIN-GUÉRIN	1	DURAND Léonard	1
BOURREAU Pierre	1	DAVIAU Émile	1
ORIOU-BERNIER	1	BIBARD Narcisse	1

LOURESSE

1921. Superficie : 135 hectares ; récolte : 4.008 hectolitres.
1922.   —   145   —   6.069 —

	Hectares		Hectares
MM. De CONTADES (Marquis)	5	MM. LECLAIRE Marcel	1,50
MÉTIVIER François	4	Mme RÉVEILLÉ Louis (Veuve)	1,50
BAUNEAU Félix	3,50	MM. FOREST Gustave	1,50
BODINEAU Eugène	3	BONVALET Louis fils	1,50
FERCHAULT Eugène	2,42	LANDARD Louis	1,50
ROUILLARD Joseph	2,50	LECLERC René	1,50
BENOIST Jules	2,40	GUIGNARD Louis	1,50
GIRARD Martin	2	PERCHER René	1,50
MÉTIVIER Henri	2	LETHELLE Emmanuel	1,50
FAVUREAU Louis	2	BONVALET Louis	1,50
BRIAND Louis	2	QUINTON GUIGNARD	1,50
VAUVERT Henri	2	MÉTIVIER Vincent	1,25
RENAULT-GATIEN	2	LUSSEAU René	1,22
FOUCHARD-BARON	2	DUPONT Louis	1,20
FROUIN Pierre	2	REUILLER Émile	1,15
ROTHÉ (Commandant)	2	RICHARD Fernand	1,10
DELHOMMEAU	1,50	REBELLIER Joseph	1,10
	GOURÉ Louis	1,10	

MARTIGNÉ-BRIAND

1921. Superficie : 870 hectares ; récolte : 17.040 hectolitres.
1922.   —   949   —   37.921 —

MONFORT

1921. Superficie : 40 hectares ; récolte : 1.084 hectolitres.
1922.   —   40   - ..   . .   1.751   —

	Hectares			Hectares
MM. Marolleau Auguste	2,20	MM. Marçais René		1,10
Marçais Emmanuel	2,20	Masson Louis		1,05
Mme Vaillant (Veuve)	2	Girard Jean		1
MM. Perrochon Eugène	1,50	Caduc Joseph		1
Landreau-Bazille	1,50	Perémin Louis Lacroix		1
Perémin Camille	1,50	Beaumont Joseph		1
Chevalier-Besnard	1,20	Huet André		1

MEIGNÉ

1921. Superficie : 110 hectares ; récolte : 1.960 hectolitres.
1922.   —   73   ---   ---   3.363   —

SOULANGER

1921. Superficie : 350 hectares ; récolte : 5.446 hectolitres.
1922.   —   205   —   —   9.300   —

LES VERCHERS

1921 Superficie : 445 hectares ; récolte : 11.442 hectolitres.
1922.   —   456   - ..   ---   24.729   —

LES ULMES

1921. Superficie : 300 hectares ; récolte : 8.153 hectolitres.
1922.   —   232   —   ---   12.028   —

	Hectares			Hectares
MM. Nouteau Gustave	9	MM. Brugeon Émile		3
Champion François	8	Hubert Auguste		3
Mme Beaumont Charles (Veuve)	7,50	Hubault Ch.		2,70
MM. Beaumont François	7	Beaumard J.-B.		2,50
Roux-Champion	7	Baranger Jean		2,50
Rideau E.	7	Bruère F.		2,50
Thoreau-Gasnault	7	Mmes Bonnet René (Veuve)		2,50
Hubert Alfred	5	Boiston (Veuve)		2,50
Thoreau Paul	5	MM. Guinoyseau E.		2,50
Frouin H.	4	Renard-Marsais		2,50
Favereau	4	Roux Fernand		2,50
Morin Jean	3,50	Girault-Boiston		2,50
Baranger Louis	3,50	Girault-Bonnet		2,50
Babin Pierre	3,50	Hortion Camille		2,50
Bodineau Jean	3	Pillier Arthur		2,50

LES ULMES (*suite*)

	Hectares		Hectares
MM. BARON-MALÉCOT	2	MM. MARCHEREAU	1,50
BEAUMONT Charles	2	MALHERBE	1,50
BEAUMARD François	2	HERVOUET	1,50
BENOIT F.	2	CARRÉ-DITTIÈRE	1,50
BEAUMARD Auguste	2	COUTELET	1,50
CARRÉ-JOUSSELIN	2	CUREAU F.	1,50
Mme FOUGÈRE (Veuve)	2	DESCHAMPS	1,50
GIRAULT-MAITREAU	2	BRISSET Henry	1,50
HUBAULT E.	2	DEROUET Mathieu	1,50
JOUSSET F.	2	GIRAULT Albert	2,50
POISDERT	2	GRAVELEAU H.	1,50
ROUILLARD	2	RENARD F.	1,50
TOURET-DITTIÈRE	2	RETIVEAU	1,50
BLET Maximin	1,90	ROUX-JOULAIN	1,50
DAVID P.	1,60	RENARD Eugène	1
BEAUMARD Louis	1,50	CUREAUDEAU	1
PILLIER Jacques	1,50	CHAMPION René	1
PEIN	1,50	GIRAULT-NOUTEAU	1
MARQUET Th.	1,50	JANIN Jean	1
BLET Camille	1		

CANTON DE GENNES

GENNES

1921. Superficie : 205 hectares ; récolte : 3.842 hectolitres.

1922.   —   215   — -   —   5.542   —

	Hectares		Hectares
M. DIOT Jules	8	Mlle LALLEMAND Hélène	1,33
Mme REDUREAU	8	MM. THIBAULT Baptiste	1,32
MM. GIRARD-AMIOT	5	DOUET Auguste	1,32
GACHET Marcel	5	GASNEREAU Séraphin	1,30
ROUFLEUX Auguste	5	GROUST Louis	1,18
BOIVIN Alphonse	3,50	LELIÈVRE Auguste	1,18
LEBRANC Émile	3	LEBOUCHER René	1
AUVERT Maurice	3	BAUDRILLER Jean	1
PEROUINEAU Pierre	2,50	FOUQUEREAU Pierre	1
AUBIN François	2,50	Mme BEAUNEAU Denis (Veuve)	1
LEBLANC Jean	2	MM. VINSONNEAU Germain	1
Mme LALLEMAND (Veuve)	2	LEVÊQUE Pierre	1
MM. HUBERT Désiré	2	NOEL Albert	1
BEAUNEAU René	2	RENOU Jules	1
LAGRANGE	2	CARROUX Louis	1
RENARD Auguste	2	GASNEREAU Léon	1
TURLEAU Louis	2	BESNARD Louis	1
ROUSSEAU Louis	2	FRESNAIS-TOUSSAINT	1
LAURIOU Louis	1,50	LIOTON Noël	1
BRUNET Louis	1,50	CHOLET Pierre	1
FOUCHÉ-LANDREAU	1,50	BOUREAU Louis	1
ROULLEAU Auguste	1,50	PROU-BAUDRILLER	1
GALBRUN Cyprien	1,50	ROUSSEAU André fils	1
FOURNIER Félix	1		

AMBILLOU

1921. Superficie : 165 hectares ; récolte : 4.108 hectolitres.
1922.   —   180   —   —   8.886   —

CHEMELLIER

1921. Superficie : 146 hectares ; récolte : 2.390 hectolitres.
1922.   —   116   —   —   5.327   —

	Hectares			Hectares
M. LEMONNIER	9	MM. LEMASSON		1,25
Mme THIBAULT-GIRON (Veuve)	3,50	LEBRETON		1,10
MM. BRISSET François	2	GUÉRET		1
PROUTEAU	2	CRETON		1
MOSSET Louis	1,50	MOREAU Alphonse		1
PRÉAU Jean	1,50	SAMSON		1
BOISSEAU Joseph	1,30	LÉGER		1
THIBAULT René	1,30	LECOINTRE		1
		Mme MARIONNEAU (Veuve)	1	

CHENEHUTTE-LES-TUFFEAUX

1921. Superficie : 180 hectares ; récolte : 2.906 hectolitres.
1922.   —   35   —   —   3.513   —

	Hectares			Hectares
MM. DUPARC Ernest	5,50	MM. BOMPOIS-LÉVÊQUE		1,13
CHAPRON Ernest	3,50	LEROY-CHEVRIER		1,10
OGER Eugène	3,25	LEROY-PELÉ		1
Mme EFFRAY L.-BEAUFILS (Veuve)	3	LECOMTE Eugène		1
MM. VAUDEL Louis	2	FILS Raymond		1
BEAUMONT-CALMET	2	Mme ROCHER (Veuve)		1
PINEAU Charles	2	MM. BEILLARD Auguste		1
EFFRAY Louis-Aubeux	1,75	EFFRAY Victor		1
PETITEAU Constant	1,50	CORDIER Gustave		1
EFFRAY-CHAMPION	1,38	BOISSENOT Théophile		1
SAINT-AUBIN Victor	1,32	PETITEAU-TESSIER		1
GUILLON Eugène	1,26	DE LAURESPIN C. (Comte)		1
RÉTHORÉ Élie	1,20	RÉTAILLEAU Louis		1

COUTURES

1921. Superficie : 210 hectares ; récolte : 4.846 hectolitres.
1922.   —   145   —   —   5.133   —

	Hectares			Hectares
Cie DES GRANDS VINS D'AN-JOU	22	MM. BOURY Louis		4
MM. RENOU Alexis	20	CHAUVEAU Maurice		4
JOUIN Joseph	7,40	GUÉRIS Henri		4
LAGNEAU Joseph	6	TÉNIER Joseph		4
LANDREAU François	6	GAGNEUX Pierre		3
		GUÉRET Charles		3

COUTURES (*suite*)

	Hectares			Hectares
M. Mabille Auguste	2,74	MM. Lemasson Louis		1,40
Mme Labbé-Grimault (Veuve)	2,50	Gislard Louis		1,38
M. Augereau Jules	2,49	Hias Alexandre		1,33
Mme Pelé (Veuve)	2,45	Levadoue Auguste		1,32
MM. Marchand-Edex	2,30	Mmes Labbé-Pouleau (Veuve)		1,32
Milliasseau Rémy	2,30	Bizieux (Veuve)		1,30
Plisson Prosper	2,10	MM. Brunet Louis		1,18
Chauveau Arthur	2	Cherrier Gabriel		1,18
Mmes Chaillou (Veuve)	2	Delhommeau		1,18
Gautier (Veuve)	2	Boisdron		1,15
MM. Béchet Mathurin	2	Girardeau Valentin		1,13
Coquard Léon	1,94	Villain Auguste		1,04
Marceau Séraphin	1,80	Moulard Ernest		1
Commeau-Valère	1,80	Levadoue		1
Beslot Fernand	1,80	Chatelais Henri		1
Marquis Jean	1,65	Aubin Émile		1
Plisson Léon	1,65	Gagneux Daniel		1
Vanack Jules	1,60	Lusseau Victor		1
Bruyère France	1,58	Bélin Joseph		1
Lusseau Auguste	1,50	Masson Pierre		1
Bichaton France	1,50	Mme Chesneau (Veuve)		1
M. Diard Henri	1			

SAINT-GEORGES-DES-SEPT-VOIES

1921. Superficie : 240 hectares ; récolte : 5.843 hectolitres.

1922.   —   220   ---   --   11.219   --

GRÉZILLÉ

1921. Superficie : 230 hectares ; récolte : 4.309 hectolitres.

1922.   —   170   —   —   8.487   —

	Hectares			Hectares
MM. Moreau Michel	13	MM. Boisseau Renou		1,50
Renou Marcel	6,50	Guinehut Pierre		1,50
Béritault-Taillé	5	Menuau Joseph		1,50
Moron Pierre	5	Bouhiron Alexis		1,30
Renou Louis	5	Mme Dron (Veuve)		1,30
Bonvalet Séraphin	4	MM. Besse Henri		1,30
Taillé Maurice	4	Levêque Xavier		1,20
Moreau-Tremblay	3	Levêque Joseph		1
Foucher Clément	3	Viger Louis		1
Mlle Moreau Alice	3	Jamault Achille		1
MM. Marchand-Séréné	3	Besnard Louis		1
Decosse Jules	3	Beaumont Léon		1
Moreau Georges	3	Rocher Auguste		1
Bréhéret-Renou	2,70	Bourgerie Jules		1
Priou Joseph	2,50	Béritault Louis		1
Neau Eugène	2,50	Béritault Joseph		1
Métivier Marcellin	2,50	Moreau Lucien		1
Béritault Émile	1,70	Guéret Henri		1

LOUERRE

1921. Superficie : 85 hectares ; récolte : 1.274 hectolitres.

1922.   —   75   —   —   3.317   —

	Hectares		Hectares
MM. Richefeu Charles	3	MM. Giraud Pierre	1
Guillemet Pierre	2,66	Rocher-Laboureau	1
Vinsonneau Camille	2,50	Vinsonneau Eugène	1
Piet Théophile	2	Gaudicheau Louis	1
Vinsonneau Charles	2	Landard Guillaume	1
Raymond Pierre	2	Genevaise Joseph	1
Raymond Gustave	2	Tessier Joseph	1
Lebreton Léon	2	Michel-Leroy	1
Mlle Vinsonneau M.-A.	1,70	Laurioux Louis	1
MM. Marchais René	1,50	Roucher Charles	1
Levoye Joseph	1,50	Choiseau Eugène	1
Barré Pierre	1,50	Miellet Louis	1
Rocher René	1,32	Bernier Louis	1
Gaudin J.-B.	1,09	Genevaise Maurice	1
Lambert Joseph	1	Vinsonneau Lucien	1

NOYANT-LA-PLAINE

1921. Superficie : 70 hectares ; récolte : 1.020 hectolitres.

1922.   —   56   —   —   2.918

LE THOUREIL

1921. Superficie : 180 hectares ; récolte : 4.064 hectolitres.

1922.   —   124   —   —   5.298   —

	Hectares		Hectares
MM. Gentil (Dr)	22	MM. De Roincé Marc	1,40
Guérinot Paul	11	Maltier Théophile	1,35
Thoret Émile	11	Goisnard Pierre	1,20
Mme Buron (Veuve)	4	Aury Prosper	1,15
MM. Guillot Étienne	3	Rousseau Louis	1,04
Pavis Émile	3,60	Treulier Émile	1
Dufau Jean	2,20	Goisnard Léon	1
Lemasson Louis	2,10	Prouteau Pierre	1
Preau René	2	Richard Alphonse	1
Fresnais Auguste	1,87	Avard Pierre	1
Robin Eugène	1,50	Baudin Auguste	1
Robin Charles	1,50	Baudin Paul	1
Denouault Camille	1,40	Preau Louis	1

TRÈVES-CUNAULT

1921. Superficie : 85 hectares ; récolte : 576 hectolitres.

1922.   —   57   —   —   1.332   —

	Hectares		Hectares
MM. Picard Maurice	11	MM. Pasquier	1
De Varay	2	Dialaud Victor	1
Badillet René	1		

CANTON DE MONTREUIL-BELLAY

MONTREUIL-BELLAY

1921. Superficie : 327 hectares ; récolte : 9.215 hectolitres.
1922.   —   311   —   —   15.154   —

1° Au-dessus de 5 hectares.

MM. CHARRON Camille.
    GAUDEREZ (Dʳ).
    GAUDICHEAU Eugène.
Mᵐᵉ BOUCHET (Veuve).
MM. TENNEGUIN Eugène.

MM. CALLARD René.
    DE CROZÉ.
    RECLU Fernand.
    DE GRANDMAISON Georges.
    GUEUGNEAU.

2° De 3 à 5 hectares.

MM. GODINEAU Firmin.
    GABARD.
    DURAND Alexandre.
    BAUDU.
Mᵐᵉ CAILLIAU (Veuve).
    LEHOU Paul.
    PATCHÈVRE André.
RICHOU Eugène.

M. PLESSIS-CHAUMIN.
Mᵐᵉ TRAVAILLÉ-CATAULT (Veuve).
MM. GARNIER Charles.
    JUBLIN Paul.
    CHARRIER Louis.
    RECLU Eugène.
    ROUGEAU-VAUDELLE.

3° De 1 à 3 hectares.

MM. SAUNOURIN.
    MASSÉ-VERNAULT.
    DE CHATILLON.
Mᵐᵉ JUBLIN (Veuve).
MM. HUET Alphonse.
    TESSÉ.
Mᵐᵉ MADEAU (Veuve).
MM. THIBAULT Pierre.
    GROLLEAU Eugène.
    DELUQUET Auguste.
    DUBOIS.
    DEMBYÉ Adrien.
    CALMET-OMER.
    MOREAU Emile.
    PANNEAU-CHAUMERGUE.
    LAUDEK Benjamin.
    MARIONNEAU Mathurin.
    AUBRY.
    MAURY.
    DEROUETTEAU René.
    LALLEBON.

MM. BEDON Pierre.
    CHARRIER Louis.
    CHAMPINEAU Pierre.
    ARDRY Célestin.
    SIGOGNEAU.
    AUDINEAU-DION.
    MEURÉ.
    BRANCHU Louis.
    BIAS Auguste.
    AUDOUCET René.
    CHAUMIN Louis.
    PANNEAU-CALLEAU.
    BIAT Eugène.
    LEMIOLLE Louis.
    MALÉCOT Pierre.
    FOURNÉE.
    DAVIAU Alexis.
Mᵐᵉ AMBROIS (Veuve).
MM. MOURAULT Antoine.
    CHOLET Irénée.
    PASQUIER Léon.

ANTOIGNÉ

1921. Superficie : 86 hectares ; récolte : 2.757 hectolitres.
1922.   —   96   —   —   4.979   —

BRÉZÉ

1921. Superficie : 201 hectares ; récolte : 3.284 hectolitres.
1922.   —   200   —   —   10.165   —

	Hectares		Hectares
MM. Perrault Eugène	60	MM. Moreau Jean	2
De Dreux-Brézé	25,65	Renault René	2
Hubault Eugène	10	Baillergeon Jules	2
Girard Achille	6	Fromenteau Albert	2
Chaluau Socrate	4,29	Corbineau Joseph	1,65
Chaluau Louis	4,17	Boux Jules	1,65
Hubault Octave et Arsène	4	Coutant Pierre	1,65
Ernoult Clément	4	Charpentier Frédéric	1,50
Nau Auguste	4	Guibert Émile	1,50
Maslin Paul	3,50	Berciau Louis	1,50
Mmes Fraimbault (Veuve)	3,50	Cholet Alexandre	1,50
De Laistre (Veuve)	3,60	Baillergeon Marcellin	1,50
MM. Guyot Louis	3	Plumereau Georges	1,50
Renault Émile	2,70	Thibault Adrien	1,50
Volland Émile	2,50	Jubelin Paul	1,50
Baillergeon Henri	2,50	Esnault Louis	1,30
Gautier Alexandre	2,50	Trottereau Auguste	1,20
Bassereau Alexandre	2,30	Lesourd Henri	1,18
Guédon Eugène	2,30	Corday Urbain	1,16
Archelais Alphonse	2	Drouard Stanislas	1,10

BROSSAY

1921 Superficie : 141 hectares ; récolte : 4.388 hectolitres.
1922.   —   150   —   —   5.902   —

	Hectares		Hectares
MM. Taveau Paul	24	MM. Martin Narcisse	1,66
Piton Auguste	7	Rangeard Dominique	1,50
Falloux Julia	7	Métivier Henri	1,50
Falloux Jules	7	Gautier Émile	1,50
Gobin Joseph	7	Tureau André	1,50
Mme Liaigre (Veuve)	5	Bonneau Eugène	1,50
MM. Tennequin Eugène	5	Poitevin Florent	1,50
Deshaies Pierre	5	Lemoine Louis	1,50
Galbrun Eugène	4,50	Sicot Henri	1,40
Blanchard Achille	4,50	Tessier Narcisse	1,40
Gobin Edmond	4,50	Bonnet Constant	1,20
Champineau René	4,50	Falloux Louis	1
Charton Camille	4	Guérichaux Nicolas	1
Bordier Louis	4	Boulet René	1
Tessier Armand	3,90	Falloux Ernestine	1
Bégault René	3,50	Perrault Maurice	1
Benestreau Henri	3	Merle Honoré	1
Falloux Émilie	3	Bernier Marcel	1
Jamain Pierre	2	Bernier Armand	1
Bazille Gabriel	2	Gagneux Étienne	1
Rimailho Joseph	2	Chenuau François	1

CIZAY

1921. Superficie : 165 hectares : récolte : 4.001 hectolitres.
1922.   —   172   —   -   6.779   —

LE COUDRAY-MACOUARD

1921. Superficie : 136 hectares : récolte : 3.282 hectolitres.
1922.   ...   186   - -   —   8.940   —

	Hectares			Hectares
MM. CHEVEAU Léonard	10	MM. COMBIER Jules		2
CHEVRIER Jules	6	DEBRON Eugène		2
ROCHER Jean	4,80	CHAPELLE Joseph		2
VAUCELLE Auguste	4	Mᵐᵉ DION (Veuve)		1,60
GUICHARD Joseph	4	MM. GIRARD Ernest		1,50
BOUJUS Vincent	4	CHOLLET Louis		1,50
BONNET Ludovic	4	ROGER Louis		1,50
BUILEAU Louis	4	BONNET Jean		1,50
BEAUSSE Joseph	4	Mᵐᵉ BARANGER (Veuve)		1,50
GASNAULT Élie	3,50	MM. MARIE Joseph		1,40
MAHÉ Auguste	3,50	PILETTE		1,40
DELÉTANG Raymond	3	LIQUIN Maurice		1,30
MASSE Gustave	3	DALENÇON Pierre		1,30
BOUET Victor	3	FLEURY Albert		1,30
PROUST Léon	3	CLÉMOT Jean		1,10
HULLIN Louis	3	VAUCELLE Dominique		1,10
TARTU Alphonse	3	MAHON Joseph		1,10
RANGEARD Louis	3	Mᵐᵉ BOUCAULT J. (Veuve)		1,10
COURALEAU Charles	3	MM. RÉVEILLON Joseph		1
RICHARD	3	BOISMARD Alfred		1
BRANCHU Eugène	2,50	DUCAMP A.		1
Mᵐᵉ BOUCAULT L. (Veuve)	2,30	GAUTIER Adrien		1
MM. RUESCHE	2,20	CHATEAU Armand		1
BARBIER Octave	?	AUDEBAULT Henri		1
BOUDAIRON Auguste	2	GUILLON Léopold		1
CHENEAU Emile	2	MÉNARD Louis		1
MINOT Louis	2	ROBIN Joseph		1
MÉNARD Élie	2	Mᵐᵉˢ LE BLANC (Veuve)		1
Mᵐᵉ POIRIER (Veuve)	2	RÉTINEAU A. (Veuve)		1
M. BELLAIR Louis	2	MM. PIGNET Louis		1
GIRAULT Victor	1			

COURCHAMPS

1921. Superficie : 165 hectares : récolte : 5.447 hectolitres.
1922.   —   182   —-   —   8.551   --

	Hectares		Hectares
Mᵐᵉ DE BOISCHEVALIER (Veuve)	19	M. GASNAULT Jean	4
MM. DRUGEON Etienne	8,76	Mᵐᵉ MILON (Veuve)	3,66
JAMAIN Jean	5	MM. MILON Prosper	3,64
Mᵐᵉ DESSARD (Veuve)	4	CHEMILLIER Charles	3,40
M. JUTEAU Clément	1	Mᵐᵉ CHAUVIGNÉ (Veuve)	3,20

COURCHAMPS (suite)

	Hectares		Hectares
MM. BENOIST Jean	3	MM. HERBAULT Léon	1,50
QUÉRAT Omer	2,70	MARCHAND Auguste	1,38
MARCHANT Jules	2,50	ROBERT Rémy	1,37
MARCHANT Louis	2,50	LAROCHE Pierre	1,30
SÉBILLE Louis	2,30	CLÉE Pierre	1,17
CHARPY Louis (fils)	2,09	CLÉMOT Henri	1,15
COUSINET Paul (père)	2	HUBERT Jules	1,15
MEUNIER Louis	2	FERRIÈRE Joseph	1,15
CHOUTEAU André	2	CHARBONNEAU Louis	1,07
BELLANGER Joseph	2	LAROCHE Séraphin	1
CLÉE Clément	2	MARCHETEAU Jean	1
LEMASSON Auguste	1,98	HUPONT Pierre	1
AUBRY Maximien	1,84	BERTEAU Vincent	1
BRUÈRE Marie	1,70	BODET Jean	1
PASQUIER Joseph	1,64	CHARPY Louis (père)	1
BUFFARD Ludovic	1,50	BONNIN Auguste	1
FOUCHER Jean	1,50	PLÉAU Henri	1
CHEVALLIER Maxime	1,50	BIGOT Paul	1
COUSINET Paul	1,50	LEFÈVRE André	1
BOUSSI Louis	1,50	BUFFARD René	1

SAINT-CYR-EN-BOURG

1921. Superficie : 256 hectares ; récolte : 5.660 hectolitres.
1922.   —   253   —   —   11.328   —

	Hectares		Hectares
MM. FALLOUX Pierre	7	MM. FOUCAULT Julien	2,50
BOUGOUIN Jean	6	RENAUD-ROHARD	2,40
NEAU Robert	4,50	RICHARD-VERNEAU	2,35
NEAU Armand	4,48	BRETON Eugène	2
DÉZÉ Jean	4	RENAULT-VENON	2
GÉNEVRAIS-THIBAULT	3,50	OUDRY Auguste	2
DENIS Prosper	3,12	CLAVEAU-BONZARD	2
RICHARD Émile	3	SAVARY-REBEILLEAU	2
MARQUET Louis	3	DENIS-RENAULT	2
FOUET Élie	3	FRAUDEAU	2
TESSIER Honoré	3	Mme DUBOIS (Veuve)	2
OUDRY-DUVEAU	3	MM. RENAUD-DÉZÉ	2
VENON Fernand	3	PASQUIER Louis	2
DÉZÉ-MOTTIER	3	RICHARD-LEFORT	1,90
BUZARD Adrien	3	DION Pierre	1,80
SAVARY-BRETON	3	RENAUD Gustave	1,80
MARTIN Célestin	3	EMEREAU Arthur	1,70
CLAVEAU Théophile	3	GOUIN Valentin	1,60
Mmes ROBINEAU (Veuve)	3	GONDOUIN-FOUET	1,60
CAILLARD (Veuve)	3	VALLET Jules	1,60
MM. BOUGOUIN-GUÉRIN	2,60	Mme BUREAU (Veuve)	1,60
FOURNEAU Jules	2,50	MM. LECOMTE Auguste	1,60
RICHARD-PASQUIER	2,50	CHARTON Henri	1,50
BOISNARD Léopold	2,50	FROMENTEAU Joseph	1,50
MARTIN Charles	2,50	OUDRY-FONTAINE	1,50
DENIS Eugène	2,50	BOTTEREAU Alexis	1,50

SAINT-CYR-EN-BOURG (*suite*)

	Hectares		Hectares
MM. RENAULT-FOUCAULT	1,50	Mme DELALANDE (Veuve)	1,48
FOUET-RENAULT	1,50	MM. CATAULT Prosper	1,33
GRONDEAU-DEROUARD	1,50	DÉZÉ Joseph	1,28
BRAIN Jean	1,50	MOTTIER Prosper	1,25
SIMON Charles	1,50	RICHARD Louis	1,18
	VALLET-MICHONNEAU	1,08	

EPIEDS

1921. Superficie : 123 hectares ; récolte : 2.648 hectolitres.

1922. — 202 — — 5.108 —

SAINT-JUST-SUR-DIVE

1921. Superficie : 53 hectares ; récolte : 1.656 hectolitres.

1922. — 73 — — 4.119 —

	Hectares		Hectares
MM. MAINGUIN Clément	4	MM. LAMBERT Eugène	1,55
RICHARD Jean	3,30	DAVY Jean	1,50
CHAPELLE Aristide	3	SAMSON Léonard	1,40
GUILLOT François...........	3	SAMSON Benoît	1
RICHARD Eugène	2,50	TURMEAU Jean	1,40
BALLU François	2,50	DESCHAMPS François	1,33
CLAVEAU Raoul	2,35	GAUTIER A.-P.-HUBAULT	1,25
LOURADOU J.-CHAPELLE	2,20	DELALANDE Henri	1,25
RENIER Maxime	2,16	MALLARD Jacques	1,10
LAMBERT Louis	2	LEBLANC Auguste	1,07
PELTIER Joseph	2	MILON Joseph	1
BALLU René	2	SIMON Joseph	1
HUBAULT Eugène	2	Mme DUBOIS (Veuve)	1
GEVEAU Mathurin	2	MM. CHARRUAU Xavier	1
COUDRAY Louis	1,76	SIMON Eugène	1
LOURADOU J. GUICHARD.....	1,60	BASTARD Albert......:....	1

SAINT-MACAIRE-DU-BOIS

1921. Superficie : 127 hectares ; récolte : 4.705 hectolitres.

1922. — 146 — — 8.220 —

	Hectares		Hectares
MM. GUYON Delphin...........	7	MM. MAITREAU Auguste	2,60
GOURIN Auguste	6	MEIGNANT Armand	2,50
GOURIN Gustave	5	LETREUIL Jules	2,30
BOUCHETEAU Louis	4	JARRY Jean	2,20
PIAS Louis	4	ROGER Charles	2
BOUCHETEAU Auguste	3	TELLIER Julien	2
CHAUVEAU Jules...........	3	DEVEAU Charles	2
BIGOT Eugène	3	GROLLEAU ....:..........	2

22

SAINT-MACAIRE-DU-BOIS (suite)

MM.	Hectares		MM.	Hectares
PENNERET Baptiste	2		HOULIER Jean	1
TAILLÉE René	2		ABELARD Louis	1
CHAIGNEAU Léon	1,90		BEAUCHÊNE Alexis	1
PILOTEAU-GUIREAU	1,50		GAUDICHEAU	1
CHARPY	1,50		GARREAU Henri	1
MAITREAU François	1,50		PILOTEAU-ROBEREAU	1
MARTINEAU Henri	1,50		HERPIN Jules	1
GRESLET	1,50		GUILBAULT-NAUDÉ	1
NEVOUET Henri	1,50		JAUNAULT Louis	1
GUIBERT Baptiste	1,50		LIEMET Jacques	1
BAILLERGEAU	1,50		BERTHIN Baptiste	1
ROY Pierre	1,40		BOUGUIER Eugène	1
FOULARD Eugène	1,40		GARREAU Jean	1
FOULARD Henri	1,40		FARDEAU	1
LIARD Auguste	1,30		GUILLOT Eugène	1
FOULARD Auguste	1		Doc Jules fils	1
BIGOT Henri	1		Doc René	1
DE LA SELLE	1		HUCAULT Louis	1

MÉRON

1921. Superficie : 131 hectares ; récolte : 2.557 hectolitres.
1922.   —   147   —   —   5.927   - -

MM.	Hectares		MM.	Hectares
RENIER François	3		BONNET Eugène	1
COUDRAY François	2		LAMBERT Eugène	1
CAILLARD Jules fils	2		OUDRY Joseph	1
THIBAULT François	2		BROCHAIN Étienne	1
Mme THIBAULT (Veuve)	2		GUIBERT René	1
MM. SAMSON Charles	1,76		DEROUINEAU Benjamin	1
GORON Eugène	1,50		BARANGER Eugène	1
TOURAULT Eugène	1,40		FLEURIAU Arsène	1
AUBINEAU Théodore	1,40		CAILLARD Jules (père)	1
DALIBON François	1,20		SAINTON Camille	1
TOURET	1		CHAUVEAU Louis	1
PERROCHON Alexandre	1		BONNET Prosper	1

LE PUY-NOTRE-DAME

1921. Superficie : 641 hectares ; récolte : 19.112 hectolitres.
1922.   —   711   —   —   35.489   —

MM.	Hectares		MM.	Hectares
FALLOUX-RANGEARD	13		HARDOUIN Étienne	7
LECOMPTE Alexis	12		THOURET Léon	7
ALBERT René	11		CHARRY Armand	6,50
TAURREAU René	9		GOY Pierre	6
Mme ROBIN (Veuve)	8		FOUET Eugène	6
MM. MAYAUD	8		DAZAY Michel	6
ROBIN Louis	8		LUCAZEAU Henri	6
COLLEAU Alphonse	7,50		ROBIN Georges	6

LE PUY-NOTRE-DAME (*suite*)

	Hectares
Mlle CHATEIGNIER	6
MM. PROULT Jean	6
CIVRAIS Joseph	6
CALLARD Aristide	6
DE CHANCELÉE Achille	5,50
BRIAND André	5,39
BOUCHET-GUYARD	5,30
GUYARD J.-B.	5
GUYARD J.-B. fils	5
ALBERT René	5
TURPAULT Auguste	5
DALIBON-DALIBON	5
PAILLAT Élie	5
BAILLERGEON Félix	4,60
BOCHE Clément	4,50
AUDEBAULT Eugène	4,50
Mme LEGUEN (Veuve)	4,28
MM. BALLU François	4,20
GIRAULT-RICHARD	4,02
BOUGÈRE Louis	4
TRAVAILLÉ Paul	4
GODICHEAU Auguste	4
FORTIN Eugène	4
Mme CHIRON (Veuve)	4
MM. SOURICE Jean	4
BRECHAUD Alexis	4
DE BEAUREGARD	4
CLÉE Charles	4
ROBIN Henri	4
FRAPPERIE Louis	3,80
CHOLET Alexandre	3,50
PROUST Dominique	3,50
BRARD Louis	3,50
Mme CARRÉ (Veuve)	3,35
MM. CONACAULT Auguste	3
LUCAZEAU-JOLLY	3
NOLLIS Auguste	3
SAUCIER Emile	3
LUCAZEAU Léon	3
Mme CARRET (Veuve)	3
MM. BARIN Charles	3
GIVELET Louis	3
TAILLEBOT B.	3
THUAU-VEAU	3
CHIRON René	3
FERMETEAU-GUIBERTEAU	3
MUSSET Alcide	3
MUSSET Ernest	3
DUFRESNE Louis père	3
BARANGER Pierre	3
GAZEAU Marcel	3
JOUSSELIN Henri	3
LOUREAU Henri	3
BOUET René	3
CHERRIEAU Francis	3

	Hectares
MM. MUSSET Jules	3
HUET Auguste	3
MICHELET Eugène	3
TESSIER Narcisse	3
HÉRY Auguste	2,97
GENEVAIS Georges	2,97
Mmes MONDAUX (Veuve)	2,50
MORIN (Veuve)	2,50
GOT (Veuve)	2,50
MM. BARDY Auguste	2,50
JOURDAIN François	2,50
DUFRESNE Louis fils	2,50
BLANCHARD Jean	2,50
FAGE Louis	2,50
BOUET Élie	2,50
THOMAS Eugène	2,50
MOREAU Charles	2,50
POLYGONNE	2,50
BACHELET Jules	2,50
ZENOU Eugène	2,50
COUDRAIN René	2,50
CHALLAU Joseph	2,44
PANNEAU Michel	2,33
GAUTIER Charles	2,20
BROUARD Jules	2,20
GOUFFIER Edmond	2,18
Mme GAUDIN (Veuve)	2
MM. MARTIN Adolphe	2
PELTIER Auguste	2
Mme GROSBOIS (Veuve)	2
MM. CHEVALIER Henri	2
PIRY François	2
Mlle BONNEAU	2
MM. PANNEAU-LAUZIERS	2
ANCELIN Louis	2
DOURREAU Jules	2
PAGÉ Adrien	2
MAQUIN Michel	2
FOUCHER Florent	2
Mme MOREAU (Veuve)	2
MM. AUDEBERT Charles	2
VALLEAU	2
CHICOTEAU Louis	2
PROFIT Eugène	2
BONNEAU	2
TELLIER Pierre	2
PECHETEAU J.-B.	2
CHANDOUINEAU Louis	2
DUFRESNE Henri	1,75
MARTIN Victor	1,65
MITHOIR Aimé	1,60
GRELLEPOIS Henri	1,54
BADIER-GERVAIS	1,50
BAILLERGEON Marcel	1,50
GUILLEMET Clément	1,50

LE PUY-NOTRE-DAME (suite)

	Hectares			Hectares
MM. BILLIEUX Hyacinthe	1,50	M. DABURON Eugène		1
PASQUIER Émile	1,50	Mme PIERROT (Veuve)		1
HAMELIN Louis	1,50	M. PARIS Jean		1
THIBAULT Célestin	1,50	Mme JOULAIN (Veuve)		1
GARRY Louis	1,50	MM. MESNARD Jean		1
BOURREAU Charles	1,50	MARTINEAU Auguste		1
CHEVEAU François	1,50	MAUDOUX François		1
MICHELET Louis	1,50	LINARD Jules		1
PIEAU Louis	1,50	BARBAULT Constant		1
BARON Michel	1,50	Mme AURIAULT (Veuve)		1
ROBERT Eugène	1,50	M. TERRY Louis		1
ROBERT Jean	1,50	Mme PROFIT (Veuve)		1
CHALOPIN Léon	1,50	MM. COCU Louis		1
MORIN-BAUX	1,50	BOCHE Clément père		1
ROGER Charles	1,50	TOUREAU Georges		1
Mmes PICHOT (Veuve)	1,50	TOUREAU René		1
GAZEAU (Veuve)	1,50	FALLOUX Aimé		1
GUÉPIN (Veuve)	1,40	FALLOUX Aimé fils		1
MM. GIRARD Louis	1,30	BREVET Louis		1
DUBUISSON Charles	1,30	Mme SIMONNEAU (Veuve)		1
CHESNAULT Alexis	1,30	MM. CHARLOT Charles		1
HIERNARD Jean	1,30	CHARLOT Marcel		1
Mme GUILLOU (Veuve)	1,28	CHARPY Eugène		1
M. DESLOGES J.-B.	1,25	BOURREAU Jean		1
Mme CAUTY (Veuve)	1,15	TAILLEBOT Henri		1
M. POUPAULT Charles	1,15	Mmes DILLAY (Veuve)		1
Mme BOUJIN (Veuve)	1,15	AUDEBERT (Veuve)		1
MM. LECOMTE Eugène	1,10	MM. CADUC Isaïe		1
DUFOUR Louis	1	PROUTEAU Léon		1
RAYMOND Émile	1	Mmes VAUVERT (Veuve)		1
ROUILLER Célestin	1	JOUAU (Veuve)		1
PANNEAU Eugène	1	LEMOINE (Veuve)		1
BARANGER Louis	1	M. BEAUMONT		1

LE VAUDELNAY-RILLÉ

1921. Superficie : 600 hectares ; récolte : 15.142 hectolitres.

1922.   —   641   —   —   28.820   —

CANTON DE SAUMUR N.-O.

LES ROSIERS

1921. Superficie : 38 hectares ; récolte :   906 hectolitres.

1922.   —   40   —   1.933   —

	Hectares
MM. MATREM J.-B.	2,03
GOISLARD Honoré	2

SAINT-CLÉMENT-DES-LEVÉES

1921. Superficie : 15 hectares ; récolte : 251 hectolitres.
1922.   —   15   —   —   616   —

SAINT-LAMBERT-DES LEVÉES

1921. Superficie : 70 hectares ; récolte : 1.486 hectolitres.
1922.   —   70   —   —   3.576   —

	Hectares		Hectares
MM. PETEL-GAUCHER	5,50	MM. GALLAIS Joseph	1,29
RETAILLEAU Paul	3	BOREAU-BRAZILLE	1,05
RAGAIN Louis	2,50	HÉGRON Étienne	1
MACHET-VIÉMONT	1,80	DERBECOURT Marcel	1

SAINT-MARTIN-DE-LA-PLACE

1921. Superficie : 17 hectares ; récolte : 223 hectolitres.
1922.   —   17   —   —   897   —

CANTON DE SAUMUR N.-E.

ALLONNES

1921. Superficie : 230 hectares ; récolte : 1.796 hectolitres.
1922.   —   240   —   —   8.076   —

	Hectares		Hectares
Mme RICHARD (Veuve)	8	MM. TABARAUD Maurice	1,80
MM. DAVID-POTTIER	8	HARRAULT Louis	1,60
DE CONTADES ERASME	8	HUARD Jean BLOT	1,60
GIRARD François	7	MOREAU Xavier	1,50
BONTEMPS Louis	4	LAMOUREUX Eugène	1,50
BERGER Auguste	4	CORNILLEAU Joseph	1,50
MOREAU Jules	3	MAHET-MARMAIN	1,50
GUYOMARD Alexandre	2,50	TENNEGUIN Eugène	1,50
MASSON Honoré	2,50	PINNETEAU Gustave	1,50
HERSARD Eugène	2	HOUET Étienne	1,40
RABINEAU Henri	2	CHALOPIN Jules	1,25
BRARD Louis	2	BOISNIER Eugène	1,20
TREMUREAU Georges	2	NICIER Jean	1,20
TULASNE Louis	2	MÉCHINE-VILLERONDE	1,20
DE MAUPASSANT Charles	2	LUCE Albert	1,18
ESNAULT Jean	2	ROGER Ernest	1,10
VERRI René	2	BOISNIER Louis	1,10
DUPERRAY-BOUJU	2	JOUSSELIN Jules	1,10
PETIT Auguste	2	BLOT Charles-ORY	1,10
NÉRON Pierre	1,85	MOREAU-GAVIER	1,10

ALLONNES (suite)

	Hectares		Hectares
MM. ESNAULT Léon	1	MM. HERSARD Louis	1
VARRON Henri	1	MASSON Ernest	1
CHENUAU Louis	1	CORNILLEAU Eugène	1
BAUDRIER Joseph	1	CHAMARRE Henri	1
BIOT-EPAGNEUL	1	LAFOURCADE Joseph	1
MARANDEAU-JOULIN	1	MIGNOT Louis	1
BERNIER Louis	1	BULQUIN Henri	1
RENAIRE Jean	1	FRÉMONT-BEAUFILS	1
THIBAULT Joseph	1	MABILLEAU Louis	1
BOUJU Jean	1	GOUJON Auguste	1
JOUSSELIN Louis	1	CAILLEAU Louis	1
FESSARD Jules	1	BEAUJON Albert	1
MÉCHINE Louis	1	TESSIER Auguste	1
HALLOUIN Pierre	1	EPAGNEUL Georges	1
BARBIER Louis	1	ROBERT Joseph	1
RENARD Désiré	1	MORISSEAU Auguste	1

BRAIN-SUR-ALLONNES

1921. Superficie : 176 hectares ; récolte : 1.125 hectolitres.

1922.   —   186   —   —   4.695   —

	Hectares		Hectares
MM. MITONNEAU Alcide	4	Mme MILLERAND MÉCHIN (Veuve)	1,34
LECOMPTE-FROGER	3	LESPAGNOL	1,20
PINNETEAU-THIBAULT	2,50	FOUQUET Alexandre	1,20
GAMET	2,50	BOURREAU Louis	1,10
TILMON Louis	1,70	OMER Auguste	1
CHUDEAU Louis	1,70	Mmes DENIAU Alexis (Veuve)	1
SEPTIER	1,60	BOUREAU-DENIAU (Veuve)	1
LEREAU Louis	1,50	MM. LECOMPTE-DAVID	1
BOUREAU François	1,50	DE CONTADES	1
OLIVIER	1,50	BOISNIER Désiré	1
Mme BIÉMONT (Veuve)	1,50	LELIÈVRE Edouard	1
MM. HERSARD Louis	1,50	GOUJON-DENIAU	1
RUESCHE Jean père	1,50	RUESCHE Prosper	1
COURTET Louis	1,37	BOUCHER	1

LA BREILLE

1921. Superficie : 48 hectares ; récolte : 177 hectolitres.

1922.   —   50   —   —   1.184   —

	Hectares		Hectares
Mme CLAVIER (Veuve)	2,50	MM. DEZAUNAY Elie	1
MM. FLEURY Auguste	2	LECHAT-GOUJON	1
LECHAT Auguste	1,50	DUAULT Pierre	1
VERNEAU Auguste	1	TALUAU Léon	1
MORIN Louis	1	COUASNÉ Louis	1
COULÉARD Auguste	1	MIGNOT Albert	1

NEUILLÉ

1921. Superficie : 152 hectares ; récolte :   915 hectolitres.
1922.   —   152   —   —   4.146   —

VARENNES-SUR-LOIRE

1921. Superficie : 184 hectares ; récolte : 2.314 hectolitres.
1922.   —   175   —   —   6.335   —

	Hectares			Hectares
MM. MILLERAND Alfred	2,20	MM. PASSET Louis		1,27
SÉJOURNÉ Louis	2	DAVID-LEMOINE		1,10
BEAUDRY Ernest	1,88	DUFRESNE Louis		1,07
AUDINEAU Victor	1,85	BEAUFILS René		1,05
TASNA Alphonse	1,70	BEAUFILS Prosper		1
PAVILLON Henri	1,66	BEAUFILS-GUILLOT		1
AUDINEAU Désiré	1,50	DROUIN Adrien		1
COURNEAU Louis	1,40	GAIGNARD Louis		1
GATÉ Albert	1,38	HALLOUIN BOISANTIN		1
RÉGNIER Louis	1,38	RICOTTEAU Etienne		1
THOUET Urbain	1,30	TAN SALMON		1

VILLEBERNIER

1921. Superficie : 23 hectares ; récolte :   366 hectolitres.
1922.   —   23   —   —   1.415   —

M.   ROSIÈRE Emile   1

VIVY

1921. Superficie : 90 hectares ; récolte :   725 hectolitres.
1922.   —   90   —   —   3.310   —

	Hectares			Hectares
MM. BARDY Alphonse	10	MM. RENARD-PELTIER		1,50
ROBINEAU PROUST	2	TRANCHANT-ALZON		1
DAVID-BUREAU	2	BERGE Albert		1
THIVAUX-CAVAILLON	2	DAVID-ESNAULT		1
BAUDOUIN DOUJU	1,55	MÉCHIN Albert		1
		BLEROIS Henri		1

CANTON DE SAUMUR S.

ARTANNES

1921. Superficie : 26 hectares ; récolte : 663 hectolitres.
1922.   —   29   —   1.593   —

	Hectares		Hectares
MM. Dureau Célestin	4,20	MM. Duble René	1,11
Renault Achille	3	Esnault Joseph	1,10
Dion Gustave	2,80	Ratouis Louis	1
Baudin Adolphe	2,50	Evalet Charles	1
Ripoche Henri	2	Chasles Maurice	1
Charbonnier Augustin	1,50	Fouassier Louis	1
Leipsic Charles	1,50	Robert Jean	1
Delarue Louis	1,50	Tremblay Louis	1
	Coutelet Raoul	1	

BAGNEUX

1921. Superficie : 127 hectares ; récolte : 2.339 hectolitres.
1922.   —   127   —   6.153   —

	Hectares		Hectares
MM. Oudry Constant	8	MM. Piegars Paul	2
Delandes Jacques	5 —	Vannier Louis	2
Tabourier Albert	4,40	Renou Victor	1,98
Lubin Louis	3,50	Guillet Emile	1,92
Girault Léon	3,30	Luquet Victorin	1,50
Coquau Joseph	3	Brisson Georges	1,40
Gautier Louis fils	3	Hémont Louis	1,40
Espinet Paul	2,75	Nivet Paul	1,25
Bonnet Aristide	2,50	Gautier Louis père	1,18
Guinefoleau Louis	2,48	Souris Louis	1,10
Welsch Armand	2,33	Audouin Henri	1,05
Mazé Louis	2,20	Houtin Joseph	1
Petit Albert	2	Séchet Henri	1
Petit Louis	2	Dupuy Adrien	1
Petit Alphonse	2	Claveau André	1
Fontaine Constant	2	Martineau Henri	1
Devieilblanc Alfred	2	Delphin Amédée	1
Perin Georges	2	Delugré André	1

CHACÉ

1921. Superficie : 234 hectares ; récolte : 3.981 hectolitres.
1922.   —   233   —   8.008   —

	Hectares		Hectares
MM. Breton Camille	6	MM. Millerand Alphonse	5
Sauzay Benjamin	6	Pasquier-Gauthier	4
Pasquier-Gasnault	5	Milon Adrien	4
Duveau Alexandre	5	Chastel-Saulais	4

CHACÉ (*suite*)

MM.		Hectares	MM.		Hectares
MM.	PINOT Joseph	3,20	MM.	MORNAS-AUBIN	1,65
	RENAULT Louis	3		ROBIN Louis	1,54
	DUVEAU Albert	3		FOUET Emile	1,50
	LANDAIS E.	3		REBEILLEAU Georges	1,50
	MAITREAU	3		GAIGNARD Maurice	1,50
	CROUÉ Ch.	2,80		PIMET Authime	1,50
	NORMAND Ludovic	2,65	Mme	NAU (Veuve)	1,50
	CHARLES Eugène	2,50	MM.	VÉRON Pierre	1,50
Mme	ROBINEAU (Veuve)	2,26		CHEVET Raymond	1,50
MM.	MARCHETEAU-REBEILLEAU	2,20		AUBRÉE Jean	1,50
	MUREAU Alexandre	2,09	Mme	VILAIN (Veuve)	1,48
	LECHAT-JOUET	2	M.	PIHET Louis	1,48
	TOURON Louis	2	Mme	TALBOT (Veuve)	1,47
	GIROIN François	2	MM.	CHEVET Joseph	1,45
	GILBERT-MOLLAY	2		NEVOUET Armand	1,40
	MILON Benjamin	2		VERNEAU Pierre	1,37
	CAILLARD Emile	2		GOBAIN Gustave	1,32
	DUBOIS Edouard	2	Mme	CHATAIN (Veuve)	1,24
	CHASLES Louis	2	MM.	DUTOUR Georges	1,10
	CHASLES-JOUET	2		DURAND Abel	1,10
	HUPPON Etienne	1,71	Mme	CORMEAU (Veuve)	1,10
	COULON Léon	1,67	MM.	CHAPU Etienne	1,08
	TOUCHARD Pierre	1,65		BAILLERGEAU-CHASLES	1

DAMPIERRE

1921. Superficie : 129 hectares ; récolte : 2.377 hectolitres.

1922.   —   129   ·—   —   2.853   —

MM.		Hectares	MM.		Hectares
MM.	LORRAIN CAPPETZ	172	MM.	RAIMBAULT Jean	2
	BILLARD Jean	15,58		DROUINAULT-CHARTON	1,97
	DES AGES Charles	6,50		PASQUIER Armand	1,83
Mme	MAYAUD (Veuve)	5,50	Mme	DROUINEAU Jules (Veuve)	1,75
MM.	GALLÉ Louis	4,20	MM.	FRÉBOT Joseph	1,64
	DE GAIGNERON Ludovic	4		CHEVALLIER Armand (fils)	1,50
	CHEVALIER-CADOT	4		CHEVALLIER Victor	1,50
	BUZARD Théophile	4		COUASNET Auguste	1,50
	GOGLET Pierre	3,39		SIGOGNE Louis (père)	1,50
	ALEXANDRE Arsène	3,33		VATAN-FOUCAULD	1,50
	DE CRÈVECŒUR Louis	3		VATAN-ROBIN	1,40
	DUCLOS Georges	3		COUTARD Georges	1,33
	RÉGNIER Louis	3		GALLAIS Louis	1,29
	VATAN-BERTIN	2,60		COUTENCEAU Albert	1,27
	BRARD Auguste	2,40		COUTARD Joseph	1,22
	DUMAS Christian (Comte)	2,20		LUBINEAU	1,21
	BOULIN Georges	2,09		ROSIER Louis	1,11
	GAUCHAIS Armand	2,03		RABIDEAU-CHASLES	1,10
	ROUSSEAU Julien	2,03		RABIDEAU-VATAN	1,10
	CARTIER Maurice	2		GOURY Eugène	1,10
	FILLIATREAU-MARAIS	2		BERTIN Auguste	1
	FILLIATREAU-ROYER	2		FERRAND Joseph	1
	FRÉBOT Emile	2		GUÉRET	1

DISTRÉ

1921. Superficie : 149 hectares ; récolte : 2.130 hectolitres.
1922.   —   144   —   5.472   —

	Hectares		Hectares
MM. Perreau René	8	MM. Godicheau Maurice	2
Coudert Jules	4	Favuau Louis	2
Audineau Jean	4	Touron-Gerbier	2
Bury Eugène	3	Touron Charles	2
Gastault Louis	3	Chollet Henri	1,80
Guibert Louis	3	Hémont Eugène	1,80
Guérin André	2,50	Vancelle Louis	1,60
Touron-Coué	2,50	Breton Louis	1,50
Tessier Amand	2	Boiston Louis	1,50
Serrault Luc	2	Derouet Germain	1,50
Reveau Désiré	2	Girard Jean	1,50
Prieur David	2	Plantin Louis	1,50
Proust Léon	2	Guillou Jules	1,30
Girard-Hémont	2	Mizanbeau Jean	1,20
Gabille Auguste	2	Reveau Paul	1

FONTEVRAULT

1921. Superficie : 194 hectares ; récolte : 1.356 hectolitres.
1922.   —   188   —   3.726   —

	Hectares		Hectares
MM. Hudault Achille	7,12	MM. Girard Henri	1,43
Gautier Victor fils	2.50	Plantin Louis	1,37
Dejonslard Armand	2	Alzon Abel	1,36
Vergnault Alfred	2	Gallé Henri	1,10
Malbois Joseph	2	Plantin Alexandre	1,10
Neau Alphonse	1,50	Mlle Leloup	1
Vachu Jean	1.50	MM. Palustre Jules	1
		Allard	1

MONTSOREAU

1921. Superficie : 198 hectares ; récolte : 2.032 hectolitres.
1922.   —   193   —   3.481   —

PARNAY

1921. Superficie : 129 hectares ; récolte : 2.276 hectolitres.
1922.   —   129   —   3.766   —

	Hectares		Hectares
M. Cristal Antoine	22	MM. Oudry Arthur	3
Mme Ferry Abel (Veuve)	4,50	Chateau Marcel	2,75
MM. Girard Adrien	4,50	Tartault-Gallé	2,61
Berthelot Théophile	3,50	Beaufils Armand	2,47

PARNAY (suite)

MM.		Hectares	MM.		Hectares
MM.	MALLET Martin	2,10	MM.	MITONNEAU Toussaint	1,38
	FRIBOT Armand	2		HARDRÉ Stéphane	1,38
	HERVÉ Achille	2		BROUSSAC Jean	1,37
	JOUBERT Louis	2		BEAUFILS Edouard	1,36
	LÉGER Victor	2		ALZON Henri	1,32
Mme	GADIER (Veuve)	1,70		GENDRON Albert	1,32
MM.	HARDRÉ Désiré	1,51		PATUREAU Jean	1,26
	AURY Léon	1,50		BRUNEAU Fernand	1,20
	DOUET Joseph	1,50		GIRAULT Antonin	1,20
	FRIBOT Albert	1,50		MACHET Célestin	1
	GIRAULT Camille	1,50		JOUBERT Emile	1
	HARDRÉ Francis	1,50		BICHON Franjois	1
	PETIT Joseph	1,40		CHEVALIER Gaston	1
	MITONNEAU Gustave	1,40		CHEVALIER Constant	1
				GIRAULT Ulysse	1

ROU-MARSON

1921. Superficie : 109 hectares ; récolte : 1.939 hectolitres.

1922.   —   107   —   —   3.869   —

MM.		Hectares	MM.		Hectares
MM.	PERREAU Maurice	5	MM.	DESBOIS Louis	1,50
	FRICOTELLE Henri	5		BENON Raoul	1,50
	GOISLARD Athanase	5		HUMEAU Camille	1,40
	QUÉTINEAU Pierre	3		BAILLER Jean-SERREAULT	1,30
	CESBRON Jules	3		LEVÊQUE Louis	1,20
	BEILLOIN Jean	3		RIVERAIN Léon	1,20
	BEILLOIN Joseph	2,50	Mme	CHEVALIER (Veuve)	1,20
	BOUSSAULT Pierre	2,50	MM.	SUROT Ferdinand	1,11
	MASSÉ Paul	2,30		RAZIN Eugène	1
	RÉVEILLÈRE Ernest	2,30		JOUET André	1
Mme	AUBERT (Veuve)	2,30		DESLIN Eugène	1
MM.	RIOLAND François	2,20		ROMPION Henri	1
	SÉBILLE Louis	2,20		MEIGNANT François	1
	ROUY André	2		BOURASSEAU Jean	1
	AUGER Louis	2		MEIGNANT Jean-JOUET	1
Mme	MOTTIER (Veuve)	2		PIAU Jean	1
MM.	GIRARD Pierre	1,70		MAUPOINT Jules	1
	RIOLAND René	1,60		BAILLER Jean-Auguste	1
	MEIGNANT Jean-GUINOISEAU	1,60		BARRAULT Jean	1
				ARNOU Baptiste	1

SAINT-HILAIRE-SAINT-FLORENT

1921. Superficie : 211 hectares ; récolte : 5.086 hectolitres.

1922.   —   211   —   —   8.799   —

MM.		Hectares			Hectares
MM.	ONFROY	20		COMMUNAUTÉ DE STE-ANNE	6
	BONNET Jacques	12	M.	DE LAVALETTE Joseph	4
	DE BODMAN Jean	10	Mme	TESSIER-CHATEAU (Veuve)	3
	CHARPENTIER Adrien	6	MM.	RENOU-BODIN Jean	3

SAINT-HILAIRE-SAINT-FLORENT (*suite*)

	Hectares		Hectares
MM. MONESTE	3	M. AUDOUIN Pierre	1,22
CHARBONNEAU	3	Mᵐᵉ MONTAUDON (Veuve)	1,15
CHAMPION Louis	3	MM. LECOMTE Eugène	1
MESSAGER Ferdinand	2,50	MÉRAND René	1
ROBIN Auguste	2	DEPIN Pierre père	1
GIRARD-BOUVET André	2	Mᵐᵉˢ AUDINEAU (Veuve)	1
Mᵐᵉ RENOU Aimée (Veuve)	2	MM. ABÉLARD Pierre	1
ESNAULT Louis	2	DEPIN Pierre fils	1
GUÉRINEAU Jean	2	AUDINEAU Louis	1
DUTOUR fils	1,50	Mᵐᵉ WOLF (Veuve)	1
DAVID Désiré	1,50	MM. BOURGEON Louis	1
Mᵐᵉ LEDROIT (Veuve)	1,50	BRÉMONT Adrien	1
MM. DEPIN Jules	1,50	PÉTROT	1
DEROUIN Léon	1,50	Mˡˡᵉ BOURREL	1
GUILLEMET Louis	1,50	M. BEAUVAIS Jacques	1
LEMOINE Maurice	1		

SOUZAY

1921. Superficie : 141 hectares ; récolte : 3.268 hectolitres.
1922. — 144 — — 2.854 —

	Hectares		Hectares
MM. SAILLANT Georges	5	MM. NAU Olivier	1,16
LEBLANC-MOREAU	5	SALOMON Charles	1,11
Mᵐᵉ QUINTARD (Veuve)	5	COUBAILLON A.	1,10
MM. SÉCHET Marcel	4,80	BOURDAIS J.	1,10
DESBOIS A.	4	VACHER Émile	1,10
HARDOUIN Ch.	4	GUÉRIN Charles	1
Mᵐᵉ GILBERT (Veuve)	3,06	BARBAREAU Adrien	1
MM. ROBINEAU Pierre	3	CAQUINEAU	1
AUMASSON	2,31	CLAVEAU Paul	1
FILMON	2,27	SAUZAY Abel	1
NAU Léon	2	SAUZAY Jules	1
BRILLEAU Désiré	2	CHARRUAU-ERNOULT	1
BOUDAIRON J.	2	GAURET Victor	1
FRÉMONT A.	1,78	LEBLANC Paul	1
PRIEUR	1,67	NEAU-LEBLANC	1
CHARRUAU Eugène	1,65	BARENGER	1
PASQUIER Julien	1,50	RÉBEILLEAU Émile	1
LALLEMAND	1,50	VALLET-VABRON	1
CHARRUAU Aristide	1,33	VALLET-JAMES	1
DÉZÉ-COYER	1,32	GASNAULT E.	1
SAULAIS G.	1,26	MAHIET Joseph	1

TURQUANT

1921. Superficie : 143 hectares ; récolte : 4.003 hectolitres.
1922. — 151 — — 6.592 —

	Hectares		Hectares
MM. TOUCHÉ François	5,70	MM. GASNAULT Alfred	3,63
MOTTIER Prosper	3,79	GAIGNON Alcide	3,60

TURQUANT (*suite*)

	Hectares		Hectares
MM. Guérin du Grandlaunay ..	3,50	MM. Gaucher Eugène	1,65
Bruneau Anatole	3,45	Gallé Raoul	1,65
Nau Aristide	3,21	Bureau Théodore	1,60
Nau-Gaignon	3,02	Bruneau François-Mollet .	1,59
Bruneau Fernand	2,75	Boisnier Antoine	1,57
Gallé Célestin	2,73	Bruneau Armand	1,55
Gallé Martin.............	2,60	Chevallier Gustave	1,55
Mme Rétiveau (Veuve)	2,50	Rathouis Emile	1,50
MM. Ernoult Henri	2,50	Morais Théodore	1,50
Gendron Eugène	2,50	Moreau Marcel	1,50
Charlot Jean	2,50	Gondoin Jean	1,50
Marel-Sylla	2,50	Claveau Aimable	1,45
Gallé Théodule	2,47	Mme Gauchais (Veuve)	1,40
Richou Ismaël	2,44	MM. Auger-Emerantin	1,40
Auger Emile............	2,33	Guiot Alexandre	1,35
Auger Marius	2,33	Mollet Jeanne	1,32
Boisnier Victor	2,20	Léger Alfred	1,19
Nau-Beaufils	2,11	Mottier Félix	1,15
Logeais-Babin	2	Mollet Benjamin-Bias.....	1,15
Nau-Gallé	2	Hardré Georges	1,13
Mme Robin (Veuve)...........	2	Gasneault Ernest.........	1,12
MM. Lechat-Gendron	2	Gendron Joseph	1,10
Gendron-Hardré	1,95	Robin-Davy	1,09
Mollet Benjamin fils	1,87	Rossi Pierre	1,04
Gallé-Mottier	1,81	Blanchard Henri	1
Nau Paul	1,79	Mollet Maurice	1
Hardré Victor	1,76	Guérineau Léopold........	1
Charruau Aristide	1,74	Gasneault Alfred fils......	1
Robin Ferdinand	1,68	Mottier-Audineau	1
Mme Bruneau-Gendron (Veuve)..	1,65	Bertrand Emile	1

VARRAINS

1921. Superficie : 363 hectares , récolte · 8 251 hectolitres.
1922. — 358 — — 3.968 —

VERRIE

1921. Superficie : 44 hectares ; récolte : 741 hectolitres.
1922. — 44 — — 1.565 —

	Hectares		Hectares
MM. Effray-Effray	2	MM. Godicheau Maxent	1
Roux Pierre	1,40	Cesbron Joseph	1
Babarit Baptiste	1	Colas Joseph........	1
	Effray René..............	1	

SAUMUR (les 3 cantons)

1921. Superficie : 330 hectares ; récolte : 7.454 hectolitres.
1922.   —   330   —   —   9.750   —

	Hectares			Hectares
MM. Coutard	8	M.	Gachet	1,65
Guibert	6	Mme	Gourdineau (Veuve)	1,65
Trudeau	4	MM.	Lucas	1,65
Davy	4		Hurtault	1,60
Mme Bougreau Julien (Veuve)	4		Breton Etienne	1,50
M. Chaigneau	3,50		Boret Victor	1,48
Station Viticole de Saumur et de Maine-et-Loire	3		Baranger	1,48
MM. Regnier Louis	3		Bourgeaiseau	1,35
Brillouin	3		Texier Jean	1,32
Tessier et Cie	2,77		Jassier	1,30
Regnier	2,70		Piedois	1,26
Neau fils	2,50		Dénéchère	1,21
Moulay Albert	2,50		Poirier père	1,12
Gondier Victor	2,50		Launay-Micoulleau	1,11
David Léger	2,50		Libereau	1,10
Jarrousseau	2,42		Lalleron	1,10
Bernard	2,40		Bertin Louis	1
Couraillon Eugène	2,31		Bregeon	1
Mlle Davy	2,20		Coiffard	1
MM. Coudray Anatole	2		Freleau Jules	1
Gratien	2		Girard Auguste	1
Vincendeau	2		Guibert	1
Moriceau	1,76	Mme	Mouquet (Veuve)	1
Bougreau Hélène	1,65	MM.	Neau père	1
Mme Chevalier (Veuve)	1,65		Réthoré	1
			Royer Auguste	1

Canton de Vihiers

CERNUSSON

1921. Superficie : 34 hectares ; récolte : 907 hectolitres.
1922.   —   41   —   —   2.263   —

	Hectares			Hectares
MM. Gélineau Victor	3,50	MM. Girard Joseph		1
Chauveau Louis	3	Brunet Louis		1
Chauvigné Jean	1,50	Goubault Louis		1
Simon Emile	1,10	Terrien Joseph		1
Rabin Clémot	1			

AUBIGNÉ

1921. Superficie : 125 hectares ; récolte : 2.921 hectolitres.
1922.   —   131   —   —   6.447   —

LES CERQUEUX

1921. Superficie : 63 hectares ; récolte : 2.168 hectolitres.
1922.   —   74   —   —   4.264   —

	Hectares		Hectares
MM. BALEINE Ernest	6	Mme BESNARD (Veuve)	1,50
DAVID Pascal	4,60	MM. PHILIPPON Joseph	1,50
CHOLOUX Eugène	3	VOY Félix	1,50
DEFOIS Jean	2,50	CHOLOUX Pierre	1,50
CHOLOUX Clément	2,50	CESBRON Jean	1,34
GIRARD Octave	2	MARTIN Mathurin	1,33
FARDEAU Louis	2	RIGAUDEAU René	1,19
Mme CHABOSSEAU (Veuve)	1,50	CHOLOUX Joseph	1,17

CLÉRÉ

1921. Superficie : 61 hectares ; récolte : 1.847 hectolitres.
1922.   —   59   —   —   3.039   —

	Hectares		Hectares
MM. DEFOIS Alexis	7	MM. BACHELIER Paul	1
HUMEAU Léon	6,50	BERTRAND Clément	1
HUMEAU Louis père	3,50	FARDEAU Joseph	1
BÉGAULT Jean	2,30	BODIN Théodore	1
HUMEAU Jules	2	PINEAU Adolphe	1
MARCHETEAU Auguste	1,50	GALLET Maurice	1
HUMEAU Louis	1,50	Mme BOISDRON (Veuve)	1
DENIS Emile	1,10	MM. BARBAULT Auguste	1
DENIS Etienne	1,10	TALON Louis	1
Mme AUGER (Veuve)	1	REULIER Louis	1
MM. TURPAULT Pierre	1	Mme JAMIN (Veuve)	1

CORON

1921. Superficie : 49 hectares ; récolte : 1.188 hectolitres.
1922.   54   —   —   2.983   —

	Hectares		Hectares
MM. LAHAYE Alexis	3,20	MM. MARTIN Joseph	1,33
LAHAYE Louis	3	RAIMBAULT Henri	1,27
HAMELIN Georges	2	CASSIN Théophile	1,21
BLANCHARD Stanislas	2	TAPIN René	1,20
Mme CHANATTE (Veuve)	2	GABORIAU Mathurin	1
GOULIN Louis	1,58	BRUNET Pierre	1
THOMAS Jean	1,50	REMEAU Louis	1
GOULIN Marthe	1,40	GODET Paul	1
BRÉMOND Camille	1,35	MORMET Henri	1
BRUNET Henri père	1,35	LAHAYE Pierre	1
	LAHAYE Victor	1	

LA FOSSE DE TIGNÉ

1921. Superficie : 103 hectares ; récolte : 1.792 hectolitres.
1922.   —   83   —   —   3.938   —

SAINT-HILAIRE-DU-BOIS

1921. Superficie : 103 hectares ; récolte : 2.729 hectolitres.
1922.   —   83   —   —   4.949   —

	Hectares		Hectares
MM. JOULIN Jean	10	Mᵐᵉ BOUTREUX Paul (Veuve)	1
VITRÉ Henri	2,10	M. VASLIN Casimir	1
NEAU Camille	2	Mᵐᵉ CHAILLOUX (Veuve)	1
GUILBAUT Christophe	2	MM. LAHAYE Henri	1
ABRAHAM Louis	1,90	LHUMEAU Louis	1
MAUGIN François	1,65	CORDIER Constant RENOU	1
CHARBONNIER Victor	1,57	BIRARD Louis	1
SAUVÊTRE Victor	1,14	LORILLEUX Louis	1
		LAURIOUX Auguste	1

MONTILLIERS

1921. Superficie : 150 hectares ; récolte : 2.993 hectolitres.
• 1922.   —   236   —   —   6.801   —

	Hectares		Hectares
MM. RICHARDIN	8	MM. GRANGEREAU Louis	2
GAZEAU Joseph	7,90	THIBAULT Elie	2
GOISNARD Maurice	5,70	Mᵐᵉ CATHELINEAU (Veuve)	1,80
RODY-JOLLIVET	5	MM. MAUGIN Louis	1,80
FROGER Pierre	4	BODY Joseph	1,60
GÉLINEAU Joseph	4	BELLARD Pierre	1,50
TARDIF Maurice	4	GRANGEREAU Anatole	1,50
RONDEAU Pierre	3,50	OUVRARD Eugène	1,50
DE ROMANS (Baron)	3,50	Mᵐᵉ MAUPASSANT	1,50
PAULEAU René	3	MM. BLAITEAU Alexis	1,42
Mᵐᵉ BEAUMONT (Veuve)	3	DENÉCHEAU-TOURET	1,30
M. JOUIN Pascal	3	POITOU André père	1,20
Mᵐᵉ JONNOT (Veuve)	3	BESNARD Arthur père	1
M. BARANTAY Auguste	2,11	TURPAULT Jean	1
Mᵐᵉ CHOUTEAU (Veuve)	2	Mᵐᵉ BOMPAS-GAUDICHON (Veuve)	1
M. RÉVEILLÈRE Pierre	2	M. REULLIER Pierre père	1

NUEIL

1921. Superficie : 350 hectares ; récolte : 9.225 hectolitres.
1922.   —   353   —   —   17.790   —

	Hectares		Hectares
MM. HUBLOT Edmond	10	MM. DE LA SELLE Joseph	4
BLET René	10	BRÉMOND Jules	4
RICHARD (Lt-Colonel)	10	JOULIN Jean	4
REGNARD Henri	8	BELLARD Auguste	3,50
MAZIER Charles	7	CAILLEAU Louis	3,50
DE CHARNIÈRES Jean	5	AUVITY Antonin	3,40
DEFOIS Pierre	4	BRÉMOND Victor	3
JOBIN Jean	4	PORCHER Mathurin	3
BARANGER Auguste	4	JOUSSET Auguste	3

NUEIL (*suite*)

	Hectares			Hectares
MM. Mahé Adolphe	2,50	MM. Abraham Emile		1,50
Panneau François	2,50	Lemoine Simon		1,56
Neau Charles	2,15	Maillet Auguste		1,50
Frapereau Louis	2	Mizandeau Jean		1,50
David Louis	2	Piou Louis		1,50
Leteuille Auguste	2	Martin François		1,25
Garreau France	2	Mallard Eugène		1,20
Jeannot Gustave	1,60	Catroux Germain		1,15
Pasquet Joseph	1,60	Mme Bougouin (Veuve)		1,10
Gasnault Benjamin	1,50	MM. Pouteau René		1,10
Lecomte Louis	1,50	Mousseau Léon		1
Sarger Louis	1,50	Lemoine Louis		1
Lambert Maurice	1,50	Martin Henri		1
Mme Aury (Veuve)	1,50	Palteau Charles		1
MM. Bellouin Henri	1,50	Mizandeau Maurice		1
Boisblet Henri	1,50	Buffard Joseph		1
	Arré Louis	1		

PASSAVANT

1921. Superficie : 80 hectares ; récolte : 2.242 hectolitres.
1922.   —   92   —   —   4.238   —

SAINT-PAUL-DU-BOIS

1921. Superficie : 27 hectares ; récolte : 724 hectolitres.
1922.   —   29   —   —   1.286   —

	Hectares		Hectares
M. Turpault Victor	3,03	M. Cassin Victor	2
Choloum Henri	1,20		

LA PLAINE

1921. Superficie : 8 hectares ; récolte ; 152 hectolitres.
1922.   —   5   —   —   225   —

LA SALLE-DE-VIHIERS

1921. Superficie : 27 hectares ; récolte : 574 hectolitres.
1922.   —   27   —   —   1.115   —

	Hectares		Hectares
MM. De Maillé Armand	3,33	MM. Beaumard Auguste	1,42
Amien Gabriel	2	Réveillère Louis	1,10
Chemineau Jean	1		

23

SOMLOIRE

1921. Superficie : 11 hectares ; récolte : 328 hectolitres.
1922.   --   9   --   637   --

                               Hectares

Mme Des Nouhes (Comtesse) ...   5

TANCOIGNÉ

1921. Superficie : 57 hectares ; récolte : 2.074 hectolitres.
1922.   --   158   --   --   3.517   --

TIGNÉ

1921. Superficie : 336 hectares ; récolte : 8.826 hectolitres.
1922.   --   356   --   --   19.265   --

	Hectares			Hectares
MM. Turpault	34	MM. Gadras H.		2
Tijou L.	16	Métivier A.		2
Touchais Joseph	15	Gadras V.		2
Foyer	14	Poitou J.		2
Chalon	13	Gaudicheau A.		2
Defois A.	12	Aubin J.-B.		2
Reuiller A.	8	Bressin		2
Bouché	7	Renault		2
Mme Gaudicheau (Veuve)	7	Mmes Foyer (Veuve)		2
MM. Hamon T.	6	Laurilleux (Veuve)		2
Falou	6	M. Forestier		2
Salanne	6	Mme Surot (Veuve)		2
Brouard	6	MM. Gaschet V.		2
Bordereau	6	Martin		2
Thouret L.	6	Reuiller R.		2
Chouteau A.	5	Touret R.		2
Gaudicheau A.	5	Mlle Brunet		2
Gaudicheau A.	5	MM. Cordier		2
Poleau R.	5	Rabouin		2
Mmes Busson (Veuve)	4	Choloux		2
Boismard (Veuve)	4	Touret E.		2
MM. Couraut A.	4	Blaîteau		2
Bodet L.	3	Réveillère		2
Herpin J.	3	Aubin A.		2
Legeay	3	Dabin E.		2
Haudouin J.	3	Davy L.		2
Touret C.	3	Laurilleux		2
Delagué	3	Boutin J.		2
Mme Delugeau (Veuve)	3	Reuiller P.		2
MM. Reuiller P.	3	Mme Piochon (Veuve)		2
Sillard	3	MM. Viger L.		2
Touret E.	3	Benêt V.		2
Mlle Bussin	3	Delugeau J.		2
MM. Dabin E.	2	Guichou		2
Coquin E.	2	Perdriau		2
Poirier C.	2	Poitou J.		2

TIGNÉ (*suite*)

	Hectares			Hectares
MM. ROYER	2	MM. RENÉ P.		1
SAUVÊTRE	2	GASNAULT		1
MAILLÉ L.	2	CHAILLOU L.		1
LAURILLEUX L.	1	HARDOUIN H.		1
REUILLER J.	1	COUTEAU E.		1
DAVY-BELOND	1	GUIGNARD		1
SAILLANT T.	1	CHAUVEAU-DAVY		1
MAURICEAU L.	1	RICHOU		1
BODET L.	1	AUGÉ fils		1
CHARRUAU	1	CHAUVEAU L.		1
DUVEAU A.	1	MAUDET		1
FRÉMONDIÈRE	1	Mme TOUCHAIS (Veuve)		1
GRELET	1	MM. GODINEAU		1
AUBIN C.	1	BODET T.		1
Mme COULBAULT (Veuve)	1	Mme BODET (Veuve)		1
MM. OUVIARD	1	MM. VAULEAU C.		1
POISSONNEAU	1	LAURILLEUX A.		1

TRÉMONT

1921. Superficie : 85 hectares ; récolte : 2.129 hectolitres.
1922.   —   86   —   —   4.616   —

	Hectares			Hectares
MM. CHAUVEAU Antoine	8	MM. BÉLARD Jules		1,50
BRUNET Léon	4,50	BROUARD Eugène		1,50
RENOU Eugène fils	4	CHOLOUX Jean		1,50
RENOU Henri	4	Mme JOLY		1,50
Mlle CHUCHE Victorine	3,30	MM. LEDUC François		1,20
Mme HERVÉ Marie (Veuve)	3	TURPEAULT		1,10
MM. GUÉNEAU Louis	2,85	Mmes BESSON Marie (Veuve)		1
MOUCHET René	2,50	CHABOSSEAU Marie (Veuve)		1
POUPARD Auguste	2	CHATEAU Ernestine (Veuve)		1
RENOU Eugène père	2	M. CHOUTEAU Eugène		1
GUÉRIN Marcellin	1,95	Mlle FROGER Elisa		1
LEMARDELAY Baptiste	1,65	MM. GOUBAULT Jean		1
OGEARD Auguste fils	1,60	OGEREAU Armand		1
MOGET François	1,53	PERROIS Henri		1

LE VOIDE

1921. Superficie : 50 hectares ; récolte : 1.332 hectolitres.
1922.   —   53   —   —   2.465   —

	Hectares			Hectares
Mme VAUVERT Louis (Veuve)	2,50	M. GOURICHON Henri		1,50
M. CHARBONNIER Pierre	2,36	Mme BARBAULT (Veuve)		1,50
Mme BUCHET (Veuve)	2,35	MM. GAUDICHEAU Casimir		1,30
MM. CLÉMOT Emile	2	RENOU Emile		1,10
JOUIN Paul	2	MABILLE Gustave		1
PIAU Léon	2	BIOTEAU Michel		1
GAUDICHEAU Pierre	1,50	MARTIN Joseph		1
Mme MARTIN-MANCEAU (Veuve)	1			

VIHIERS

1921. Superficie : 107 hectares ; récolte : 2.728 hectolitres.
1922.   —   115   --   —   6.441

		Hectares			Hectares
MM.	Sidaine Eugène	5,50	MM.	Callard Eugène	1,50
	Brisset Louis	3,80		Renou Henri	1,50
	Chaudet Raymond	3,50		Mousseau Jules	1,50
	Robert Henri	3,10		Croizille Jean	1,50
	Catroux Georges	3,10		Robinet Louis	1,50
	Caron Jules	3	Mme	Gourmault (Veuve)	1,44
	Audouin Joseph	3	MM.	Jotreau Jean	1,43
	Gaudicheau René	3		Fonteny Pierre	1,40
	Gourmeau Adolphe	2,85		Méré Frédéric	1,30
	David Prosper	2,58		Maillet Henri	1,10
	Lalanne Eugène	2,50		Chaigneau Henri	1
	Piau Achille	2,50		Houet Henri	1
	Roujoux Auguste	2		Séchet Marcel	1
	Piau Léon	2		Sauvêtre François	1
	Coqueugnot Henri	2		Cesbron Joseph	1
	Métay Jules	2		Jouette Louis	1
	Foulonneau Joseph	2		Harrouy Prosper	1
	Piau Léon	2	Mlle	Gassier	1
	Augereau Jean	2	Mmes	Piau Jules (Veuve)	1
	Banchereau Georges	1,83		Charbonnier (Veuve)	1
	Beauchêne Victor	1,60		David (Veuve)	1

Arrondissement de Cholet

Canton de Beaupréau

BEAUPRÉAU

1921. Superficie : 45 hectares ; récolte : 2.045 hectolitres.
1922.   —   45   —   —   3.584   —

		Hectares			Hectares
M.	De Blacas (Duc)	1,30	Mme	Jamin Pierre (Veuve)	1,25
	M. Blanchard Jean	1			

ANDREZÉ

1921. Superficie : 5 hectares ; récolte :   255 hectolitres.
1922.   —   5   --   —   636   —

BÉGROLLES

1921. Superficie : 2 hectares ; récolte : 78 hectolitres.
1922. — 3 — — 239 —

LA CHAPELLE-DU-GENÊT

1921. Superficie : 6 hectares ; récolte : 291 hectolitres.
1922. — 6 — — 753 —

GESTÉ

1921. Superficie : 56 hectares ; récolte : 2.261 hectolitres.
1922. — 68 — — 5.945 —

	Hectares		Hectares
MM. Janin Pierre	4,10	MM. De Montclerc	1,25
Delaunay Louis	4	Masson Jean	1,15
Mme Du Fou (Vicomtesse)	1,50	Chupin Jean	1,15
MM. Du Fou Even	1,50	De Béjarry Jean	1
Martin-Guéry	1,25	Tournery Julien	1

JALLAIS

1921. Superficie : 18 hectares ; récolte : 601 hectolitres.
1922. — 24 — — 1.305 —

LA JUBAUDIÈRE

1921. Superficie : 3 hectares ; récolte ; 59 hectolitres.
1922. — 3 — — 72 —

SAINT-LÉGER

1921. Superficie : 1 hectares ; récolte : 51 hectolitres.
1922. — 2 — — 126 —

LE MAY

1921. Superficie : 4 hectares ; récolte : 91 hectolitres.
1922. — 4 — — 166 —

SAINT-PHILBERT-EN-MAUGES

1921. Superficie : 6 hectares ; récolte : 182 hectolitres.
1922. — 7 — — 614 —

LE PIN-EN-MAUGES

1921. Superficie : 13 hectares ; récolte : 630 hectolitres.
1922.   —   13   - -   —   970   —

	Hectares		Hectares
MM. PELLAUMAIL	4	MM. D'ANDIGNÉ Louis (Vᵗᵉ)	2
GALLARD Pierre	2,30	ROCHARD Pierre	1,50

LA POITEVINIÈRE

1921. Superficie : 16 hectares ; récolte : 448 hectolitres.
1922.   —   16   - -   - -   957   —

VILLEDIEU

1921. Superficie : 18 hectares ; récolte : 604 hectolitres.
1922.   --   21   —   --   1.710   —

CANTON DE CHAMPTOCEAUX

BOUZILLÉ

1921. Superficie : 104 hectares ; récolte : 1.929 hectolitres.
1922.   —   107   --   —   8.502   —

	Hectares		Hectares
MM. FRESNEAU Georges	7	MM. POILASNE Pierre	1,15
DE SAINT-PERN (Marquis)	4,80	VINCENT Eugène	1,09
TERRIEN Dominique	2,80	PASQUET Louis	1
SÉCHER Adolphe	1,60	MORINIÈRE Pierre	1
HUCHON Jean	1,50	HOREAU Joseph	1
DUPÉ Victor	1,50	GUÉRY Jean	1
BOUREAU Auguste	1,50	Mᵐᵉ GOGUET (Veuve)	1
ANGEBAULT Marcel	1,50	MM. DROUET Eugène	1
MICHEL Joseph	1,20	BREVET Victor	1
Mᵐᵉ BARON (Veuve)	1,20	BOSSARD Léon	1
		BERNIER Alexandre	1

CHAMPTOCEAUX

1921. Superficie : 218 hectares ; récolte : 5.076 hectolitres.
1922.   —   200   —   12.375   --

	Hectares		Hectares
MM. DE LA TOUCHE	7	MM. ROBINEAU Louis	3
GODEFROY Henri	6	BOSSARD Emile	2,50
CESBRON Julien	4	MOREAU Pierre	2

CHAMPTOCEAUX *(suite)*

	Hectares			Hectares
MM. Gasnier Jean	2	Mme Cherbonnier (Veuve)		1
Hivert Henri	1,65	MM. Guiton Pierre		1
Mme Poilane (Veuve)	1,55	Pauvert Pierre		1
MM. Terrien Joseph	1,50	Robineau Joseph		1
Toublanc Pierre	1,50	Malinge Pierre		1
Botineau Louis	1,50	Alliot Pierre		1
Perrault Auguste	1,40	Couillaud Gustave		1
Sécher Jean	1,25	Robineau Jean		1
Cartier Joseph	1,25	Mme Coudrais (Veuve)		1
Toublanc Joseph	1,25	MM. Couilleau François		1
Terrien Jean	1,20	Chéné Baptiste		1
Sécher Louis	1,15	Mme Moreau (Veuve)		1
Garnier Pierre	1,10	MM. Moreau Joseph		1
De Pimodan (Comte)	1	Toublanc Jean		1

SAINT-CHRISTOPHE-LA-COUPERIE

1921. Superficie : 84 hectares ; récolte : 2.618 hectolitres.

1922. — 58 — ... 4.306 —

	Hectares		Hectares
MM. Foulonneau	6	MM. Coiquault	2
Aubert François	3	Rivet	1

DRAIN

1921. Superficie : 193 hectares ; récolte : 4.837 hectolitres.

1922. — 158 — — 12.894 — —

	Hectares			Hectares
Mme De la Bourdonnaye (Ctesse)	4,50	MM. Renou Pierre		1
MM. Poilane René	2,50	Renou François		1
Couillaud	2	Sécher Pierre		1
Pommery	2	Terrien René		1
Brossier Paul	2	Tison Eugène		1
Emeriau François	1,85	Turquais Prosper		1
Poilane Jean	1,62	Meilleraye Pierre		1
Toublanc Joseph	1,50	Bricard François		1
Dupé Pierre	1,50	Besnier Adrien		1
Meilleraye Julien	1,25	Dupé Julien		1
Poilane Pierre	1,20	Chenouard Jean		1
Poilane Jean	1,20	Toublanc Jean		1
Delorme Louis	1,15	Chevalier Joseph		1
Terrien Alexandre	1,10	Mme Rabjeau (Veuve)		1
Moreau Jean	1,10	MM. Chouin Louis		1
Poilane Louis	1	Supiot Julien		1
Sécher Pierre	1	Toublanc Joseph		1
Coudrais Henri	1	Moreau Pierre		1

LANDEMONT

1921. Superficie : 114 hectares ; récolte : 2.880 hectolitres.
1922.   —   150   --   --   8.535   —

SAINT-LAURENT-DES-AUTELS

1921. Superficie : 36 hectares ; récolte : 1.246 hectolitres.
1922.   —   41   ...   —   3.076   ---

	Hectares		Hectares
MM. CORNET Pierre	1,30	MM. ALLARD Jules	1,10
CESBRON Adolphe	1,10	COUSSONNEAU Jean	1
MOREAU Jean	1		

LIRÉ

1921. Superficie : 198 hectares ; récolte : 5.393 hectolitres.
1922.   —   210   —   --   17.393   —

	Hectares		Hectares
Mme TESTARD (Veuve)	6	MM. PÉCUSSEAU Georges	1,30
MM. DUBOIS	2,60	ALLARD Jean	1,30
TEMPLER	2,50	CLÉMENCEAU Pierre	1,20
MERCIER Pierre	2,50	CHENOUARD Pierre	1,10
PASQUIER Auguste	2	TERRIEN Pierre	1,05
CHAUVIN François	2	Mme DEVILLAIRE Paul (Veuve)	1
BROSSIER Paul	2	MM. TERRIEN Félix	1
VINCENT Pierre	2	TERRIEN Célestin	1
DE RODELLEC	2	POILANE Joseph	1
BRICARD Jean	1,70	BODINEAU Pierre	1
LIBAULT	1,58	PASQUIER Joseph	1
TESTARD Auguste	1,50	GIRAUD Joseph	1
HUTEAU J.-B.	1,50	ALLARD Jean	1
GODEFROY Henri	1,50	MEILLERAYE Léon	1
CHAUVIN Honoré	1,50	TOUBLANC Jean	1
TERRIEN J.-B.	1,50	BRIAND Jean	1
COIFFARD Pierre	1,50	TERRIEN Auguste	1
MERLHE Antoine	1,50	GODEFROY Isidore	1
LAMBERT Louis	1,35	CESBRON J.-B.	1
DIOT Pierre	1		

SAINT-SAUVEUR-DE-LANDEMONT

1921. Superficie : 29 hectares ; récolte : 888 hectolitres.
1922.   —   22   —   —   1.333   —

	Hectares		Hectares
MM. DE LA TOUCHE	5	MM. COUILLEAU Jean	2,10
DE LA POUEZE	3	DE BECDELIÈVRE	1
TOUBLANC Jean	1		

LA VARENNE

1921. Superficie : 182 hectares ; récolte : 5.777 hectolitres.
1922. — 198 — — 13.458 —

	Hectares		Hectares
MM. MOREAU Pierre	3,50	MM. GOULEAU Louis	1 50
PAUVERT Pierre	3	TERRIEN Ernest	1,50
MAINGUY Auguste	3	DURASSIER Jean	1,25
PAUVERT Léon	3	ALLION Pierre	1,25
LA BOURDONNAYE	2,40	ROUSSELIÈRE Jean	1,25
RONDEAU Auguste	2,03	LAMBERT Jean-Baptiste	1,25
AUBERT Léandre	2	Mme PAUVERT Auguste (Veuve)	1,25
JOREN Jean	2	MM. MAINGUY-PAUVERT	1,25
CESBRON Ange	1,75	MOREAU Julien	1,25
JOUIS Auguste	1,75	VEZIN Henri	1,25
PRUNEAU Louis	1,50	PAUVERT Emmanuel	1
SÉCHER Auguste	1,50	RÉTIÈRE Auguste	1
JOUIS Léon	1,50	COEFFARD Jean	1
BRICARD Auguste	1,50	BAILLERGEAU Yves	1
DE LA TOUCHE	1,50	LEMERCIER Pierre	1
CESBRON André	1,50	JOUIS Jean-Baptiste	1
Mme SÉCHER (Veuve)	1,50	RENOU Joseph	1
MM. GOULEAU Pierre	1,50	BOUCHEREAU Emile	1
COEFFARD Pierre	1,50	MÉNORET Mathurin	1
Mme JOUIS Auguste (Veuve)	1,50	MOREAU-CESBRON	1
MM. LELORE Jean	1,50	GAUDRON Louis	1
		AUBERT Joseph	1

CANTON DE CHEMILLÉ

CHEMILLÉ

1921. Superficie : 97 hectares ; récolte : 2.683 hectolitres.
1922. — 120 — — 7.433 —

	Hectares		Hectares
MM. MICHEL Léon	9	Mme GODINEAU Marie	1,50
CAILLEAU Benjamin	4,50	MM. DELAUNAY Emile	1,50
VINCENT Ernest	4	OGER Henri	1,50
ROCHARD Maurice	4	MAUSSION Georges	1,50
MICHEL Georges	4	COTTENCEAU Henri	1,25
BRÉMOND Joseph	3,50	PAUL Louis	1,20
ESTRADE Augustin	3	GAREAU-MOREAU	1,18
SUBILEAU Louis	2,60	GAGNEUX Germain	1,15
DIXNEUF Maurice	2,50	ABÉLARD Eugène	1
CHATEAU J.-B.	2,50	GRIMAULT Emile	1
PINEAU Jean	2	CHUPIN-GRANGER	1
MARTINEAU Emile	2	BESNARD Marcel	1
ROULIER Joseph	2	CHAUVIN Vincent	1
HILAIRE Hortense	2	DELAUNAY Jean	1
ANDRAULT Joseph	1,66	PEZOT Louis	1
THIVOLLIER Emile	1,50	NICOLAS Francis	1
		REULIER Henri	1

LA CHAPELLE-ROUSSELIN

1921. Superficie : 10 hectares ; récolte : 251 hectolitres.
1922.   —   11   —   —   528   - -

SAINTE-CHRISTINE

1921. Superficie : 23 hectares ; récolte : 724 hectolitres.
1922.   —   30   —   - -   1.289   ---

	Hectares			Hectares
MM. Pineau Joseph	5	MM. Bouvet Jean		1
Moreau Eugène	2	Coutilleau Joseph		1
Mⁿᵉ Marchand (Veuve)	1,26	Montalier Louis		1

COSSÉ

1921. Superficie : 9 hectares ; récolte : 181 hectolitres.
1922.   —   10   —   378   - -

	Hectares		Hectares
MM. Gautier Joseph	3	M. Buet Adolphe	1,40
Thomas Louis	1		

LES GARDES

1921. Superficie : 1 hectares ; récolte : 13 hectolitres.
1922.   —   1   —   —   37   - -

SAINT-GEORGES-DU-PUY-DE-LA-GARDE

1921. Superficie : 6 hectares ; récolte : 109 hectolitres.
1922.   —   7   --   -   301   - -

LA JUMELLIÈRE

1921. Superficie : 96 hectares ; récolte : 1.782 hectolitres.
1922.   —   93   --   —   4.292   --

	Hectares		Hectares
Mᵐᵉ Oger Marguerite	13	Mⁿᵉ Hamon (Veuve)	1,73
MM. Pionneau Michel	5,30	MM. Jannet Pierre	1,53
De la Grandière (Vᵗᵉ)	5	Baron Joseph	1,40
Verron Joseph	4	Baumard Jacques	1,40
Tharreau Michel	4	Picherit Jean	1,33
Pionneau Michel fils	3,50	Cesbron François	1,33
De Polignac Fr. (Prince)	3	Blouin Charles	1,33
Grimault Louis	3	Marsais François	1,26
Tharreau Auguste	2,66	Bretault Henri	1
Thomas Michel	2	Roinard Jean	1
Mizandeau René	2	Humeau Jean	1
Baumard Jean	2	Bordeaux-Montrieux	1
Morène Eugène	2	Marsais René	1

SAINT-LÉZIN

1921. Superficie : 11 hectares ; récolte : 184 hectolitres.
1922.   —   13   —   —   343   —

MELAY

1921. Superficie : 10 hectares récolte : 186 hectolitres.
1922.   —   12   —   —   485   —

NEUVY

1921. Superficie : 11 hectares ; récolte : 349 hectolitres.
1922.   —   15   —   —   794   —

LA TOURLANDRY

1921. Superficie : 9 hectares ; récolte : 172 hectolitres.
1922.   —   10   —   —   342   —

	Hectares		Hectares
M. JOUIN Paul	25	Mlle VIAU Augustine	1,66

CANTON DE CHOLET

CHOLET

1921. Superficie : 25 hectares ; récolte : 720 hectolitres.
1922.   —   25   —   —   1.459   —

	Hectares		Hectares
MM. PELLAUMAIL et BERGÈRE	3,50	MM. FONTENY Henri	2
BRIN Louis	2	PLUCHON Maximin	1,80
Mme LIGOT (Veuve)	1		

LES CERQUEUX

1921. Superficie : 3 hectares ; récolte : 55 hectolitres.
1922.   —   3   —   175   —

	Hectares		Hectares
M. NOYER-NESTOR	1,50	M. LÉGAL Ludovic	1,50

CHANTELOUP

1922. Superficie : 1 hectare ; récolte : 7 hectolitres.

SAINT-CHRISTOPHE-DU-BOIS

1921. Superficie :   3 hectares ; récolte :   130 hectolitres.
1922.   —   3   —   —   291   —

MAULÉVRIER

1921. Superficie :   8 hectares ; récolte :   225 hectolitres.
1922.   —   8   —   —   647   —

	Hectares		Hectares
MM. DE RICHEMONT Jean (V¹)..	3	MM. LAURENTIN Arthur	1,50
BAUDOIN Georges	1,50	LANDREAU Eugène	1

MAZIERES

1921. Superficie :   4 hectares ; récolte :   71 hectolitres.
1922.   —   3   —   —   164   —

	Hectares		Hectares
MM. MAILLET Paul.............	1,80	MM. HALBERT René	1,10
DEMARTIAL Pierre	1,15	BESSON Alexis	1,10

LA SÉGUINIÈRE

1921. Superficie :   7 hectares ; récolte :   213 hectolitres.
1922.   —   7   —   —   625   —

LA TESSOUALLE

1921. Superficie :   4 hectares ; récolte :   89 hectolitres.
1922.   —   4   —   —   383   —

TOUTLEMONDE

1921. Superficie :   1 hectares ; récolte :   5 hectolitres.
1922.   —   1   —   —   10   —

TRÉMENTINES

1921. Superficie :   3 hectares ; récolte :   45 hectolitres.
1922.   —   3   —   —   172   —

VEZINS

1921. Superficie :   5 hectares ; récolte :   90 hectolitres.
1922.   —   5   —   —   164   —

YZERNAY

1921. Superficie : 2 hectares ; récolte : 39 hectolitres.
1922.   —   2   —   —   140   —

CANTON DE SAINT-FLORENT-LE-VIEIL

SAINT-FLORENT-LE-VIEIL

1921. Superficie : 109 hectares ; récolte : 2.307 hectolitres.
1922.   —   107   —   —   7.234   —

	Hectares			Hectares
MM. MAUSSION Théodore	5	MM. BRIAND Charles		1,50
GRASSET Pierre	4	MÉNARD Pierre		1,28
COULOMMIER Pierre	3	GUERCHAIS Grégoire		1,19
DE LA FÉRANDIÈRE	2,75	FOYER		1,15
POIRIER	2,50	HERVÉ René		1,06
DE SAINT-PERN	2,50	POUPLIN Jean		1
BRETAULT	2,45	BRIANT-CLOUET		1
BRANCHEREAU Auguste	2	BLIN Auguste		1
BIGEARD Jean	2	VASLIN René		1
CADOU	1,60	RÉTHORÉ Martial		1
GAZEAU Ernest	1,50	MARTIN François		1
CHARNACÉ	1,50	RAIMBAULT Jean		1

BEAUSSE

1921. Superficie : 10 hectares ; récolte : 233 hectolitres.
1922.   —   12   —   541   —

BOTZ

1921. Superficie : 49 hectares ; récolte : 1.199 hectolitres.
1922.   —   49   —   —   3.154   —

	Hectares		Hectares
MM. GUINEBRETIÈRE François ..	1,71	MM. HERVÉ Eugène	1,25
ROUILLER Alfred	1,50	BÉZIE Jean	1

BOURGNEUF

1921. Superficie : 16 hectares ; récolte : 464 hectolitres.
1922.   —   16   —   —   722   —

	Hectares
M. MAUGEANT	2

LA CHAPELLE-SAINT-FLORENT

1921. Superficie : 10 hectares ; récolte :   251 hectolitres.
1922.   —   11   —   —   528   —

SAINT-LAURENT-DE-LA-PLAINE

1921. Superficie : 46 hectares ; récolte :   982 hectolitres.
1922.   —   50   —   —   2.065   —

SAINT-LAURENT-DU-MOTTAY

1921. Superficie : 53 hectares ; récolte : 1.153 hectolitres.
1922.   —   62   —   —   3.534   —

	Hectares		Hectares
Mᵐᵉ Bordier Louise (Veuve) ..	4	MM. Marchand Jean	1,07
MM. Bastard Auguste	1,30	Mercier Joseph	1

LE MARILLAIS

1921. Superficie : 43 hectares ; récolte :   877 hectolitres.
1922.   —   46   —   —   3.432   —

	Hectares		Hectares
MM. Barat René	3	MM. Palussière Jacques	2,10
Barat Jacques Drouet	3,42	Vincent Louis	2

LE MESNIL

1921. Superficie : 68 hectares ; récolte : 1.313 hectolitres.
1922.   —   77   —   —   3.823   —

MONTJEAN

1921. Superficie : 232 hectares récolte : 4.321 hectolitres.
1922.   —   249   —   11.251   —

	Hectares		Hectares
MM. Séchier Henri	14	M. Guigueneau Jean	4,50
Blachez René	11	Mᵐᵉ Rachard (Veuve)	4
Prestreau Louis	11	MM. Bruneau Louis	3,45
Mᵐᵉ Defois (Veuve)	9	Dehais Joseph	3
MM. Carnaud J.-J. et forges de		Plumejeau François	2,70
B. I.	6	Chauvat Jean	2,50
Gaillard Pierre	6	Trottier François........	2,30
Moreau Auguste	6	Boré Auguste	2,15
Angebault Jean	6	Mᵐᵉ Levesque (Veuve)	2,15
Toublanc Joseph	5	M. Bellanger Joseph fils	2

MONTJEAN (suite)

	Hectares			Hectares
MM. Grimault Yves	1,90	MM. Crouan Jules		1
Sécher Eugénie	1,85	Jubin Aimé		1
Piron Louis	1,80	Richou Louis		1
Voisine Léon	1,75	Avril Jean		1
Batard Paul	1,65	Dupré Joseph		1
Defois Marie	1,60	Mᵐᵉ Raillier (Veuve)		1
Bellanger Joseph père	1,60	MM. Launay Jean		1
Heusselien Fernand	1,50	Gasnier Gustave		1
Fontaine Joseph	1,50	Blond Pierre		1
Roux Louis	1,50	Branchereau Pierre		1
Clémenceau de la Lande	1,50	Gaslard Louis		1
Dady Joseph	1,50	Guigueneau frères		1
Toublanc Pierre	1,30	Boureau Joseph		1
Cruard Julien	1,30	Pineau Henri		1
Ortion Pierre	1,20	Catrou René		1
Giron Honoré	1,20	Lecoindre Léon		1
Chantelot Jean	1,20	Onillon Henri		1
Oger Auguste	1,15	Barrault Henri		1
Sautjean René	1,15	Barrault Pierre		1
Bureau du Colombier René	1,05	Besson Pierre		1
Raimbault Joseph	1	Oger Joseph		1

LA POMMERAYE

1921. Superficie : 231 hectares ; récolte : 5.300 hectolitres.
1922.   —   259   —   13.809   —

	Hectares			Hectares
MM. Berge Jules	32	MM. Boisdron Jean		1,66
Maupillier Georges	6	Delaunay Marin		1,58
Chupin Joseph	5	Besnard René		1,58
Musset François	4,80	Boré Jacques		1 56
Bureau Charles fils	4	Esseul Pierre		1,50
Musset Dieudonné	3,85	Oger Pierre Beloni		1,46
Boré Jean père	3	Moreau Charles		1,46
Antier Jean	3	Chupin Louis		1,45
Jacob Joseph	3	Richou Charles		1,45
Germon Abel	3	Pastureau Marcelline		1,42
Mᵐᵉ Aurillon Marie (Veuve)	2,85	Godin Auguste		1,38
MM. Coutault Pierre	2,66	Delaunay François Ménard		1,33
Rivière Joseph	2,60	Ménard François		1,33
Humeau Joseph père	2,48	Blond Henri		1,27
Collet Jean	2,45	Boré Jean Bureau		1,27
Mᵐᵉ Robert Marie (Veuve)	2,18	Petiteau Louis		1,20
MM. Boisdron René	2	Mᵐᵉ Pineau Alixe (Veuve)		1,06
Saulgrain Henri	2	Joüvet Jeanne (Veuve)		1,06
Vaslin Louis	2	MM. Bourigault Adolphe		1
Jacob Aimé	2	Blouin Charles		1
Royer Charles	2	Brisset Célestin		1
Les Religieuses	2	Gallard Jules		1
Oger Jean Bureau	1,86	Ménard Laurent		1
Jaffray Isidore	1,70	Aurillon Louis		1

LA POMMERAYE (*suite*)

MM.	Hectares		MM.	Hectares
MM. Lafuye Auguste fils........	1		MM. Barrault Edouard.........	1
Noyer Jean	1		Charrier René	1
Plumejeau Charles fils	1		Raimbault Joseph fils	1
Ménard René	1		Menuault Joseph	1
Ménard Fernand	1		Benoît Jules	1

Canton de Montfaucon

MONTFAUCON

1921. Superficie : 28 hectares ; récolte :   644 hectolitres.
1922.   —   33   —   —   2.497   —

SAINT-ANDRÉ-DE-LA-MARCHE

1921. Superficie : 14 hectares ; récolte :   502 hectolitres.
1922.   —   24   —   —   1.177   —

MM.	Hectares		MM.	Hectares
MM. Griffon Amand	3		MM. Gautier Elie	1,50
Charbonnier	2,60		Richard Victor	1,50
Brochard Pierre	2,50		Griffon Jacques	1
Durand Olivier	2		Rousselot André	1

SAINT-CRESPIN

1921. Superficie : 89 hectares ; récolte : 2.478 hectolitres.
1922.   —   100   —   —   6.811   —

MM.	Hectares		MM.	Hectares
MM. Gadais Constant	3,50		MM. Fleurance Pierre	1,05
Coicaud Auguste	2		Fleurance Henri fils	1,05
Bahuaud Gabriel	1,50		Suteau Joseph	1
Couillaud Armand	1,50		Babonneau Joseph	1
Mme Neau (Veuve)	1,50		Babonneau François	1
MM. Perraud Joseph	1,40		Barreau Joseph	1
Chupin Michel	1,30		Bretaudeau Eugène	1
Arrial Prosper	1,20		Douillard Pierre	1
Bouffard Louis	1,20		Garnier François	1
Papin Emile	1,20		Goulet Joseph	1
Papin Joseph	1,15		Fleurance Auguste	1
Clémot Louis	1,10		Poirier Isidore	1

SAINT-GERMAIN

1921. Superficie : 59 hectares ; récolte : 1.598 hectolitres.
1922.   —   58   —   —   5.343   —

LE LONGERON

1921. Superficie : 9 hectares ; récolte :   215 hectolitres.
1922.   —   9   —   —   287   —

                                        Hectares
        MM. Jeanjean frères 2,30
             Gaboriau Pierre 2

SAINT-MACAIRE

1921. Superficie : 15 hectares ; récolte :   417 hectolitres.
1922.   —   35   —   —   1.112   —

MONTIGNÉ

1921. Superficie : 19 hectares ; récolte :   498 hectolitres.
1922.   —   20   —   —   1.572   —

                                        Hectares
        M.   Barille Louis 1,20

LA RENAUDIÈRE

1921. Superficie : 17 hectares ; récolte :   648 hectolitres.
1922.   —   18   —   —   1.388   —

LA ROMAGNE

1921. Superficie : 8 hectares ; récolte :   206 hectolitres.
1922.   —   10   —   —   310   —

                                        Hectares
        MM. Beaufreton Emile 3,50
            Boisumeau Pierre 1,30

ROUSSAY

1921. Superficie : 9 hectares ; récolte :   289 hectolitres.
1922.   —   11   —   —   759   —

                                                          24

TILLIERS

1921. Superficie : 244 hectares ; récolte : 6.353 hectolitres.

1922.   —   262   —   —   24.522   —

	Hectares			Hectares
M. AUBRON Pierre	8,50	M. MARCHAND Joseph		1,50
Mme HUET Auguste (Veuve)	4,50	Mme FONTENEAU (Veuve)		1,50
MM. BREVET Louis	4	MM. PETITEAU Jean		1,50
HUET Léon	3,50	ARIAL Julien		1,50
PINEAU Jean	3,50	ROUSSEAU Julien		1,50
LAURENT Pierre	3,30	COICAUD Jean		1,50
GUÉRIN Pierre	3,16	Mme LEVÊQUE Jean (Veuve)		1,50
BERTHELOT Pierre	3	MM. BOISDRON Pierre		1,50
FONTENEAU Alexandre	3	AUBRON Louis		1,46
Mme MARTIN Joseph (Veuve)	3	SUTEAU Henri		1,45
MM. DROUET Paul	2,80	GAILLARD Jules		1,33
CHESNÉ Jean	2,80	FOULONNEAU Auguste		1,33
FLEURANCE Jacques	2,65	TÉTAU Pierre		1,30
FONTENEAU Constant	2,60	MÉNARD Joseph		1,30
BOUCHAUD François	2,50	BREAUD Jules		1,30
SÉCHER Jean	2,33	FONTENEAU Joseph		1,25
CREUZÉ Marie	2,30	GAILLARD Auguste		1,25
Mme GAILLARD Joseph (Veuve)	2,08	COUILLEAU Dominique		1,24
MM. BOUYER Arthur	2	BOISDRIER René		1,20
LOIRET Léon	2	HUTEAU Pierre		1,18
LEFORT Pierre	2	AUBRON Jean		1,13
GRIFFON Michel	2	BOURGET François		1,05
BABONNEAU Pierre	2	MÉRAND J.-B.		1,05
MARTIN Clément	2	BIOTTEAU Frédéric		1
DURAND Joseph	2	CHAUVAT Jean		1
BRÉGEON Auguste	2	BABONNEAU Jean		1
BARRÉ J.-B.	2	TUIGNY Félix		1
OGER Julien	2	Mme DUGAST (Veuve)		1
PORU Michel	2	MM. BOISDRON Joseph		1
DE BÉJARRY	1,90	BRETAUDEAU Prosper		1
LAURENT François	1,80	PIAUD Julien		1
DESFOSSÉS Constant	1,60	LUSSEAU Jean		1
PAPIN Stanislas	1,50	BIOTTEAU Jean		1
DAVID Henri	1,50	BIOTTEAU Félix		1
CHAUVAT Henri	1,50	MARTIN François		1
	MARTIN Pierre	1		

TORFOU

1921. Superficie : 6 hectares ; récolte : 226 hectolitres.

1922.   —   11   —   —   587   —

CANTON DE MONTREVAULT

MONTREVAULT

1921. Superficie : 4 hectares ; récolte : 795 hectolitres.
1922.   —   4   —   —   1.962   —

	Hectares			Hectares
M. Macé Joseph	1,80	M. Piou Jean		1,70
	M. Baranger Henri	1,30		

LA BOISSIÈRE-SUR-ÈVRE

1921. Superficie : 25 hectares ; récolte : 745 hectolitres.
1922.   —   26   —   —   1.558   —

	Hectares
Mlle Mary	5

CHAUDRON

1921. Superficie : 62 hectares ; récolte : 1.882 hectolitres.
1922.   —   62   —   —   4.604   —

	Hectares		Hectares
MM. Morillon Joseph	2,50	Mme Baron-Morin (Veuve)	1,20
De Villoutreys (Vicomte)	2	MM. Gallard-Renou Auguste	1
Pouplard Elle	1,50	Gélineau Alphonse	1
Boré Stanislas	1,50	Pineau Prosper	1
Barré Jean	1,32	Albert Amédée	1

LA CHAUSSAIRE

1921. Superficie : 34 hectares ; récolte : 1.649 hectolitres.
1922.   —   34   —   —   3.679   —

	Hectares			Hectares
M. Foulonneau Jean	5	M. De Monteclerc (Comte)		1,25
	M. Morinière René	1		

LE FIEF-SAUVIN

1921. Superficie : 33 hectares ; récolte : 1.665 hectolitres.
1922.   —   33   —   —   4.034   —

LE FUILET

1921. Superficie : 82 hectares ; récolte : 2.950 hectolitres.
1922.   —   86   —   —   6.119   —

	Hectares		Hectares
Mme Cesbron Joseph (Veuve) ...	2,50	MM. Gujet Florentine	1,30
MM. Cesbron G. (Docteur)	2,50	Dubillot Louis	1,15
Picherit Joseph	2,40	Barat Joseph Braud	1,11
Laurenceau Pierre	2,11	Mousseau Jean	1,11
Sorin Jules	2	Rouiller Joseph	1,10
Leblanc Jean Dubillot	1,70	Vincent Louis Porcheret	1
Mme Verger Pierre (Veuve)	1,70	Coiffard Jean	1
Pasquier François	1		

SAINT-PIERRE-MONTLIMART

1921. Superficie : 55 hectares ; récolte : 2.252 hectolitres.
1922.   —   55   —   —   5.652   —

	Hectares		Hectares
Mlle Subileau	5,30	MM. Musset Hervé	1,70
MM. Brault Albert	3,25	Blavier Jean	1,50
Charrier Auguste	2	Emériau Louis	1,40
Verron René	1,20		

LE PUISET-DORÉ

1921. Superficie : 46 hectares ; récolte : 3.268 hectolitres.
1922.   —   46   —   —   5.263   —

SAINT-QUENTIN-EN-MAUGES

1921. Superficie : 18 hectares ; récolte : 556 hectolitres.
1922.   —   24   —   —   2.378   —

	Hectares
MM. Fraton Pierre	1,50
Lusson Joseph	1,33

SAINT-RÉMY-EN-MAUGES

1921. Superficie : 138 hectares ; récolte : 3.491 hectolitres.
1922.   —   138   —   —   6.641   —

	Hectares		Hectares
M. Gabard René	7	MM. Chauviré Jean	1,50
Mme De Villoutreys (Veuve)	3	Lecoindre Auguste	1,40
MM. Voleau Benjamin	2	Mme Brossier (Veuve)	1,40
Dupont François	1,80	MM. Petiteau Joseph	1,34
Drouet Louis	1,66	Pineau Pierre	1,27
Gallard Joseph	1,50	M. Bricard André	1,20

SAINT-RÉMY-EN-MAUGES (*suite*)

	Hectares		Hectares
MM. DAVIAU Jean	1,13	Mmes BLANDIER (Veuve)	1
RAIMBAULT François	1	VOLEAU (Veuve)	1
CHÉNÉ François	1	GUITTET (Veuve)	1
BOURGET Jean	1	MM. AUDOUIN Ambroise	1
MOREAU Henri	1	AUDOUIN Louis	1
SAUDREAU Léon	1		

LA SALLE-AUBRY

1921. Superficie : 13 hectares ; récolte : 736 hectolitres.
1922.   —   13   —   —   1.426   —

	Hectares
M. COIQUAULT Julien	1

LA CHAPELLE

1921. Superficie : 72 hectares ; récolte : 1.624 hectolitres.
1922.   —   79   —   —   6.209   —

Arrondissement de Baugé

CANTON DE BAUGÉ

BAUGÉ

1921. Superficie : 23 hectares ; récolte : 395 hectolitres.
1922.   —   23   —   —   913   —

	Hectares		Hectares
M. CHEVALIER Constant père	2	M. THUAU (Docteur)	1
LEBEAU	1		

DOCÉ

1921. Superficie : 20 hectares ; récolte : 272 hectolitres.
1922.   —   24   —   —   711   —

	Hectares
M. BAILLIF Louis	3

CHARTRENÉ

1921. Superficie :   2 hectares ; récolte :   57 hectolitres.
1922.   —   2   —   —   153   —

CHEVIRÉ-LE-ROUGE

1921. Superficie :   32 hectares ; récolte :   492 hectolitres.
1922.   —   30   —   —   1.167   —

	Hectares		Hectares
MM. ANDROUIN Auguste	1,50	MM. DUFOUR Martin	1
BRESTAULT Henri	1,50	LANCELOT Paul	1
EDIN Prosper	1,20	HARDY Arthur	1
ROUSSEAU Toussaint	1		

CLEFS

1921. Superficie :   10 hectares ; récolte :   168 hectolitres.
1922.   —   10   —   —   403   —

CUON

1921. Superficie :   20 hectares ; récolte :   240 hectolitres.
1922.   —   22   —   —   725   —

	Hectares
M. BEILLARD Louis	1

ÉCHEMIRÉ

1921. Superficie :   25 hectares ; récolte :   517 hectolitres.
1922.   —   27   —   —   1.182   —

	Hectares		Hectares
MM. TRIBONDEAU Arthur	3	MM. MÉNARD Joseph	2,45
DUBOIS frères	3	ROBELLAZ Fernand	1,25

FOUGERÉ

1921. Superficie :   52 hectares ; récolte :   1.328 hectolitres.
1922.   —   50   —   —   3.269   —

	Hectares		Hectares
MM. CROCHET Emile	3,62	MM. LESAYEULX Ludovic	1,20
MOISON Louis	2,50	DARONDEAU	1
RICHARD Alexandre	2	CHEVREUX Alexis	1
BRUNEAU Emile	2	CORBIN J.-B.	1
TAUDON Auguste	2	LEMOINE Pierre	1
ROGER Pierre	2	LEMAITRE Paul	1
MAUBERT Auguste	1,40	DOLBEAU Auguste	1
LELIÈVRE Georges	1		

LE GUÉDÉNIAU

1921. Superficie : 7 hectares ; récolte : 162 hectolitres.
1922.   —   9   —   —   582   —

SAINT-MARTIN-D'ARCÉ

1921. Superficie : 5 hectares ; récolte : 108 hectolitres.
1922.   —   4   —   —   195   —

MONTPOLLIN

1921. Superficie : 3 hectares ; récolte : 19 hectolitres.
1922.   —   1   —   —   38   —

PONTIGNÉ

1921. Superficie : 3 hectares ; récolte : 30 hectolitres.
1922.   —   3   —   —   34   —

SAINT-QUENTIN-LES-BEAUREPAIRE

1921. Superficie : 4 hectares ; récolte : 42 hectolitres.
1922.   4   —   —   143   —

VOLANDRY

1921. Superficie : 2 hectares ; récolte : 46 hectolitres.
1922.   —   2   —   —   50   —

LE VIEIL-BAUGÉ

1921. Superficie : 36 hectares ; récolte : 709 hectolitres.
1922.   —   33   —   —   1.803   —

	Hectares		Hectares
MM. De Commaille	7	MM. Grosbois Louis	1
Couet Pierre	1	Pélissier René	1

Canton de Beaufort-en-Vallée

BEAUFORT

1921. Superficie : 140 hectares ; récolte : 3.057 hectolitres.
1922.   —   140   —   —   6.440   —

BRION

1921. Superficie : 75 hectares ; récolte :   613 hectolitres.
1922.   —   75   —   —   2.101   —

	Hectares		Hectares
M. Scevole de Livonnière	7	Mᵐᵉ Deslandes (Veuve)	1,50
		Royer (Veuve)	1

CORNÉ

1921. Superficie : 100 hectares ; récolte : 3.885 hectolitres.
1922.   —   100   —   —   11.380   —

	Hectares		Hectares
Mᵐᵉ Juteau-Fournier	5	MM. Chauveau Constant.......	1,50
MM. Légé (Dʳ)	3,23	Brillant Auguste	1,50
Lemesle Félix	3	Galisson Denis	1,42
Menou René	3	Menou-Daudée	1,40
Juteau Jules	3	Terrier Jean fils	1,37
Bécot André fils..........	2,50	Salmon Henri	1,32
Soleau Louis	2,31	Lemasson Michel	1,31
Jacob-Menou	2,30	Dogreau Louis	1,29
Vaillant Denis	2,20	Cousin Aristide	1,28
Bertrand	2	Thiberge Symphorien	1,08
Auvé Gustave	2	Bréjon Auguste	1,07
Lebrun Jean.............	1,80	Baulu Gustave	1
Baillif Léon	1,77	Moreau Auguste..........	1
Normand Léopold	1,71	Dubreil Aristide	1
Gigault Gustave	1,50	Evain-Menou	1
P. Maisonneuve (Dʳ)......	1,50	Laigle Louis	1
	Bécot André père	1	

FONTAINE-GUÉRIN

1921. Superficie : 65 hectares ; récolte :   340 hectolitres.
1922.   —   65   —   —   1.864   —

	Hectares		Hectares
MM. Ledroit Pierre	6	MM. Deslandes Julien..........	1,20
Le Bault de la Morinière	5,70	Rabouin Gustave..........	1,10
Gourbeillon Alphonse	2	Pruneau Auguste	1

GÉE

1921. Superficie : 27 hectares ; récolte : 285 hectolitres.
1922.   —   27   —   —   720   —

SAINT-GEORGES-DU-BOIS

1921. Superficie : 47 hectares ; récolte : 542 hectolitres.
1922.   —   47   —   —   1.817   —

	Hectares		Hectares
M. Cormier Léon	3	M. Tertullien Joseph	1,20
		M. Robineau Louis	1

MAZÉ

1921. Superficie : 249 hectares ; récolte : 4.560 hectolitres.
1922.   —   249   —   —   14.127   —

	Hectares		Hectares
MM. Bouvier Jules	4,50	MM. Olivier Jules	1,38
Breton Gustave	4	Dubois Auguste	1,33
Nicolas Jules	3,85	Nouchet Léon	1,30
Baulu Pierre	3,80	Savigné Jean	1,25
Richer Ismaël	3,50	Beaussier Auguste	1,22
Mme Chantelou-Laigle (Veuve)	3,20	Mlle d'Andigné	1,20
MM. Dubreille Eugène	2,50	MM. Tiercelin Joseph	1,20
Hamard Charles	2,50	Allory Louis	1,20
Le Noir de la Cochettière	2,50	Orieux J.-B.	1,20
Coudin Jules	2,50	Baulu Georges	1,15
Mlle Machefer	2,25	Bauné Toussaint	1,10
MM. Cormier Pierre	2,15	Cocu Alexandre	1,10
Gourbeillon Alphonse	2	Bossé-Maussion	1,05
Rouan Ernest	2	Baudouin Jean	1
Froger René	2	Lindé Auguste	1
Froger Jean	2	Maussion Maurice	1
Hospice de Mazé	2	Breton Pierre	1
Breton Henri	2	Rayé Émile	1
Paré Jean	2	Alardin Louis	1
Mauny Alphonse	2	Lebron Victor	1
Bossé Paul	1,90	Dufresne Henri	1
Robin Paul	1,85	Joulain Émile	1
Aubry Auguste	1,65	Jousset Auguste	1
Bréhier Victor	1,50	Licois Pierre	1
Pirard Louis	1,43	Bertrand Daniel	1
	Rousseau Gustave	1	

CANTON DE DURTAL

BARACÉ

1921. Superficie : 27 hectares ; récolte :   340 hectolitres.
1922.   —   30   —   —   1.169   —

DAUMERAY

1921. Superficie : 28 hectares ; récolte :   463 hectolitres.
1922.   —   28   —   —   925   —

	Hectares		Hectares
M. Berruer Auguste	2	M. Neveu Georges	2

HUILLÉ

1921. Superficie : 102 hectares ; récolte : 1.639 hectolitres.
1922.   —   100   —   —   5.946   —

ÉTRICHÉ

1921. Superficie : 36 hectares ; récolte :   639 hectolitres.
1922.   —   19   —   —   747   —

MONTIGNÉ

1921. Superficie : 12 hectares ; récolte :   178 hectolitres
1922.   —   14   —   —   482   —

	Hectares
M. Basille Louis	1,20

MORANNES

1921. Superficie : 38 hectares ; récolte :   736 hectolitres.
1922.   —   44   —   —   1.826   —

	Hectares		Hectares
MM. Le Quérec	7	Mmes Picard Edouard (Veuve)	1
Raguin J.-B.	5	Levoyer Jules (Veuve)	1
Mme Proulland (Veuve)	2	MM. Dargouge Henri fils	1
MM. Dobert Ferdinand	2	Cornu J.-B.	1
Frescher J.-B.	1,50	Collet François	1
Haran Auguste	1,25	Cantin Clément	1

LES RAIRIES

1921. Superficie : 21 hectares ; récolte :   322 hectolitres.
1922.   —   23   —   —   1.225   —

DURTAL

1921. Superficie : 120 hectares ; récolte :   1.800 hectolitres.
1922.   —   101   —   —   4.459   —

CANTON DE LONGUÉ

BLOU

1921. Superficie :   46 hectares : récolte :   556 hectolitres.
1922.   —   59   —   —   2.393   —

	Hectares		Hectares
MM. ROBIN Eugène	2	MM. CHAPEAU	1,05
BELLIARD Louis	2	MAILLARD	1
ESNAULT	1,10	ROY	1
HUET Alphonse	1,10	ORY	1

COURLÉON

1921. Superficie :   33 hectares : récolte :   152 hectolitres.
1922.   —   31   —   —   1.092

	Hectares		Hectares
MM. DAUGER Joseph	2	MM. DAUGER Clément	1,40
DUPUY Charles	2	DUFRESNE Auguste	1,30
CHAUSSEPIED Jules	1,50	GUENESCHAU Pierre	1
HACQUET Louis	1,50	ROCHEREAU Eugène	1

JUMELLES

1921. Superficie :   32 hectares ; récolte :   667 hectolitres.
1922.   —   39   —   —   1.634   —

LANDE-CHASLE

1921. Superficie :   3 hectares ; récolte :   66 hectolitres.
1922.   —   8   —   —   139   —

MOULIHERNE

1921. Superficie : 28 hectares ; récolte :   318 hectolitres.
1922.   —   24   —   —   657   —

	Hectares		Hectares
MM. Levêque Auguste Martineau	2	MM. Bouget Eugène	1
Lemoine Charles	1,50	Boulissière Auguste......	1
Meunier Alexis	1,25	Paye Louis	1

SAINT-PHILBERT-DU-PEUPLE

1921. Superficie : 23 hectares ; récolte :   476 hectolitres.
1922.   —   31   —   —   1.612   —

	Hectares		Hectares
M. Moreau Gustave.............	1,50	M. Verneau Auguste............	1,30
Benais-Lechat	1		

VERNANTES

1921. Superficie : 89 hectares ; récolte :   1.015 hectolitres.
1922.   —   107   —   —   4.007   —

	Hectares		Hectares
MM. Froger Gustave	3	MM. Billet François	1
Mésange Henri............	2,50	Deniau Louis	1
Grolleau Laurent	2,20	Manceau Louis	1
Esnault Louis	2	Aubertin Auguste	1
Brisset Auguste	1,50	Lambert Clément	1
Bouchardeau Henri	1,50	Lebaupin Alexandre	1
Ragain Henri	1,50	Lecomte Pierre	1
Huard Auguste...........	1,50	Brossard Maxime	1
Brard Victor	1	Gérard Gustave	1
Mmes Pironneau (Veuve)........	1	Mme Esnault (Veuve)	1
Moriceau (Veuve)	1	MM. Belleuvre Baptiste	1
MM. Ossaut-Marandeau	1	Bouché Henri	1

VERNOIL

1921. Superficie : 75 hectares ; récolte :   586 hectolitres.
1922.   —   76   —   —   2.867   —

LONGUÉ

1921. Superficie : 72 hectares ; récolte :   1.065 hectolitres.
1922.   —   78   —   —   3.987   —

	Hectares		Hectares
MM. Poupard Louis	2	MM. Naulhet Alexandre	1
Bolvent Jules	1,50	Breton Auguste	1
Bellanger Louis	1,22	Marandeau Auguste	1
Pégé Henri	1,10	Guyon Frédéric	1
Huet Louis	1	Guyon Constant	1

CANTON DE NOYANT

AUVERSE

1921. Superficie : 3 hectares ; récolte : 28 hectolitres.
1922.   —   3   —   —   71   —

BROC

1921. Superficie : 23 hectares ; récolte : 180 hectolitres.
1922.   —   25   —   —   828   —

	Hectares			Hectares
M. DE LA POÈZE (Comte)	2,20	MM. FONTENAY Alphonse	1
Mᵐᵉ JOREAU Jacques (Veuve) ...	1,50	LOGEREAU Louis	1
MM. JOREAU Edouard	1,50	TESSIER Louis	1

BREIL

1921. Superficie : 11 hectares ; récolte : 169 hectolitres.
1922.   —   17   —   —   528   —

CHALONNES-SOUS-LUDE

1921. Superficie : 10 hectares ; récolte : 137 hectolitres.
1922.   —   18   —   —   718   —

	Hectares			Hectares
MM. DE TALHOUET (Marquis) ..	3,50	Mᵐᵉ MARCHAND (Veuve)	1
BESNARD Pierre	1,20	MM. BESNARD Eugène	1
CHASLE Ernest	1	BOUSSEREAU Joseph	1
BAUDRON Baptiste	1	SAUVÊTRE Lucien..........	1

CHAVAIGNES

1921. Superficie : 5 hectares ; récolte : 38 hectolitres.
1922.   —   2   —   —   105   —

CHIGNÉ

1921. Superficie : 9 hectares ; récolte ; 99 hectolitres.
1922.   —   8   —   —   208   —

	Hectares			Hectares
M. MAUBERT Eugène	1,25	M. HÉRISSÉ François	1

DÉNEZÉ

1921. Superficie : 11 hectares ; récolte :   113 hectolitres.
1922.   —   11   --   --   275   —

	Hectares		Hectares
MM. BESNARD-CORBINEAU	3	MM. CAILLEAU	1,50
GELINEAU	2	TOURET Jean	1,30
GUÉRINEAU	3	CHEVRIER Jean	1,10
GUIZOT Louis	2,50	THURRA	1,10
BESNARD-LAURENCIN	2,50	GODEAU	1
DEROUET Eugène	2,30	HUDON-BOUDÉ	1
RENOU Emile	2	HUDON-BERTIN	1
BESNARD J.-B.	2	GUILLEMET René	1
MARCHETEAU-LUTIN	2	Mᵐᵉ PHARADON (Veuve)	1
MÉTIVIER-PASCAL	2	MM. MARCHETEAU-CHALLET	1
LEROY Clément	2	JOLLIVET	1
CHARTRAIN	2	GUILLET	1
FILLON	2	DEROUINEAU	1
PINARD	2	MÉTIVIER René	1
CHAUVIN Jean	1,50	LETHEUILLE	1
HUET René	1,50	BESNARD-HUET	1
LABOUREAU Louis	1,50	BEAUMONT Jean	1
BONNET Constant	1,50	AUROY Camille	1
CORDIER-MASSEPETIOT	1,50	FALLOURD	1
DUVEAU	1,50	GUIZOT Emile	1
LEMÉE Victor	1,50	MARCHAND	1
PHARADON J.-B.	1,50	BESSON	1
CHAZAL	1,50	MÉTIVIER Benjamin	1

GENNETEIL

1921. Superficie : 4 hectares ; récolte :   86 hectolitres.
1922.   —   7   —   —   211   —

LASSE

1921. Superficie : 4 hectares ; récolte :   68 hectolitres.
1922.   —   3   —   —   103   —

LINIÈRES-BOUTON

1921. Superficie : 2 hectares ; récolte :   25 hectolitres.
1922.   —   3   --   —   78   —

MEIGNÉ

1921. Superficie : 9 hectares ; récolte :   179 hectolitres.
1922.   —   13   —   —   446   —

MÉON

1921. Superficie :   3 hectares ; récolte :   65 hectolitres.
1922.   --   3   --   --   164   --

PARÇAY

1921. Superficie :   39 hectares ; récolte :   284 hectolitres.
1922.   --   45   --   --   1.512   --

	Hectares		Hectares
MM. Delacour Auguste	2	MM. Chicoisne Eugène	1
Mitault Auguste	1,80	Poilvilain Joseph	1
Chignard Auguste	1,58	Mercier Louis	1
Marin Louis	1,50	Duault Vincent	1
Renault Joseph	1,20	Beunier Eugène	1
Chasles-Bordeau	1	Seguin-Chasles	1
Barrier Jules	1	Landry Pierre	1
Verneau Pierre	1	Mme Tulasne (Veuve)	1
Poilvilain Joseph fils	1		

LA PELLERINE

1921. Superficie :   4 hectares ; récolte :   40 hectolitres.
1922.   --   7   --   --   160   --

NOYANT

1921. Superficie :   28 hectares ; récolte :   318 hectolitres.
1922.   --   24   --   --   617   --

Canton de Seiches

BAUNÉ

1921. Superficie :   54 hectares ; récolte : 1.090 hectolitres.
1922.   --   54   --   --   2.840   --

	Hectares		Hectares
MM. De Charette	5,50	MM. Gatecel Jean	1,20
Potier Ambroise	3,70	Vigné Henri	1,10
Camus Ernest	2	Robert Francis	1
Simon Victor	2	Hardouin Emile	1
De la Férandière Gaston	1,65	Montrieul Alexandre	1
Roinard Constant	1,30	Chapeau René	1
Ferbault Maurice	1,25	Maillet Auguste	1
Lemarié Gustave	1		

BEAUVEAU

1921. Superficie :   3 hectares ; récolte :   48 hectolitres.
1922.   —   4 ·   —   —   166   —

CHAPELLE-SAINT-LAUD

1921. Superficie :   12 hectares ; récolte :   189 hectolitres.
1922.   —   12   —   —   680   —

	Hectares			Hectares
M. Gatecel, Paul	1,50	M. Dinaud Francis		1,20
		Chartier René	1	

CHAUMONT

1921. Superficie :   17 hectares ; récolte :   311 hectolitres.
1922.   —   25   —   —   871   —

	Hectares		Hectares
MM. De Becdelièvre (Mis)	10	MM. De Rochebouet Jean (Cte).	2
Pivert Jean	2	De Rochebouet Gaston (Vte)	1
	Mme Coquereau (Veuve)	1	

CORNILLÉ

1921. Superficie : 137 hectares ; récolte : 1.039 hectolitres.
1922.   —   137   —   —   3.358   —

CORZÉ

1921. Superficie :   55 hectares ; récolte : 1.393 hectolitres.
1922.   —   52   —   —   3.108   —

	Hectares		Hectares
MM. Millory Paul	5,50	MM. Bougué Louis	1
Mme Legris de la Pommeraye		Branchu René	1
(Veuve)	3	Chapeau Louis	1
MM. Giraud Charles	3	Mme Métivier (Veuve)	1
Mariteau Auguste	1,50	MM. Métivier Jules	1
Moreau Ernest	1,30	Péhu Raymond	1
Jolivet Félix	1,30	Mme Pillet (Veuve)	1
Bellanger Léon	1	MM. Richard Louis	1
	Turpin Charles	1	

FONTAINE-MILON

1921. Superficie : 62 hectares ; récolte : 1.235 hectolitres.
1922. — 62 — — 3.612 —

	Hectares		Hectares
MM. De Nettancourt Georges...	12	MM. Rabouin Simon	1,32
Lambert-Guitton Joseph ..	8	Legros-Maurier Louis	1,30
Mme Chevalier Félix (Veuve) ..	1,84	Sauvé-Lefèvre Léon	1,25
MM. Lair-Bourgalet Arthur....	1,78	Beunart-Couronneau	1,10
Marquis Louis-Simon	1,65	Gaudreau Etienne	1
De Beauvais-Boutrais	1,40	Thiberge-Poupin Constant.	1

JARZÉ

1921. Superficie : 40 hectares ; récolte : 667 hectolitres.
1922. — 33 — .. 1.650 ...

LÉZIGNÉ

1921. Superficie : 30 hectares ; récolte : 504 hectolitres.
1922. — 20 — -- 1.024 —

	Hectares		Hectares
M. Minier J.-B................	1,20	M. Maloyer....................	1
Dailler Eugène	1		

LUÉ

1921. Superficie : 36 hectares ; récolte : 675 hectolitres.
1922. — 48 — — 2.835 —

	Hectares		Hectares
MM. De Toulgoet (Vicomte)....	10	Mme Coutard Jean (Veuve)	1,46
De la Perraudière René ..	6,85	MM. Coutard Gabriel	1,46
Lisembart Pierre	2	Richer André	1,32
Charnacé Louis	1,90	Babré Alphonse	1,20
Gautier Henri	1,70	Froger Pierre	1,10
Bazaire Henri	1,05		

MARCÉ

1921. Superficie : 32 hectares ; récolte : 568 hectolitres.
1922. — 38 — — 1.792 —

	Hectares		Hectares
MM. Taugourdeau Emile	6	MM. Réthoré Henri	1,50
Gréa Gustave	6	Goujon Gustave	1
Montrieux Auguste	2	Raine Auguste	1

25

SERMAISE

1921. Superficie : 17 hectares ; récolte :   151 hectolitres.
1922.   ---   17 —   --   285   —-

                                              Hectares
M.   MARTIN Félix   1,65

SEICHES

1921. Superficie : 48 hectares ; récolte :   616 hectolitres.
1992.   - --   53   2.400

	Hectares		Hectares
M. CHABLET Georges	7,47	MM. PAGEOT Gaston	2
Mᵐᵉ SEGRIS (Veuve)	4	OSSANT Eugène	1,73
MM. SEVRÉ Adolphe	3	TROTTIER Henry	1,50
MARGUERIE Roger	2	TEILLAY Henri	1,33
DUREAU-BROSSARD	2	CHALUMEAU Auguste	1,25
		BELHOMME Edouard	1,20

Arrondissement de Segré

CANTON DE CANDÉ

ANGRIE

1921. Superficie : 2 hectares ; récolte :   41 hectolitres.
1922.   —   2   . . .   —-   94   —

CHAZÉ-SUR-ARGOS

1921. Superficie : 2 hectares ; récolte :   45 hectolitres.
1922.   —   1   - ·   —   27   —

FREIGNÉ

1921. Superficie : 28 hectares ; récolte :   450 hectolitres.
1922.   —   34   —   --   1.543   - -

	Hectares		Hectares
MM. BRAUD Charles	8,50	Mᵐᵉ THUAU Marie	3
POIRIER Alphonse	8,50	MM. LESOURD Victor	1
PINEAU Charles	5,50	MÉNARD Joseph	1

LOIRÉ

1921. Superficie : 3 hectares ; récolte : 56 hectolitres.
1922. — 3 — — 132 —

LA POTHERIE

1921. Superficie : 1 hectares ; récolte : 5 hectolitres.
1922. — 1 — — 13 —

CANDÈ

1921. Superficie : 8 hectares ; récolte : 122 hectolitres.
1922. — 11 — — 373 —

	Hectares		Hectares
Mme JOLLIVET Paul (Veuve)	3,15	MM. L'HERMITE Ernest	1,50
M. DE GOUVELLO Arthur	1,50	CROSSOIS François	1
Mlle ROBERT Elise	1		

CANTON DE CHATEAUNEUF

CHATEAUNEUF

1921. Superficie : 32 hectares ; récolte : 475 hectolitres.
1922. — 28 — — 1.489 — -

BRISSARTHE

1921. Superficie : 16 hectares ; récolte : 196 hectolitres.
1922. — 13 — — 465 —

	Hectares		Hectares
M. DURAND-GASSELIN	3	M. TOUCHET	1,50

CHAMPIGNÉ

1921. Superficie : 5 hectares : récolte : 73 hectolitres.
1922. — 6 — — 254 —

CHAMPTEUSSÉ

1921. Superficie. : 3 hectares ; récolte : 9 hectolitres.
1922. — 1 — — 20 —

25*

CHEMIRÉ-SUR-SARTHE

1921. Superficie :   12 hectares ; récolte :   135 hectolitres.
1922.   —   6   —   —   320   —

                                                        Hectares
          M.   Hugedé Léon.............   1,34

CHENILLÉ-CHANGÉ

1921. Superficie :   1 hectare ; récolte :   3 hectolitres.
1922.   —   1   —   —   4   —

CHERRÉ

1921. Superficie :   4 hectares ; récolte :   212 hectolitres.
1922.   —   4   —   —   77   —

CONTIGNÉ

1921. Superficie :   5 hectares ; récolte :   53 hectolitres.
1922.   —   4   —   —   224   —

JUVARDEIL

1921. Superficie :   7 hectares ; récolte :   104 hectolitres.
1922.   —   12   —   —   413   —

MARIGNÉ

1921. Superficie :   1 hectare ; récolte :   4 hectolitres.
1922.   —   1   —   —   22   —

MIRÉ

1921. Superficie :   13 hectares ; récolte :   278 hectolitres.
1922.   —   16   —   —   654   —

                    Hectares   Hectares
M. De Moulins...............   1,50   M.   Lemerle 1,50
          Mme De Rouffigny   1

QUERRÉ

1921. Superficie :   12 hectares ; récolte :   26 hectolitres.
1922.   —   2   —   —   84   —

SCEAUX

1921. Superficie : 11 hectares ; récolte :   215 hectolitres.
1922.   —   11   —   —   522   —

	Hectares		Hectares
MM. MALAFEUX Alexis	1,25	Mmes FRÉMONT (Veuve)	1
BRICHET Paul	1,25	CONRAIRIE Marguerite (Vve)	1

SŒURDRES

1921. Superficie :   1 hectare ; récolte :   3 hectolitres.

THORIGNÉ

1921. Superficie : 19 hectares ; récolte :   143 hectolitres.
1922.   —   15   —   —   512   —

CANTON DU LION–D'ANGERS

LE LION-D'ANGERS

1921. Superficie :   5 hectares ; récolte :   106 hectolitres.
1922.   —   4   —   —   362   —

ANDIGNÉ

1921. Superficie :   1 hectare : récolte :   5 hectolitres.
1922.   —   0,10   —   —   4   —

BRAIN-SUR-LONGUENÉE

1921. Superficie :   2 hectares ; récolte :   23 hectolitres.
1922.   —   1   —   —   80   —

CHAMBELLAY

1921 Superficie :   6 hectares ; récolte :   138 hectolitres.
1922.   —   4   —   —   206   —

GENÉ

1922. Superficie : 0,50 hectares ; récolte :   3 hectolitres.

GREZ-NEUVILLE

1921. Superficie :   26 hectares ; récolte :   223 hectolitres.
1922.   –   14   · ·   —   704   · ·

	Hectares			Hectares
Mme JOUANNEAU François (Vve)	3	MM. LEBARON Georges	....	1,25
MM. DESMARES	2	JOUANNEAU Paul	....	1
DE LA GRANDIÈRE (Vte J.) .	1,50	BOUET Jean	....	1
RÉTIF Louis	1			

LA JAILLE-YVON

1921. Superficie :   19 hectares ; récolte :   221 hectolitres.
1922.   —   19   —   —   931   —

	Hectares			Hectares
Mme DE MESSEY (Comtesse)	4,50	Mme DE MESSEY Xavier	....	4,50
M. DE BELLEFON	4,50	M. DE MESSEY Hilaire	....	4,50

MONTREUIL-SUR-MAINE

1921. Superficie :   1 hectare ;   récolte :   20 hectelitres.
1922.   —   1   ·-   —   45   —

LA POUÈZE

1921. Superficie :   6 hectares ; récolte :   188 hectolitres.
1922.   ·-   3   —   —   303   —

		Hectares
M. BELLANGER Michel	....	2

PRUILLÉ

1921. Superficie :   8 hectares ; récolte :   102 hectolitres.
1922.   ·-   9   —   —   323   ·-

		Hectares
M. DU JONCHERAY Gabriel (Baron)	....	2,85

VERN

1921. Superficie :   4 hectares ; récolte :   38 hectolitres.
1922.   —   3   —   —   108   ·-

		Hectares
M. FROGER Joseph	....	1,25

CANTON DE POUANCÉ

BOUILLÉ-MÉNARD

1921. Superficie :   1 hectare ;   récolte :   4 hectolitres.
1922.   —   0,34 —   —   16   —

COMBRÉE

1921. Superficie : 0,50 hectare :   récolte :   7 hectolitres.
1922.   —   1   —   —   17   —

SAINT-MICHEL-ET-CHANVAUX

1921. Superficie :   2 hectares ; récolte :   23 hectolitres.
1922.   —   1   —   —   29   —

VERGONNES

1921. Superficie : 0,03 hectare ;   récolte :   1 hectolitre.

POUANCÉ

1921. Superficie :   3 hectares ; récolte :   32 hectolitres.
1922.   —   3   —   —   36   —

Hectares
Mme Coué-Puine (Veuve) 1,50

CANTON DE SEGRÉ

SEGRÉ

1921. Superficie :   10 hectares ; récolte :   134 hectolitres.
1922.   —   10   —   —   137   —

	Hectares		Hectares
MM. Blin Francis	2,50	MM. Plassais Joseph	2
De la Borde Roger	2,50	Rousseau René	1,50
Jagot Alphonse	1,25		

AVIRÉ

1921. Superficie :　2 hectares ; récolte :　15 hectolitres.
1922.　　—　　　1　　—　　—　　47　　—

BOURG-D'IRÉ

1921. Superficie :　1 hectare ; récolte :　24 hectolitres.
1922.　　—　　　1　　—　　—　　76　　—

LA CHAPELLE-SUR-OUDON

1921. Superficie :　12 hectares ; récolte :　117 hectolitres.
1922.　　—　　　8　　—　　—　　176　　—

Hectares
M.　De Saint-Genys Henry....　8

CHATELAIS

1921. Superficie :　1 hectare ; récolte :　10 hectolitres.
1922.　　—　　　1　　—　　—　　43　　—

LA FERRIÈRE

1921. Superficie :　3 hectares ; récolte :　32 hectolitres.
1922.　　—　　　2　　—　　—　　52　　—

SAINTE-GEMMES-D'ANDIGNÉ

1921. Superficie :　1 hectare ; récolte :　4 hectolitres
1922.　　—　　　0,72 —　　—　　16　　—

L'HOTELLERIE-DE-FLÉE

1921. Superficie :　3 hectares ; récolte :　34 hectolitres.
1922.　　—　　　1　　—　　—　　58　　—

LOUVAINES

1921. Superficie :　2 hectares ; récolte :　25 hectolitres.
1922.　　—　　　0,32　—　　—　　14　　—

MARANS

1922. Superficie : 0,10 hectare ;. récolte :   5 hectolitres.

SAINT-MARTIN-DU-BOIS

1921. Superficie :   4 hectares ; récolte :   51 hectolitres.
1922. Superficie :   3   —   --   122 hectolitres

Hectares
M.   De Sesmaisons Robert (Cte)   2,50

MONTGUILLON

1922. Superficie : 0,12 hectares ; récolte :   5 hectolitres.

NOYANT-LA-GRAVOYÈRE

1921. Superficie :   1 hectares ; récolte :   5 hectolitres.
1922.   —   0,41 —   ---   19   —

Hectares   Hectares
M.   Dubois Robert   5   Hospice de Segré   1

NYOISEAU

1921. Superficie :   7 hectares ; récolte :   82 hectolitres.
1922.   —   3   —.   —   91   —

SAINT-SAUVEUR-DE-FLÉE

1921. Superficie :   1 hectare ;. récolte :   15 hectolitres.
1922.   —   1   -.-   —   25   --

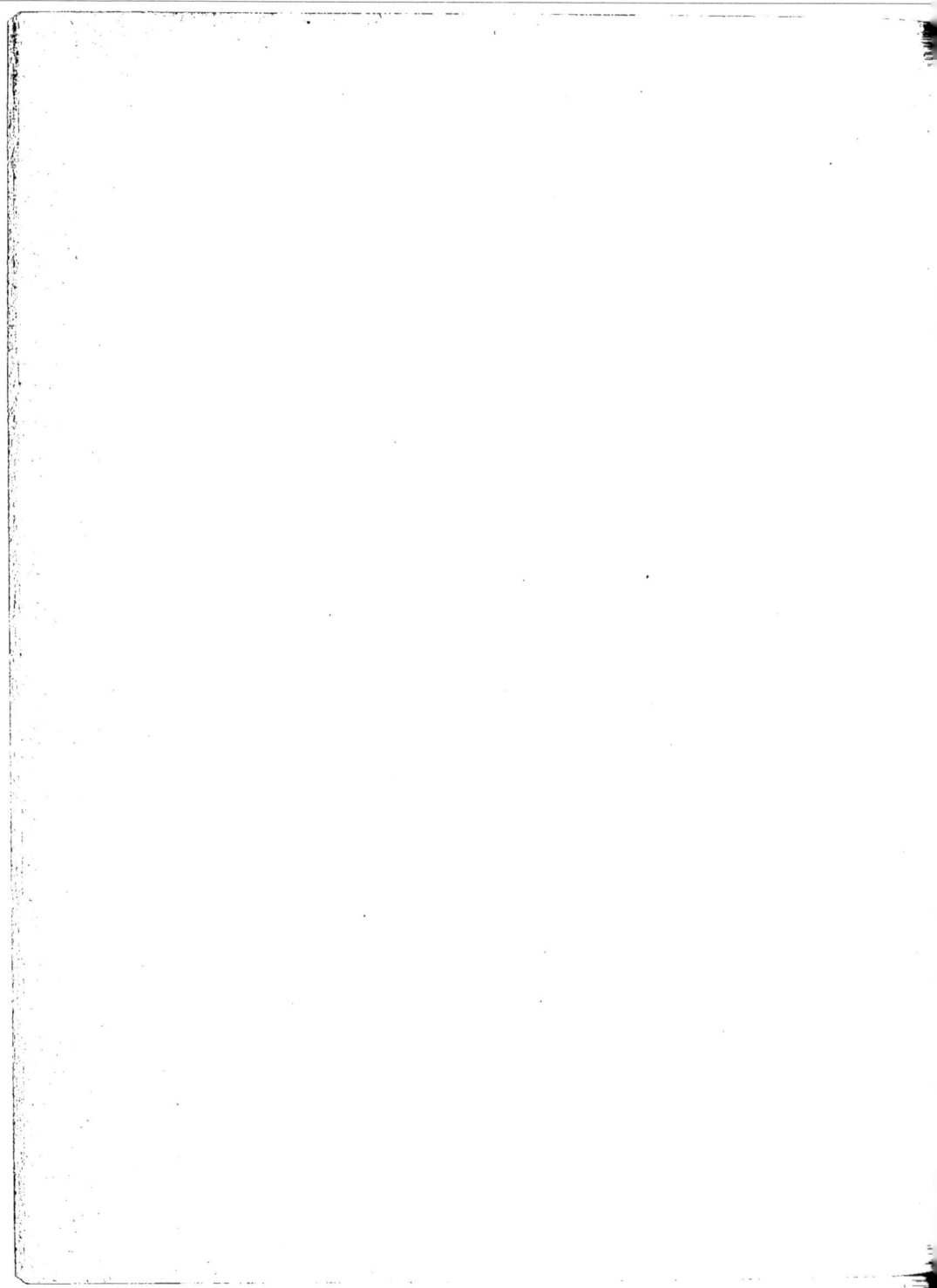

o o o o o ANGERS o o o o o

IMPRIMERIE DU COMMERCE

o o o 3, Rue Saint-Maurille o o o

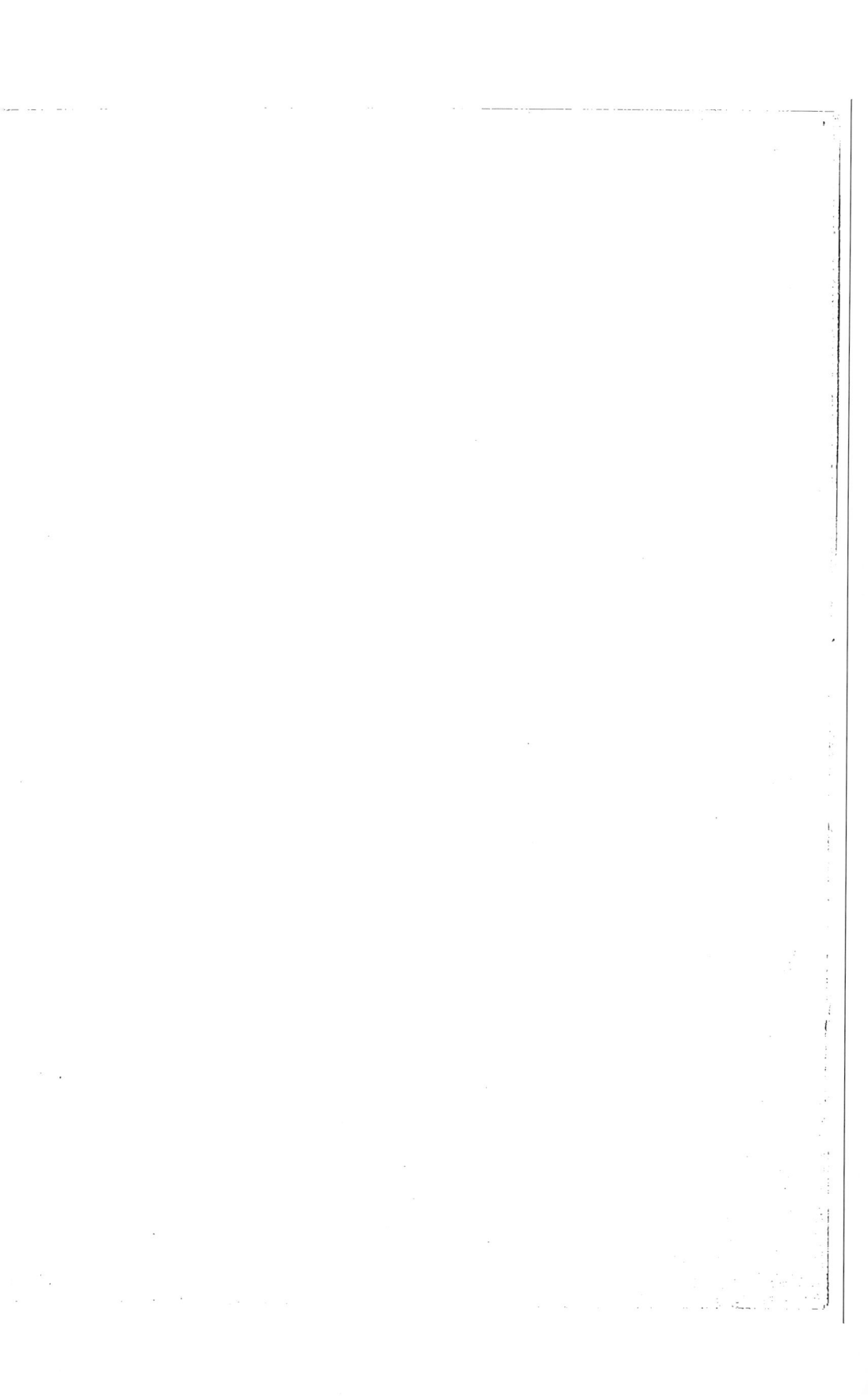

Imprimerie du Commerce
3, Rue Saint-Maurille, 3
——— ANGERS ———

Imprimé en France
FROC031906270220
23549FR00015B/188